In mijn koffer op zolder

In mijn koffer op zolder

Levensverhalen van ouderen voor ouderen

José Franssen

Bohn Stafleu van Loghum
Houten 2008

© Bohn Stafleu van Loghum, onderdeel van Springer Uitgeverij 2008
Alle rechten voorbehouden. Niets uit deze uitgave mag worden verveelvoudigd, opgeslagen in een geautomatiseerd gegevensbestand, of openbaar gemaakt, in enige vorm of op enige wijze, hetzij elektronisch, mechanisch, door fotokopieën of opnamen, hetzij op enige andere manier, zonder voorafgaande schriftelijke toestemming van de uitgever.

Voor zover het maken van kopieën uit deze uitgave is toegestaan op grond van artikel 16b Auteurswet 1912 j° het Besluit van 20 juni 1974, Stb. 351, zoals gewijzigd bij het Besluit van 23 augustus 1985, Stb. 471 en artikel 17 Auteurswet 1912, dient men de daarvoor wettelijk verschuldigde vergoedingen te voldoen aan de Stichting Reprorecht (Postbus 3051, 2130 KB Hoofddorp). Voor het overnemen van (een) gedeelte(n) uit deze uitgave in bloemlezingen, readers en andere compilatiewerken (artikel 16 Auteurswet 1912) dient men zich tot de uitgever te wenden.

Samensteller(s) en uitgever zijn zich volledig bewust van hun taak een betrouwbare uitgave te verzorgen. Niettemin kunnen zij geen aansprakelijkheid aanvaarden voor drukfouten en andere onjuistheden die eventueel in deze uitgave voorkomen.

ISBN 978 90 313 5322 4
NUR 748

Ontwerp omslag: Studio Bassa, Culemborg
Ontwerp binnenwerk: Studio Bassa, Culemborg

Bohn Stafleu van Loghum
Het Spoor 2
Postbus 246
3990 GA Houten

www.bsl.nl

Inhoud

Inleiding: Het levensverhaal en ik zijn onafscheidelijk

Jopie Tilly (1925):
'Ik voelde mij na het schrijven een ander mens' 30
Onze eerste auto 34
De jurk 35
Het korset 36
De hoed 37

Jeanne Last-Frijnts (1918):
'Ik heb geleerd vrede te hebben met mijn verhaal' 40
Bomenavontuur 50
Het spel 51
Herfst 52
Muziek 52
Marktdag 53
De hoofdweg 54
Een lange nacht 56
De dood van Lena 56

Gina Schotsborg (1937):
'De herinneringen zijn helemaal van mijzelf' 58
Ons huis aan de Javastraat 63
Mama 63
Meneer Van Zanten 65
Mijn nicht Rina 66
Een mens kan meer dan hij denkt 67
Zeg nooit 'nooit' 67

Irmgard Brose (1930):
'Al schrijvend ontdekte ik mijn thema steeds opnieuw' 69
De geur van koffiebonen 75
De lindeboom 76
Het Grote Adresspel 77
De weg 78
Van Berlijn naar Sittard 80
Afscheid van mijn vader 82
Seizoenen 84

Paul van de Boel (1931):
'Zonder mij had niemand deze geschiedenis vastgelegd' 85
Luchtkastelen 92
De beeldenzolder 93
Vermogen is zichtbaar maar over geld praat je niet 94
Een nieuwe start 96
Terug uit Duitsland 97
Een bijzondere begrafenis 99
Het portret 101
Chef 103

Klari Boer (1933):
'Door te schrijven over mijn leven bevestig ik mezelf' 104
Zakgeld 107
Geknoedel 107
Kleurrijk 108
Zondagmorgen 108
Geheime kamer 109
Bevrijding 110
De Tribune 111
Over leven 112

Cécile van der Loo (1936):
'Al schrijvend maakte ik de schatten in mijn levensverhaal weer zichtbaar' 113
Klik-klak 116
Ontsnapt 117
Hielen 118
De bekroning 119
Lieve opa Willem 120
Afscheid 120

Josephine Dubois (1933):
'Ik werd geconfronteerd met mijn ontwikkeling: een leerzaam proces' 122
Watersnood 124
Een heuglijke jaarwisseling 126
Duitslandgevoelens 127
Mijn bankje 128
Tijd is de rivier door het landschap van mijn leven 129

Francine Rugebregt-Tampie (1930):
'Ik wilde de kinderen vertellen hoe wij hier kwamen' 131
Francine 136
Lieve zorgzame opa 136
Paling 138
Koninginnedag 138
In het meisjesinternaat tijdens de Japanse bezetting 139
Mijn aankomst in Nederland 141
Huwelijksfeest in de Zwitserse bergen 142
Mijn geboorteland 143

Veroon Snater (1934):
*'Ik geef vorm aan mijn levensverhaal, zonder dat anderen
het kunnen herkennen'* 145
Logeren bij opa en oma 151
Breien en haken 151
Middenkleedje 153
Borduren 153
Het badhuis 154
Een nieuwe baan 155
De deurwaarder 156
Afscheid van de opleiding 157

Cécile Kruiniger (1931):
*'Ik ben doorgegaan met schrijven en stuurde de verhalen
naar een uitgever'* 158
Een feestelijke verjaardag 162
Waar de blanke top der duinen 163
Naar de bollen 164
Artis 165
Oorlog 166

Afra van den Berg (1932):
'Ik ben mijn eigen verhalen meer gaan waarderen' 168
Alfra, Alfra, wat heb jij gedaan? 171
De paden op 172
Boodschappendag 174
Over de grens 177
Erfzonde 180

Maria Peerboom (1939):
'Voor het eerst in mijn leven had ik een hele dag voor mijzelf' 182
Weg met: maandag, wasdag! 185
Menstruatie 185
De eerste klas 186
Spinazie 187
Mijn beroep? Huisvrouw 187

Ab Kugel-Brongersma (1923):
'Er komen steeds herinneringen bij' 189
Buiten 196
Binnen 196
Door het Friese land 196
Die vreselijke groene jurk 197
Eigen werk 198
Kerstmorgen 199

Ineke Herberichs (1936):
'Door te spelen met taal vond ik het schrijfplezier terug' 200
Engelsen in huis 205
Elke morgen vroeg op 206
De bibliotheek 207
Zaterdagavond 208
De toestand in de wereld 209
Een zondag in Amsterdam 210
De lentes met jou 211

Ria Vernooij (1939):
'Al schrijvende ontdekte ik het mooie van mijn leven' 213
Mijn vader 217
Kelders 219
IJspret 221
De aannemer 223
Geluk 225

Pieter Hoes (1946):
'In het detail wordt het geheel zichtbaar' 227
Wat een weertje.. 234
Zondagmiddag.. 236

Miep Jennekens (1928):
'Ik zie nu dat mijn levensverhaal eigenlijk heel gewoon is' 241
De bevrijder 248
Eigen geld.. 250
Zomaar een zondag... 253
Verraderlijk leven 254
Het landschap dat mij lief is 255

Sheila van Voss (1927):
'Ik wil een spoor van mijn leven achterlaten, als een soort erfenis' 257
Mijn eerste baantjes.. 261
7 maart 1942.. 262
7 maart 1946.. 263
1 mei 1946 264
Mijn laatste werkkring.. 265
De ontmoeting 267

Marianne Oudenhoven (1943):
'Mijn verhalen zullen er zijn, ook als ik ze zelf vergeet' 269
Twee moeders.. 273
Twee dochters 274
De processie 276
Mijn buurman 279

Sannie Huijbregsen-van de Werfhorst (1927):
'Ik ben nu de bewaarder van de verhalen in de familie' 283
Kerstdiner 287
Bevrijdingsrok.. 287
Op een schoen en een slof 289
Stadse stilte 290
Nieuw leven 292

Jeanne Feijts (1940):
'Verdriet mocht er zijn, maar we leerden het los te laten en door te gaan' 294
Slacht 299
Verlies 300
Baobab 300
Moederschap 301
Keerpunt 302

Lydia Françoise Lieftinck (1934):
'Mijn verhaal gaat over wie ik nu ben' 304
Ons partijtje 312
De feestjurk 313
Mijn dominee 314
Thuiskomen 316
Geel golfballetje 317
Grenzeloos 318
Twee foto's 320

Ton Terstappen (1926):
'Ik vond het fijn om mijn verhalen terug te vinden' 322
Goederenvervoer 328
IJskoude wintermorgen 329
De kamer van heeroom 331
De vrachtauto uit Neer 333
Vaders overlijden 335
Droefheid en vreugde om Paula 336
Sinterklaas 337

Vera van Cruchten (1931):
'Aandacht voor je eigen verhaal is een vorm van liefde voor jezelf' 339
Tante Neske en oom Lei 346
De weg van een heg 347
Het geldpotje 349
In memoriam patris (1) 350
In memoriam patris (2) 350
De handen van mijn moeder 351
Om alles 351

Maria Klaar-Stützle (1940):
*'Ik ontdekte dat mijn leven nog helemaal niet afgelopen was
en dat ik in een nieuwe fase zou komen'* *353*
Maria 358
'Care'-pakket 359
Voor het eerst naar de kapper 360
Tupperwareparty 361
Austria Express 362
De blauwe avondjurk 365

Rietje de Haan-Kooistra (1940):
*'Met mijn geheugen was het minder slecht gesteld dan
ik dacht'* *368*
Het gouden schaartje 373
Een lange weg 374
Voor het eerst naar school 376
Zondag 377
Au pair bij Jan en Janny 378
Een lang leven 381

Themaregister **383**

INLEIDING:

Het levensverhaal en ik zijn onafscheidelijk

Het is spannend om de ouderen die ik jarenlang begeleidde bij het schrijven van hun levensverhalen, op te zoeken in hun eigen omgeving. Nog spannender is het om de ouderen die ik niet ken te bezoeken. Ik zoek naar ingangen van grote flatgebouwen, kijk uit over weidse landschappen, zit in piepkleine keukentjes en in woonkamers in alle smaken en toonaarden. Ik bezoek de nu bijna negentigjarige Jeanne in het verzorgingshuis en kijk met haar uit het raam over het park. We spreken over onze levens, over wat voorbij is, over het nu en over wat nog komt. We praten over de zin van het leven, over terugblikken en leren van je eigen verhaal. We hebben het over het doorgeven van de erfenis, over schrijven, over de kracht van het vertellen van je geschiedenis... Elk gesprek, elk verhaal is een cadeau. Telkens weer ga ik blij en vervuld naar huis.

Hoe was het om zo intensief met je eigen levensverhaal bezig te zijn? Wat heeft het je opgeleverd? Aan 27 mensen stelde ik deze vragen en ik kreeg 27 verschillende antwoorden. Boeiende antwoorden, in gesprekken die zo levendig waren dat ik steeds weer op het puntje van mijn stoel zat. Antwoorden die mij aan het denken zetten. Want wat betekende het eigenlijk voor míj, het werken met mensen en hun levensverhalen? En wat betekent het voor mij om steeds ook met mijn eigen verhaal bezig te zijn? Als nummer 28 probeer ik nu die vragen te beantwoorden. Wat heeft het met mij gedaan, al die jaren, het nadenken over en op zoek zijn naar het levensverhaal?

Al meer dan twintig jaar begeleid ik mensen bij het ophalen van herinneringen, bij het schrijven van hun levensverhalen, en bij het vertellen en delen van die verhalen met anderen. En meer dan dat, want ik bedacht niet alleen oefeningen voor anderen, maar schreef ook altijd mee en vertelde over mijn eigen leven. Ook ik zocht naar herinneringen, om die vervolgens vorm te geven in verhaalfragmenten op papier.

Zo ontdekte ik talloze aspecten van het schrijven en met anderen delen van levensverhalen. Ik was nieuwsgierig en zocht naar informatie over de autobiografie en over levensverhalenwerk. In boekhandels en bibliotheken viel mijn oog op zelfportretten, ik onderzocht de grens tussen feit en fictie, las alles wat ik kon vinden over de herinnering en het geheugen, en vond taalwetenschappelijke boeken over de autobiografie als genre in de literatuur. Ik verdiepte me in alle facetten van levensverhalen en hun uitdrukkingsvormen. Gaandeweg was het voor mij een uitgemaakte zaak: het schrijven van het eigen levensverhaal en van het delen van dat verhaal met anderen werkt helend, ondersteunt mensen die bezig zijn met het opmaken van de levensbalans, en helpt bij het vormgeven van het heden en de toekomst. Niets is belangrijker voor de identiteit van een mens, dan gehoord en gezien worden. Creatieve processen, verwerkingsprocessen en leerprocessen lopen daarbij voortdurend door elkaar heen.

Langzaam maar zeker werden de levensverhalen van anderen en van mijzelf de rode draad in mijn leven, waarin werk en privé niet strikt gescheiden zijn. Vaak genoeg illustreerde ik oefeningen met mijn eigen verhaal. Het werd ook een van mijn uitgangspunten: zichtbaar zijn met (delen van) je eigen geschiedenis, is een voorwaarde om waarachtig te kunnen werken met de verhalen van anderen. Het klopt niet als je alleen maar luistert, zonder ook iets over jezelf te vertellen. Het was bovendien prettig om de oefeningen telkens weer zelf te ervaren. Ik bleef daardoor bij de les, want hoewel de opdrachten simpel lijken, kunnen ze een enorme impact hebben en veel losmaken.

Maar het is meer dan dat. Door het delen van hun levensverhalen met elkaar en met mij maakten ouderen zich vaak kwetsbaar, want het waren niet uitsluitend succesverhalen die boven tafel kwamen. Door ook stukjes uit mijn eigen levensverhaal prijs te geven, werd ik naast begeleider ook een medemens met - net als iedereen - een heel eigen, uniek en onvervangbaar verhaal. Ook ik worstelde met mijn herinneringen en maakte mee dat ik onverwachts geëmotioneerd raakte door mijn tekst. Ook ik was blij en trots als ik een flard van mijn verhaal teruggevonden had.

Ik leerde veel: over het opbouwen van nieuwe oefeningen, over de stappen in elke oefening en de effecten van de verschillende onderdelen van mijn eigen programma, maar ook over de emotionele kant van het werken met levensverhalen. Ik ben ervan overtuigd dat ik zelf de persoon ben die in al die jaren het meeste geleerd heeft, over het werken met verhalen, over het schrijven van verhalen, over het verbeelden van verhalen met andere middelen dan de pen, over het delen van verhalen met anderen.

'Wie ben ik?'
Met enige spot zou je kunnen zeggen dat het levensverhaal en ik onafscheidelijk zijn geworden. De vraag 'Wie ben ik?' heeft mij mijn leven lang geboeid. Toen ik nog helemaal niet bezig was met de verhalen van anderen, was ik al op zoek naar mijn eigen verhaal. Mijn levensweg zou je kunnen zien als een weg waarin ik schrijvend en lezend de puzzelstukjes verzamel. Om te beginnen las ik elk boek dat in mijn handen kwam. Er was niets fijner dan te verdwijnen in een geschiedenis en mezelf te verliezen in een andere wereld. Ik zie mijn vader nog, zijn ogen ten hemel geheven in wanhoop, terwijl hij tegen mijn moeder zei: 'Zit dat kind alwéér te lezen!' Ik ontdekte de wereld van de verbeelding, waarin alles mogelijk is. En ik hoorde of zag niets meer van alle tumult in ons kleine huisje, kreeg niets mee van de activiteiten van de twee zusjes en twee broertjes om me heen. Als we moesten eten, keek ik verdwaasd op en legde mijn boek met tegenzin opzij.
Zodra ik kon schrijven, schreef ik. Altijd; met alles, op alles. Op de wc-deur, op het behang boven mijn bed, op de beslagen ramen van een najaarsmiddag, op randen van kranten en tijdschriften, op enveloppen en snippers papier. Ik oefende met letters en woorden. Vanaf mijn dertiende jaar schreef ik in een dagboek met een slotje. Ik droomde ervan ooit een boek te schrijven, maar het was een onwerkelijke droom - net alsof je filmster wil worden. Op de middelbare school was mijn lievelingsactiviteit het schrijven van opstellen en werd ik redactielid en later hoofdredacteur van de schoolkrant. Een van mijn allereerste zelfstandige reizen was naar een congres voor schoolkrantredacteuren.
De vraag 'Wie ben ik?' stelde ik mij de eerste keer bewust toen ik in Nijmegen studeerde. Wij hielden ons als aankomend andra-

gogen intensief bezig met het bestuderen van theorieën over socialisatie, klasse en achtergrond van de doelgroepen waarmee wij zouden werken. We waren bevlogen en enthousiast en dachten dat we de wereld konden veranderen, als we maar goed luisterden naar de mensen met wie wij werkten. En of het nu de arbeiders waren in oude stadswijken, ouderen in een bejaardenhuis, huisvrouwen in het vrouwenhuis - we leerden naar hen te luisteren en te ervaren wie zij eigenlijk waren. We interviewden, liepen stage in oude stadswijken, scholen en vormingscentra en ontdekten dat iedereen een heel eigen verhaal heeft. Ik leerde nadenken over klassenverschillen, over verschillen in geschiedenis, cultuur, gebruiken en gewoonten, taal en andere uitdrukkingsvormen.

In die tijd las ik het boek *Pijn en moeite. Hoe arbeidersgezinnen leven* van Lillian Rubin.[1] Dat sloeg in als een bom. Het hield me maandenlang bezig, ik las en herlas, praatte erover met vrienden en ik ontdekte hoe het kwam dat ik me vaak zo weinig thuis voelde op de universiteit. Ik ontdekte dat ik - overigens net als veel van mijn medestudenten - mijn gezin van herkomst ontgroeide, en dat ik tussen wal en schip was geraakt. Ik kwam uit een lagere-middenklassegezin, dat deels leefde vanuit arbeidersklassenormen. Een gezin waarin nooit veel geld was, waarin niet gelezen en gediscussieerd werd, waarin theater, muziek, reizen en elke vorm van intellectueel vermaak ontbrak. Waarin de rollen vastlagen en verwachtingen over te bereiken maatschappelijk succes hoog waren. Wij, de kinderen, ook de meisjes, mochten studeren, zodat we financieel onafhankelijk zouden worden en de idealen van onze ouders zouden waarmaken.

De universiteit waar ik terechtkwam was een voor mij volkomen onbekende wereld, waarin het gesproken woord en het denken dominant waren. Er werd gesproken en gedacht over het bewustmaken van de arbeidersklasse, ter verbetering van de wereld. Maar die arbeidersklasse, dat was ikzelf! Ik voelde me altijd merkwaardig snel thuis bij al die doelgroepen waarmee wij moesten werken, ik was verwant. Voor mij was al snel duidelijk dat de wereld ingewikkelder in elkaar zat dan velen om mij heen dachten. Mijn revolutionaire elan zakte, tot een niveau

---

1 Rubin, L.B. (1976). *Pijn en moeite. Hoe arbeidersgezinnen leven*. Baarn: Ambo.

waarop ik me afvroeg hoe ik werkelijk een bijdrage zou kunnen leveren aan het verbeteren van de situatie van de mensen met wie ik de rest van mijn leven zou werken.

Ik realiseerde me dat ik dan steeds mét hen zou moeten werken en niet vóór hen, en dat ik naar hen zou moeten luisteren om te horen hoe zij zelf dachten over hun leven. En ik leerde, van mijn geweldige stagebegeleiders in Oss, dat mensen alleen zélf iets kunnen doen om te veranderen; ze moeten het zelf willen. Als begeleidster was ik niet degene die de wereld voor de anderen kon veranderen, ik was toeschouwer en luisteraar, misschien hier en daar aangever en stimulator.

Ik vond een baan in het vormingswerk voor jongvolwassenen, studeerde af, en later kreeg ik werk in het hoger beroepsonderwijs en gaf ik les aan jonge mensen die het cultureel werk tot hun werkterrein wilden maken.

Schrijfcursussen

Het was in de jaren tachtig van de vorige eeuw dat ik mijn baan halveerde, om iets te doen met mijn passie voor schrijven. Ik maakte een folder, huurde een zaaltje en begon les te geven over iets waarvoor ik niet gestudeerd had, maar dat wel mijn volledige aandacht en hart had. Het werd een fantastische ervaring. Mijn levenslange liefde voor schrijven en lezen kreeg een bedding. Al lesgevend en schrijvend ontdekte ik een volkomen nieuw land, waarin het gaat om de poëzie en de uitdrukkingskracht van taal. Ik gaf les over het schrijven van korte verhalen, reisverhalen, gedichten, over dagboekschrijven, over creativiteit in taal en inspiratiebronnen voor het schrijven. Ik schreef met mensen over de seizoenen, over bomen, dieren en stenen, over dromen en wensen. En ik ontdekte dat iedereen altijd zijn eigen verhaal schrijft.

In 1988 werd ik door iemand uit een instelling voor geestelijke gezondheidszorg gevraagd met oudere mensen levensverhalen te schrijven, vanuit het idee dat dit heilzaam zou kunnen zijn. En dat was het ook. Ik vond het bovendien onverwacht leuk om met ouderen te werken. De levensverhalencursussen werden geliefd en bekend. Ik gaf workshops en cursussen in creatieve centra, parochiezaaltjes naast de kerk, scholen, zaaltjes in therapiecentra, lelijke congrescentra zonder daglicht en prachtige kasteeltjes in het groen, in zorgcentra en theatertjes. Mensen van achttien tot negentig jaar schreven hun levensverhalen. Van maatschappelijk werkers, vrachtwagenchauffeurs, gepensioneerde zusters, psychologen, huisvrouwen en boerinnen, tot geestelijk verzorgenden, studenten, schrijfdocenten, pas gepensioneerden en leraren Nederlands.

Ik ontdekte dat het voor iedereen zinvol is om het eigen verhaal te kunnen vertellen. En hoe ontzettend belangrijk het is voor ieder mens om gehoord en gezien te worden in dat eigen verhaal. Ouderen die in een isolement dreigen te raken, doordat ze hun leeftijdgenoten verliezen en weggehaald worden uit hun sociale omgeving, hebben vaak te weinig mogelijkheden tot contact. Door stukjes uit het levensverhaal met anderen te delen, raak je weer aan de praat en weet je je gezien. Het levensverhaal als middel tegen 'verstomming'.

Ik zag hoe goed het mensen kan doen om het verhaal in een groep op te sporen, te herontdekken en voor te lezen aan anderen. Het eigen verhaal vormgeven op papier en dat delen met anderen leidt tot herkenning, erkenning en acceptatie. Er wordt tevens een perspectief op de toekomst ontwikkeld: men leert van de kracht en van de overlevingsstrategieën die in de verhalen besloten liggen. Ook de verhalen van anderen zijn daarin een inspiratiebron. Levensverhalen zijn bemiddelaars, ze versterken en bevestigen de identiteit.

Herinneren gaat door als je er eenmaal mee begonnen bent. Dé waarheid over een leven bestaat niet; ieder verhaal is waar, en dat verhaal is - net als het leven zelf - altijd in beweging. Elk verteld en geschreven verhaal is een punt in de ruimte, een momentopname. Gisteren was het een ander verhaal, morgen is het een ander verhaal, maar altijd is het de moeite waard om het verhaal te laten horen en gehoord te worden.

Herinneringen kloppen vaak niet met de herinnerde werkelijkheid; als ik íets geleerd heb in de vijfentwintig jaar van werken met mensen en hun herinneringen, is het dat. Herinneringen gaan dan wel over vroeger, het verleden is het onderwerp, maar ze worden verteld in het hier en nu, in het heden. Herinneringen zijn onvolledig, we plakken de flarden van wat we nog weten aan elkaar, we zijn selectief in wat we wel en niet vertellen, en onze stemming van het moment bepaalt welke elementen we

eruit lichten. We kleuren onze herinneringen altijd in, en ons levensverhaal is in die zin niet zozeer het verhaal over ons verleden, maar het verhaal van het nu en van het heden.
Als we ouder worden en de herinneringen zich opdringen, vinden velen van ons het boeiend en leuk om op zoek te gaan in het kabinet van onze verhalen, nieuwsgierig naar wat we er aantreffen. Het gebeurt bijna onwillekeurig, dat terugblikken. Maar meestal is er een dieper liggende bedoeling. Het heeft te maken met het opmaken van de balans, met het verantwoorden van ons leven voor onszelf, met vertellen en het zichtbaar maken van het leven aan anderen, met het doorgeven van een erfenis, van schatten en heiligheden, maar ook met het doorgeven van droeve gebeurtenissen. Door onze verhalen kunnen degenen die na ons komen meer begrip krijgen voor onze situatie, en het helpt hen wellicht om hun eigen verhaal beter te begrijpen.

Een eigen opvatting en methode
Jarenlang begeleidde ik mensen in mijn cursussen rond het schrijven van levensverhalen; soms waren er zelfs wachtlijsten. Het werken met levensverhalen bleek ook voor mijzelf een onuitputtelijke bron van inspiratie en creativiteit. Mijn werk verbreedde en verdiepte zich, en langzamerhand kon je spreken van een eigen werkwijze en aanpak, van een eigen opvatting en methode. Tegen alle conventies van het (auto)biografisch werken in, ging ik niet uit van de levensloop bij het schrijven van levensverhalen. Het beschrijven van het hele leven had ik al snel afgeschaft, net als het vooral beschrijven van moeilijke perioden en ervaringen.
Ik ging voor een heel andere aanpak, die heel lichtvoetig en luchthartig lijkt voor wie hem niet heeft uitgeprobeerd. Het is een aanpak waarin het schrijven van piepkleine puzzelstukjes uit het eigen verhaal centraal staat. Puzzelstukjes die te maken hebben met concrete gebeurtenissen, succesverhalen en positieve verhalen uit de levensgeschiedenis. Niet de bekentenis en de grote waarheid over het leven, maar het plezier in het herinneren en de creativiteit staan daarbij voorop.
Omdat ik de vraag naar cursussen niet aankon, begon ik anderen te trainen in het begeleiden van ouderen die hun levensverhaal willen vastleggen. Ik begon mijn werkwijze door te geven.

In de loop der jaren trainde ik vele werkers in ouderenzorg, welzijnswerk, hulpverlening, geestelijke verzorging en onderwijs. Een logische volgende stap was dan ook het vastleggen van mijn werkwijze in een boek; dat werd *Van vroeger. Levensverhalen schrijven met ouderen*.[2] Het werken met herinneringen en het eigen levensverhaal breidde zich inmiddels als een inktvlek uit. In het ouderenwerk kreeg het zelfs een eigen naam: reminiscentiewerk. Hierin staan vooral positieve herinneringen centraal.

Het schrijven en delen van levensverhalen zag ik als een zoektocht naar de eigen creatieve bronnen en daarmee ook als bron van kracht voor de toekomst. Ik wilde dat mensen na mijn cursussen welgemoed doorgingen met het vormgeven van het leven dat hen nog restte, energie puttend uit alle goede dingen die ze meegemaakt, ontwikkeld, besloten en gedaan hadden.

Ik experimenteerde met mijn concept en voegde gaandeweg allerlei andere werkvormen toe aan het schrijven, lezen, voorlezen en vertellen. Juist het interdisciplinaire karakter van mijn werk boeide me: het telkens weer over het hek bij de buren kijken en daar iets meenemen, werd een constante. Daardoor werd het levensverhalenwerk steeds breder. Je kunt je verhaal via beeldende werkvormen weergeven, het levensverhaal kan met gemak opgehangen worden aan het luisteren naar en maken van muziek, je kunt het verhaal uitdrukken in bewegingen, dans en lichaamswerk, je kunt het verhaal vormgeven via handwerken en (stof)collages, je kunt scènes uit het verhaal naspelen en dramatiseren, je kunt een tentoonstelling maken over je eigen levensverhaal.

Ik ontdekte voorlees- en verteltechnieken, waarnemingsoefeningen; in allerlei werkvelden en disciplines vond ik werkvormen die het levensverhalenwerk kunnen verrijken en ik integreerde deze in mijn methode. Omdat alle mensen verschillend zijn, gebruikte ik in mijn cursussen en trainingen zoveel mogelijk ingangen, zodat iedereen zelf kon uitvinden op welke manier hij of zij het liefste met het eigen verhaal bezig wilde zijn. In een cursus gericht op ouderen met depressieve klachten, voor het Trimbos-instituut, werkte ik dit multimediale concept verder uit.[3]

---

2 Franssen, J. (1995). *Van vroeger. Levensverhalen schrijven met ouderen.* Houten: Bohn Stafleu van Loghum.

3 Franssen, J., & Bohlmeijer, E. (2003). *Op zoek naar zin. Een cursus rond het eigen levensverhaal voor ouderen met depressieve klachten.* Utrecht: Trimbos-instituut.

De sneeuwbal rolt verder
In de loop van de tijd werd ik steeds vaker gevraagd voor workshops in zorgcentra, en daar realiseerde me dat het schrijven van het eigen verhaal voor veel ouderen in zorgcentra niet meer aan de orde is, en voor ouderen in verpleeghuizen meestal helemaal onmogelijk is geworden. Wanneer je oud wordt, komt er soms een tijd waarin het lichaam niet veel meer kan en schrijven niet meer haalbaar is. Voor velen is ook lezen niet meer mogelijk. Maar vertellen kan dan vaak nog wel, en omdat ik inmiddels besmet was met het voorleesvirus, begon ik daarmee te experimenteren, als opstap naar het vertellen van eigen levensverhalen. Verhalen en gedichten van anderen als brug naar eigen verhalen.

In een project onderzocht ik de mogelijkheden van het voorlezen, met name aan zorgbehoeftige ouderen. Op verschillende proeflocaties las ik voor, begeleidde ik groepen voorleesvrijwilligers en verzorgend personeel, en verzamelde ik (samen met bibliothecarissen) een schat aan voorleesverhalen en -gedichten. De teksten moesten kort en krachtig zijn, niet te ingewikkeld van taal en dus voorleesbaar, en ze moesten herinneringen van anderen wakker maken.

In het boek *Luisteren in je leunstoel* heb ik na vijf jaar experimenteren, oefenen, zoeken en ontwikkelen bijeengebracht wat ik zelf geleerd had over het voorlezen aan ouderen.[4] De belangrijkste ervaringen van activiteitenbegeleiders, voorlezers en verzorgenden, en de kennis rondom het opzetten van voorleesactiviteiten in zorgcentra zijn in dit boek gebundeld en samengevoegd. Uitgebreide literatuurlijsten geven aanwijzingen voor tekstkeuze, en voorbeeldteksten laten zien welke verhalen en gedichten voorgelezen kunnen worden.

Uit het een ontstond het ander. Zoals er ouderen zijn die niet meer kunnen schrijven of lezen, zo zijn er ook ouderen die nauwelijks gehoord worden in hun eigen verhaal of die hun eigen verhaal dreigen te verliezen. In opdracht van een instelling voor mensen met een verstandelijke handicap, maakte ik met acht ouderen een levensboek. Met elk van de ouderen voerde ik

---

4 Franssen, J. (2004). *Luisteren in je leunstoel. Handboek voorlezen aan ouderen.* Houten: Bohn Stafleu van Loghum.

gesprekken in de eigen leefomgeving. De ouderen vertelden mij en een vaste tussenpersoon hun levensverhaal, dat ik opschreef en dat de ouderen na elke ronde terugkregen. Zo gaf elk verteld verhaal in een volgende ronde weer aanleiding tot nieuwe verhalen. Naarmate de gesprekken vorderden, groeide de diepgang. Het was fantastisch om te ervaren wat het vertellen van de verhalen voor de ouderen betekende.

We zochten foto's bij het verhaal en het geheel werd gebundeld in een losbladige klapper; een levensboek dat steeds uitgebreid kan worden. Het levensverhaal blijft zo het verhaal van de oudere zelf en het boek kan helpen de eigen verhalen vast te houden en te gebruiken in de communicatie met familieleden, groepsgenoten en verzorgenden. De acht levensverhalen werden aangevuld met interviews met familieleden van de bewoners en (oud)medewerkers. Door de interviews kregen de verhalen nog meer kleur en diepte. *Heb ik zóveel verteld? Zóveel verhalen? Levensverhalen van bewoners en personeel van St. Anna* is een boek geworden, waarin zowel de methode van het maken van de levensboeken als de verhalen inspiratiebronnen kunnen zijn voor oudere bewoners, hun familieleden en verzorgenden. Niet alleen in de zorg voor mensen met een verstandelijke handicap, maar ook in de zorg voor ouderen algemeen.[5]

Wat nu gemeengoed is geworden, was twee decennia geleden nog volstrekt ongewoon en nieuw. Hoewel er genoeg autobiografieën voorhanden waren en het genre een lange en interessante geschiedenis kent, werd in die tijd door veel auteurs, wetenschappers, recensenten en schrijfdocenten een beetje neergekeken op mensen die zich bezighielden met het opschrijven van hun levensverhaal. Over de positieve effecten ervan dacht niemand na. Tot ver na de eerste helft van de vorige eeuw bestonden er geen herinneringsoefeningen, verhalentafels, fotoarchiefprojecten, kunstwerken gebouwd van herinneringen, reminiscentiegroepen en herinneringskabinetten. Integendeel: het telkens weer vertellen en verhalen over vroeger door oude mensen, werd helemaal niet gezien als iets positiefs en werd vaak vermeden. Iedereen wist wel dat ouderen het vaak

---

[5] Franssen, J. (2005). *Heb ik zóveel verteld? Zóveel blaadjes? Levensverhalen van bewoners en personeel van St. Anna*. Heel: Stichting St. Anna.

fijn vonden om verhalen over vroeger te vertellen, maar het werd gezien als een last.
Die opvatting is inmiddels veranderd. Zelfs wetenschappers houden zich tegenwoordig intensief bezig met herinneringsprocessen, met levensverhalen en met de positieve aspecten van het ophalen van herinneringen. Er wordt onderzoek gedaan naar het werken met levensverhalen, en de congressen met levensverhalen als onderwerp buitelen over elkaar heen. Het is fantastisch dat het herinneren ook in die zin doorgaat.

Het ontstaan van dit boek
Het idee om mensen te laten vertellen en die interviews te verbinden met door henzelf geschreven verhalen, leefde al lang in mij. Het leek mij mooi om de geschreven verhalen te laten communiceren met de interviews, en ik dacht dat het boeiend zou zijn voor andere ouderen om die verhalen en gesprekken te lezen. Het zou hen inspireren hun eigen verhalen te vinden, en tonen dat elke manier om met het eigen verhaal bezig te zijn, een goede manier is.
Waarom schrijven mensen hun levensverhaal? Wat bezielt hen, dat ze juist over zichzelf, over het eigen leven willen vertellen op papier? Waarom komen ze naar een cursus levensverhalen schrijven? Wat beweegt hen om dat verhaal dan ook nog eens met anderen te delen? Hoe kijken ze terug op dit vastleggen van het eigen verhaal? Wat is voor hen achteraf de betekenis ervan en wat levert het hen op? Het meest fascinerende aan die vragen was de enorme verscheidenheid van de antwoorden. Het was een van de aantrekkelijke dingen in het werken met mensen en hun levensverhalen: iedereen had een heel eigen en particuliere reden om met het verhaal bezig te zijn. En hoewel het best mogelijk was om de motieven van de ouderen in categorieën in te delen, gaf toch elke oudere een heel eigen en persoonlijk antwoord op de waaromvraag. De effecten van het bezig zijn met het eigen levensverhaal zijn eigenlijk net zo individueel en persoonlijk als dat verhaal zelf. Het antwoord op de vraag ís al een stukje van het verhaal.
Een tijdlang speelde ik met het idee voor een promotieonderzoek rond de vraag naar de motieven en effecten van het werken met levensverhalen. Als ik dan toch onderzoek wilde doen,

waarom dan niet officieel? Gesprekken met hoogleraren en docenten aan universiteiten maakten mij echter duidelijk dat ik veel van mijn eigen wensen zou moeten inleveren voor een wetenschappelijk onderzoek. Voor mijn multidisciplinaire aanpak was niet veel belangstelling. Het bleek ongebruikelijk om over de grenzen heen te denken, en te bekijken wat er op het land van de buren te halen valt. Ongestructureerde diepte-interviews waren niet gewenst, en 'evidence-based' onderzoek, gericht op kwantiteit van onderzoeksgegevens, had in alle gevallen de voorkeur.

In zo'n soort onderzoek zou het veel minder gaan over de kwaliteit van het werken met verhalen en over individualiteit dan ik wilde, en het onderzoek zou hoe dan ook statistieken en cijfermateriaal moeten opleveren, en bewijzen. Maar bewijzen waarvoor? Dat het delen van eigen verhalen mensen goed doet? Dat het van wezenlijk belang is voor je identiteit om gehoord en gezien te worden? En kon ik de verhalen van de ouderen daarin wel een plek geven? Het promotieonderzoek verdween van het toneel. Ik besloot een boek te maken op mijn eigen manier, zonder restricties, regels of een te bewijzen stelling.

Voor antwoorden op mijn vragen zocht ik ouderen op die deelgenomen hadden aan mijn cursussen levensverhalen schrijven. Zoveel mogelijk verschillende ouderen wilde ik vragen naar hun verhalen: gestudeerd en niet-gestudeerd, van Nederlandse afkomst en allochtoon, mannen en vrouwen, jongere en oudere ouderen, mensen met en zonder kinderen, getrouwd en niet-getrouwd of alleenstaand. Ik koos de ouderen intuïtief uit mijn omvangrijke adressenbestand, waarbij ik vooral die ouderen vroeg die ik wat beter kende, omdat ze aan meerdere cursussen hadden deelgenomen. Ik vroeg mensen van wie ik dacht dat ze hun reflecties onder woorden zouden kunnen brengen, die wilden nadenken over de zin en het effect van het bezig zijn met hun eigen verhalen, en die genoeg verhalen geschreven hadden.

Bijna alle benaderde ouderen reageerden enthousiast, nieuwsgierig en welwillend. Bij allen werd ik hartelijk ontvangen, niet zelden met koffie en gebak, en vaak ging een groot deel van het eerste gesprek over het leven zelf, want we hadden elkaar soms in geen tien jaar gezien. Bijna overal ging dat bijna organisch over in het gesprek dat ik voor het boek wilde voeren. Voordat we het wisten, vertelde de oudere mij over de boeiende, interessante en wonderlijke gevolgen van het bezig zijn met het eigen levensverhaal.

Mijn enige leidraad tijdens alle gesprekken was die ene vraag: wat heeft het bezig zijn met het eigen levensverhaal betekend? Ik stelde soms andere vragen: heb je altijd veel geschreven? Was je al lang bezig met het ophalen van herinneringen? Waarom kwam je eigenlijk naar de cursus? Wat gebeurde er met je door het schrijven van verhaalfragmenten in de cursus? Hoe was het om in een groep bezig te zijn met je eigen verhaal? Maar vaak ontrolde het gesprek zich vanzelf, zoals ook tijdens elk gesprek vanzelf duidelijk werd wanneer het genoeg was.

Bijna alle ouderen bezocht ik tweemaal, enkelen zelfs drie- of viermaal. Tijdens de vervolggesprekken bespraken we het interview zoals het er op dat moment lag, en we vulden het aan met nieuwe stukjes verhaal. Eindeloos luisterde ik naar de verhalen, en vaak ging ik vervuld en dankbaar naar huis. Daar zocht ik de verhalen bijeen die het beste pasten bij het interview en in het boek.

Later kwamen er de mensen uit het Utrechtse bij. Dat had als groot voordeel dat de ouderen wat meer gespreid over het land gewoond hadden en woonden, en dat de variatie groter werd. De voor mij onbekende ouderen hadden in Utrecht les gehad in het schrijven van hun levensverhaal van Gretha Goettsch, die mij bij de interviews vergezelde. Het wonderlijke was dat ik daar net zo welkom was en dat de verhalen zich net zo gemakkelijk ontvouwden. Ik luisterde eenvoudigweg, ik was verwonderd en verbaasd over de veelheid van invalshoeken, en ik mocht ook hier zelf de passende verhalen kiezen.

Bij de keuze lette ik vooral op de reminiscentiewaarde: ik koos verhalen die herkenbaar waren en waarvan ik dacht dat zij ook bij anderen herinneringen zouden oproepen. Belangrijk criterium bij de keuze was ook dat ik in het boek verhalen met zoveel mogelijk verschillende thema's wilde opnemen; om die reden viel menige tekst buiten de boot. Ik lette verder op de lengte van de verhalen, op de voorleeswaarde en op de variëteit in stijl en woordkeuze.

Tijdens de interviews schreef ik zo letterlijk mogelijk op wat de ouderen vertelden. Ik wilde hun verhalen vatten in hun eigen taal; bij het uitwerken heb ik die zoveel mogelijk intact gelaten.

Zo ontstonden interviews van heel verschillende lengte, stijl en inhoud. Het was een veelkleurig feest, niet in de laatste plaats doordat ik het zelf in de volle breedte steeds opnieuw constateerde en ontdekte: het ophalen van herinneringen, het terugblikken op het geleefde leven en het vertellen van het eigen levensverhaal, doet mensen goed. En zoals verwacht, gaf elke oudere andere antwoorden op mijn vragen.

Ontdekkingstochten
Wat ik leerde uit de gesprekken met ouderen: over de betekenis en de zin van het bezig zijn met het eigen verhaal, heeft iedereen iets anders te vertellen. De motieven voor het bezig willen zijn met het eigen verhaal waren veelvormig en individueel. Vaak speelden verschillende beweegredenen een rol en soms veranderden die ook tijdens de cursus. De meeste mensen schreven niet om hun verhalen bij een uitgever aan te bieden. Kinderen of kleinkinderen hadden erom gevraagd, de ouderen wilden terugblikken, stonden op een kruispunt in hun leven, wilden orde scheppen en ontdekken wie ze (geweest) zijn. Ze kwamen naar een cursus omdat ze graag schreven, en omdat ze andere mensen wilden ontmoeten. En wat meestal ongezegd bleef: ze kwamen omdat ze zichzelf wilden bevestigen, op onderzoek wilden tegen de achtergrond van de levens van anderen en de tijd waarin ze hadden geleefd. Ze wilden ontdekken hoe het ook alweer was, gebeurtenissen en situaties opnieuw beleven, voor een antwoord op de waaromvraag. Oude pijn verwerken en met zichzelf in het reine komen. Ze wilden hun bestaan en verleden bevestigen, als iemand met een heel eigen verhaal, met een zinvol leven dat ertoe doet.
Zo verschillend als de motieven waren voor het vastleggen van het eigen levensverhaal, zo verschillend waren ook de effecten ervan. Als ik ouderen vroeg: 'Wat heeft het schrijven van het levensverhaal en het delen van dat verhaal met anderen voor u betekend?', soms jaren na deelname aan een cursus, was dat vaak het begin van een gesprek over veel van de belangrijke dingen in het leven. Een gesprek dat nogal eens vroeg om een vervolggesprek, want het aangaan van het avontuur met het eigen verhaal heeft soms verstrekkende en diepgaande gevolgen. Ontdekkingstochten waren het: sommigen kwamen er achter

dat hun leven toch meer mooie verhalen herbergde dan gedacht. Schatkisten werden geopend, talenten herontdekt, vroegere beslissingen en keuzen herleefd en bakens uitgezet voor de tijd die nog volgt. Een stimulans om het leven in eigen hand te nemen. Door de verhalen veranderden gesprekken met kinderen en kleinkinderen; er ontstonden meer begrip, respect en vragen, en de communicatie werd rijker.

Schrijven was voor sommigen een openbaring. De gereedschapskist van de taal werd geopend, boeken gelezen, oefeningen stimuleerden de eigen stijl te ontdekken en te slijpen. Het schrijfplezier stimuleerde enkelen meer te doen met hun verhalen; een enkel levensverhaal werd gedrukt en uitgegeven, met bijzonder feestelijke boekpresentaties. Verbazing was er over de onuitputtelijke mogelijkheden van de herinnering. Over de toegenomen belangstelling voor de verhalen van anderen, over de mogelijkheden van verhalen om bruggen te slaan, tussen mensen die zo verschillend zijn dat ze elkaar in het dagelijkse bestaan nooit ontmoet zouden hebben. Over de ontdekking dat ieder verhaal volkomen uniek is, maar dat verhalen van anderen toch herkenbaar kunnen zijn en daarmee heel troostrijk.

Verbazing was er ook over het functioneren in een groep met andere ouderen. Mensen leerden anderen te accepteren in hun anders-zijn en zichzelf in hun eigenheid. Het onderling delen van de verhalen maakte vaak diepe indruk, liet de verhalen een plek krijgen tegen de achtergrond van een groter verhaal van tijd en ruimte in de ons omringende wereld. En het was aanleiding tot diepgaande gesprekken over levensproblemen, zingevingsvragen, geloofsvragen, opvattingen en actuele gebeurtenissen. Voor sommigen groeide het verlangen actief te worden in een nooit gedachte nieuwe tijdsbesteding. Ze gingen bij een koor, bij het toneel, begonnen met voorlezen aan andere ouderen, ontmoetten elkaar in een leesclub, wilden leren schilderen of volgden specifieke schrijfcursussen. Nieuwe paden werden betreden, nieuwe mogelijkheden verkend.

Dit boek gebruiken
Dit boek kan op heel verschillende manieren gelezen en gebruikt worden. Als een leesboek voor thuis. Wie bezig is met het optekenen van levensverhalen, kan erdoor geïnspireerd raken. De

verhalen van anderen raken aan onze eigen verhalen. Het lezen van een verhaal over de bevrijding maakt wellicht een eigen bevrijdingsverhaal wakker, het lezen over een baljurk laat een eigen baljurk voor het geestesoog verschijnen. Maar dit is ook een voorleesboek. Mensen kunnen er stukjes uit voorlezen aan hun partner of vrienden. Ouderen kunnen eruit voorlezen aan buren of kennissen. Kinderen kunnen het gebruiken om hun ouders verhalen van vroeger voor te lezen; met de verhalen van anderen stimuleer je het geheugen.

Dit boek kan gebruikt worden door beroepskrachten die werken met ouderen en hun levensverhalen. Activiteitenbegeleiders in zorgcentra en verpleeghuizen kunnen de verhalen die ouderen schreven gebruiken voor andere ouderen. Die zullen beslist opveren, want de herkenbare verhalen brengen de tongen in beweging. Voor vrijwilligers en verzorgenden die ouderen wel eens voorlezen, biedt het boek veel nieuw materiaal dat voldoet aan hun eisen. De verhalen zijn in het algemeen kort, in heldere en eenvoudige taal geschreven, ze gaan over herkenbare thema's en onderwerpen en bevatten geen moeilijke woorden of zinswendingen. Ideaal voorleesmateriaal, ook voor het voorlezen aan mensen met geheugenproblemen.

Het boek is in die zin een extra bijlage bij het handboek *Luisteren in je leunstoel*. Het themaregister achterin kan helpen bij het vinden van verhalen bij een specifieke activiteit of rond een speciaal onderwerp. Dat geldt ook voor andere mensen die in hun werk te maken hebben met ouderen en hun levensverhalen: pastores en geestelijk verzorgenden, welzijnswerkers, ouderenadviseurs en hulpverleners. Zij zullen zeker belangstelling hebben voor de interviews met de ouderen, die een goede opstap kunnen bieden voor gesprekken over de zin van het leven en over het belang van terugblikken op het eigen verhaal. Voor mensen die ouderen begeleiden bij het schrijven of vertellen van hun verhalen, biedt het boek een schat aan thema's en voorbeelden, te gebruiken bij schrijfoefeningen en als invalshoek voor het vertellen van eigen verhalen.

Een woord van dank

Als niet 27 enthousiaste ouderen hun deuren voor mij geopend hadden, was dit boek er niet geweest. Graag wil ik hen danken voor de gastvrijheid en welwillendheid, voor de openhartigheid en bereidheid na te denken over toch vaak intieme en diepgaande onderwerpen. Ik ben enorm blij met de verhalen, en dat ik ernaar mocht luisteren en ze mocht opschrijven. Ik waardeer het dat ik uit jullie verhalen mocht kiezen, dat ik werd vertrouwd in mijn keuzen en bewerkingen. Dank je wel, Klari, Maria, Josephine, Jopie, Cécile, Veroon, Afra, Jeanne, Ria, Jeanne, Marianne, Miep, Irmgard, Ineke, Cécile, Sannie, Sheila, Ab, Gina, Vera, Rietje, Pieter, Paul, Maria, Francine, Ton en Lydia! De verhalen werden een deel van míjn verhaal.

Het boek zou er anders hebben uitgezien zonder de ontmoeting met Gretha Goettsch op een gedenkwaardige studiedag in Utrecht. Dank je wel, Gretha, voor je niet aflatende steun, voor het samen bezoeken van de acht ouderen die ik tot op dat moment niet kende, voor de opbeurende woorden in mailtjes en gesprekken. Ik ben blij dat ik je heb leren kennen.

En ten slotte een paar woorden voor Kees, die net als de levensverhalen onherroepelijk verstrengeld is met mijn leven, en die onvoorwaardelijk bleef geloven in de kracht van hun verhalen, en van mijn verhalen. Bij het schrijven van deze laatste woorden kwam hij thuis met een prachtige pennenset om het boek te vieren. Daarmee zal ik verder schrijven. Het verhaal gaat door.

Even buiten de tijd
Het stormt. De wind fluit om het hoge flatgebouw heen en ik vraag me af of er geen losse delen aan zo'n toren zitten die er zomaar af kunnen waaien. Maar binnen staat de koffie klaar, het is lekker warm en er is zelfgebakken cake. In een mum van tijd is de wereld van regen en storm vergeten en bevinden we ons in een veel groter verhaal, verteld door een oudere dame. Het is een verhaal van een heel leven, een leven dat ergens begonnen is, dat zich decennia lang ontvouwd heeft. In Nederland, in het Verre Oosten, in tuinen en huizen die allemaal geur en kleur hebben.
Veel hoef ik niet te vragen, het verhaal komt naar me toe en ik schrijf het met een vulpen op papier. Zonder opnameapparatuur; als het te snel gaat, vraag ik om een korte pauze. Zo letterlijk mogelijk schrijf ik op wat er gezegd wordt. De tijd vliegt. Als ik met mijn aantekeningen en met een stapel geschreven verhalen weer in de wind sta, lijkt het alsof ik even buiten de tijd geleefd heb.

Jopie Tilly (1925)
'Ik voelde mij na het schrijven een ander mens'

'Als kind lag ik in bed hele boeken te fantaseren, romantische en spannende boeken. De volgende nacht ging ik daarmee door. Ik schreef het niet op, het zat in mijn hoofd. Maar ik schreef ook heel graag. Toen ik kon lezen en schrijven, schreef ik kleine dagboekjes en verhalen. In de dagboeken schreef ik dagelijkse belevenissen, ook in de oorlog, toen ik op de mulo zat. Het is erg jammer dat alles weg is, want mijn moeder heeft alles weggegooid toen ik 21 was. Ik weet niet of ze erin gelezen heeft. Er stond niets over haar in; dat was wel het minste wat me interesseerde, wat mijn moeder deed! Ik schreef over vriendinnen en over wat we meemaakten in die tijd. Toen ik terugkwam van een vakantie, was alles weg. Ook de boeken van school, die ik bewaard had, en mijn gedichten.
Ik begrijp niet waarom ze dat gedaan heeft. Misschien was ze wel boos, want ik had de verkeerde verkering. Met die verkeerde verkering, die me achterna reisde, ben ik later getrouwd. Ik heb er veel van geleerd, 23 jaar lang. Ik kreeg drie kinderen en leerde wat armoede is. In die tijd schreef ik niet. Misschien schreef ik wel eens, maar mijn ex-man zei: "Pas op, als jij dúrft te schrijven!" Ik mocht niet schrijven. Ik had oogkleppen voor, tot ik ging werken bij Schnabel, een chique modezaak. Daar werden mij de ogen geopend en daar heb ik later ook Jef leren kennen. Hij werkte aan de overkant.
Ik kwam weer terug bij het schrijven toen ik eenmaal met Jef getrouwd was. Hij vond het heel mooi wat ik schreef. Als het rustig was in de zaak nam ik een stuk karton van een nachtjapon en dan schreef ik. Ik schreef over mijn tante Fien en tante Pleun, die Rode Kruis-verpleegsters in de Eerste Wereldoorlog waren en die in de Tweede Wereldoorlog bij ons woonden op de

Wilhelminasingel. Ze hebben veel verteld en wat ik mij herinnerde schreef ik op. Het is mijn eerste boekwerkje geworden.
In die tijd ben ik ook cursussen gaan volgen. Ik werkte toen bij Wesp, een lingeriezaak waar ik elf jaar ben geweest. Jef bracht me naar het creatief centrum in de Herbenusstraat en haalde me ook op. Dat was in de jaren tachtig. De eerste cursus ging over het schrijven van korte verhalen, daarna kwam er een volgende en nog een... Ik volgde ook andere cursussen, zoals een lenteschrijfdag, en ik ging naar weekends en weken op kasteel Vaeshartelt om daar te schrijven over bomen. Of aan verhalen waarin oudere vrouwen de hoofdrol speelden. Ook schreef ik gedichten in de Jan Hanlo-cursus. De laatste cursussen die ik volgde, gingen over het schrijven van levensverhalen. Zo rolde ik van het een in het ander. Ik had al veel dagboeken geschreven, dus ook dit paste wel bij me.
Ik ging iedere zomer vier maanden naar de camping en daar hield ik een dagboek bij. Vooral toen Jef net gestorven was, schreef ik veel. De laatste aantekeningen zijn hartverscheurend. Ik was alleen, maar ik ging toch naar de caravan om te schrijven. Ik ging gewoon zitten, pakte mijn pen en mijn boek, en schreef. Het was fijn dat ik alleen was, ik had alle ruimte en tijd. Het hielp me. Ik voelde mij na het schrijven een ander mens, ik schreef alles van me af. Nee, ik huilde niet tijdens het schrijven. Ik schreef over mijn gevoelens en over mijn gedachten, ik schreef herinneringen op aan onze tijd samen.
Naar aanleiding van een gebeurtenis - vaak iets onbenulligs - kwam ik in het verdriet terecht. Bijvoorbeeld bij het uitpakken van de kerstspullen, want dat deden we altijd samen. Ik móest schrijven. Ik had jaren nodig om het verlies van Jef te verwerken, ik hield heel veel van hem. Tegenwoordig hoef ik niet meer te schrijven, nu lees ik liever. Wie weet komt het nog eens. Ik heb er nu weinig behoefte aan. Als ik die dagboekjes herlees, merk ik dat ik nu heel anders denk dan toen. Vroeger was ik meer verbitterd en rancuneus, vooral over mijn eerste huwelijk, maar dat is nu helemaal weg. Ik realiseer me dat ik veel dingen ook letterlijk van me afgeschreven heb en ben verbaasd dat ik dat allemaal opgeschreven heb.
Ik heb genoeg meegemaakt waarover ik kon schrijven. Ik schreef absoluut op mijn gevoel, ik fantaseerde niet, het was zoals ik

het heb meegemaakt. Er kan wel een dichterlijke vrijheid in zitten, maar het is geen fantasie. Ik kan geen fantasie schrijven. De verhalen zijn een stukje van mijn ziel.

Het heeft veel voor mij betekend, het opschrijven van mijn levensverhalen, ik kon me er helemaal in uiten. Voor mijzelf is het waardevol, en ik zou het vreselijk vinden als het weg was. Ik vond het vooral heel fijn om mij ook de leuke dingen te herinneren en die op te schrijven. Ik had er veel plezier in; ik zag het weer voor me en beleefde het opnieuw. Nooit de verdrietige dingen, ik wilde de positieve dingen opschrijven. We hadden me toch een armoe en ellende, maar we hebben toch ook wel veel plezier gehad. Het was vlak na de oorlog. Ik heb een opgeruimde natuur, ik sloeg me er doorheen. Toen mijn ex-man me na meer dan dertig jaar opbelde, was het eerste wat hij vroeg: "Ben je nog altijd zo vrolijk?" Ik vond het leuk, alles nog eens te overdenken en te beschrijven en ik heb ook alles bewaard. Af en toe pak ik een dagboek of mijn verhalen, en dan lees ik erin. Enig vind ik het dan, ik vergeet de tijd tijdens het lezen. Ik beleef het dan weer opnieuw, want het is écht allemaal zo gebeurd.

Maar ik heb mijn verhalen ook bewaard voor mijn kinderen. Ik hoop dat ze er belangstelling voor hebben. Aan mijn zoon heb ik eens het verhaal van de hoed voorgelezen. Hij zei toen: "Goh mama, ik geloof dat je talent hebt..." Zijn vriend ging er helemaal in op tijdens het luisteren, ook hij vond het leuk. Ik heb trouwens altijd voorgelezen wat ik schreef: destijds las ik alle verhalen voor aan Jef, hij vond ze geweldig. Aan Leo las ik ook voor. Ik las hem bijvoorbeeld voor uit een dagboekje dat ik geschreven had tijdens een relatie met een jonge vriend, waarmee ik een cursus volgde. Hij was homo en er gebeurde niets tussen ons, maar we konden geweldig met elkaar opschieten, totdat hij me de wet ging voorschrijven. Hij kwam me te na, ik voelde me niet meer vrij en toen ging het ook mis. We kregen een meningsverschil en op een goed moment heb ik hem vierkant de deur uitgezet. In dat dagboekje had ik alles opgeschreven: hoe het begon, hoe het geweest was en hoe het afliep. Leo vond het prachtig om ernaar te luisteren. Toen het uit was, hebben we samen gehuild. Ik had altijd een klankbord: eerst Jef en later Leo. Zij waren mijn toehoorders.

Ik vind het hartstikke leuk, dat een paar van mijn verhalen nu in een boek komen. Dat had ik nooit ook maar dúrven dromen! Nu kunnen ook andere mensen ze lezen. Misschien zeggen ze dan: "Ja, zo was het vroeger." Misschien herkennen ze er iets in, misschien hebben ze er iets aan om mijn verhalen te lezen of leren ze er wat van. Als er weer een groep zou beginnen, zou ik de eerste zijn om mee te doen. De mensen in de groep en de docente gaven mij enorm veel inspiratie. Die inspiratiebron mis ik nu. Hoewel: ik heb pas nog iets geschreven voor ons buurtblad. Met foto's erbij van vroeger. Dat was toch ook wel fijn om te doen.'

ONZE EERSTE AUTO

Wat ik mij zelfs niet kon voorstellen, gebeurde: Jack had een auto gekocht! Zoals gewoonlijk kwam hij er gewoon mee thuis. Nou ja, thuis... het ding ging het huis niet in en ook niet in de kleine tuin, 'het' stond gewoon voor de deur in de straat. De auto, nu zou je hem die naam niet meer geven, was van karton. De buren uit de straat en ik met kleine Jack op mijn heup, dromden voor de deur bijeen om onze nieuwe aanwinst te bekijken. Een auto! Hij was grijs gemailleerd en erg klein. Maar... hij had wielen!

En Jack, een duivelskunstenaar wat motoren betreft (hij had altijd motor gereden), zou deze auto piekfijn in orde maken. Dus werd hij eerst gesloopt. Deuren, ramen, motorkap - alles werd gedemonteerd, ook het binnenwerk en de motor natuurlijk. Het merk? Wel, een DKW met een tweetaktmotor, een Duitse oorlogsauto. Toen alle gesloopte onderdelen op de stoep lagen, begon het echte werk pas. Iets met rood. De bekleding werd met rood doek overtrokken, de deuren aan de buitenkant ook. Met de pianospuit werden de buitenkanten bewerkt, zodat je die onduidelijke grijze kleur niet meer zag. De motor werd gereviseerd, en uiteraard de wielen ook. Hij was er dagen mee bezig.

Vol ongeduld wachtten de kleine Jack en ik op de dingen die komen gingen. Wij zouden auto kunnen rijden en dat terwijl nog helemaal niemand in onze straat een auto had. Eindelijk was het zover: Jack ging proefrijden. Hij reed onze straat uit, de Heerderweg af en was buiten zicht. Het duurde lang voordat ik het takketak weer voor de deur hoorde. Maar zondags gingen we toch een tochtje maken; wij mochten mee. Jacky was nog te klein om het allemaal te bevatten.

Mettertijd is deze auto vervangen door andere exemplaren, maar we hadden vanaf toen altijd een auto. Soms was dit ook een twistpunt in ons huwelijk, want de auto was een ding dat meer nodig had dan Bruin kon trekken. Maar die auto wás er, want je kon niet zonder, toch?

DE JURK

DOORGAANS MAAKTE IK mijn jurken zelf. Ik maakte ook pakjes voor de jongens, kocht daarvoor lapjes op de markt. Ik wist het altijd wel zo te maken, dat het geheel er aardig uitzag. Als je niet te nauw keek en vooral een oog dichtkneep, was het best te doen. Met mijn haar had ik het getroffen, daar had ik niet veel aan te doen buiten de wekelijkse wasbeurt. Ik toupeerde het hoog op en de rest viel eigenlijk vanzelf. Een paar spelden en ik had een hoge kuif. Nu had ik van een kennis van mijn ouders een koffer met gedragen kleding van haar dochter gekregen. Het waren stuk voor stuk heel draagbare jurken. Die met of zonder veranderingetje precies mijn maat waren. Eén jurk stak er helemaal bovenuit, een bééld! Van donkerblauwe stof met een heel slank lijfje, driekwart mouwen en een enorme wijde rok met een ingebouwde petticoat! Niet te geloven, zo prachtig. Alleen bij heel speciale gelegenheden deed ik hem aan. Kuif heel hoog, petticoat heel wijd en spitse hoge hakken.

Op zondag gingen wij wel eens met de kinderen een tochtje maken en dan ging de jurk aan. Ik was dan helemaal in stijl, want we hadden in die tijd een auto met open dak; we vielen op. Jack had een filmcamera aangeschaft - we begonnen dus al in weelde te leven - en hij nam die camera mee als wij op stap gingen. Er werd gestopt bij verschillende interessante objecten, zodat hij kon filmen, en ik moest er natuurlijk ook op. Nu ging onze uitstap nooit erg ver van huis en Jack stopte ook nooit bij een terrasje; dát was er niet bij. Er waren in die tijd ook geen terrasjes. Het was gewoon een uitstap met niks.

Maar ik wilde mij toch heel graag in mijn mooie jurk laten vereeuwigen. Ik zag een hoge trap met een bordes, helemaal geknipt als decor. De auto stopte en ik beklom de trap. 'Nu moet je mij filmen!' riep ik naar beneden en bij die woorden daalde ik als een prinses de trappen af. Het was echt indrukwekkend. Dat stukje film heb ik laatst teruggezien, bij een buurmeisje van toen. Ach, wat zag ik er toen nog mooi uit...

HET KORSET

Toen hij binnenkwam, wist ik al waar het voor was. Zijn begroeting was als altijd uiterst vriendelijk, we schudden elkaar de hand, en hij vroeg hoe het met mij ging. Terwijl hij mij glimlachend aankeek, streek hij met zijn tongpunt even over zijn glanzend witte tanden - wat op mij als uiterst sensueel overkwam. Zijn ogen twinkelden achter brillenglazen, in een volmaakt knap gezicht. Hoewel zijn voorhoofd erg ver doorliep vanwege de haargrens die al naar achteren week, waren het juist die kleine dingen die hem zeer charmant maakten.
'Hebt u nog iets binnengekregen?' vroeg hij, wetend dat ik onmiddellijk zijn wensen zou begrijpen. 'Iets aparts? Van mooie gebloemde stof?' Hij bedoelde de jacquard stof die wij gebruikten om bepaalde korsetten van te maken. Ik knikte en draaide mij reeds om, om het verlangde artikel uit het vak te halen. De doos op de toonbank plaatsend, opende ik hem en schoof voorzichtig het vloeipapier van de glanzende stof af. 'O ja', zei hij. 'Dit is prachtig, precies wat ik zoek.' Ik haalde voorzichtig het korset uit de doos en spreidde het uit op de toonbank, schoof de veters iets vaneen en toonde hem de vele baleinen die het kledingstuk rijk was. Hij knikte. 'Mag ik het passen?' 'Gaat uw gang', zei ik, terwijl ik het gordijn van de paskamer opzij schoof. Tegen de toonbank geleund wachtte ik in stilte de dingen af die zouden komen. Achter de gesloten gordijnen hoorde ik geritsel van kledingstukken en het geluid van het openen van de korsethaakjes; een droog geluid van stof en metaal.
Na enige tijd riep mijn klant enthousiast: 'Komt u maar eens kijken...!' Hij stond voor de grote spiegel, terwijl zijn broek aan zijn voeten lag. Zijn goedgevormde lange benen staken in zwarte nylons met naad, precies over de kuiten, strak in de jarretels. Zijn rode slip was afgeduwd tegen de onderste rand van het korset, zodat net even zijn mannelijkheid aan het bovenste randje zichtbaar was. 'Zo, als u nu even de veters wilt aantrekken... Doe maar strak, dat kan ik best verdragen.' Hij was een beetje rood aangelopen en ik

meende enige opwinding te bespeuren. Met een stevige ruk trok ik de veters dicht, maakte de opening tussen de twee korsethelften kleiner, zodat het korset als een schroef om zijn lichaam paste. 'Ja, heerlijk zo', zei hij. 'Prachtig. Staat het niet prachtig?' 'Het zit prima,' beaamde ik, en ik keek naar zijn lichaam, dat hij in verschillende poses opstelde. En terwijl hij vriendelijk lachend zijn hoofd naar me toewendde, zei hij: 'U bent zo begrijpend. Ik vind het zo prettig een vrouw als u te treffen die mij wil helpen met passen. Ik draag graag een korset, dan voel ik mij zo sexy. Ik heb het nodig, zoiets straks om mijn lijf, dan voel ik me vrouwelijk. Het is alsof ik in een vrouwenhuid kruip als ik een korset aantrek. Het is niet dat ik niet mannelijk ben, nee, dat is het niet. Ik houd zoveel van de vrouw, dat ik haar steeds om mij heen wil hebben.' Hij schonk mij een warme glimlach. Ik zag de broek aan zijn voeten en het kleine plukje schaamhaar dat onder het roze korset uit piepte. Discreet sloot ik het gordijn, en trok mij in de winkel terug. Na lang geritsel kwam hij weer tevoorschijn, het roze korset in zijn hand. Een keurige heer, met een keurige jas en een keurige stropdas. Zijn prettige ogen keken mij onveranderlijk lachend aan en hij zei: 'Dank u wel dat ik heb mogen passen. Ik koop nu niet, maar ik kom nog terug.'

DE HOED

Als ik mijn ogen iets hoger richt, zie ik zijn hoed op de kapstok. Een vergeten hoed. Ik ben vergeten hem mee op te ruimen, de hoed lag bovenop de kapstok toen ik al die kledingzakken eronder opstapelde. De kledingzakken die ik vulde met ondergoed, pyjama's, broeken, jasjes, truien, schoenen en sokken. Terwijl ik de zakken vulde jammerde ik luidkeels. Blij dat ik maar alleen in de flat was. Geen mens die mij hoorde, en ik was niet van plan mijn verdriet in te houden. Ik wist dat ik het nú moest uiten, eenmalig, en dat ik dan opnieuw door zou kunnen gaan met mijn leven.

'Ik wil je niet wegdoen, ik wil je niet zomaar wegdoen...' Ik herhaalde die woorden keer op keer, terwijl de tranen over mijn gezicht stroomden. Blindelings vulde ik de zakken en vouwde ik de kleren. Zag daarbij zijn gestalte voor me, hij die al die kleren gedragen had. In zijn goede dagen maar ook tijdens de dagen van algehele aftakeling. Zijn gezicht steeds magerder, zijn ogen hol en groter en bijna smekend om toch nog te mogen blijven leven. Leven en mogen blijven als een obsessie. Het lijden was niet zo erg als het afscheid moeten nemen.

De pyjama's waren het ergst. Heel die lange lijdensweg trok aan me voorbij en uiteindelijk was daar zijn dode lichaam en de rust en overgave die ervan uit straalde. Het wrange en erge dat uiteindelijk toch oploste in een verlossing, de verlossing van het kruisje dat de priester op zijn voorhoofd gaf, de uiteindelijke vreugde... Heel dat korte leven samen, heel dat intense leven - omdat we wisten dat het maar kort zou zijn. De wetenschap dat ik weer alleen verder zou gaan. Dat uitbrullen in mijn eentje, tijdens het vullen van de zakken. Maar ik vergat zijn hoed.

Als ik naar die hoed kijk, zie ik ook zijn hoofd. Zijn hoofd en zijn gezicht nog in zijn goede dagen. Onze goede dagen. Winterse dagen. Ik heb een hele mooie foto van toen wij net terug waren uit de Dominicaanse Republiek: zijn gezonde gebruinde hoofd onder die hoed. Hij zag er zo knap en gelukkig uit, toen. Iedere dag kijk ik, een beetje onbewust, en dan zie ik zijn hoed weer op de kapstok. Misschien houdt hij de herinnering levend, ik weet het niet. Want ik heb toch ook foto's?

Zijn laatste dagen in die meimaand. De ene boom voor zijn raam met beginnende groene blaadjes en die ene merel die erin zong, opgetogen en vol vreugde. Hij was bezig zijn nest te bouwen, een partner te zoeken... Door het open raam scheen een streep zonlicht. 'Doe het gordijn maar dicht', zei hij. En de merel zong. Nu is het herfst. De bladeren ritselen droog en vallen af. Op het balkon kruipt een gouden gloed in mijn planten en bloemen, de nachten worden kouder en ik zal een dezer dagen moeten snoeien en ruimen. Het zonlicht wordt minder; als ik op mijn stoel op het balkon zit, kruipt de kilte langzaam op. Ik weet hoe hij steeds hunkerde naar het voorjaar, naar zon en warmte. Dagelijks had hij het erover: 'Als het maar weer voorjaar is…' Heel in het begin hebben wij nog in het bleke voorjaarszonnetje kunnen zitten, hij dik aangekleed, want hij had het altijd koud.

Maar nu alles voorbij is en ook de zomerplanten langzaam sterven, moet ik toch weer verder. Ik neem de draad op van voordat hij er was. De draad van verder alleen leven. Ik weet dat ik niet alleen ben, er leven zoveel mensen om me heen, er blijft zo onnoemelijk veel over als je leven wilt. Diep in mij blijven er zoveel herinneringen aan hem en aan de liefde die hij mij gaf. En ik heb er weer zoveel van geleerd… Toch zal ik moeten besluiten zijn hoed van de kapstok te nemen en die ook op te ruimen. Hij blijft toch in mijn hart, net als al die mensen die mij lief waren, die ik in mijn lange leven heb moeten 'afgeven'. Zij zullen altijd in mijn gedachten bij mij zijn.

JEANNE LAST-FRIJNTS (1918)

'Ik heb geleerd vrede te hebben met mijn verhaal'

'Toen ik 58 jaar was, begon ik een nieuw leven. Mijn man leefde toen nog. Van huis uit had ik alleen lagere school gedaan en een paar jaar huishoudschool. Ik moest al vroeg werken op de boerderij, mijn moeder was weduwe. Ik trouwde en kreeg zeven kinderen. In de loop van de jaren werden mijn kinderen steeds knapper, ze leerden Frans en Engels, en ik maakte alleen maar thee en heerlijke roomsoesjes voor de zondag; ik deed het huishouden. Als de kinderen iets niet wisten, gingen ze naar papa, want hij had hbs gedaan en was ambtenaar bij de gemeente. Hij hielp hen bij het opzoeken van woorden en het gebruik van de encyclopedie.

Ik kwam weinig uit huis, en liep vast. Ik voelde: hier gaat iets mis. Ik wilde meer dan alleen het huishouden. Toen de kinderen klein waren, kon dat allemaal niet. Ook toen wilde ik wel iets anders voor mezelf, ik dacht erover na, maar het ging niet. Maar nu wel. Er moest iets gebeuren. Ik begon met het leren van de Duitse taal, via Duitse les voor Nederlanders op de televisie. Dat programma was net na het eten, onder afwastijd, en ik moest ervoor vechten om ernaar te kunnen kijken. Gelukkig kwam mijn broer eens op bezoek, die zei: "Dat is mooi! Laat haar toch kijken." Toen was het goed.

Mijn man was even oud als ik en hij had niet veel zin om 's avonds na zijn werk nog van alles te doen. Soms ging ik dan voor hem naar bijeenkomsten van de kerk. Daar ontdekte ik dat ik niet meer goed kon schrijven. Tot dat moment schreef ik eigenlijk alleen boodschappenlijstjes vol fouten, die mijn man verbeterde. Ik voelde me dan bestraft. Later ontdekte ik dat hij me dan iets wilde leren; dat wilde hij graag. Ik begon de krant te lezen en vroeg de kinderen om daaruit stukjes als dictee voor te lezen. Ik probeerde dan foutloos te schrijven.

Mijn zoon kwam eens thuis met informatie over een opfriscursus rekenen en schrijven van het Bernardinuscollege in Heerlen. Daar meldde ik me voor aan. Ik was niet de enige, want er waren vijf volle groepen - zoveel belangstelling hadden ze niet verwacht. Er waren extra leerkrachten nodig om al die groepen te begeleiden, en extra leerboekjes. Ik wilde vooral over de taal leren, maar ik leerde er ook wat boeken waren en dat je dingen kon opzoeken.
Na de cursus ben ik op school gebleven. Zo kwam ik terecht op de dagmavo ofwel de moedermavo. Ik dacht: als ik dat drie maanden doe, krijg ik het Nederlands wel onder de knie. Maar het werden drie jaar, want naast de school had ik mijn huishouden. Ik leerde elke dag nieuwe dingen, en wat zag mijn week er anders uit! Op maandagmorgen ging ik met de bus naar school en zag mensen de was ophangen. Ik niet, ik ging naar Nederlandse les. Op vrijdagmorgen zag ik vrouwen ramen lappen en de stoep schrobben. Dat had ik vaak donderdags al gedaan, maar het was ook niet meer belangrijk. Mijn studie was belangrijk. Mijn man kreeg er ook plezier in. Hij hielp me geregeld, met het maken van goede zinnen en het opzoeken van woorden.
In die tijd is hij heel plotseling overleden. Ik had moeite om weer op dreef te komen, maar langzaam lukte het. Toen hij er niet meer was, heeft de school me in leven gehouden: ik moest drie halve dagen naar school en daardoor móest ik opstaan, me aankleden en netjes maken. Het hielp me mijn dagritme te hervinden. Een dag na het overlijden van zijn vader ging mijn laatste zoon op kamers. Alleen mijn jongste dochter woonde nu nog thuis. Het was zwaar voor haar, zonder haar broer en vader en met een treurende moeder. Het was een periode van veel veranderingen. Toen zij ook weg was, moest ik vanuit de school steeds terug naar het lege huis. Ik realiseerde me dat ik dat huis moest vullen met nieuwe bezigheden, die anders waren dan vroeger. Ik moest ervoor zorgen dat ik 's avonds moe was. Gelukkig waren er mensen die mij kwamen ophalen.
Na de mavo ging ik naar het vwo. Tijdens mijn opleiding interesseerde de Nederlandse taal mij het meest. In het begin snapte ik er niet zoveel van, maar de leraar gaf goed les en ik haalde een zeven voor het eindexamen. In de weekends kreeg ik soms hulp van de kinderen, maar het fijnste was dat we nu gespreksstof

hadden. Ook de koffie en de vlaai waren bijzaak geworden, we spraken over boeken of over de middeleeuwen. Na het eindexamen volgde ik nog de vwo-vakken filosofie en maatschappijleer, maar daar deed ik geen examen in. Ik wilde mezelf verrijken en bezig blijven met activiteiten die ik graag deed.

Zo leerde ik nog tot mijn zeventigste jaar. Daarna wilde ik geen examens meer doen; ik vond het welletjes. Mijn kinderen gingen zich verloven en trouwden, en ze kwamen zondags op bezoek. Ik las tamelijk veel. Met klasgenoten van de school en een jonge leraar Nederlands richtten we een boekenclub op. De leraar las mee, die moest ook nog veel leren. Toen de mensen in de club begonnen met het lezen van dikke boeken van buitenlandse auteurs, vond ik het te zwaar worden. Omdat de bibliotheek meestal maar een enkel exemplaar had en wij uit Brunssum met z'n drieën waren, moesten we zo'n boek soms in drie dagen lezen. Ik heb de boekenclub toen losgelaten.

Toch kon ik niet meer stilzitten en bij een open dag van het hoger onderwijs voor ouderen ontdekte ik schrijfcursussen in Sittard. Hoe moest ik daar komen? Een vriendin zei: "Je kunt zoveel. Daar kom je ook heus wel, zoek het maar uit." Dat deed ik en het lukte. Tweemaal twaalf lessen hadden we in Sittard en later nog eens een vervolgcursus. Ik ging er met de bus naartoe. Eerst ging ik alleen, maar later, toen we in Maastricht verder gingen, ging ik met Jep van de Ven. Hij haalde me op en we reden dan samen in zijn auto naar de cursus. Het was onze cursus en onze morgen; we deden het samen. Jep hoorde heel slecht, ik luisterde in de auto vooral naar zíjn verhalen, dus ook hij vond het fijn.

Ik deed daarna ook driemaal mee aan een zomerweek voor creatief schrijven bij Driekant in Valkenburg en op Kasteel Vaeshartelt in Maastricht. Een cursus over het schrijven van kinderverhalen, een cursus waarin het ging om het lezen en schrijven van teksten met oudere vrouwen als hoofdpersoon, en een schrijfcursus in en om Kasteel Vaeshartelt.

Door het schrijven kwam ik tot rust, het boeide me. Dat wilde ik niet loslaten. Ik was gefascineerd door het schrijven, door het maken van zinnen waarin ik iets over mezelf kwijt kon. In plaats van een opgave ervaarde ik het schrijven als een grote bevrijding van alle zorgen en ik werd er doodrustig van. Ik deed nu iets wat ik zelf heel fijn vond. Ik heb heel veel geleerd, ook over de taal. Want als ik zie hoe ik nu schrijf, en dat vergelijk met de werkstukken van school, dan vind ik dat werk nu zwak.

Ik vond het heel interessant om deel te zijn van een groep. De stimulans van de groep vond ik heerlijk: je leest de verhalen die je schrijft voor en anderen herkennen zich daarin. Je merkt dat je mee kunt. Je hoort de verhalen van de anderen en herkent dat ook. Het was voor mij een bevestiging van mijn bestaan.

Nu ik erover nadenk, besef ik dat ik in dat grote gezin ondergesneeuwd raakte. In de groep kreeg ik vanzelfsprekend mijn plek, ik kwam er aan mijn trekken. Ik kreeg commentaar op mijn verhalen, waarmee ik de teksten kon verbeteren. Ik kreeg complimenten en kreeg te horen wat beter kon. Ik kon ook commentaar leveren op het werk van anderen, we kwamen in gesprek met elkaar en we praatten door over onderwerpen en thema's. Ik was bezig met iets dat ik zelf verworven had. De cursussen stimuleerden me ook om mij weer te verdiepen in de Nederlandse literatuur.

Wat betekende het bezig zijn met mijn eigen levensverhaal voor mij? Ik blikte terug en wilde vooral de zonnige kanten van mijn levensverhaal opschrijven. De donkere dingen waren er ook wel, maar die schreef ik niet zo gauw op. Wel heb ik geschreven over het pak van mijn man, naar aanleiding van een oefening over een kledingstuk. Ik had eerst geschreven over een jurk van mijzelf, en daarna over het pak van mijn man. Ik zat midden in het rouwproces. Het hielp me toch wel. Het opschrijven alleen al was genoeg. Het emotioneerde mij zo dat ik het verhaal niet in de groep kon voorlezen.

Terugblikken op mijn leven vond ik fijn. Ik kón het ook goed, want ik wist nog heel veel. Ik had in ons dorp een prachtige jeugd gehad, met genoeg ruimte en veel spelen en ik ging graag naar school. Ik herinnerde me veel mooie verhalen, over de geboorte van een kalfje, over de kermis, over de geboorte van mijn zusje. Ik haalde intuïtief vooral de fijne dingen terug; ik heb een zonnig karakter. Maar ik was wel vroeg volwassen door het overlijden van mijn vader toen ik zeven jaar was. Samen met mijn vier zussen heb ik moeder daarna gesteund en geholpen, en moeder deelde al haar zorgen met ons.

Het schrijven was voor mij een dagvulling, het vulde mijn leven. De reis naar de cursus was voor mij al mooi: in de bus zag ik de mensen om mij heen en het landschap. Ik realiseerde me goed dat op mijn leeftijd alles hoort bij die ene dag die ik op dat moment beleefde, ik moest het hebben van het hier en nu. Ik zag alles heel intensief, ik nam de dingen die ik zag in mij op tijdens het reizen, maar ook tijdens de cursus zelf. Ook thuis was ik nog met schrijven bezig. Ik schreef de verhalen over zonder fouten. En over het huiswerk dacht ik veel na, terwijl ik licht werk deed, zoals afwassen. Twee of drie middagen in de week schreef ik dan, als de buitenwereld mij niet te veel opslorpte.

Ik schreef het verhaal eerst gewoon op. Dan veranderde ik de zinnen die ik wilde verbeteren en daarna schreef ik het over. Als ik commentaar gekregen had, verbeterde ik het verhaal. Als de verbeterde versie klaar was, had ik het toch wel twee of drie keer geschreven. Ik had twee klappers; één met kleine blaadjes en één met grotere blaadjes voor de verhalen die klaar waren. De klappers lagen in mijn kast. Door het hele huis heen lagen de cususboekjes. De kleinkinderen lezen er straks in. Mijn kinderen lazen ze, sommigen tenminste, niet allemaal lezen zij mijn verhalen graag. Als ze op bezoek zijn, blijven ze niet zo lang. We praatten er niet zoveel over, soms was ik daarvoor 's avonds ook te moe. Ze waren verwonderd dat ze zo'n moeder hadden en dat ik een nieuw leven opgebouwd had. Ze vonden de verhalen goed en stimuleerden mij om meer te schrijven. De kinderen hebben de verhalen gekopieerd en er boekjes voor henzelf van gemaakt, dat vonden ze belangrijk.

Aan anderen laat ik de verhalen niet lezen, omdat ze er zo vreemd tegenover staan. Ik heb wel eens geprobeerd om mijn vriendin Mia mee te krijgen naar de cursus, maar dat is niet gelukt. Ze ging nog liever dood! Nee, levensverhalen wilde ze niet schrijven. Veel mensen zijn bang om iets over hun leven los te laten. Boven, in mijn slaapkamer, lagen op een stoel de acht dunne cursusboekjes. Als ik in bed lag, las ik er zelf vaak een verhaal uit. Een echt boek lezen lukte me 's avonds niet meer. Ik heb heel wat boekjes, van alle hovocursussen en van de cursussen op Driekant.

Ik schreef de verhalen in de eerste plaats voor mezelf, om met de taal bezig te zijn. Later vond ik het ook leuk om het voor de kinderen te doen, zodat zij door de verhalen hun moeder beter konden leren kennen. Doordat ik naar school ging en begon met schrijven, veranderde er thuis veel. De kinderen raadden mij boeken aan, die ik soms al kende. Ik werd nu een moeder die óók veel wist over de Nederlandse literatuur. De gesprekken gingen wat mij betreft niet meer alleen over gordijnen die gewassen moesten worden of over bakken of iets anders uit het huishouden. We hadden nu heel andere gespreksstof. Ik keek ook naar andere tv-programma's.

Het leven werd thuis veel gezelliger. Ook toen er kleinkinderen kwamen: we spraken natuurlijk wel over hen, maar ze waren niet het énige gespreksonderwerp, zoals bij veel van mijn leeftijdgenoten. Door mijn verhalen veranderde er ook iets bij de kinderen: ze werden nieuwsgieriger naar mijn leven, vroegen meer. Met mijn jongste kind had ik een heel bijzondere band, want we studeerden in dezelfde tijd. Zij zat op de havo en ik op het vwo. We vergeleken ons huiswerk met elkaar.

Als ik terugkijk naar hoe ik begon, met boodschappenbriefjes, en waar ik nu ben uitgekomen, dan vind ik dat ik toch veel bereikt heb. Ik moet wel zeggen dat ze ons er op school wel doorheen getrokken hebben bij de examens - wij gingen toch niet verder studeren of werken.

Ik kwam steeds naar een volgende cursus, ik vond het niet erg om de beginnerscursus verschillende keren te doen. Ik wilde graag op diezelfde ochtend blijven komen. En ik wilde meer, want ik had altijd nieuwe verhalen. Nee, het werd nooit saai. De herhaling vond ik juist fijn, het hielp me om de dingen goed te onthouden. Als je het maar één keer hoort, verdwijnt het weer. En er kwam ook telkens weer iets nieuws bij, het was nooit helemaal hetzelfde.

Ik heb over veel dingen niet geschreven. Bijvoorbeeld over de opvoeding van mijn kinderen, over de momenten dat de kinderen uit huis gingen en de lege plekken die ze achterlieten, hoe ze in het weekend met de was naar huis kwamen. Ik heb ook niet geschreven over de oorlog. Wel heb ik nog geschreven over de geboorte van mijn kinderen, maar niet over mijn huwelijk. Dat hoorde voor mij bij mijn privéleven. Ik wilde er eigenlijk voor mijzelf nog over schrijven, maar het is er niet van gekomen. Ik ben er nu niet meer mee bezig. Het is goed zoals het is.

Het schrijven werd na verloop van tijd wel anders. Ik werd nieuwsgieriger naar mijn eigen verhalen, soms was ik helemaal opgewonden van een vondst. Dan had ik iets teruggevonden in mijn herinnering, iets dat ik niet meer wist. Als ik dan een flard gevonden had, kwam de rest er achteraan. Die flarden voegde ik dan toe aan het verhaal, precies zoals ik in de cursussen geleerd had. Ik wilde toen ook wel levensverhalen van anderen opschrijven, bijvoorbeeld verhalen van mensen in het verzorgingshuis. Ik stelde me voor dat ik hen zou interviewen over hun herinneringen, en dat ik die dan voor hen zou opschrijven.

Ik wilde ook zelf nog meer herinneringen ophalen en opschrijven, en wilde ook verhalen die ik al had, mooier maken. Maar ik wilde niet te diep op de dingen ingaan. Ik schreef vlotter en gemakkelijker dan in het begin. Als ik begon met schrijven, beefde mijn hand altijd een beetje. Maar na de tweede of derde regel werd mijn hand vaster. Soms, als het regende of als ik niets van de kinderen hoorde, als ik me eenzaam voelde, dan schreef ik. Ik schreef dan een bladzijde en daarna leefde ik weer op. Dat doe ik nu nog wel eens.

Wat het mij heeft gebracht, om met mijn eigen levensverhaal bezig te zijn? Ik heb er kennis door opgedaan, ik heb dingen geleerd. Ik leerde niet alleen dingen over de taal en de opbouw van verhalen, maar ik deed ook veel levenskennis op. Ik leerde door de verhalen van mezelf en anderen. Ik was met iets fijns bezig, met schrijven, iets heel anders dan breien en het huishouden doen. Ik kon het ook in een groep doen, zodat mijn kennissenkring groter werd.

Ik ontdekte dat ik een verhaal had, net als ieder ander. Het is een uniek verhaal maar ook hetzelfde verhaal. Je herkent dingen bij elkaar. Dat is troostrijk, je vindt troost bij de verhalen van anderen. Sommigen hebben het moeilijker, anderen hebben het gemakkelijker in het leven. Als ik de verhalen van anderen hoorde, haalde ik eruit wat ik voor mijzelf kon gebruiken, de essentie, en dat legde ik dan naast mijn eigen levensverhaal. Ik herinner mij het verhaal van een cursiste die schreef over haar relatie met haar vader en die vertelde hoe graag ze van haar vader had willen houden, maar dat het haar met geen mogelijkheid lukte. Door zo'n verhaal ontdekte ik dat ik het eigenlijk helemaal niet slecht gehad heb, dat ik veel goede dingen meedraag. Door de meerdaagse cursussen heb ik beter geleerd om weg van huis te zijn. Als ik voor vijf dagen wegging, moest ik altijd erg wennen, ik kon moeilijk van mijn eigen plek weg en ik had altijd heimwee naar huis. Nu zie ik het als een goede oefening voor de overstap die ik moest maken van mijn eigen huis naar het verzorgingshuis waar ik nu woon. Ik had een gebroken bekken en ik kon niet meer vooruit in mijn grote huis, met de vele trappen en de grote tuin. Het leven loopt zoals het zich voordoet, in elk mensenleven. Ik vond het afschuwelijk dat ik mijn huis uit moest. Het moeilijkste vond ik het leren accepteren dat ik oud werd en achteruit ging. Ik heb er twee jaar over getreurd dat ik niet meer kon fietsen en dat ik hier moest wonen. Het een na het ander kan niet meer, ook al doe ik veel oefeningen en ben ik op therapie om te blijven bewegen.

Als ik terugkijk nu, vind ik mijn verhalen heel mooi. Vroeger las ik Simone de Beauvoir en toen dacht ik: ik houd ermee op; zó kan ik toch nooit schrijven. Maar mijn dochter zei: 'Niet iedereen hoeft zo te schrijven. Je moet het op je eigen manier doen!' Dat werd bij de cursus ook gezegd. Nu zie ik ook dat het helemaal geen flauwe verhalen zijn. Nu ik alles weer eens aan het lezen ben, denk ik: heb ik dat allemaal geschreven? Het is wel veel!

Ik heb alle boekjes nog, ze liggen nu in een koffer op de kast. Toen ik hierheen verhuisde, was mijn grootste zorg dat ik mijn boeken en verhalen hier wilde hebben. Ze zaten in de koffer, die móesten de kinderen voor me zoeken, die wilde ik hier hebben. Zij vonden de verhalen van de anderen niet zo belangrijk, maar ik vond dat zelf wel, want ik had die mensen ook allemaal leren kennen op de cursus. In mijn klapper zit nu een verzameling van al mijn verhalen.

Ik heb me heel vrij gevoeld in het schrijven van mijn verhalen. Je moest niets en alles kon. Je hoefde niet te vertellen wat je niet kwijt wilde en je kon ook twee verhalen aan elkaar plakken, wat je maar wilde.

Nee, ik wil niet meer opnieuw beginnen, het is goed zo. Ik ben mijn verhaal gaan nemen zoals het is, ik heb geleerd er vrede mee te hebben, het te accepteren zoals het is. Maar in de groepen zijn we allemaal heel gelukkig geweest. Iedereen kwam naar Maastricht, en de cursusleidster verzon steeds iets nieuws. Nu schrijf ik niet meer zoveel. Ik schrijf moeilijker, ook al wil ik het wel. De zaterdagen en zondagen zijn hier doodstil, er is dan geen enkele activiteit. Ik lees de krant en kijk tv, de behoefte om te schrijven is minder geworden. En wat moet ik schrijven over het leven hier? Dat mensen verdwalen en de verkeerde deur nemen? Dat wil ik niet opschrijven. Ik ben nu ook in een andere levensfase. Het hielp mij door een moeilijke periode heen, door de tijd van afscheid nemen van en rouwen om mijn man.

Door wat ik meemaakte en door het schrijven dacht ik meer dan vroeger diep na over het leven. Ik ontdekte dat je sommige dingen wel kunt sturen en andere niet. Die overkomen je, zoals in mijn leven het vroege verlies van mijn man. Dat ik meer ben gaan nadenken, heeft ook te maken met het naar school gaan en de filosofielessen. Op school, en ook bij het bespreken van boeken die we gelezen hadden, leerde ik nadenken. Ik vroeg me meer af wat iemand bedoeld had. Het heeft mij geholpen de minder prettige dingen gemakkelijker te aanvaarden, bijvoorbeeld het moeten leven in dit zorgcentrum. In het begin dacht ik wel eens: had ik maar niet zoveel geleerd, ik kan hier helemaal niets kwijt van wat ik geleerd heb. Nu ben ik blij dat ik hier ben. In de vergaderingen van de cliëntenraad kan ik beter meedoen, en ik kan er wat in kwijt. Ik heb mensen gevonden met wie ik goed overweg kan en die bij me passen. Of iemand bij je past heeft niet alleen met opleiding te maken. Het moet van twee kanten komen, dat wel. Ik groei nog steeds.

Het lot van ouder worden is dat veel mensen naast je wegvallen, ook de mensen van mijn kaartclub, en heel veel mensen die ik ken. Hier ben ik nu ook bij de oudsten. Veel mensen willen niet oud worden, ze vechten er tegen, en vaak willen ze dingen die ze allang niet meer kunnen. Dat gevecht is bij mij klaar, ik ben er doorheen. Als ik iets niet kan, vraag ik om hulp. Ik zit nu wel eens even volkomen stil en doe dan helemaal niks. Dat deed ik vroeger nooit.

Het terugblikken vind ik fijn. Dat doe ik nu nog veel, vooral 's nachts. Dan ben ik weer thuis, in Groot Welsden, in mijn kindertijd. Dan beleef ik weer mijn eerste verhaal, over de geboorte van mijn zusje. Het is alsof ik alle verhalen, de geschrevene en niet-geschrevene, weer doorleef in mijn dromen. Die weet ik dan 's morgens nog. Zo droomde ik over het plezier dat mijn man altijd had als zijn zussen op bezoek kwamen. In flarden komt mijn levensverhaal dan weer terug.

Mijn wereld wordt kleiner nu. Ik woon al zo'n zes jaar in dit zorgcentrum en heb er nu vrede mee. Traplopen lukt niet meer. Toch, als er hier in de buurt een cursus zou zijn, kwam ik weer, met de taxi.'

BOMENAVONTUUR

Nog zie ik ze voor me: vier grote appelbomen, in elkaar gegroeid, zwaar van de bladeren maar in het najaar vol mooie rode sterappels. Prachtig. De bomen staan in een hoek van de grote wei, er groeit gras onder omdat de koeien niet meer daar in de wei komen vanwege de laag hangende takken. De wei is omzoomd met een doornenhaag die in het najaar heel dicht gegroeid is.

Op een zaterdagmorgen in de herfst stuurt moeder ons om de gevallen appels te verzamelen. De valappels liggen te blinken in het toch wel hoge gras. Mijn drie broers, en ik als kleinste, gaan met jutezakken en manden bepakt naar de wei om het karwei te klaren. We beginnen vrolijk maar langzamerhand worden we moe en begint het gekrakeel: 'Doe jij de appels in de zak.' Het lukt niet goed en dan rollen de appels weer in het gras. Naarmate het werk moeilijker wordt is het geruzie luider. 'Jij laat de kleine appels liggen!' Er is onvrede in de groep. Ik als kleinste word er stil van. De jongens zijn mij te sterk en ruzie kan ik helemaal niet verdragen.

Dan gebeurt er iets. Uit de doornenhaag komt een hoofd tevoorschijn en dat donkere ongeschoren zwarte hoofd zegt: 'Daar steekt de satan zijn oude grijze kop weer eens boven de aarde.' Er volgt een dodelijke stilte en dan gilt een van mijn broers: 'De duivel!' Gillend lopen wij de wei uit, de berg omhoog naar huis. Alles laten wij in de steek. Halverwege de berg zegt een van de jongens opeens: 'Het was Bert Slijsmans.' Wij blijven staan om op adem te komen en zien het zwarte gezicht weer voor ons. Precies een afbeelding van de toen heersende moraal: zó ziet de duivel eruit. Alleen een staart hebben wij niet gezien.

HET SPEL

Op een late zondagmiddag spelen wij verstoppertje. We zijn met een grote groep, wel tien kinderen uit de laatste klas van de lagere school en de eerste klas van de vervolgopleiding. We spelen bij de grote boerderij waar Paula en Emelie thuis zijn.

Na het aftellen is Jan de klos, hij moet ons allemaal zoeken. Wij stuiven weg en hij telt tot vijftig. Ik zoek alleen een plek, bang voor dieren ben ik niet. Ik vind een leeg varkenshok waar wat stro in ligt, maar onder dat stro verborgen ligt een buis en daar kruip ik in. Ik luister, het tellen is opgehouden en dan hoor ik Jan roepen: 'Giel, ik heb je!', 'Paula, ik zie je!', 'Mien, kom maar tevoorschijn, je zit achter het poortje.' De ene naam na de andere hoor ik roepen, alleen de mijne niet. Als de hele groep bij elkaar is en ik onvindbaar ben, besluiten ze allemaal samen te zoeken. Ze komen naderbij, kijken in het varkenshok, ik ben doodstil. 'Hier is ze niet.'

De groep trekt verder, op alle mogelijke plaatsen wordt gezocht. De stemmen verwijderen zich, verder, steeds verder, het geluid wordt zwakker. Ver van mij hoor ik ze beraadslagen. Mijn broer Lambert is ongerust: 'Waar zit ze nu, waarom kunnen we haar niet vinden?' Ik vind er niets meer aan. In mijn fijne schuilplaats is het opeens niet prettig meer. Ik kruip uit de buis, ontdoe mijn haren en kleren van al het stro en begin naar de groep te lopen.

De eerste die mij ziet aankomen is mijn broer. 'Waar zat je?' 'Jullie hebben me niet gevonden', zeg ik een beetje trots, 'mijn schuilplaats zeg ik lekker toch niet.' De spanning heeft het plezier verbroken en langzaam - maar ook wat teleurgesteld - gaan we allen naar huis.

HERFST

De herfst is prachtig. Naar school gaan de jasjes weer aan. Dan is het herfstvakantie. De schoolleiding heeft deze vakantie bedacht omdat de kinderen van de hoogste klassen anders toch thuisblijven. Het is aardappelrooitijd. Een stuk of vier mannen met - in onze ogen - grote rieken, gooien de aardappels los over het land. Als de zon schijnt is het heerlijk, de aardappels drogen dan goed.

In lange rijen werken wij; de sterke verhalen komen los. Meestal worden er sprookjes verteld, maar ook spookverhalen, bijvoorbeeld over een kettinghond die 's nachts dwaalt, of over een eenzame figuur die rond middernacht met zware stenen rondspookt omdat hij tijdens zijn leven grensstenen heeft verlegd om zijn land te vergroten.

Wij kinderen vullen de manden met lekkere aardappels en gooien die leeg op een grote hoop. Bij de hoop leggen we steeds een aardappel apart om de manden te tellen. En dan komt om twaalf uur de warme maaltijd naar het veld. In een grote mand staat een ketel met stamppot, een kom met stukjes spek en een schaal appelmoes, gemaakt van lekkere verse appels. Een geweldig feest.

MUZIEK

Het is zomer en feest, vandaag trekt de processie door mijn dorp. In mijn paasbeste kleren ga ik naar de kerk. Het orgel speelt mooie, devote muziek. Dan begint de processie. Kinderen in witte jurkjes gaan voorop en dan komen de schutters, de harmonie en de vrouwen. Ik ga mee, knik naar kennissen en begin met bidden. Hele rozenkransen worden er stukgebeden tijdens de lange weg. Maar ook klinkt er mooie muziek. Er is een stilte in de straten en als de processie door de velden trekt, is dit als een inwijding. Er wordt gezongen, vooral door de vrouwen. En er zijn rustaltaren, waar de mannenstemmen klinken. Weer in de kerk wordt door alle mensen samen het tantum ergo gezongen. Ik word er stil van en ga moe en voldaan naar huis. Vanavond is er feest in de wei en dan speelt de fanfare marsmuziek en wordt er gereidanst.

Daar is de muziek, ze komen voorbij, de harmonie en de schutterij. Vrolijke marsmuziek klinkt door de straat. De stoet gaat naar de feestweide, met een kiosk en een buffet. Ik loop mee met de muziek. Eerst spelen we tikkertje en drinken we priklimonade, maar tegen de avond speelt de harmonie reidansmuziek.

We dansen de cramion. De kleine meisjes vormen een kring en dan komen de dappere jongens ertussen. Ik voel de warme jongenshand in de mijne, mijn wangen gloeien. En dan is het hoog tijd om naar huis te gaan, want morgen is er ook nog feest. Als ik te laat thuis kom mag ik er morgen niet naartoe. 's Avonds in bed voel ik nog altijd de warme jongenshand in de mijne en blij slaap ik in.

MARKTDAG

Hoewel het de agrariërs economisch slecht gaat, worden de vruchten van het bedrijf zo goed mogelijk verhandeld. Elke vrijdag is er een boter-, eier- en groentemarkt in Maastricht. Voor veel mensen is de marktdag een uitje, vooral in de zomer want dan zijn er veel producten. De hele week zorg ik dat alles er netjes uitziet, schone eieren en witgewassen boterdoeken worden klaargelegd.

Als alles ingepakt is, ga ik op stap. Met de korf vol fijne spullen loop ik twintig minuten over een veldweg. Van alle kanten komen er mensen, meestal vrouwen. Bij de halte is het wachten op de tram. Als deze met veel lawaai aankomt, stappen we in. De stoom nemen we voor lief. In de stad lopen we samen naar de marktplaats. Iedereen zoekt een goed plekje uit en de handel kan beginnen.

Het is een kleurig schouwspel: de markt, kopers en verkopers loven en bieden, slaan toe of weigeren, en dan is er de lege korf en is er geld in de beurs. Vaak lukt het goed, soms gaat het minder.

Nu komt het hoogtepunt van de dag: we gaan koffie drinken en een broodje met kaas eten. Wat smaakt dat heerlijk en wat rust ik lekkeruit. De tongen komen los, over de prijzen en de laatste nieuwtjes. Alles om me heen beweegt. Door het raam van de koffietent zie ik de rumoerige groentemarkt. De waren worden luidkeels aangeprezen en er worden demonstraties van wondermiddelen gegeven. Dan wordt het langzamerhand tijd om naar huis te gaan. Er worden nog wat inkopen gedaan, dingen die in het dorp niet te krijgen zijn, en soms is de korf dan weer half vol.

In groepjes lopen we weer naar de stoomtram. Buiten zie ik de dorpen en velden aan me voorbij gaan. 's Morgens is de spanning te groot om deze dingen te zien. Voordat we uitstappen zijn er nog veel belevenissen verteld. Op de terugweg door het veld lijkt de weg langer dan 's morgens. Moe en tevreden kom ik thuis. Het geld draag ik af en de zondagse kleren verruil ik voor het doordeweekse tenue. Ik ga weer aan de slag. Alvast beginnen met het verzamelen voor de volgende marktdag, terwijl ik de spanning weer beleef van de stad en het avontuur van de reis, van mensen ontmoeten en dingen zien en beleven.

DE HOOFDWEG

DE HOOFDWEG IN mijn leven is voor mij, en ik denk voor velen van mijn generatie, mijn huwelijk. Hoe was het begin? De eerste kennismaking was voorzichtig. Bijna angstig leerden we elkaar kennen, echt ontmoeten was het eigenlijk niet. Toch kwam er vertrouwen en we leerden ons veilig te voelen bij elkaar. Wat is eruit gegroeid?

Op een stralende, zonovergoten, meidag trouwden we in een dorp vol bloesem. De appelbomen bloeiden uitbundig. Het was twee jaar na de Tweede Wereldoorlog en we kenden maar één motto: niet zeuren maar werken. Er moest opge-

bouwd worden en het was alsof de appelbomen hieraan meededen. Ik was een stralende witte bruid met een gelukkige bruidegom en we hadden onze feestvierende familieleden en kennissen om ons heen. Ik, onnozele, dacht dat het zo zou blijven. Ik zag geen donkere dagen, alleen maar wit. Het seksuele leven heeft bij ons nooit problemen opgeleverd. Mijn man en ik waren volwassen mensen. De eerste schrik kwam bij de geboorte van ons eerste kind. Mijn God, moesten kinderen zó ter wereld komen? Ik besloot dan ook geen kinderen meer te nemen. Maar we kregen er zeven, die we met heel veel geduld en liefde hebben grootgebracht.
Eigenlijk hebben mijn man en ik een tijdlang niet bewust geleefd. De zorgen om ons gezin goed draaiende te houden, slokten ons helemaal op. Eten, slapen, wassen, poetsen en een beetje fatsoenlijk wonen. Steeds weer probeerden we de eindjes aan elkaar te knopen. We hebben nooit een auto gehad, maar wel een eigen huis. Onze vakanties bestonden uit dagtochtjes.
Toen gingen onze oudsten naar de middelbare school en universiteit. De zorgen maar ook de vreugden bleven. Wel leefden we plotseling weer zelf. We vierden eindexamens met bijbehorende feesten, we bezochten voorlichtingsdagen voor de universiteit, uiteraard de rooms-katholieke in Nijmegen. Er werden kamers gezocht, studiebeurzen aangevraagd en ga zo maar door. De weekends waren overvol, zware tassen met was kwamen op vrijdagavond binnen. Hongerige magen werden gevuld.
Stilaan werd ons huis toch leger. Wat een vreemde gewaarwording. Bij de geboorte een plaatsje moeten zoeken en nu achterblijven met halflege kamers en kasten. Vakanties waren er ook nu niet. Onze uitjes bestonden uit het opzoeken van onze kinderen. Het was heerlijk om in Nijmegen rond te dwalen en de omgeving te verkennen, om het leven van onze kinderen mee te maken en hun heimwee te voelen. Doch ook dit wende. De heimwee van de kinderen nam af, ze kregen vrienden en hun woonruimte werd beter. Ten slotte kwamen ze thuis alleen nog op bezoek. Na tweeëndertig jaar huwelijk stierf mijn man, heel plotseling. Een mooie droom was over.

EEN LANGE NACHT

Met haar elfjarige zus Eva logeert de vierjarige Anish bij mij. Alles is in orde, rond de grote tafel spelen we 's avonds leuke spelletjes. Ik verlies telkens, tot grote vreugde van de meisjes. Dan is het bedtijd. Ik ga ook slapen. Maar dan komt Eva naar oma's bed: 'Oma, Anish huilt. Ze kan niet slapen.'
In mijn nachtkleding ren ik naar hun kamer, waar ik een gillend kindje vind. Mijn eerste gedachte is dat ze naar haar mama wil, maar dan zegt ze: 'Ik heb pijn in mijn oor.' Ik schrik hevig, til haar uit haar bedje en zeg: 'Kom, we gaan mama bellen.' Ook aan de telefoon blijft ze gillen. Dan doe ik wat warme olie in haar oortje, en zeg, met een blik op de spelletjes op tafel: 'Zullen we spelen?'
En dan begint een onvergetelijke nacht met mijn kleindochter Anish. Af en toe zegt ze: 'Nu heb ik weer een beetje pijn.' Maar dan spelen we weer door, tot drie uur in de morgen. We kijken nog even televisie en dan worden de oogjes kleiner. 'Oma, ik wil naar bed.' We liggen samen in het grote bed. Krampachtig houdt ze me vast. Als de pijn wegblijft laat ze me los en schuift van me weg.
Tegen de morgen bellen we de bezorgde ouders. Ik vertel dat ze slaapt als een roos en dat ik ook nog in bed blijf. Ze kunnen hun vrije dag rustig vieren. 's Avonds eten we allemaal samen aan de grote tafel. We hebben in de nacht een aparte band gekregen.

DE DOOD VAN LENA

Vijfentachtig is ze geworden, mijn oudste zuster. Een mooie leeftijd, ook om te vertrekken. Maar niemand wil graag scheiden van dit aardse, ook zij niet. Een van haar vragen was dan ook: 'Word ik nog beter?' Hierop kon niemand ja zeggen. Ze is heel vredig ingeslapen.

Hoewel Lena's leefwereld in het verzorgingshuis klein was geworden, was ze bij de tijd gebleven. Via de televisie wist ze wat er in de wereld gaande was. Het leven van haar familie, vreugde en verdriet, bleef ze volgen en haar belangstelling voor haar dorp was nog groot. De kerk en haar zorgen hadden haar aandacht, evenals de prestaties van Nederlandse voetballers, tot het laatste moment.

Nu hebben we afscheid genomen van haar stille lieve figuur, van haar lach en haar traan, van de oudste, het blijvend middelpunt. We hebben haar allemaal samen - de familie maar ook een groot deel van de oudere bevolking van ons geboortedorp Margraten - ter ruste gelegd bij onze moeder, met wie ze altijd samen geleefd heeft. Ze werd gedragen door haar nichtjes.

Eén ding vind ik jammer bij zo'n prachtige dienst: dat de overledene het zelf niet kan zien en meemaken. Maar tijdens deze begrafenis heb ik weer eens de voordelen van het dorpsleven ervaren. Afscheid nemen en toch een beetje feest, bloemen en kaarsen, gewoon warmte op een koude winterdag.

Een paar dierbare, kleine dingen herinneren mij nu aan haar. Het kruisbeeld dat mijn moeder gaf aan haar priesterzoon en dat na diens dood bij Lena kwam. De horlogeketting van mijn vader, waarvan mijn moeder na zijn dood in 1925 een armband liet maken voor Lena.

GINA SCHOTSBORG (1937)

'De herinneringen zijn helemaal van mijzelf'

'Schrijven heb ik altijd leuk gevonden. Op school maakte ik graag opstellen en die werden dan voorgelezen. Het was een droom van mij: schrijfster worden. In gedachten zag ik een boek van mij op de boekenplank, als kind had ik die droom al. Ik las veel en graag. Ik schreef ook wel brieven aan familie. Later kwam die droom af en toe terug. Ik schrijf nog steeds voor mijzelf en ik probeer nu een nichtje van mij te stimuleren, die schrijft ook graag. Ik zat al eerder in een schrijfgroep, in Middelburg, zo'n dertien jaar geleden. De begeleider vond dat mijn schrijven een filosofische inslag had. Dat is ook zo, ik filosofeer graag.
Toen ik over de schrijfcursus bij Trijn van Leemput las, was ik direct enthousiast en heb ik me ingeschreven. Het ging mij eigenlijk niet om de levensverhalen, een cursus verhalen schrijven was voor mij ook goed geweest. Ik vond het heel prettig: de sfeer was goed en de manier waarop les werd gegeven was heel fijn. Bij het luisteren naar de verhalen van anderen herkende ik sommige dingen van mezelf. Toen ik had geschreven over mijn tijd in Suriname, een verhaal over frangipanes, bracht iemand een foto mee van zo'n boom; leuk vond ik dat.
Je leert van de verhalen van de anderen, en over schrijftechniek en dichtvormen. Veel dingen wist ik al, bijvoorbeeld dat verhalen een kop, staart en middenstuk hebben, maar ik heb verschillende nieuwe dichtvormen geleerd. Ik vond het jammer dat het ophield. Ik ben er niet anders door gaan schrijven, maar ik had nog wel willen doorgaan en meer willen vastleggen.
Ik heb geen andere kijk op mijn leven gekregen. Hoewel er wel een verhaal was dat mij veel goed heeft gedaan. Dat ging over de tijd waarin ik onderdirecteur was van een muloschool. De directeur ging naar Nederland en ik kreeg de leiding over de

school, ik moest het nieuwe schooljaar inluiden. Ik zei tegen hem: "Dat kan ik niet", maar ik had geen keus, het moest. Ik ging met lood in de schoenen naar school, maar vanaf het moment dat ik daar aankwam, ging eigenlijk alles vanzelf, ik vond het zelfs heel fijn. Door het schrijven van dat verhaal voelde ik dat ik toch wel wat gepresteerd had. Ik herinnerde me toen ook het schoolhoofd van de basisschool, die ooit tegen me had gezegd: "Jij denkt veel te gering over jezelf." Dat ene verhaal liet mij weer weten dat een mens veel meer kan dan hij denkt.

Ik herinnerde me toen ook weer dat ik voor mijn opleiding psychosociaal welzijn een eindwerkstuk had geschreven. Het ging over communicatie en ik moest dat werkstuk in tien minuten mondeling presenteren. Mijn medecursisten lazen een samenvatting voor. Maar op het moment dat ik daar stond, was er iets in mij dat gewoon kon vertellen zonder voor te lezen. Ik deed het gewoon, ik verraste mezelf.

Het was fijn om me alles weer voor de geest te halen en op te schrijven: ik kon me alles nog goed herinneren. Ik heb wel eens herinneringen teruggevonden als ik ziek was en flinke koorts had. Die had ik graag willen onthouden, maar ze verdwenen net zo snel als ze gekomen waren. Herinneringen voerden mij terug in de tijd. Als ik er nu op terugkijk, is het alsof ik meerdere personen geweest ben. Tijdens het schrijven in de cursus kwam ik niets tegen dat ik niet wist, maar terwijl ik schreef kwamen er wel steeds meer herinneringen boven. Zo herinnerde ik me dat wij op school schreven met lei en griffel. Na de lagere school had ik nooit meer een griffel gezien. Toen ik er een terugzag en oppakte, was ik ineens weer op de lagere school in de eerste klas.

Die ervaring had ik ook eens naar aanleiding van een geur. Ik zat in de tram achter een man die pommade in zijn haar had, en ineens was ik weer in de tweede klas van de mulo. Daar zat een jongen die altijd diezelfde pommade in zijn haren deed. Ik voelde de sfeer in die klas weer en er kwamen ook herinneringen aan die jongen terug. Ik wist zijn naam nog. Zo ging het ook in de cursus. Na de les was ik in gedachten nog bezig met het onderwerp, en thuis maakte ik de huiswerkopdrachten.

Het schrijven van je eigen levensverhaal maakt dat je dingen uit je leven herbeleeft. Dat vond ik fijn, hoewel niet alle herinneringen even prettig zijn. Als er bijvoorbeeld herinneringen aan de ziekte van mijn moeder boven kwamen, duwde ik die weg. Ik heb een prettige, beschermde jeugd gehad, maar mijn moeders slechte gezondheid hangt er als een schaduw overheen. Ik vond het te moeilijk om over te schrijven. Ik heb dus niet over alle periodes uit mijn leven geschreven. Mijn verhalen spelen zich meer af in mijn volwassen leven dan in mijn kindertijd.

Op school leerden wij vaderlandse geschiedenis, maar dat was vooral over de Nederlandse geschiedenis. Wat we over de Surinaamse geschiedenis leerden, was de geschiedenis zoals die gezien werd vanuit het perspectief van de Nederlanders, die ook onze schoolboeken geschreven hadden. Ook toen ik op de kweekschool zat, hadden wij vooral Nederlandse leraren en gingen de lessen over Nederlandse onderwerpen. De leraren lieten zich wel eens laatdunkend uit over Suriname. Als kwekeling vertelde ik in de geschiedenisles eens over de slavernij. De leraar zei toen: "Je zweept de kinderzieltjes op." De vrijheidsstrijders werden moordenaars en brandstichters genoemd. Wij leerden liederen over Piet Hein, en we zongen het lied van Willem III, die in 1863 de slavernij afgeschaft had. Toen ik later hoorde dat hij dat onder dwang had gedaan, heb ik het lied nooit meer gezongen. Als ik zelf les gaf, las ik in de klas met de kinderen het werk van Surinaamse dichters, en later heb ik een geschiedenis van Suriname geschreven voor kinderen.

Aan meneer Van Zanten van de mulo moet ik vaak terugdenken, want dat was echt een vaderfiguur. Ik kan mij nog woordelijk herinneren wat hij tegen ons zei. Hij was streng, verschrikkelijk streng. We waren bang voor hem, maar we konden ook met hem lachen en hij was rechtvaardig.

Uit de tijd waarin ik les gaf zijn sommige leerlingen mij bijgebleven, andere ben ik vergeten. De moeilijkste leerlingen herinner ik mij het beste. Bijvoorbeeld een jongen, bij wie geen vader in huis was; zijn moeder ging 's morgens om vier uur al werken en als ze weer thuiskwam, sliep hij al. Ik deed echt mijn best met hem, maar hij was heel moeilijk. Op een dag zongen ze in de klas naast ons liederen. Hij zei: "Juf, God zal u zegenen hoor!" Dat ontroerde me zo. "God zal ook jou zegenen", zei ik toen. Er was ook een jongen, die het altijd merkte als ik niet in orde was. Hij zei dan tegen de klas: "Kinderen, we moeten vandaag rustig zijn, de juf is niet goed."

Ik vraag me nog vaak af wat er van hen terechtgekomen is. Sommige kinderen heb ik later nog wel ontmoet, zelfs hier in Nederland. Zo kwam er eens een meisje bij de Riagg, waar mijn broer werkt. Toen het gesprek op mij kwam, zei ze: "O, juffrouw Schotsborg, dat was de enige die tegen me op kon." En in een winkel hoorde ik ooit iemand zeggen: "Juffrouw Schotsborg is de enige die ik nog zou willen zien." Ik vond het leuk om dat te horen, het was een soort erkenning van mijn werk.

Als ik de verhalen die ik schreef over mijn leven teruglees, heb ik daar een prettig gevoel bij, vooral bij de herinneringen. Het schrijven geeft me een gevoel van veiligheid: je gaat terug in de tijd en in je eigen verhaal. De herinneringen zijn helemaal van mijzelf. Ze komen terug en je ziet ze dan opnieuw en helemaal anders. Als kind weet je niet alles, we mochten ook niet naar het waarom vragen, we werden buiten veel dingen gehouden. Maar nu, als volwassene zie en begrijp ik veel situaties beter. Tijdens het schrijven dacht ik af en toe: o, zó zat dat dus in elkaar... Ik kon me de gebeurtenissen beter voorstellen.

Zo schreven we eens over de eerste menstruatie. Eigenlijk hoor je toch te weten wat er aan de hand is, maar ons werden vroeger onbeholpen dingen verteld die ons niet wijzer maakten: "Laat de jongens nooit bij je in de buurt komen!" Er werd gewoon niet over gepraat. Wij mochten vroeger ook het woord "zwanger" niet gebruiken, het was allemaal taboe. Er werd niet verteld hoe of wat, maar je moest je wel netjes gedragen. Maar ik vond ongesteld worden altijd erg moeilijk. Ik werd er altijd vreselijk ziek van en moest dan drie dagen verzuimen op school en later op mijn werk. Ik herinner me ook dat ik altijd bang was dat ik een vlek in mijn jurk had als ik voor de klas moest komen. Ik keek dan altijd vragend naar mijn buurmeisje, die knikte dan ja of schudde nee.

Het ophalen van herinneringen heeft mijn lust voor schrijven aangewakkerd. Ik vond het echt heel fijn en was er graag mee doorgegaan. Ik heb de verhalen aan mijn zus laten lezen, die vond ze goed en mooi. Ze houdt zelf ook van schrijven, maar ze woont ver weg, in Groningen. Mijn broer schrijft ook, hij maakt gedichten, maar met hem deel ik mijn verhalen niet, hij is op zichzelf. Ik ga verder niets doen met mijn verhalen. Ik bewaar ze wel. Verschillende mensen hebben gezegd dat ze de verhalen willen lezen: een nichtje, mijn zus en een buurvrouw.

Nu schrijf ik in een groepje van vijf of zes mensen, het is georganiseerd door een voormalige groepsgenoot. Ieder van ons komt met ideeën voor het schrijven, we zoeken samen naar thema's, schrijven over foto's en voorwerpen, jaargetijden, maar bijvoorbeeld ook over een rode tas. Het zijn niet specifiek levensverhalen. De verhalen lezen we aan elkaar voor.

Ik wil graag doorgaan met schrijven, regelmatiger ook. Ik wil schrijven over alles wat in me opkomt. En ik zou ook wel een kinderboek willen maken, ik heb er af en toe ideeën over, bijvoorbeeld over een verhaal dat gaat over de droom van mijn neefje, over Sinterklaas en de duivel die samen onder zijn bed liggen. Zo komen er wel meer ideeën in me op, maar meestal verwerp ik ze. Ik schrijf toch vooral als ik in een groep ben, dan gaat het gemakkelijker. Er is dan geen afleiding en ik ben samen met andere schrijflustigen; dat stimuleert.

Ik zou nog heel wat willen schrijven, maar vraag me soms af hoeveel tijd ik nog heb, nu ik ouder word. En wat heeft het nog voor zin? Waarom zou ik nog nieuwe dingen gaan doen? Studeren is duur, maar ik zou toch graag nog iets willen leren, zoals filosofie. En ik word boos als mensen zeggen: "Ga jij op deze leeftijd nog studeren?" Ik trek me op aan andere mensen: al ben je tachtig, je moet wat doen met je interessen, vind ik. Ik zou ook wel bij een leesclub willen, maar de meeste mensen komen daarvoor 's avonds bij elkaar en ik ga 's avonds niet graag uit huis. Ik ben nu op zoek naar een middagclub. Communicatie is voor mij belangrijk. Als ik andere mensen ontmoet, heb ik er ook later nog een prettig gevoel over.'

ONS HUIS AAN DE JAVASTRAAT

Een dierbare jeugdherinnering is die aan ons huis aan de Javastraat. Dat was niet groot, maar knus en gezellig. Het bestond uit twee slaapkamers, een woonkamer, bad en toilet. Aan de voorkant was een hoge stoep en het huis werd gesierd door bloemperken. Er waren een zij- en een achtertrap, waar ik als kind vaak de mieren zat te bestuderen. Rond het huis stonden frangipanes.
Ik herinner me goed de draagmieren die de bomen eenmaal per jaar kaalvraten. Ik zie ze in colonnes, elk met een stuk blad, nestwaarts keren. Na de mieren kwamen de grote, enge, harige rupsen, die zich tot grote vlinders ontpopten. Terwijl ik dit allemaal opschrijf, is het alsof ik er weer ben. Een prettig gevoel komt over me. Ik zie weer de hagedissen die wegvluchtten en die hun staart in onze handen achterlieten als we ze oppakten, de kolibries met hun trillende vleugels terwijl ze met hun snavels de bloemen leegzogen. Aan de Javastraat hebben wij een paar jaar gewoond. We zijn twee keer verhuisd, telkens naar een iets grotere woning. Maar mijn dierbare herinneringen aan dat huis overtreffen alle andere.

MAMA

Bloemen, koop bloemen, ik heb ze zo fijn,
bloemen zoals er geen schonere zijn.
Buiten gekweekt bij het licht van de zon,
telkens begoten met nat uit de bron.
Vogeltjes hebben haar open zien gaan,
't windeke heeft er gestoeid met haar blad.
Bloemen, koop bloemen, geen mens in de stad
heeft er in z'n tuintje ooit mooiere gehad.

Dit prachtige lied heb ik mijn moeder vaak horen zingen, want dat deed ze graag. Ook 'Hop, hop, hop, mijn paardje' zong ze vaak voor ons toen we nog heel klein waren, en veel andere liedjes. Het liedje 'Twee oogjes zo blauw' zong ze toen we nog baby's waren, onze gitzwarte kijkers op haar gericht. En als ze ons knuffelde, zei ze: 'Mijn appeltje, mijn peertje', en niet: 'Mijn mangootje, mijn sinaasappeltje.' Terwijl ik dit opschrijf, hoor ik de stem van mijn moeder en voel ik mij warm en geborgen. Mama was lief, zacht van aard en ze luisterde altijd geïnteresseerd naar onze verhalen na schooltijd. Terwijl ze kousen zat te stoppen, vertelde ze verhaaltjes, zoals over Sneeuwwitje en Doornroosje.

We hielden thuis veel van lezen. Dat hadden we van mijn moeder en ook wel van mijn vader. De boeken van Cissy van Marxveld en Sanne van Havelte verslonden wij als tiener. Dat we veel lazen, vond mijn moeder goed. Maar tot haar verdriet was handwerken niet onze favoriete bezigheid. Het gebeurde menigmaal dat ik heel geboeid zat te lezen en er een half afgemaakt handwerkje door de lucht vloog dat precies op mijn boek landde. 'Een meisje moet lezen, maar ook handwerken', oordeelde mijn moeder. Wat ze ons ook voorhield: 'Zorg dat je diploma's haalt. Maak jezelf niet afhankelijk van een man. Als je later trouwt en het gaat niet goed, dan kun je altijd nog op die diploma's terugvallen.'

Met de feestdagen was het in huis nóg gezelliger. Dan haalde mama mooie kleedjes te voorschijn, die ze her en der in de woonkamer legde. Ze bakte lekkere koekjes en cakes. En 's avonds gingen we met z'n allen naar de kerstnachtdienst. Het geloof had een belangrijke plaats in ons gezin. Wij moesten bidden bij het eten, bij het naar bed gaan en bij het opstaan. We gingen geregeld naar de kerk en naar de zondagsschool. Als mama een afspraak maakte, dan vergat ze nooit erbij te zeggen: 'Met Gods wil.' Eerbied voor ouderen werd ons met de paplepel ingegoten. Je gehoorzaamde altijd direct en vroeg nooit naar het waarom.

Tussen de bedrijven door was mijn moeder vaak heel ziek. Maar ze kwam er telkens gelukkig weer bovenop. En hoewel ze vreesde dat ze de vijftig niet zou halen, is ze bijna 83 jaar geworden.

MENEER VAN ZANTEN

'Ahum-tum-te-lum-tum-tum, kijk eens naar mijn aardappelneus.' Meneer Van Zanten: ik zie hem in gedachten voor de klas staan, terwijl hij met deze woorden probeert onze aandacht te trekken. Toen we het de eerste keer hoorden, dachten wij dat het keettrappen zou worden tijdens de lessen. Vergeet het maar. Meneer Van Zanten was kort en tenger van postuur, had een neus als een middelgrote aardappel en zwart golvend haar en hij droeg altijd een wit pak. Hij liep met korte vlugge passen, met zijn neus in de lucht. Wat hem aan lengte ontbrak, compenseerde hij met zijn forse stemgeluid. Onze muloschool bestond uit twee klassen, de school was pas opgericht. En zijn 'nee' weerklonk door de hele school. Hij verzorgde de lessen Nederlands en vreemde talen, Engels, Frans en Duits, alsook tijdelijk wiskunde. Hij was een vaderfiguur en leraar in hart en nieren.

Van hem hebben wij vele prachtige verhalen gehoord, die hij afwisselend zacht en met stemverheffing bracht. Hij kon verhalen vertellen als de beste. We hingen aan zijn lippen en een van de meisjes viel bijna van haar stoel toen hij zijn stem weer eens verhief. Thuis zing ik tot nu toe de liederen in vreemde talen die ik van hem leerde. 'Wie niet van zingen houdt is een slecht mens', zei hij. 'Heb je ooit een dief horen zingen?' Na de repetities kregen we ons proefwerk terug met een cijfer. Je moest dan hardop je cijfer noemen en dat noteerde hij dan in een cijferboekje. Als je een heel laag cijfer had, dan galmde je het niet uit, maar zei het met een zeer bescheiden stemgeluid of je mompelde. Meneer Van Zanten reageerde dan nadrukkelijk met: 'O, een één heb je dus!' En zei dan: 'Je moet voelen dat je een één hebt.' De klas lag dubbel.

Als we om een bepaald woord moesten lachen, herhaalde hij het een paar keer luidop, tot we uitgelachen waren en hij verder kon met de les. Ik herinner me de keer dat hij tijdens de wiskundeles de cirkel behandelde. Hij gebruikte toen het woord 'pi'. Toen we dat hoorden, kwamen we niet meer bij van het lachen. Het woord pi is namelijk een schunnig woord voor het mannelijk geslachtsdeel. Meneer Van Zanten: 'Willen jullie lachen? Pi!' Dat zei hij dan een paar keer. Wat hebben we toen gelachen.

Nadat hij eens een verhaal over de oorlog vertelde, liet hij ons foto's van verminkte soldaten zien. Van sommigen was het gezicht half weggeschoten. Hij schrok van onze reactie, want bij het zien van de foto's kwamen wij niet meer bij van het lachen, ze werkten op onze lachspieren. Als kinderen van elf, twaalf jaar konden we het afschuwelijke ervan niet zien. Vlug deed hij het boek dicht en zei dat we er nog niet rijp voor waren. Toen ik er jaren later als volwassene aan terugdacht, besefte ik wat meneer Van Zanten ons wilde laten zien: hoe wreed en afschuwelijk oorlog is. Hij is de enige leraar uit mijn schoolperiode wiens woorden ik me nog letterlijk kan herinneren.

MIJN NICHT RINA

MIJN NICHT RINA was levendig, opgewekt en vol ondeugende invallen. Ik was acht jaar en Rina was twee jaar ouder, maar doordat ze bleef zitten kwamen we in dezelfde klas. Vaak speelden we schooltje en dan was zij de juf. We moesten haar versjes nazeggen. Dit waren combinaties van een spreuk of een paar regels van een gedicht, die ze aanvulde met haar eigen fantasie.

Het gebeurde regelmatig dat we beiden een snoepje kregen. Rina borg haar snoepje dan zorgvuldig weg in haar zak, terwijl ik het mijne opat. Naast mij huppelend en springend volgde ze de verrichtingen van mijn mond. Met glinsterende ogen vroeg ze dan: 'Is het lekker?' Als mijn snoepje op was, haalde ze met een groot gebaar en een blik van medelijden naar mij, haar snoepje tevoorschijn. Met een blik van: 'Nu is het jouwe op en ik ga lekker het mijne opeten', genoot ze dan luid smakkend dubbel van haar snoepje.

EEN MENS KAN MEER DAN HIJ DENKT

De vakantie was voorbij. De benoeming van de nieuwe directeur liet nog op zich wachten. Ik was inmiddels vijf jaar aan de school verbonden als leerkracht en tevens onderdirectrice. Gedurende drie dagen in de week had ik de leiding, omdat de directeur ook de leiding had van een school verderop. Toen hij naar Nederland vertrok, moest er een nieuwe directeur benoemd worden. Het werd kort dag. Als vervangster was ik dus de aangewezen persoon om het nieuwe schooljaar te beginnen. Ik was er absoluut niet blij mee, want ik wist hoe hectisch de eerste schoolweken na de grote vakantie waren. Gehuild heb ik erom, en ik heb gevraagd of ze niet iemand anders konden vinden. Ik had echter geen keus, ik moest het doen. Er waren maar zes leerkrachten, maar dat het geen grote school was, kon me niet troosten.

De eerste schooldag brak aan en ik ging met lood in de schoenen op weg. Het schoolplein was vol met 'oude' en 'nieuwe' leerlingen, met hun ouders. Een voor een kwamen de leerkrachten het kantoor binnen. En op het moment dat ik het kantoor binnen stapte, verdween mijn twijfel als sneeuw voor de zon. Er werd aan mij 'getrokken' door leerlingen, leerkrachten en ouders, en ik voelde mij als een vis in het water. Ik genoot ervan, alles liep op rolletjes. We zijn de eerste weken doorgekomen zonder problemen, daarna werd er een nieuwe directeur aangesteld. Achteraf was ik dolblij dat ik gedwongen was om de leiding te nemen. Wat ik hiervan leerde en wat ik mijn leven lang niet zal vergeten, is dat je als mens meer kunt dan je denkt.

ZEG NOOIT 'NOOIT'

Nettie, mijn beste vriendin, en ik kennen elkaar al meer dan vijftig jaar. Onze vriendschap begon op de mulo in Moengo, mijn geboorteplaats. We zagen elkaar ook veel buiten schooltijd. Met andere vriendinnen ondernamen we fietstochten of we speelden korfbal. Het beroep van onderwijzer leek ons het leukste dat er bestond, dus besloten we schooljuffrouw te worden. Daarvoor moesten we naar Paramaribo, want beroepsonderwijs was in Moengo niet mogelijk. We lieten ons inschrijven op de Surinaamse Kweekschool voor Onderwijzers.

Nadat we gediplomeerd waren, liepen onze wegen uiteen. Nettie bleef in Paramaribo wonen en trouwde er, ik werd in Moengo aangesteld als leerkracht. We hielden contact en toen ik drie jaar later naar Paramaribo overgeplaatst werd, zagen we elkaar weer geregeld. Ik heb van drie van haar vier kinderen de geboorte meebeleefd. De jaren verstreken en de kinderen groeiden op tot volwassenen. In die jaren was ik nog altijd vrijgezel en ik kwam veel bij haar thuis.

Ik verhuisde naar Nederland en na veel zorgeloze huwelijksjaren kwam voor Nettie de ommekeer. Het noodlot liet zijn oog op haar vallen: ze verloor haar man aan een ernstige ziekte. Ze kwam naar Nederland. 'Voor mij geen man meer', zei ze. 'Aan mijn lijf geen polonaise meer.' Ze werd oppas en zat vaak buiten op een bank te lezen, terwijl de kinderen speelden. Een man die daar dagelijks passeerde had zijn oog op haar laten vallen, maar ze had het niet in de gaten. Hij groette haar enkele keren in het winkelcentrum, en zij nam nauwelijks de moeite om terug te groeten. Toen hij stug vol hield, werd op een goede dag toch haar interesse voor hem gewekt. De vonk sloeg over en ze zijn nu al weer vier jaar bij elkaar. 'Zeg nooit nooit!' Als we elkaar nu zien, maakt ze er grapjes over en zegt: 'Als je een vriend wil, hoef je niet naar een of ander bureau. Je kunt gewoon buiten op een bank gaan zitten met een boek!'

IRMGARD BROSE (1930)

'Al schrijvend ontdekte ik mijn thema steeds opnieuw'

'Een klein blauw schriftje was het begin: ik was acht jaar en ik wilde een verhaal schrijven over een school en kinderen die daar van alles beleefden. Mijn verhalen en gedichten verstopte ik op een geheime plaats in de lindeboom. Ik heb altijd graag geschreven, op de middelbare school schreef ik graag opstellen en ik kreeg er goede punten voor. Ik las ook graag, ik heb eindeloos veel gelezen.
Toen ik in het klooster was, kwam het er niet meer van. Het paste niet in het kader van een religieus leven. Lezen en schrijven kon alleen nog voor het zielenheil van anderen. In Freiburg, waar ik als religieuze vanaf mijn 28e levensjaar mocht studeren, ben ik wel weer gaan lezen; ik raakte daar wat losser van het strakke kloosterleven. Daarna kwam ik in Nederland, leerde leven en spreken in een andere taal en ik had mijn handen vol, er was veel werk. Toen ik later directrice was van een internaat voor kinderen, schreef ik alleen zakelijke stukken, want ik had geen tijd voor iets anders.
Maar mijn wens om te schrijven bleef. De zusters zeggen nu dat ik altijd heb gezegd dat ik zou gaan schrijven als ik oud was. En zo was het, toen ik in de VUT kwam, was er tijd en ruimte, ik kwam het cursusaanbod van het hoger onderwijs voor ouderen tegen en schreef me in voor een cursus levensverhalen schrijven. Dát wilde ik, schrijven over mijn leven. Waarom? Voor mezelf, maar eigenlijk ook voor anderen. Ik vind dat ik een heel rijk leven gehad heb, ik heb zoveel meegemaakt. Dat wilde ik voor mijzelf opschrijven en ik wilde ook aan anderen vertellen hoe rijk het leven kan zijn.
Tijdens de cursus gingen alle bronnen open. Ik schrijf niet zomaar, het gaat niet altijd gemakkelijk en ik moet er veel over

nadenken, want het Nederlands is mijn tweede taal. Maar tijdens het schrijven ontdekte ik veel dingen die ik vergeten was. Ik was in het begin verbouwereerd over wat ik nog wist, dat ik me nog zoveel kon herinneren van mijn kinderwereld. Bijvoorbeeld tijdens een oefening, over de eerste schrijflessen: ik verkrampte weer net zoals toen ik klein was, ik schreef weer in "Sütterlinschrift", zoals we dat vroeger leerden. Als je je schrijvend bezighoudt met je verleden, beleef je het weer zoveel nadrukkelijker; het beklijft meer.

Door het schrijven ontdekte ik steeds meer hoe traumatisch de gebeurtenissen in mijn vroegere leven zijn geweest en dat je daar nooit mee klaar bent. Mijn verhalen gaan er altijd weer over, over de vlucht van het ouderlijk huis door een land in oorlog naar het grote onbekende. Ik wist wel hoezeer die ervaring mijn verdere leven beïnvloed had, maar ik wist het niet constant, niet op elk moment. De dagelijkse beslommeringen dekten veel toe. Al schrijvend ontdekte ik mijn thema steeds opnieuw. De verhalen gingen er altijd weer over, met omtrekkende bewegingen kwam ik er steeds bij uit. Gelukkig eindigen mijn verhalen nooit verbitterd. Ik heb geleerd dat bij alle verlies en verdriet het leven toch heel goed en waardevol is.

Daarom vind ik deze periode in mijn leven ook zo waardevol. Als je ouder wordt, heb je de mogelijkheden en de ruimte om terug te blikken en bezig te zijn met wat je beweegt. Ik kan nu een veel grotere spanne tijds overzien dan vroeger en zie dat wat zo moeilijk begonnen is, toch nog goed terechtgekomen is. De dingen beginnen in elkaar te passen. Dat ik nu zo van het leven kan genieten, komt voor een belangrijk deel doordat ik er al schrijvend op kan reflecteren. Ik zou wel willen dat wat ik schrijf ook gelezen wordt. Niet in de zin van: "Lees eens hoe mooi ik schrijf", maar van: "Hou van het leven, ook als het moeilijk is, het is zo'n geschenk!"

Het was voor het eerst dat ik in een groep mensen schreef. In zo'n groep ontstaat een sfeer van vertrouwen en respect, een sfeer waarin geluisterd kan worden naar elkaar. Dat is fenomenaal! Het gaat er helemaal niet meer om wie wat is in het dagelijkse leven. We leren elkaar kennen op een ander, dieper, essentiëler niveau. Het gebeurt zo vaak dat oudere mensen kibbelen en elkaar het leven zuur maken. Hoe mooi zou het zijn als ze leren via elkaars verhalen openheid en genegenheid voor elkaar te voelen? Dat die sfeer kon ontstaan, had veel te maken met de manier waarop in onze groep leiding gegeven werd. De grondhouding was er een waarin de liefde centraal stond. Het ging er niet om elkaar te beconcurreren of af te troeven met het mooiste of beste verhaal, het ging erom onze verhalen voor onszelf, ieder op een heel eigen manier, te vinden en ze te delen met elkaar. In de groep konden we daardoor vooral genieten van elkaar: elk voorgelezen verhaal van een ander was een cadeautje. We kregen eens de opdracht om te schrijven over de liefde. O jee, dacht ik, nu gaat iedereen natuurlijk schrijven over een liefdesrelatie met een man of vrouw. Maar dat was niet zo. Ik schreef over mijn relatie met God, en ook anderen beschreven andere liefdes. Alle verhalen waren anders en hadden een eigen dynamiek. Zo kon ik ook míjn verhaal voorlezen, en het werd gehoord en gedragen door iedereen.

Het groeide langzaam. In het begin had ik een houding van: we zien wel hoe het loopt. In de groep vond ik het plezierig en ik vond het leuk om de oefeningen te doen, al sloeg niet elk thema even goed aan bij mij. Zo had ik helemaal niets bij het thema "kleding" - ik moest meteen denken aan al die jaren waarin ik een habijt had gedragen. Ook het thema Sinterklaas sprak me niet aan. Ik vond het zo Nederlands, het zei mij niet veel in mijn eigen levensverhaal. Ik was heel blij met alle technische middelen die we aangereikt kregen. Vaak had ik een aha-erlebnis: zó gaat dat dus... Ik kreeg gereedschap aangereikt en was veel meer dan nu op de taal zelf geconcentreerd. Ik vond het leerrijk, plezierig en noodzakelijk wat we deden. Dat verdiepte zich toen we doorgingen, buiten het hoger onderwijs om in een zaaltje in Sittard. De contacten in de groep en de verhalen verdiepten zich: heel geleidelijk aan lieten we meer zien, schreven we over essentiëlere dingen.

Later deed ik mee aan nieuwe schrijfgroepen. In eerste instantie zag ik soms op tegen zo'n nieuwe, vreemde groep, maar in de praktijk speelde dat steeds minder een rol. Ik ging erheen met het doel om te schrijven over mijn eigen leven - mijn eigen verhaal gaat verder - en dat bleek helemaal geen probleem te zijn. Ook nieuwe mensen hadden verhalen, die ze met mij deelden. Als ik na afloop weer naar huis ging, liepen de verhalen altijd nog een tijdje met me mee. Ook daarom was het fijn om de tijd te hebben, dan konden ze langzaam uitklinken.

Schrijven is mijn medium, mijn leven zou armer zijn als ik het niet zou doen. Tijdens de cursussen levensverhalen schrijven kwam ik altijd weer, ook als ik het niet wilde, uit bij het trauma van de vlucht van huis en de breuk die in mijn leven kwam toen ik veertien jaar was. Ik kon er niet omheen. Enerzijds vond ik dat goed, maar het werkte me ook op de zenuwen. Soms dacht ik: nu is het welletjes. Het was een grote worsteling met mezelf, met en ook zonder woorden, steeds opnieuw. Maar ik ontdekte ook van alles. Zo herinner ik me een oefening waarin we schreven over dieren in de vorm van een sprookje. Tijdens het schrijven gebeurde er iets met mij. Ik zag mezelf boven mijn eigen leven hangen en kijken naar die breuklijn, die mijn leven doorsnijdt. Ik kon toen óók over die breuklijn heen kijken en zien dat daar een mooi landschap lag. Vanaf dat moment kon ik weer verder schrijven. Het is bijna mysterieus: waarom gebeurde dat, waarom zo? Waarom op dat moment?

Ik weet nog goed dat ik mij ervan bewust werd dat ik een trauma aan het verwerken was. We schreven een verhaal over een weg, en ik zag mezelf lopen, met blote voeten in het zand. Ik ontdekte dat ik het trauma zichtbaar kon maken en dat ik het kon verwerken. Tot op dat moment was ik daar niet echt mee bezig geweest. Ik was destijds in een nieuwe wereld gestapt. Mijn religieuze werk was intensief en boeiend, en er was weinig ruimte voor andere dingen. Wij mochten trouwens ook nooit over thuis en vroeger spreken, dus de vlucht die verbonden was met absolute onzekerheid, kou, honger, dakloos zijn, angst en bedreiging was geen thema. Dat ik nog jaren later op elke nieuwe plaats meteen zocht naar plekken waar ik me kon verstoppen - voor de Russen, om niet verkracht te worden - besprak ik met niemand. En ook de droom die ik jaar in jaar uit had, hield ik voor mezelf. Een droom over heimwee naar huis, waarin ik terugging naar ons dorp en maar niet over de helling naar ons huis kon komen. Waarin ik het erf niet bereiken kon, en in de boerderij - als ik er ten slotte toch in slaagde binnen te komen - alleen vreemde dingen aantrof. Een droom waaruit ik keer op keer geradbraakt wakker werd. Onbewust was ik er natuurlijk toch steeds mee bezig geweest.

En nu ontdekte ik dat het noodzakelijk was het verhaal ook bewust steeds opnieuw te beleven en te vertellen, om het te kunnen verwerken en zo mijzelf te kunnen genezen. Steeds weer moest ik hetzelfde verhaal schrijven. En meer dan dat: ik kreeg de behoefte om terug te gaan naar de plek waar ik gewoond had, ik wilde naar Polen en ik zou er dan nog eens over schrijven, ánders. Ik ben teruggegaan, was in het dorp en op de plek waar ik woonde, heb daar met mensen gesproken, en voelde het verlies, dat schrijnend en ingrijpend was. Maar ik heb mezelf het cadeau kunnen geven van het er doorheen gaan, mijn verleden opnieuw te beleven en erover te schrijven. Steeds opnieuw en in vele cirkels. En steeds weer in een andere vorm, met andere beelden, met soms meer nadruk op het ene aspect en dan weer het accent op iets anders.

Ik realiseerde me ook dat het mij dankzij een gezonde basis in mijn kinderjaren, gelukt was een normaal mens te blijven. Ik werd me er op een nieuwe manier bewust van dat ik een boerendochter ben en dat ik me sterk verbonden weet met de natuur. In de cursus ontdekte ik dat mijn gave wereld, de basis, er nog was, en dat ik die weer kon oproepen. Dat was licht en troostend. De thema's en opdrachten waren steeds gericht op de mooie, goede en positieve verhalen. Zo kreeg ik de kans om te vertellen wat goed geweest was in mijn leven. Daarmee creeerde ik een basis om naar het verdriet te kijken en ook daarover te vertellen. Het was alsof ik vanuit een gespreid bedje kon kijken naar het trauma, naar het angstige en akelige verhaal. En zo beleefde ik met het onder woorden brengen, vorm geven, uitspreken en delen van dat verhaal niet alleen mijn diepe verdriet opnieuw, het was ook troostrijk en opbouwend.

Dat ik mijn verhaal kon delen met anderen, was heel verrijkend. Mijn groepsgenoten hoefden alleen maar te luisteren. De docente structureerde dat streng: wij leerden met warmte en respectvol naar elkaar te luisteren zonder commentaar en kritiek. Het luisteren, het gehoord worden was essentieel. Het ging om respect en liefde: ik ben er voor je, ik luister en leef mee. Anderen hoefden mij niet meteen hun eigen verhaal te vertellen of te adviseren, ze hoefden alleen maar belangeloos naar mijn verhaal te luisteren. Ik voelde me bevestigd, ik mocht zijn wie ik was en dat maakte ook dat ik steeds meer durfde te delen. Ik was blij verrast met de reacties. Ik heb nooit gehoord dat ik iets niet goed had gedaan, mijn verhalen zijn nooit afgekraakt, ik heb nooit gehoord dat ik iets niet of anders had moeten zeggen. Het deed me als mens geweldig veel goed. Ik genoot ervan met volle teugen, ik vond het prachtig, en heb er ook veel van geleerd.

Het schrijven van de verhalen heeft me veel gebracht. Ik ben veel meer tot mezelf gekomen. Ik was verbouwereerd en verbaasd over de volheid en veelheid van mijn herinneringen, en voel me daarmee rijker. Ik ben ook dankbaar, want ik heb dankzij het schrijven een enorme inhaalslag kunnen maken. En het is bevrijdend dat ik mijn trauma een plek heb kunnen geven. Ook bevrijdend vind ik dat ik nog eens heb kunnen zien en ervaren dat ik mijn eigen weg gegaan ben, ook in mijn leven als religieuze. Een heel bijzonder en belangrijk moment in mijn leven was bijvoorbeeld het moment waarop ik besloot weg te gaan uit het klooster en zelfstandig te gaan wonen. Ik hoefde nergens meer toestemming voor te vragen, kon andere kleren dragen, 's avonds thuis gedichten lezen, en als ik op een perron stond kon ik gaan naar waar ik wilde. Ik was toen 48 jaar oud en begon een nieuw leven. Ik had gelukkig lieve vrienden en schatten van buren die me hielpen met alles wat ik nog niet kende, zoals omgaan met geld.

Zo heb ik steeds nieuwe dingen ontdekt en maakte het schrijven mij van veel bewust: "O, dat ben jij dus ook...!" Ik voel me als een huis met verschillende verdiepingen: ik ben elke verdieping met verbazing doorgegaan. Het leven is een oneindige ontdekkingsreis.

Als ik nu terugkijk op mijn leven, vind ik dat ik een heel boeiend leven heb geleid. Ik wil wat doen met mijn verhalen. Ik zou wel een boek willen schrijven, al zeg ik dat nu met grote terughoudendheid. Tussen wil en daad ligt een grote afgrond. Maar het zou goed zijn en ik broed erop: je zou het zus of zo kunnen doen. Ik zou er wel consequent de tijd voor moeten nemen, misschien zou ik me moeten terugtrekken. Soms heb ik het helder en dan ontglipt het mij weer.'

DE GEUR VAN KOFFIEBONEN

Het lage kastje in de woonkamer heeft twee verdiepingen. Op de bovenste plank staat het blik met koffiebonen, onder liggen onze kerkboeken. Ik heb een leuk kinderkerkboekje met mooie prenten en het papier voelt lekker glad aan. Elke zondag gaan we naar de kerk. 'Vergeet je kerkboekje niet', zegt mijn moeder. Ik duik in het kastje, pak het boek met de ene hand en met de andere maak ik stiekem het deksel van het koffieblik los. Ik ruik de bedwelmende geur van gebrande koffie en ik stop vliegensvlug een handvol koffiebonen in mijn jaszak. Als ik loop, voel ik ze steeds weer, glad en hard gebrand tussen mijn vingers.
In de kerk ga ik op een van de kinderbankjes zitten en de verveling begint. Ik tel de kaarsen: vier, zes, acht. Nu ga ik scheel kijken en zie opeens niet meer acht maar zestien kaarsen. Ik knijp mijn ogen dicht tot een smalle spleet en probeer nog scheler te kijken. De kaarsen vermenigvuldigen zich wederom en om hen heen is een stralenkrans van kleine, fonkelende lichtspettertjes. De preek begint - voor mij het toppunt van verveling. Maar er is troost: de handvol koffiebonen in mijn jaszak. De ene na de andere boon stop ik in mijn mond. Het kraakt zo lekker als ik erop bijt en de smaak en geur vind ik verrukkelijk. Het mooiste vind ik het kraakgeluid.
Juist dat wordt mij noodlottig. Het gekraak trekt de aandacht van een vrome kerkgangster, die pal achter mij zit. Zij zegt mijn moeder dat eruit mijn mond een raar kraakgeluid komt. Zo word ik betrapt. In het vervolg doorsta ik de zondagse verveling in de kerk zonder de troost van een handvol koffiebonen in mijn jaszak.

DE LINDEBOOM

Schuren, stallen, het woonhuis en de tuinmuur omsloten het grote erf van mijn kinderjaren. In de zuidwesthoek stond de linde, breed en uitnodigend, een moederlijke boom. De onderste takken groeiden bijna horizontaal, zodat wij kinderen er gemakkelijk in konden klimmen. Het dichte bladerdak bood in de zomer een heerlijke schuilplaats en als de zon erop scheen, leken de bladeren wel transparant. Soms sloop een enkele zonnestraal tussen de bladeren door en toverde een lichte plek op de grijsgroene stam. En als het zachtjes regende, maakten ontelbare druppeltjes het bladerdak tot instrument. Dan ruiste en fluisterde, lispelde en druppelde de boom. Onder het bladerdak vol regenmuziek was je geborgen en veilig en bleef je droog.
Om de stam van de linde stond een houten bank. Ze hoorde bij de boom, was eraan vast getimmerd. Grootmoeder zat daar soms, schilde aardappelen en hield het komen en gaan van mens en dier in de gaten. Onder de laagste tak van de linde stond, half opgericht, een grote zwerfkei, een 'Findling' uit het hoge noorden. De laatste ijstijd had hem, duizenden jaren geleden, uit Scandinavië naar onze contreien gebracht. Mijn vader had hem op een van de akkers gevonden, hij lag toen voor het grootste gedeelte in de grond verscholen. Vader had hem laten uitgraven en met paarden van het veld naar het erf gesleept. Onder de linde had hij zijn plaats gekregen. Voor ons kinderen was de kei een trouwe speelkameraad geworden, die bij de lindeboom hoorde.
Aan het begin van de zomer bloeide de linde. Een geurenwolk zweefde om de boom, zo zoet. En met de betoverende geur mengde zich het zoemen van de vele bijen, die de honing uit de bloesem haalden. Het was, alsof het gonzen van de bijen de lindeboom deed vibreren.
Op een van deze warme, geurende zomerdagen nam ik het besluit dichteres te worden. Ik kocht een schrift en een potlood, en klom in de lindeboom. Zittend op een van zijn tak-

ken, voor nieuwsgierige blikken verborgen, vertrouwde ik mijn eerste poëtische potloodvruchten aan het papier toe. Waarover ik schreef ben ik vergeten, maar ik herinner me nog het blije gevoel dat mij vervulde toen mijn eerste schepping was voltooid. In de daaropvolgende tijd vulden zich de bladzijden van mijn schriftje geleidelijk aan met gedichten en versjes. Ik was negen, hooguit tien jaar oud. Om te schrijven klom ik altijd in de lindeboom. Het was de plek waar ik het best kon dichten.

Zelfs mijn schrift vertrouwde ik aan de boom toe. Van mijn vader kreeg ik een lege sigarendoos, die ik bovenin aan een tak bond. Daarin bewaarde ik mijn gedichtenschrift. Ik dacht dat het er veilig was, maar op een dag klom mijn grote broer met zijn vrienden in de lindeboom. Ze vonden de sigarendoos, maakten die open en ontdekten mijn gedichten. Ze lachten me uit. Het was verschrikkelijk, een echte ramp! Ik had gedichten geschreven, die helemaal geen gedichten waren en er zaten nog schrijffouten in ook! En wie verstopt nu zoiets in een sigarendoos in een boom...! Ik huilde bittere tranen en griste het schrift uit hun handen. Ik weet niet eens waar het is gebleven. Ik heb er niet meer in geschreven, zo diep had de ontdekking van mijn geheim en het uitgelachen worden mij geraakt. Zo eindigde, amper begonnen, mijn carrière als dichteres.

Het erf van mijn kinderjaren is er niet meer. De oorlog heeft het weggevaagd. Maar de lindeboom, door oorlogsgeweld verminkt, staat er nog en de grote kei, de 'Findling', ligt op dezelfde plek, teruggezakt en verscholen in de grond. Alleen het bovenste stuk is nog te zien. Misschien zullen er ooit weer mensen komen die hem uitgraven, en zullen er kinderen zijn die op hem spelen.

HET GROTE ADRESSPEL

ALS KIND SPEELDE ik vaak het Grote Adresspel met mezelf. Op een leeg vel papier schreef ik mijn voor- en achternaam, daaronder de weg waaraan ik woonde, dan de naam van ons dorp en de gemeente, de provincie, het land, ons werelddeel, de breedtegraad, de planeet en ten slotte schreef ik: heelal. Als ik zover was, duizelde het mij bij de gedachte aan de onmetelijke ruimte, waarin ik toch maar bestond. En ik bedacht dat na het heelal uiteindelijk God moest komen.

Maar dan begon ik terug te redeneren: stel, dat God niet bestond, dan was er ook niet het heelal, de aarde kon er niet zijn, Europa niet, ons land niet, de provincie en de gemeente evenmin. Ons dorp zou er niet zijn, onze weg niet en ikzelf ook niet.

Ik huiverde voor het niets, dat als een enorm zwart gat voor me openging. Snel begon ik mijn spel van voren af aan en stopte opgelucht bij het laatste adres: *God*.

DE WEG

Thuis: dat is het landgoed van mijn ouders. De weg die naar mijn thuis voert, is niet geasfalteerd, hij is helemaal niet verhard. 'Zomerweg' wordt hij genoemd, ofschoon hij er ook in de winter is en in de herfst en in de lente. 's Zomers, op het heetst van de dag, glinsteren de zandkorrels in het licht van de felle zon. Het is een verrukkelijke sensatie om er blootsvoets doorheen te lopen. Ik voel het rulle, warme zand zachtjes tussen mijn tenen vloeien. Tijdens het lopen spelen mijn tenen met de zandkorrels. Ik maak ze krom en wil het zand vasthouden, maar dat lukt niet. De korrels lijken wel water, dat tussen mijn tenen doorsijpelt.

Boven op de heuvel blijf ik staan. Op de velden aan weerszijden rijpt het koren. Een zuchtje wind speelt met de aren. Beneden ligt, langgerekt, het meer. Ook daar een glinsteren, wanneer zonlicht het water raakt, dat door de wind zachtjes in beweging is. Ginds, aan de rand van het meer, ligt het kleine dorp. Een hond blaft en ganzen gakken. Van de kerktoren komt het geluid van de klokken. Het is middagtijd. Ik draai me om en loop huiswaarts. Het woonhuis, de stallen en het erf liggen verborgen achter sleedoornhagen, die de tuin omgeven. Alleen de daken turen tussen het groen van de bomen naar de zonovergoten weg. En achter het erf begint het bos.

Wanneer de winter op zijn hoogtepunt is, kun je alleen nog vermoeden dat de weg er ligt. De ijzige oostenwind, die de kou uit de Russische steppen meebrengt, heeft sneeuw over de weg gewaaid, hoger en hoger. Zo verdwijnt de weg en daarmee het zand, de wagensporen en de afdrukken van paardenhoeven. Bevroren is de herinnering aan de zomer. De wereld is wit geworden, stralend wit, wanneer de zon aan de strakblauwe hemel schijnt. Bij elke stap kraakt de sneeuw onder je voeten. Het meer is dichtgevroren. Het ijs is zo dik, dat het de spanning niet meer verdraagt en 's nachts met het geluid van kanonschoten scheurt. De bomen van het bos achter het erf steken donker en kaal af bij de witheid die over de velden ligt. Alleen op de takken van de dennenbomen ligt een deken van sneeuw. Ze dragen de belofte van Kerstmis in zich.

Ook op het dak van het huis ligt dik en warm de sneeuw. Uit de schoorsteen stijgt de rook steil omhoog. Het ruikt naar het hout dat brandt in de grote tegelkachel in de hoek van de kamer. Over die kachel, de warmte die hij uitstraalt, het flakkerende vuur achter het deurtje en de geur van gebakken appels, zou ik een lied willen zingen van heimwee en verlangen.

Dertig jaar geleden verlieten wij ons thuis. Wij moesten het verlaten omdat de oorlog over het land kwam. Het was midden in de winter en bitterkoud. Weer had de wind uit het oosten de weg onder de sneeuw bedolven. Er was geen weg om weg te gaan van thuis. Maar het moest, er was geen keuze. Het was nacht toen wij vertrokken. Twee uur was het op de klok in de woonkamer, ik zag het, toen ik een laatste blik naar binnen wierp. De sneeuw gaf een diffuus wit licht en maakte dat de nacht niet donker was. Over het dichtgevroren meer ging de vlucht, immer verder, ver weg van thuis.

In de lente ben ik teruggekomen. Even maar, want mijn thuis en mijn land behoren nu anderen toe. De weg is er

nog en nodigt uit: kom naar huis. Ik loop als in een droom. Door het rulle zand, de heuvel omhoog. Aan weerszijden van de weg begint het koren te groeien. Beneden blinkt het meer. Nog een paar honderd meter, dan ben ik thuis. Ik kan de daken niet zien, de struiken van de sleedoornhaag zijn uitgegroeid tot hoge bomen, bedekt met witte bloesem. Aarzelend kom ik dichterbij, blijf op de weg staan. Het duurt even voordat het tot mij doordringt wat ik zie: verwilderde tuinen, die geen tuinen meer zijn, stallen en schuren verbrand op een enkele na, het woonhuis voor de helft een ruïne. Maar in de verwilderde tuinen bloeien de seringen die mijn moeder heeft geplant. Ik sluit mijn ogen en adem de geur diep in. Even ben ik werkelijk thuis.
Langzaam ga ik de weg terug die ik gekomen ben. Het is goed dat ik nog één keer zijn sporen heb gevolgd. De schrijnende heimwee maakt plaats voor verstilde weemoed.

VAN BERLIJN NAAR SITTARD

Het was juni 1949. Ik vertrok uit Berlijn met een van de 'rozijnenbombers', een transportvliegtuig dat twaalf maanden lang kolen had aangevoerd. Wij zaten met twintig passagiers op uitklapbare metalen banken langs de tegenoverliggende wanden van het toestel. In een mum van tijd waren onze handen en kleren zwart van het kolenstof. Het was een weinig comfortabele vlucht, maar allen die hier naast en tegenover elkaar op de ongemakkelijke banken zaten, voelden opluchting nu ze de door de blokkade geteisterde en door de sovjettroepen omsingelde stad konden verlaten. De stad die bovendien, met haar onafzienbare ruïnes, nog altijd de verschrikkelijke wonden van de oorlog liet zien. Wij vlogen de vrijheid tegemoet en namen afscheid van het dierbare Berlijn. Hier en daar veegde iemand heimelijk een traan uit de ogen. Onmiddellijk verscheen er een zwarte veeg van kolenstof op het gezicht. Ook mijn gezicht droeg zwarte sporen. Toen we in Lübeck uit het vliegtuig stapten, zagen we pas goed hoe zwart we geworden waren.

Met twee reisgenoten vervolgde ik mijn weg per trein. In Hamburg hadden we twee uur oponthoud. We konden onze ogen niet geloven toen we de winkels bij het station zagen, vol met alle soorten levensmiddelen. Wij hadden een jaar lang gerechten gegeten die bereid waren van gedroogde aardappelen, gedroogde vis, gedroogde groente, vlees uit blik, melkpoeder en gedroogd fruit, waardoor we allen aan vitaminegebrek leden. Op onze koffers gezeten aten we achter elkaar broodjes met knakworstjes, broodjes met rolmops, broodjes met ham en kaas, bananen en ook nog een gebakje. Toen de trein kwam en we moesten instappen hadden we proviand voor minstens drie dagen bij ons.

Het doel van onze reis was het klooster van een zustergemeenschap in Sittard; het moederhuis van het Berlijnse klooster waar ik twee jaar eerder, zeventien jaar oud, ingetreden was. Ik zou er een jaar als novice verblijven als voorbereiding op het eigenlijke kloosterleven, waarmee ik in Berlijn nog weinig kennis gemaakt had. Toen wij de uitnodiging van het moederhuis kregen om een jaar naar Nederland te komen, had ons dat als een sprookje in de oren geklonken. Maar het bleek niet gemakkelijk om Nederland binnen te komen. Daarvoor was een visum nodig en daarop hadden we drie maanden moeten wachten.

Tussen Kaldenkirchen en Venlo passeerde ik de grens. Nieuwsgierig keek ik naar de douanebeambte in zijn onbekende uniform en ik luisterde naar zijn onverstaanbare taal. Ik was tamelijk angstig en zenuwachtig, maar de douanier zette alleen een stempel in mijn paspoort en gaf mij het document met een vriendelijke knik terug. Opgelucht zette ik mijn eerste stap op Nederlandse grond. Ik kwam in een volstrekt vreemde wereld terecht. Ik vond Nederland vertederend klein en Sittard een knus stadje. 's Avonds stond ik vaak voor een raam van het hoger gelegen klooster en dan liet ik mijn blik over de daken van de lage huizen gaan, die achter de omheining van de stadswallen om de markt en de grote kerk hurkten als kuikens onder de vleugels van een kloek. Bij het zien van deze kleine en in mijn ogen gave wereld, ervoer ik een onbeschrijfelijk gevoel van veiligheid, waarin ik me vol vertrouwen koesterde.

In de daarop volgende tijd kreeg ik van het stadje weinig te zien, want mijn leven speelde zich af binnen de kloostermuren. Wij waren met tien novicen, allen vol idealisme en goede wil. We waren bereid te gehoorzamen aan de eisen die de kloosterregels, bij monde van de novicemeesteres, aan ons stelde. Zo leerden we bijvoorbeeld ingetogen, met gevouwen handen en neergeslagen ogen door de kloostergangen te schrijden. Bij het trappen beklimmen diende het habijt aan de voorkant een stukje opgetild te worden om niet te struikelen en bij het afdalen moest het habijt van achteren wat opgetrokken worden, zodat de zoom ervan niet over de treden sleepte. Soms vergat ik het en sprong de treden ondanks mijn lange rokken met tweeën tegelijk omlaag. Dit was tegen de voorschriften, en als boete moest ik dan enkele gebeden doen.

Het dagelijkse leven bestond uit een nauwkeurige en getrouwe naleving van de kloosterregels en de daaruit voortvloeiende voorschriften. En die waren er legio! Ik was in een kleine, uiterst geordende wereld terechtgekomen, letterlijk en figuurlijk mijlenver verwijderd van het leven in Berlijn. Die grote, door de oorlog geteisterde stad, die nu weer in het brandpunt van de geschiedenis stond. Het was alsof ik me op een andere planeet bevond en de herinnering aan mijn vroegere leven vervaagde. In de beslotenheid van het noviciaat werd alles wat buiten in de wereld gebeurde van ons weggehouden. Vanuit die beslotenheid beleefde ik Nederland als een oase van rust en vrede, en in mij ontwaakte de wens in dit land te mogen blijven. Twaalf jaar later zou die wens in vervulling gaan.

AFSCHEID VAN MIJN VADER

IK ZIT IN de collegebank. Met mijn gedachten ben ik ver weg, de stem van de docent dringt amper tot mij door. Op dit uur wordt mijn vader begraven. Ik heb geen toestemming gekregen om bij de begrafenis te zijn. Vader, je wilde afscheid nemen en ik ben niet gekomen. Je was zo ongelukkig met mijn beroepskeuze. Je vond het onmenselijk dat het contact tussen ons op de meest cruciale momenten van het leven er niet mocht zijn. Nu ben je van mij weggegaan. Mijn ogen zoeken het raam. Buiten is het koud, sneeuw dwarrelt omlaag en de bomen strekken hun kale takken omhoog naar de grijze lucht. In deze zelfde maand, jaren geleden, moesten wij vluchten.

Je was de laatste jaren zo ziek, maar de oorsprong van je ziek zijn was het verdriet om het verlies van je geboortegrond. Je had hem van je vader geërfd, en die weer van zíjn vader. Je was in hart en nieren een boer, rechtschapen en onafhankelijk. Jouw leven was ingebed in het ritme van de jaargetijden, van zaaien en oogsten, van werken en feesten. Zo hadden generaties voor jou geleefd en zo wilde je dat jouw zoon het eens van je zou overnemen. Maar de oorlog dreef jouw leven, ons leven, in een heel andere richting. In die ijskoude januarinacht, toen de sneeuwstorm alle wegen had dichtgewaaid, de paarden voor de wagens werden gespannen en wij huis en erf moesten verlaten, vader, toen heb ik je gezicht gezien. Het leek als uit steen gebeiteld. Geen woord kwam over je lippen. Vader, wat ging er toen in je om? Is je sterven toen al begonnen?

Toen kwam de dag waarop het front over ons heen rolde. Schreeuwende, wanhopige mensen en plunderende overwinnaars. Mannen werden met de dood bedreigd en vrouwen als oorlogsbuit misbruikt. Je dwaalde met ons over de landwegen. We zijn niet ver gekomen. Wij waren uitgeput, ziekte en honger hielden ons vast. Vader, ik heb je tranen gezien, je wanhoop. Je vocht met jezelf om het behoud van het laatste restje eigenwaarde. De hoop dat we ooit, ooit weer naar huis zouden kunnen, hield je staande. Uiteindelijk is ook die hoop verdwenen.

Nu ben je thuisgekomen, voorgoed. Het spijt me dat ik geen afscheid van je heb kunnen nemen. De pijn hierover zal blijven, zo lang als ik leef. Maar op een dag zal ook ik voorgoed thuisgekomen zijn.

SEIZOENEN

Verwonderlijk, hoe de seizoenen dwars door mijn leven heen lopen, terugkeren, zich herhalen, maar nooit hetzelfde zijn: altijd verrassend en nieuw. Midden in de lente van mijn jeugd overviel mij de kou van de winter. In de hitte en droogte van de zomer werd mij opnieuw een tijd van lente geschonken. En in de herfst, waarin mijn levensdagen rijp en vol geworden zijn, raakt liefde mij onverwachts opnieuw, heel wezenlijk, dichtbij, zo anders.

Ik voel de lichtheid van de lente, bespeur de warme gloed van de zomer, ontvang de rijke oogst van de herfst. Mijn leven is een schaal geworden, waarin ik kostbaarheden verzamel om ze uit te delen aan ieder die ontvangen wil. Niet lang meer en de winter komt. Ik wil niet bang zijn, maar mijn hart spreekt andere taal. Het wil dit leven niet laten gaan, nog niet, en nog niet, en nog niet.

Hart van mij, wees toch niet bang, want onder de starre witheid van de winter zal het leven op ons wachten voor een stralend nieuw begin.

PAUL VAN DE BOEL (1931)

'Zonder mij had niemand deze geschiedenis vastgelegd'

'Ik zie schrijven als een kunstuiting: net als bij boetseren van een figuur en het maken van een schilderij gaat het bij het schrijven van verhalen om het uitdrukken van gevoelens die door anderen waargenomen kunnen worden. Het schrijven van mijn boek *300 Jaar Pannenmakers in Thorn*[6] had voor mij niets te maken met het van me afschrijven van frustraties. Toen ik stopte met werken, betekende dat het einde van een familietraditie. Het bedrijf, een fabriek waar dakpannen worden gemaakt, ging over in andere handen en het afscheid betekende veel voor mij. Als laatste directeur die de naam Van de Boel droeg, wilde ik bij mijn afscheid van het bedrijf, dat sinds 1740 bestond, iets doen met de geschiedenis.

Van de Boel was altijd een familiebedrijf, dus de bedrijfsgeschiedenis is verweven met de familiegeschiedenis. Die geschiedenis speelde zich af in Thorn, daar leefde en woonde de familie en daar ontstond een leefgemeenschap van mensen die werkten voor het bedrijf. Het verhaal van het bedrijf heeft zich altijd op dezelfde locatie afgespeeld. Ook in de geschiedenis van het stadje Thorn speelt de familie een rol: politiek, verhalen over mijn werk en familieverhalen zijn eigenlijk één groot geheel. Dat zie je al in de bronnen die ik kon gebruiken voor mijn geschiedenis: er waren dozen vol bedrijfsarchiefstukken, akten en onroerendgoedtransakties, tekeningen van persen en andere machines, maar ook bijvoorbeeld familiepapieren van grootouders.

De dakpannenfabricage is een zeer intensief, ambachtelijk en interdisciplinair proces. In de dozen lag materiaal over de archi-

---

6   Boel, P.H. van de (2004). *300 Jaar Pannenmakers in Thorn. Méér dan een familiekroniek*. Thorn: P.H. van de Boel, eigen uitgave.

tectuur, zowel van het landschap als van de gebouwen, over grondtransacties, procedés voor het maken van de dakpannen, en er waren natuurlijk ook bestuurlijke stukken. Ik wilde niet alleen de feiten en getallen ordenen en vastleggen, maar ook de mens beschrijven die in de situatie van het bedrijf was geplaatst. Een enorme klus!

Mijn eerste probleem was het ordenen van al dat materiaal. Dat deed ik met behulp van een archivaris, en al doende verzamelden we nog meer bronnen. De krenten uit het bedrijfsverhaal kenden we allemaal wel, belangrijke gebeurtenissen zoals het aankopen en ontwerpen van nieuwe machines waren me wel bijgebleven, maar al ordenend en brieven lezend kwam ik de vreemdste transacties tegen en zo werd het steeds moeilijker om het verhaal eruit te distilleren.

Hoe moest je dat doen, een lopend verhaal schrijven? Met alleen maar het vermelden van feiten, in een stijl van "en toen en toen door deze en door die", kwam ik er niet. Ik realiseerde me ook dat ik niet alles kon vermelden en dat niet alle gegevens even relevant waren. Ik had veel voorstellingen van situaties, veel beelden, veel herinneringen, maar hoe kwam hieruit nu het verhaal te voorschijn? Ik had wel geleerd om verslagen, notities en beleidsstukken te schrijven, maar dat was niet voldoende voor wat ik wilde. Precies op het goede moment kwam ik het aanbod van het hoger onderwijs voor ouderen tegen, en de cursus levensverhalen schrijven leek mij geschikt voor mijn doel. Ik stelde me toen nog voor dat ik het verhaal eenvoudigweg zou opschrijven en vervolgens aan anderen kon doorgeven.

In de cursus leerde ik veel en ik schreef kleine fragmenten naar aanleiding van thema's en onderwerpen die werden aangereikt. Ik deed er veel ideeën op, ook ideeën die niet in de cursus thuishoorden, maar die werkte ik thuis uit. Na verloop van tijd had ik zo'n vijftig fragmenten, die ik zag als de stukjes van de grote puzzel. Ik heb ze mooi geordend, heb alle stukjes titels gegeven. In een map zitten mijn proeven, de commentaren die ik kreeg en de uitwerking van de tekst nog steeds bijeen. Het waren goede lessen, ik kijk met veel plezier terug in die map en aan het lezen beleef ik nog steeds genoegen.

Omdat de cursus gericht was op het schrijven van het persoonlijke levensverhaal, was het aan mij om de vertaalslag te maken naar het verhaal van het dakpannenbedrijf. In het begin deed ik dat dan ook stug, en had daardoor een wat geïsoleerde positie in de groep. Later verbreedde ik mijn spectrum, ik kwam er steeds meer achter dat het bedrijf en mijn familiegeschiedenis met elkaar verstrengeld waren. In de geschiedenis kwamen steeds meer figuren naar voren en de hele familie had te maken met het verhaal.

Omdat ik mijn verhaal openbaar wilde maken, heb ik nooit iets geschreven dat de betrokkene zou kunnen kwetsen. De eerste keer dat ik schreef over mijn familie, maakte ik een portret van mijn vader. Dat was herkenbaar voor anderen en het nam zelfs drempels weg.

In de cursus heb ik geleerd dingen naar voren te halen: herinneringen en beelden waarvan ik het bestaan niet kende. Het ging soms zo ver, dat anderen tegen mij zeiden: "Hoe kun je dat nu zo opschrijven? Je was er toch niet bij?" Ik probeerde door te dringen in het denken van de mensen achter de feiten en gebeurtenissen. Ik schreef verhalen over de voorbije tijd alsof ik er bij was. Toch doet ook een historicus niet anders dan dat: vanuit de bronnen focuste ik op de historische gebeurtenissen, ik keek naar de achtergronden, bestudeerde dingen er omheen en ik besloot: zo moet het gegaan zijn, zo is het gebeurd.

Ik was natuurlijk enorm betrokken. Het leek soms wel een vorm van reïncarnatie. Ik heb daarbij ook wel fouten gemaakt. Zo heb ik een verhaal geschreven dat later, bij navraag bij een familielid, in een andere tijd bleek te spelen; ik zat er soms wel een generatie naast. En ook waren mijn conclusies wel eens fout. Dan veranderde ik het verhaal. Toch was ik er steeds opnieuw van overtuigd: dít is het verhaal. Mijn geluk was dat het verhaal zich nagenoeg op één locatie afspeelde, en dat de bedrijfstak beperkt is. En door het uitgebreide archief van Thorn en met hulp van de archivaris konden heel wat data en gebeurtenissen in de archieven worden gecheckt. Dat vond ik belangrijk.

In de cursus leerde ik dat schrijven een beroep is met ambachtelijke beroepsvaardigheden. Daar had ik er te weinig van en daarover heb ik in de cursus veel geleerd. Niet alleen over de techniek, maar ook rond de vraag: wat beschrijf je wel en wat niet? Je moet wel wat laten zien, maar niet shockeren, het gaat over het omgaan met grenzen. Ik kan nu over dingen schrijven die ik eerder niet durfde aanpakken, die moeilijk lagen in de familie. Maar ik heb steeds geprobeerd recht te doen aan iedereen in elke situatie. Het commentaar van familieleden op de verhalen was overigens meestal dat ze mij mild vonden.

Ik vond uiteindelijk een vorm die bij mij past, mede door de wisselwerking met de mensen in de cursusgroep. In het begin keken we allemaal een beetje de kat uit de boom, maar uiteindelijk gingen we met de billen bloot: iedereen is op zoek naar een eigen taal en moet een vorm vinden die klopt. Je moet beslissingen nemen over wat je leesbaar vindt. Taal beweegt zich op een heel breed terrein. Het gaat om leesbaarheid maar ook over het geven van informatie, over de vraag of het waarheidsgetrouw is en over het poëtisch gehalte van de taal. Iedereen kiest daarin een eigen positie. Sommigen vonden dat je vooral over jezelf moet schrijven, maar ik schreef vaak vanuit een "balkonmentaliteit", als een toeschouwer, als iemand die het gezien en meegemaakt had.

Schrijven in de cursus was werken onder dwang. Het schrijven moest snel. Je begon breed en maakte een keuze binnen het thema. Soms manoeuvreerde ik me in een vangnet waar ik niet meer uitkwam. Dit is niet wat ik wil, dacht ik dan. Meestal koos ik dan thuis vanuit het thema een ander gezichtspunt. Schrijven is voor mij seizoensgebonden: als ik buiten kan zijn, ben ik niet binnen. In de zomer doe ik vooral archiefonderzoek en ben ik op pad, in de winter schrijf ik meer. Op een mooie zomerdag binnen blijven om te schrijven, is te veel gevraagd.

Maar het moet voor mij wel tot een afronding leiden en de kwestie was dan ook: wat doe ik met de verhalen die ik verzameld en geschreven heb? Ik had ontdekt dat ik het verleden, dat deel van het verhaal dat de anderen niet kenden, interessanter vond dan het heden. Ik wilde waarheidsgetrouw schrijven, geen feiten verdraaien. Ik ben daarin heel precies. Ik wilde het archief, de bijzondere stukken daaruit, presenteren en de verhalen toevoegen. Het archief moest op orde zijn en doorzichtig, de feiten moesten kloppen. De verhalen vulden het feitenmateriaal aan. Eigenlijk wilde ik dat ook toen ik begon met schrijven: de geschiedenis van het bedrijf presenteren via archiefstukken, gelardeerd met verhalen. Later dacht ik de verhalen als rode draad te gebruiken, met de archiefstukken ter illustratie, maar uiteindelijk is het archief toch het uitgangspunt gebleven.

Voor de geschiedenis nam ik contact op met een historicus. Ik wilde weten hoe ik het verhaal goed onderbouwd kon vertellen, en hij gaf me het advies om het te beschouwen als een promotiestuk: niets beweren dat je niet kunt onderbouwen. Hij gaf mij heel belangrijke historische aanvullingen, waar ik dankbaar gebruik van heb gemaakt en zijn adviezen verwerkte ik: ik vermeldde overal mijn bronnen en vermeldde mijn speculaties expliciet. De prof vond het verhaal wel boeiend en het interesseerde hem voor zover het ondernemersdom aan de orde was, maar zijn interesse gold niet de levensverhalen. Maar ik wilde meer, ik wilde een drieluik maken over de ontwikkeling van de dakpannenindustrie in Thorn, gerelateerd aan de familiegeschiedenis, met als achtergrondmateriaal het verhaal van de abdij van Thorn. Ik wilde ook een beeld scheppen van die tijd en het verhaal leesbaar maken met verhalen en anekdotes. Over Thorn zelf was al zóveel geschreven, dat ik daar maar weinig aandacht aan wilde besteden. En zo werd stap voor stap de vorm van mijn verhaal duidelijker.

Omdat ik mijn verhaal openbaar wilde maken, ging ik op zoek naar een uitgever. Zonder succes; het Sociaal Historisch Centrum vond het te veel een familie- en genealogiekroniek en fondsen stelden steeds specifieke eisen. Als je eigenwijs bent, sta je er alleen voor: ik besloot ten slotte het boek in eigen beheer uit te geven. Daardoor kon ik er geen commercieel doel meer mee dienen, maar wel het boek vormgeven zoals ik het wilde.

Een nieuwe schrijfronde volgde. Met plezier schreef ik mijn verhalen over om er een bundel van te maken, maar bij kritisch herlezen vond ik ze vaak niet goed genoeg. Soms waren de woorden niet passend, dan weer vond ik het verhaal te compact. Ik begon dus met herschrijven. Ik liet dingen weg die ik niet meer interessant vond, en koos voor een chronologische opbouw. Elk hoofdstuk schetst nu een aspect van de ontwikkeling van de pannenindustrie. De verhalen heb ik in aparte blokken toegevoegd.

Twee bevriende amateurs vroeg ik om commentaar. Zij gaven mij allerlei adviezen op inhoudsniveau en bij taalkundige aspecten. Ik wilde taalkundig een gave tekst, en ik wilde ook weten of ik mezelf niet te veel profileerde. Vervolgens zocht ik een drukker, die het boek maakte volgens mijn vormideeën en die ook de tekst wilde lezen. Ik ontdekte dat het aanbod van drukkers zeer divers is: de een is meer gericht op de vorm, de ander op de inhoud van de tekst. Dat de drukker onder het lezen van de tekst iets anders verstond dan ik, ontdekte ik pas bij de drukproef: daar bleek dat hij vooral met de lay-out bezig was geweest. Maar de samenwerking was goed en opvallende taalfouten kon ik nog corrigeren. Het proces van het drukken liep volgens plan.

En toen kwam de presentatie van mijn boek. De industrie had zich afzijdig opgesteld: het bedrijf dat ik vroeger leidde, was inmiddels onderdeel van een internationaal gezelschap en toonde weinig interesse voor het historische verhaal. Zij wilden vooruit kijken en niet achterom. Men wilde uiteindelijk honderd exemplaren afnemen. Ik realiseerde me dat er geen pannenbakkers meer zijn. Maar de mensen van de techniek waren wel zeer geïnteresseerd, al hadden zij geen middelen. De literaire kring van Thorn wilde wel literaire kritiek geven op het boek, iets waar ik niet op uit was. De heemkundige vereniging was bereid om een zitting te wijden aan de inhoud ervan. Tijdens deze zitting heb ik het boek gepresenteerd. We hebben een programma samengesteld, en hoewel het allemaal niet erg professioneel was en er veel fout ging, waren er toch zo'n tweehonderd mensen gekomen en was het een prettige avond.

Het boek kreeg een plaats in de boekhandels in de regio - het werd onder de kostprijs verkocht, voor circa twintig euro - en er was veel belangstelling uit bibliotheken. Inmiddels zijn de vijfhonderd exemplaren bijna allemaal verkocht. In het algemeen is het boek gunstig ontvangen. Mensen die direct betrokken waren en die genoemd worden, waren allemaal erg geïnteresseerd. Ik had in het boek vaak bewust namen genoemd, en met sommige mensen had ik er van tevoren ook wel contact over gehad. De reacties varieerden: er waren lovende woorden, sommigen noemden de tekst mild, en anderen lieten weinig of niets horen.

De reacties vanuit de branche waren ronduit positief. Het Nederlandse Pannenmuseum in Alem bij Den Bosch was heel blij met het boek en ook de mensen uit Thorn en omgeving reageerden in het algemeen positief. Veel van hen kochten het boek voor een familielid, omdat er herkenbare verhalen in staan. Het is me wel opgevallen dat lang niet iedereen zich verplicht voelt te reageren, terwijl de tekst toch zeker vragen moet hebben losgemaakt. Ik kan me voorstellen dat velen zich bij het lezen afgevraagd zullen hebben of ik wel gelijk heb met mijn interpretaties.

Terugblikkend op het proces dat leidde tot het vastleggen en uitgeven van mijn verhalen, ben ik tevreden. Ik zou het in grote lijnen weer zo doen. Wel zou ik meer aandacht besteden aan de eindredactie. Over de verzorging van het boek heb ik niets dan complimenten.

Ik ben nu niet meer bezig met mijn eigen verhaal. Soms schrijf ik nog wel eens iets op, ter aanvulling. En af en toe vind ik een verhaal over de Thorner geschiedenis dat ik relevant vind. Die dingen bewaar ik in een conceptenmap. Het boek is eigenlijk ook nog niet af: ik heb een aanvullend hoofdstuk geschreven, dat gaat over de nog levende generatie pannenbakkers. In feite is het onvoltooid, en ik zou me wel een vervolg kunnen voorstellen waarin meer van mijn eigen levensgeschiedenis en de actualiteit wordt opgenomen. De geschiedenis verandert steeds. Op onderdelen zou ik nu meer kunnen vertellen. Het bronnenonderzoek vind ik nog steeds erg interessant en de routine van het schrijven wil ik misschien nog wel eens oppakken. Ik denk erover om de nieuwe fragmenten te bundelen, overigens zonder ze te willen uitgeven. Ik zou ze dan in kleine kring verspreiden.

Ik heb het gevoel dat ik recht gedaan heb aan de geschiedenis. Van wat ik wist, kunnen anderen nu ook kennis nemen. De geschiedenis is opgetekend, ik heb een brokje informatie toegevoegd. Ik realiseer me dat als ik het niet gedaan had, niemand die geschiedenis vastgelegd zou hebben. Ik ben er intensief mee bezig geweest en het geeft me veel voldoening.'

LUCHTKASTELEN

Bij ons op zolder waren drie meidenkamers, waarvan alleen de middelste als zodanig in gebruik was. Aan de leegstand links en rechts kwam al gauw een einde toen wij die eenmaal ontdekt hadden. Ik annexeerde een kamer voor mezelf en maakte daar een hobbyruimte en clublokaal van. Al heel jong had ik belangstelling voor de luchtvaart. Ik werd jeugdlid van de Nederlandse Vereniging voor de Luchtvaart en abonnee van vliegtijdschriften. Als lid van de modelvliegclub Tornado was ik op elfjarige leeftijd bouwleider en administrateur. Ik leerde oudere jongens hoe ze een modelvliegtuig in elkaar moesten zetten en het konden laten vliegen. Ik las alles wat ik op het gebied van luchtvaart kon bemachtigen. Het in mijn kamer ongestoord lezen van vakbladen zoals *Avia* en *De Vliegerswereld* was voor mij een feest. Het was iedere week weer opnieuw een sensatie om schetsen op maat en zelfs foto's aan te treffen van geallieerde vliegtuigen die dagelijks in indrukwekkend grote formaties over ons heen vlogen, richting Duitsland, en die ik vanuit het zolderraam kon volgen.

In deze kamer maakte ik werktekeningen van de maatschetsen uit de vliegtuigbladen. Aan de hand van een boek van een echte vliegtuigingenieur ontwierp ik bovendien profielen van de vleugels en probeerde de gunstigste stromingslijnen te ontwikkelen. Bij een sympathiserend triplexfabrikant haalde ik het benodigde bouwmateriaal en vervolgens werden de door mij vervaardigde bouwtekeningen als basis gebruikt voor een model van een 'glider', een zweefvliegtuig dat enige tijd later in Arnhem werd ingezet. Het had een spanwijdte van 3,20 meter en het werd in onderdelen gebouwd om buiten in elkaar gezet te worden.

Maar in mijn streven om het toestel zo licht mogelijk te maken, had ik de sterkteberekeningen wat verwaarloosd. Na enkele proefstarts vanaf een helling stortte mijn schepping neer: total loss. Achteraf bleek dit een realistische benadering te zijn van de werkelijkheid, want de meeste gliders in Arnhem verging het niet anders tijdens de mislukte operatie Market Garden.

Het liefst wilde ik zelf vliegen. Er was een mogelijkheid: je kon deelnemen aan vliegkampen in Teuge. Maar daarvoor moest onze vereniging zich aansluiten bij de Cultuurkamer en de leden bij de NSB. Dat was het einde van het verhaal: onze modelclub werd opgedoekt. We werkten ongeorganiseerd verder aan de bouw van nieuwe modellen, maar mijn vliegavontuur was teneinde voordat het begonnen was.

DE BEELDENZOLDER

IN DE ZOMER van 1940 was ik negen jaar oud. Na de inval van de Duitsers op 10 mei leek het erop dat het gewone leven weer hervat was. Inderdaad kon vooralsnog in de dakpannenfabriek 'gewoon' worden doorgeproduceerd. Als het maar even mogelijk was, waren wij, de kinderen, in de fabriek om er te kijken of te spelen.

Er was altijd iets te beleven, in de machinekamer, aan de transportband, bij de kleibewerkingsmachines, zoals de kollerwalsen en de strangpers. Resultaat was een niet aflatende stroom vers geperste pannen en hulpstukken, die via een eindeloze transportketting naar de droogloodsen werden gevoerd. Een deel van de pannen werd via een Jacobsladder naar boven gebracht. Het was een schommeltransporteur die met schuitjes de vracht naar de volgende verdieping transporteerde.

Deze droogzolder vormde een groot contrast met de eronder liggende machinekamer. Het was alsof de tijd daar stil was blijven staan: het was er oneindig rustig, stoffig en warm, met de weeë geur van drogende klei. Het geruis, gekletter en gestamp van beneden kon hier slechts zeer gedempt doordringen. Het licht viel binnen via de houten droogjaloezieën en tekende lichtende strepen die zich in de stoffige ruimte voortzetten tot op de vloer. De zolder had voor ons nog een aparte aantrekkingskracht, want hier waren de gipsmallen opgeslagen. Deze waren achtergelaten door de vorige eigenaar die met weinig succes had geprobeerd de dakpannenfabricage te combineren met gebakken beelden en ornamenten.

Over de Jacobsladder brachten wij verse kleikoeken naar boven die wij in de gipsen mallen propten. Het hoofd van Sint-Jozef en engelenkopjes waren favoriet. Met een oud keukenmes en met tot spatels gesneden houtspaanders werden de beeldfragmenten afgewerkt, gedroogd en vervolgens tussen de pannen gebakken. Later waren dit op school interessante ruil- en verzamelobjecten. Het was onder andere een manier om in het bezit te komen van een van de eerste Kuifje-stripboeken: *Raket naar de maan*.

Mijn vader sloeg met welgevallen gade hoe wij ons aanvankelijk beperkte vakmanschap tot meesterschap wisten te verheffen. Met zijn pragmatische kijk op de zaken dacht hij dat wij ook wel in staat moesten zijn om gecompliceerde hulpstukken voor pannen aan elkaar te boetseren. Dat werd vervolgens ons vakantiewerk. Aan het einde van onze eerste productiedag was een heel rek gevuld met gelijkvormige hulpstukken: als soldaatjes stonden zij in de rij, het was een prachtig gezicht. Maar toen we de volgende dag onze schepping van de eerste dag gingen bewonderen, moesten we wel even slikken. Waar gisteren nog tachtig hulpstukken hadden gestaan, lagen nu 160 helften - het boetseerwerk was blijkbaar toch niet vakkundig genoeg geweest of het drogen was te snel gegaan. Reparatie bleek niet meer mogelijk. Wij moesten nog veel leren.

VERMOGEN IS ZICHTBAAR MAAR OVER GELD PRAAT JE NIET

Thuis werd vroeger in het bijzijn van ons, kleine snotneuzen, nooit over geld gepraat. Volgens mij was er ook geen geld in huis. Mijn ouders waren niet onvermogend; dat kon iedereen zien. Zij genoten ook aanzien, want vader was directeur en mede-eigenaar van een pannenfabriek. Wat niet iedereen kon zien, was dat het vermogen voor een gedeelte familiebezit was dat met de overige familieleden werd gedeeld. Dat vermogen, in de vorm van een fabriek en ander onroerend goed, zal wel rendement opgebracht hebben in de vorm van geld.

De rol van geld was drieledig. Het meeste werd geïnvesteerd in de fabriek. Een deel was bestemd voor huishoudelijke uitgaven. Wat overbleef werd gebruikt voor het aankopen van onroerend goed in de privésfeer. Gelukkig werd er soms ook onroerend goed verkocht. Dat werd 'oogsten' genoemd. Pachtopbrengsten waren ook een vorm van oogsten.

Er waren mensen in het dorp die dachten dat mijn ouders rijk waren, maar de meeste vriendjes hadden meer geld in de portemonnee dan ik op alle kermisdagen kon uitgeven. Soms dacht ik ineens over veel geld te beschikken, bijvoorbeeld op mijn verjaardag, op nieuwjaarsdag of bij de eerste communie. Die illusie was weer gauw verdwenen omdat ik werd aangespoord dat geld op de bank te zetten voor 'later'. Ik heb geleerd geld bewust uit te geven en met een doel. Als ik geld nodig had, moest ik daar om vragen. Het werd mij gegeven als ik duidelijk kon maken waar ik het voor wilde gebruiken, bijvoorbeeld voor een boek of gereedschap voor mijn modelbouwhobby. Als ik het geld dan kreeg, werd ervan uit gegaan dat ik iets goeds, degelijks en duurzaams kocht. Dan mocht het best wat kosten.

Geld om uit te geven voor mijn plezier had ik dus niet. Daarom vond ik het fijn om in de vakanties in de fabriek te werken. Ik kon daar pannenhulpstukken maken, die per stuk werden beloond. Deze beloning viel zwaar tegen en stond in geen enkele verhouding tot het aantal uren en de inspanning die daaraan besteed waren. Dat kwam doordat ik geen vakman was en de meeste door mij gemaakte pannen niet door de eindcontrole kwamen.

Mijn visie op geld is in mijn verdere leven niet veranderd. Geld was voor mij rendement van arbeid en beleggingen, een gedeelte wordt gebruikt voor huishoudelijke en persoonlijke uitgaven. Ik heb geleerd de grenzen van deze uitgaven ruimhartig en gepast te interpreteren.

EEN NIEUWE START

DE BUS STOPTE op die klamme augustusmorgen in 1951 op de smalle Amsterdamsestraatweg, langs de Vecht in Breukelen, voor kasteel Nijenrode: het Nederlandse Opleidingsinstituut voor het Buitenland. Ik stapte uit en zeulde mijn zware koffer over de ophaalbrug. In mijn beste pak en met een rouwband op mijn revers meldde ik mij in het poortgebouw. Ik realiseerde mij dat de opleiding mij niet naar het buitenland zou brengen, zoals ik bij mijn inschrijving, een jaar eerder, had gedacht. Er gebeuren nu eenmaal dingen waarop je geen invloed kunt uitoefenen en die je leven plotseling een heel andere wending geven. Een wending die, achteraf bekeken, leidde naar een leven dat minstens zo boeiend was als de gekozen carrière in het buitenland. Het was een tweesprong met op beide wegen een lokkende horizon.

Mijn ouders huldigden de gezonde opvatting dat hun kinderen zelf hun toekomst moesten bepalen en de daarbij behorende opleiding konden kiezen. Wij waren met zeven jongens en twee meisjes en we hadden nogal uiteenlopende interessen. Twee oudere broers kozen voor het familiebedrijf. Daarmee leek de opvolging geregeld en kregen anderen volkomen vrij baan in hun beroepskeuze.

Ik meende over technische vaardigheden te beschikken en belandde dus op hbs-b. Na een tijdje verschoof mijn interesse naar een rechtenstudie, daarvoor moest je in die tijd als vooropleiding gymnasium hebben. Aangezien het toen ondenkbaar - en ook wel ondankbaar - was om van studierichting te veranderen, liet ik de mogelijkheid van een rechtenstudie vallen. Via mijn zijdelingse belangstelling voor de schilderkunst overwoog ik toen een architectenopleiding. De naoorlogse architectuur bood op dat moment echter weinig creatieve mogelijkheden in het korset van de premiewoningbouw, zodat ik ook dat idee liet varen. Via de beroepenvoorlichting op school hoorde ik van Nijenrode, een instituut dat erop gericht was de buitenlandse contacten die tijdens de oorlog verloren gegaan waren, zo spoedig mogelijk te herstellen. Ik vond dat een mooie en ook wel avontuurlijke uitdaging en dus meldde ik mij aan. Tot mijn voldoening doorstond ik de toelatingstests met goed gevolg. Mijn pad naar de toekomst leek geëffend.

Maar het lot besliste anders. Vlak voor mijn eindexamen, op 24 juni 1951, verongelukte mijn oudste broer bij een auto-ongeval. Hij was een van de twee broers die in de bedrijfs-opvolging zouden voorzien. Dit moest nu worden bijgesteld. Aan mij werd het voorstel in overweging gegeven om die plaats op te vullen. 'Maar', zeiden mijn ouders, 'het moet je eigen keuze zijn. Je wilde naar Nijenrode en dus ga je daar eerst naar toe.'

Toen ik mij in augustus met het rouwbandje op mijn revers aanmeldde in het poortgebouw, wist ik dat mijn carrière niet in het buitenland zou liggen. Na twee jaar studie en enkele stages in het buitenland meldde ik mij op de pannenfabriek. Ik heb er nooit spijt van gehad.

TERUG UIT DUITSLAND

HET WAS MIDDEN in de jaren vijftig en de vraag naar stenen en pannen was nog steeds enorm. Wegens personeelsgebrek was het moeilijk om aan deze vraag te voldoen. Nieuwe werknemers moesten letterlijk uit de markt geschraapt worden. Het was dan ook een aangename verrassing toen zich spontaan een jongeman op het kantoor aanmeldde voor werk. Ik zal hem Pieter noemen. Hij had vroeger al eens in de pannenindustrie gewerkt. In de oorlog had hij in Duitsland gewerkt en na de oorlog was hij er blijven hangen in de tros van het Amerikaanse leger. De bezetters maakten aanvankelijk liever gebruik van diensten van hun bondgenoten, in wie zij meer vertrouwen hadden dan in de overwonnen vijand. Inmiddels was het tij gekeerd en werden de Duitsers door de bezetters vrijwel op voet van gelijkheid behandeld. Pieter had daaruit zijn conclusies getrokken en keerde naar Nederland terug.

In Duitsland had hij een meisje leren kennen, waarmee hij in Nederland wilde trouwen en een toekomst opbouwen. Hij maakte een sympathieke indruk en werd met directe ingang in dienst genomen. Met enige moeite wist ik te bemiddelen voor een tijdelijk onderkomen op enkele kamers. Alles leek prima geregeld. De vreugde bleek echter van korte duur.

Op een avond ging bij mij thuis de telefoon. De pastoor van een naburige parochie was aan de lijn. Er had zich onlangs een jongeman gemeld die in zijn parochie was gedoopt. Hij was vergezeld van een meisje en kwam voor zijn doopbewijs omdat zij wilden trouwen. Nu had de pastoor vernomen dat Pieter met dat meisje 'samenhokte', zoals hij dat noemde. Erger nog, ik zou daartoe de gelegenheid hebben gegeven door woonruimte beschikbaar te stellen. Deze zondige situatie moest onmiddellijk worden beëindigd. Ik werd gesommeerd de huur per direct op te zeggen.

Ik vroeg de pastoor of hij wist hoe moeilijk het was om woonruimte te vinden voor repatrianten. Bovendien, zo betoogde ik, hadden ze door hun huwelijksvoornemen kenbaar te maken reeds een 'huwelijk van begeerte' gesloten. Deze opmerking was olie op het vuur. Als ik niet meewerkte, zag hij zich genoodzaakt mij - evenals het toekomstige paartje - te excommuniceren. Het was zelfs niet uitgesloten dat ik in de ban zou worden gedaan. De pastoor meende een oplossing te kunnen aandragen met het voorstel om het paar tijdelijk gescheiden onder te brengen bij twee overbevolkte gezinnen die familie waren van de aanstaande bruidegom.

De volgende dag ging ik bij mijn eigen pastoor te rade. Deze tilde er gelukkig niet zo zwaar aan. Integendeel, hij was oprecht blij dat de jongelui zich hadden aangemeld om te trouwen en vond dat daar alle medewerking aan moest worden verleend. Daarbij moest zeer zeker rekening gehouden worden met de bijzondere situatie waarin beiden verkeerden. De banvloek en excommunicatie moest ik maar als niet uitgesproken beschouwen. Het huwelijk werd bij onze pastoor in de prachtige abdijkerk voltrokken in aanwezigheid van de familie. Ik was aangezocht als trouwge-

tuige en was daarmee zeer vereerd. Na enige jaren besloten ze weer naar Duitsland terug te gaan.
Onlangs was Pieter weer in Thorn en kwam hij mij bezoeken vanwege de AOW-pensioenrechten en om herinneringen op te halen. Het ging goed met hem en zijn vrouw: zij praatten nog vaak over de gelukkige tijd in Thorn.

EEN BIJZONDERE BEGRAFENIS

Een nuchtere Hollander is niet gauw geneigd zijn emoties te uiten, zeker niet te midden van een groot gezelschap. Het uiten van blijdschap is in het algemeen geen probleem: een drievoudige zoen voor de bruid of voor Jarig Jetje wordt zonder meer geaccepteerd, een flinke knuffel of een waarderende schouderklop mag daarbij aansluiten zonder dat het gênant wordt. Maar bij treurige gebeurtenissen is het heel wat moeilijker om spontaan te reageren. Men is bang voor de emoties die de ander beleeft bij het verlies van een dierbare en er wordt dan wat onhandig gestunteld. Gelukkig wordt dit door de betrokkene als een welgemeende blijk van medeleven gezien. De kunst om ontroering te uiten is slechts aan weinigen gegeven.
Een van die weinigen ontmoette ik op de begrafenis van mijn peettante. Na een welbesteed leven was zij op gezegende leeftijd overleden. Zij was ongetrouwd gebleven en lange tijd inwonend geweest in het gezin van mijn ouders. Dit werd nauwelijks als een last beschouwd, want zij was niet opdringerig en door haar onbaatzuchtige en meelevende houding genoot zij achting in een brede kring. Later bewoonde zij een eigen huis in de buurt, maar de familiebanden bleven onveranderd hecht. Toen de tijd daarvoor aangebroken was, kwam er aan haar leven een einde.
De familie was unaniem in haar oordeel: tante verdiende een waardig afscheid. Zelf had ze daartoe reeds een aanzet gegeven, door allerlei praktische zaken vooraf te regelen. De organisatie van de begrafenis en wat er zoal bij hoorde werd mij toevertrouwd. Dat vond ik een dankbare taak die

ik in goede harmonie met de familie uitvoerde. Op de dag van de begrafenis kwam de familie bijeen in het huis dat tante het laatst bewoond had. Allemaal in deftig zwart, met uitzondering van enkele dames die met een afwijkend gekleurde bontsoort aan de begrafenis deelnamen. De sfeer was ingetogen en gemoedelijk, maar ook een beetje onwezenlijk omdat niemand wist wie er gecondoleerd moest worden en met welk verlies. Dit had tot gevolg dat iedereen tegenover iedereen een onverstaanbaar gemurmeld rouwbeklag uitsprak.

De serene sfeer werd abrupt onderbroken toen een luidruchtig gezelschap van enkele verre familieleden op het toneel verscheen. Een heer maakte zich uit het groepje los en stortte zich luid jammerend op de kist. Hij trok een zakdoek ter grootte van een ouderwets tafelservet uit zijn zak en wiste zich daarmee echte tranen van zijn gezicht. Pas daarna wendde hij zich tot de rest van de familie. Hij schudde iedereen krachtig de hand en wist in welgekozen bewoordingen, die bij elke handdruk wonnen aan ontroering, uitdrukking te geven aan zijn smartelijke gevoelens. Het deed hem zichtbaar leed dat hij afscheid moest nemen van een van zijn meest beminde tantes, die hij bovendien te veel jaren niet meer ontmoet had.

Ik was totaal overdonderd door de orkaan van droefheid die plotseling over het gezelschap was losgebroken. Voorzichtig informeerde ik bij een andere gast wie deze meneer wel was. Na enig nadenken werd mij uitgelegd dat het een ver familielid betrof. Weliswaar van de koude kant, maar tóch! Hij was berucht in de hele familie en stond algemeen bekend als 'de huiler'. Na de eruptie van emoties kalmeerde de man en woonde hij de uitvaartdienst beheerst bij. Tijdens de teraardebestelling werd het hem plotseling weer te machtig, toen hij een kluitje aarde op de fraaie kist wierp. Luid schreiend haalde hij zijn inmiddels totaal doorweekte zakdoek weeruit zijn broekzak en drukte hem tegen beide ogen. Omstanders konden hem er gelukkig van weerhouden om in de groeve te stappen.

Gedwee voegde hij zich vervolgens bij de genodigden aan de goed voorziene koffietafel. Zelfs op grote afstand kon ik

zien hoe hij zienderogen opknapte en in een levendig gesprek geraakte met zijn disgenoten. Het bleek dat enkele borrels hem van zijn ergste emoties hadden verlost. Als een van de laatsten maakte hij zich op voor de weg naar huis. Hij dankte mij alsof ik er persoonlijk voor had gezorgd dat hij weer eens een ouderwetse begrafenis had mogen bijwonen. Met beide handen schudde hij mijn hand en zei dat hij zeer genoten had. Tranen welden uit zijn ogen om dit te onderstrepen. 'Tot de volgende begrafenis', zei hij en wuifde, een beetje onvast achteruit lopend, het resterende gezelschap nog eenmaal toe.
Nu, na dertig jaar, denk ik nog met stille bewondering aan deze man die zo ongedwongen en ongeremd met zijn gevoelens wist om te gaan. Hij kon nog voldoening putten uit andermans verdriet en had, zonder het zelf te beseffen, deze begrafenis boven het alledaagse niveau uitgetild. Daarmee had hij alle gasten en de overledene een goede dienst bewezen.

HET PORTRET

WIJ HADDEN AL eerder zo'n vermoeden dat moeder het schilderij eigenlijk niet meer wilde hebben. Ten slotte sprak ze het uit terwijl ze - zoals gewoonlijk de laatste tijd - in haar aangepaste stoel aan tafel zat. De stoel waaraan ze al jaren gekluisterd was, met haar twee versleten heupen. De stoel die het middelpunt was van de haar omringende wereld. Tegenover haar stoel hing aan de muur het portret van vader. 'Het is wel een "schoon" portret', zei ze vergoelijkend, 'maar die ogen, die doodse ogen, daar kan ik op den duur niet meer tegen. Neem het maar mee. Je zorgt er wel voor dat het een goede plaats krijgt.' Het portret heeft daarna jarenlang prominent op kantoor gehangen.
Toen moeder was overleden, vonden ze allemaal dat ik het portret maar moest nemen. Ik was er blij mee, want het is een goed portret. Ik nam het mee naar huis, waar het een

goede plaats kreeg. De kunstenaar had vader postuum geschilderd, maar hij had hem goed gekend en hem zeer realistisch weergegeven. Op de achtergrond is een aantal landschapselementen uitgebeeld, die een belangrijke plaats in zijn leven hebben gehad. Het huis, de kerk, een gezicht op Thorn en populieren. Maar op de voorgrond is het portret - een buste - dominant aanwezig. De houding straalt iets militairs uit, met de gerechte rug en licht vooruitgestoken borst. Hij draagt een stemmig donker pak, een hagelwit overhemd en een klassieke, sober gekleurde das. Het spaarzame haar op de schedel is keurig naar achteren gekamd. In de geheven hand houdt hij losjes een brandende sigaar tussen wijsvinger en middenvinger.

Streng, vriendelijk en met een zekere fierheid kijkt hij van achter zijn bril de ruimte in; het lijkt alsof hij zo pas de sigaar uit zijn mond heeft genomen om mij vriendelijk te groeten. Ja, of hij uit het schilderij wil stappen om met mij te praten over het huis, de fabriek en de kleivelden die op de achtergrond staan afgebeeld. Het is voor mij een vertrouwd beeld en steeds als ik langs het schilderij loop, heb ik het gevoel dat hij mij licht geamuseerd aankijkt. Ik kan het dan niet nalaten om te knipogen met een blik van verstandhouding.

Maar op een keer voel ik dat die blik, die doodse blik, niet op mij gericht is maar op een punt dat ver achter mij ligt, naar een tafel waaraan moeder zit. En moeder kijkt om, alsof zij het gevoel heeft dat de blik niet op haar gericht is maar op een punt ver achter haar. Nu begrijp ik waarom moeder het schilderij liever niet wilde hebben en sindsdien is het voor mij niet meer hetzelfde schilderij. Het is alsof het een ander portret is geworden. Toch kan ik het nog steeds niet nalaten om soms nog even te knipogen. En heel af en toe heb ik het gevoel dat hij verstolen terug knipoogt, alsof hij wil zeggen: 'Verwacht maar niet dat ik hieruit zal stappen, want ik ben nu op mijn bestemming.'

CHEF

MIJN ECHTE VRIEND is Chef, mijn jachthond, een Duitse staande draadhaar. Zijn naam heeft niets te maken met Jozef, maar alles met een onmiskenbare Duitse Chef. 's Morgens is het zijn eerste taak om mij uit te laten. Beiden beleven wij daar veel plezier aan. De rest van de dag kan hij rustig wachten tot dit ritueel zich 's avonds herhaalt. Nooit mag ik dat overslaan.

Hij is mijn partner in de jacht en in sommige situaties zelfs mijn meerdere. En dat weet hij, als hij een moeilijk te apporteren stuk wild uit een bijna ondoordringbare bosschage haalt. Waanzinnig trots legt hij dan de geschoten fazantenhaan aan mijn voeten. Dan kijkt hij met zijn donkere, om dankbaarheid vragende, ogen naar boven. De beloning bestaat uit een aai of een bewonderende opmerking. Voor echte vrienden is dat meer dan genoeg.

KLARI BOER (1933)

'Door te schrijven over mijn leven bevestig ik mezelf'

'Ik begon te schrijven op een cursus, begin jaren tachtig. Ik was nieuwsgierig en houd van taal. Ik wilde graag met mensen bezig zijn in een groep en ik vroeg me af of ik het kón, schrijven. Ik wist dat ik kon vertellen, maar schrijven? De uitnodiging voor de cursus sprak mij aan en de docente vond ik een aardige persoon. Er is altijd meer dan één invalshoek om aan iets mee te doen. Daarna ging ik verder en toen begon het eigenlijk pas voor mij. Tijdens de weekends en weken in Valkenburg leerde ik omgaan met mijn faalangst. Het "Ik weet niet waarover ik moet schrijven"-tijdperk was teneinde. Het was voor mij heel bevrijdend te ontdekken, dat ik mijn fantasie kon gebruiken en dat ik alles niet zo precies hoefde op te schrijven zoals het wás. Dat ik dat ook van mijzelf mocht en dat ik daarmee de eerlijkheid geen geweld aandeed. Want ik leerde: ik schrijf een verhaal, het verhaal is van mij en ik kan het opschrijven zoals ik dat wil.
Ik volgde allerlei cursussen: creatief schrijven, proza, een beetje poëzie. Voor mij waren de cursussen steeds momenten waarop ik werd gestimuleerd. Juist het sámen met anderen schrijven gaf me veel plezier. Wat ik wilde met taal werd daardoor geïntensiveerd. Ondanks de inspanning die ik moest leveren, beleefde ik die dagen als ontspannend. Bij creatief schrijven ontstaan trouwens ook levensverhalen. Alleen je fantasie gebruiken is niet genoeg, er moet altijd iets van jezelf in zitten. Later begon ik met het schrijven van levensverhalen, en ik vond het heel mooi dat ik ook daarin mijn fantasie kon gebruiken.
Ik vind het leuk dat er iets van mij bewaard blijft via mijn verhaal. Voor Henk en de kinderen, maar ook voor anderen. Ik heb gemerkt dat mijn verhalen niet alleen voor mijn kinderen, maar

ook voor mensen van mijn eigen generatie interessant zijn. Toen mijn broer ziek was, vertelde zijn vrouw dat hij zich de verhalen van vroeger niet meer kon herinneren. Ook zijn kinderen realiseerden zich dat ze van hun vader geen verhalen meer konden horen over vroeger. Zij hadden er nooit bij stilgestaan dat ze die verhalen nodig zouden hebben. Mijn broer is inmiddels overleden, maar ik heb hen mijn verhalen gegeven, de verhalen van vroeger, die speelden in de tijd dat mijn broer en ik als kinderen thuis samen leefden. Ze waren er erg blij mee. Daarom wil ik ook de verhalen uitwerken die ik nu nog niet goed genoeg vind, en ik wil mijn levensverhalen chronologisch bundelen. Ook mijn gedichten wil ik uitwerken, maar dat is niet hetzelfde. Hoewel ook de gedichten eigenlijk levensverhalen zijn.

In de cursussen vond ik het heel zinvol om commentaar te krijgen op mijn verhalen. Daarmee leerde ik mijn verhalen te herschrijven, ik leerde er beter door schrijven. Maar commentaar krijgen betekende voor mij ook: gezien en gewaardeerd worden met mijn verhaal. Er was iemand die mij iets teruggaf. Ook van groepsleden kreeg ik commentaar. Van sommigen vond ik het commentaar belangrijk, daar kon ik dan ook wat mee. Van anderen vond ik het commentaar niet zo relevant, dat legde ik dan naast mij neer. In groepen heb ik geleerd dat ik zelf mocht beslissen wat ik wilde aannemen en wat niet. Het verhaal bleef míjn verhaal. Mooi vond ik ook dat de cursusleidster commentaar altijd met potlood schreef; je kon het uitvegen.

Wat het mij gebracht heeft, het bezig zijn met mijn eigen levensverhaal? Het plezier in het schrijven vooral, en veel voldoening. Maar ook kennis over schrijven en de taal. Zelfbevestiging: ik heb ontdekt dat je met taal gevoelens kunt verwoorden op papier. Wonderlijk eigenlijk, ik vind dat mooi en ik ben er blij mee. Ik ben niet iemand die gemakkelijk gevoelens uit, dat zit niet in mijn aard. Maar ik heb gezien dat het wel wat oplevert als je dat doet en het ook deelt met anderen. Maar ik kan of wil niet alles delen met iedereen. Ik kan bijvoorbeeld wel mijn verhaal voorlezen aan anderen, maar ik zou datzelfde verhaal, dat anderen aanspreekt, niet aan iedereen kunnen weggeven. Het roept zoveel gevoelens in mezelf op, dat ik dat dan voor mezelf wil houden. Ik kan in gedichten veel beter mijn gevoelens delen dan in een verhaal. Dat vind ik boeiend.

Ook heb ik geleerd dat mooi taalgebruik prettig is, maar niet per se noodzakelijk. Veel metaforen gebruiken kan bijvoorbeeld te veel van het goede zijn. Je voelt of taal mooi is. Het hoeft geen prachtige woordkeuze te zijn, het gaat meer om eigenheid, een eigen stijl. Wat een ander doet is vaak práchtig, maar dat is niet zoals ik wil of kan schrijven. Ik kan het uitproberen, te schrijven zoals een ander het doet, en dan leer ik daaruit hoe en of ik het zelf kan gebruiken; dat is zinvol. Bij het schrijven van levensverhalen moet je trouwens wel kennis hebben van de techniek van het schrijven. Daardoor ontdek je wat je zelf kunt en wilt en wat bij je past. Het helpt je ook verhalen beter te schrijven en techniek leert je jezelf uit te drukken, gevoelens op papier te krijgen. Je leert je zintuigen te gebruiken, je leert over aspecten van de taal en het schrijven, je leert schrijven.

Door te schrijven over mijn leven, bevestig ik mijzelf. Als ik een verhaal voor de zoveelste keer veranderd heb, weet ik op een bepaald moment: het is goed zo. Dit is een stukje van mijzelf waar ik anderen in kan laten delen, anderen kunnen er ook plezier aan hebben. Ik bewonder mezelf daarom, dat ik die dingen van mezelf kan blootgeven. Ik heb in mijn leven vaak gedacht dat ik het niet zo goed kan en dat ik het niet zo goed doe. Met het ouder worden heb ik ontdekt dat ik wél veel goed doe en kan. Mijn verhalen drukken dat uit.'

ZAKGELD

OP HET BANKJE achter de keukentafel zitten mijn drie oudere broers, die zojuist zakgeld hebben gekregen. Ieder één cent, waarop koningin Wilhelmina duidelijk te zien is. Ik kijk een beetje zielig naar mijn halve cent. Als kleintje moet je daar tevreden mee zijn. 'Wanneer krijg ik ook één cent?', vraag ik mijn moeder. 'Volgend jaar misschien, het geld groeit me niet op de rug.' Ook daarmee moet ik tevreden zijn. 'Wat gaan jullie ermee doen?', vraag ik. Mijn oudste broer zegt: 'Ik leg een halve cent op de rails en als de tram er overheen is gegaan, heb ik een plak.'
Om van een cent tweeëneenhalve cent te maken lijkt me fantastisch en buiten leg ik mijn zakgeld op de rails. Lijn zeven dendert door de Kinkerstraat over mijn halve cent, die er daarna heet en plat bijligt. Ik raap hem op, brand mijn vingers en snik zoals alleen een vijfjarig kind dat kan: 'Hij is wel zo groot als een plak, maar de koningin is weg. Nu kan ik er niks meer voor kopen.'

GEKNOEDEL

ZE HEEFT BREILES op school. Het zesjarige meisje probeert, met het puntje van haar tong uit de mond, de vochtige groezelige katoenen draad van de ene op de andere pen te schuiven. De handwerkjuf troost: 'Breien is moeilijk. Ga je handen maar wassen en goed afdrogen.'
De juf haalt het geknoedel uit elkaar en begint opnieuw de steken op te zetten. Het meisje ziet het nieuwe breiwerk, krijgt weer natte handen en heeft nooit leren breien.

KLEURRIJK

In het bovenhuis aan de Voorstraat in Delft ratelt de oude Singer-naaimachine door de wijnrode, met witte figuren versierde stof. De lap wordt een japon en er is nog genoeg materiaal om ook een rok te maken. Mijn vader bewondert het werk en de resultaten. 'Waarom heb jij zulke leuke gekleurde kleding en ik niet?', vraagt hij mijn moeder. Ze reageert onmiddellijk. 'Ik heb nog een groot stuk over, wil je ook iets?' 'Ja graag! Maak voor mij maar een pyjama.'
Enige uren later is de pyjama klaar en kan er worden gepast. 'Die is prachtig', zegt vader en wij, de kinderen, roepen: 'Mooi, heel mooi, daar kun je wel mee naar buiten gaan.' 'Dat durft hij niet', zegt mijn moeder. 'Natuurlijk wel', is zijn antwoord en even later wandelt hij met de hele familie in zijn kielzog de trap af en de deur uit.
Op de hoek van de straat loopt hij de kruidenierswinkel binnen. 'Mag ik een pond koekjes van u?' De kruidenier weegt, pakt in en durft zijn mond niet open te doen. Weer op weg naar huis passeert de notaris, die drie huizen bij ons vandaan woont. De notaris licht zijn hoed, zegt: 'goedemiddag', en loopt verder. Na drie stappen draait de man zich om, kijkt en zijn mond valt open.
Wonen aan een statige oude gracht is heel plezierig met zo'n vader.

ZONDAGMORGEN

De kerk begint om tien uur. Moeder, vader, broers en zusje staan klaar met pepermunt en geld. Ik ben aan de beurt om thuis te blijven. Als ze weg zijn, hol ik naar boven, pak het boek dat ik gisteren uit de bibliotheek haalde, nestel me in een luie stoel en lees. De geur van thee, pap en onafgeruimde ontbijtboel dringt nauwelijks tot me door. Ik lees. Zo nu en dan kijk ik op de klok.

Nog een kwartier, nog tien, nog vijf minuten. Dat waren vijf minuten te veel.
Ik haast me met vuile borden en bekers naar de keuken. Giet een grote scheut afwasmiddel in de teil en heb moeite om het schuim weg te krijgen. Ik zet de schone borden in de kast. In de kamer veeg ik snel de kruimels onder het vloerkleed. Zet een ketel water op het gasfornuis. De koffiemolen tussen de knieën, vlug een laatje vol.
Als ik met een rood hoofd van het jagen de schone kopjes op het blad zet, knerpt de sleutel in het slot van de voordeur. Familie, leven en lawaai komen binnen. 'Ha, lekker. Koffie.'

GEHEIME KAMER

KALE BOMEN LANGS de gracht verhullen niet langer het bezit van een radiotoestel voor het raam van de eerste verdieping. De NSB-familie aan de overkant mag het zien. Zij kregen een vergunning van de Duitsers en mogen hun radio houden. Mijn vader houdt hem gewoon. 'Laten ze maar denken dat ik NSB'er ben.' De potkachel in de kamer snort en stinkt naar hout en slechte kolen. Een pan suikerbieten staat uren te sudderen. Moeder probeert met Joke het huishouden draaiende te houden. Nu Joke en haar jongere zusje moeten onderduiken omdat ze een Joodse moeder hebben, is er voldoende hulp. Behalve de suikerbieten is er ook voldoende brood. Geruild bij de bakker tegen melk en boter van vaders melkfabriek. Echte honger ken ik niet. Er is genoeg te eten en er wordt te veel gekookt. Toch blijft er niets van over. De kinderen vragen niets, maar zijn wel nieuwsgierig.
Die avond dat moeder en vader samen uitgaan en Joke en haar zusje op hun kamer zijn, vindt mijn oudste broer, die veertien jaar is, de lange sleutel van de deur achter de boekenkast. Daar is de studeerkamer met het grote bureau, de luie leren stoelen en een groot wit paard op een schilderij. Deze kamer is al enige tijd verboden voor kinderen. Wij willen wel eens weten wie daar zit. Zachtjes wordt de boeken-

kast opengeduwd en ik kijk in de verschrikte gezichten van vier mannen die zenuwachtig beginnen te lachen als er alleen maar kinderen binnenkomen.
Ze vertellen hun ontsnappingsverhaal. Opgepakt tijdens een razzia in Rotterdam. Mijn vader gaf hen heimelijk armbanden van de Organisatie Voedselvoorziening. Daarmee liepen ze langs de Duitse militairen en vader nam hen mee naar huis. Hier zitten ze al enige tijd opgesloten en zijn blij met kinderen die naar hun verhaal willen luisteren en meedoen met een spelletje mens-erger-je-niet. Als ze horen dat er nog een radio in huis is, lopen we voorzichtig naar de goed verduisterde voorkamer. De onderduikers draaien aan de knoppen van het donkerbruine radiotoestel. Het witte smalle lijntje loopt langs Moskou, Rome, Hilversum, Berlijn, Parijs en Londen. We horen Nederlands, veel Duits en dan Engels. Mijn eerste Engelse woorden.
Als vader en moeder thuiskomen, lig ik in bed. Het huis is stil en de boekenkastdeur dicht. Toch vraagt moeder mij de volgende dag: 'Breng jij even het eten naar de studeerkamer?'

BEVRIJDING

MEI 1945. DELFT is bevrijd. Ik ben elf jaar oud en mag de straat op. Thuis is iedereen blij. We kunnen weer gaan en staan waar we willen. Die avond loop ik na zeven uur buiten. Geen spertijd. Geen Duitser of NSB'er die je oppakt. Langs de huizen ga ik naar de Markt, waar iedereen danst en zingt. Vlakbij de huizen staat een grote kring joelende mensen. Ik dring naar voren, verlies de strik uit mijn haar, maar sta vooraan. Het hoofd van een vrouw is bijna kaalgeschoren. Ik begrijp niet goed waarom, maar joel mee. Ze verven een zwart hakenkruis op haar kale hoofd en ik hoor achter mij: 'Net goed, moet ze maar niet met de moffen naar bed gaan.'
Het is bijna donker. Ik loop weg naar de Brabantse Turfmarkt. Op de hoek wordt een winkel geplunderd. Boeken

en papieren met hakenkruisen liggen op een grote hoop. De vlam erin en iemand gooit er nog een portret van Hitler bovenop. Men juicht en schreeuwt. Roodgele vlammen weerkaatsen in stukken glas van de kapotgeslagen ramen. Langzaam ga ik richting huis. De voordeur staat open. De fles oranje-bitter die jarenlang bewaard is voor dit feest, staat half leeg op tafel. Voor het eerst van mijn leven krijg ik een glaasje sterke drank aangeboden. De gouden flintertjes schitteren in het lamplicht. Het smaakt bitter.

DE TRIBUNE

Huisvrouw zijn is zorgen
voor anderen van wie je houdt.
Zo eng dat het je soms benauwt
je voelt te vaak te veel geborgen.

Tijd voor lezen kun je nemen
boeken geven veel genot.
Je inleven in een complot
is beter dan de ramen zemen.

Er wordt nog altijd veel geschreven,
gelezen en ook veel gekocht.
Dus boekhandel, hier kom ik aan.

Structuur van werk en lol in 't leven
aan letters ben ik zeer verknocht.
En dit, dit is mijn leukste baan.

OVER LEVEN

Soms vraag ik me af, heel even
hoe heb ik dat nu gedaan?
Alle dagen van het leven
wat is er niet goed gegaan?

Ik ben niet minder dan een ander
wel anders, zeker niet te min,
Leven kan op veel manieren
en het mijne heeft ook zin.

Leren leven in het heden
en een toekomst in het zicht.
Is voor mij vandaag en morgen
de levensles en mijn groen licht.

Over de dagen van het leven
vraag ik: hoe is dat toch gegaan?
Soms zeg ik mezelf, heel even
soms heb ik het goed gedaan.

CÉCILE VAN DER LOO (1936)

'Al schrijvend maakte ik de schatten in mijn levensverhaal weer zichtbaar'

'Ik heb altijd geschreven en kreeg dan te horen: "Daar moet je mee doorgaan." Ik schreef graag opstellen en verhaaltjes. Ik was het tweede kind in een gezin met tien kinderen en ik las ook heel graag en veel. Ik haalde de boeken aan de overkant van de straat, in de pastorie waar de bibliotheek was; ik mocht ze zelf uitzoeken. Ik las alles wat los en vast zat. Ik las zelfs zoveel dat ik eens met mijn hoofd tegen een lantarenpaal aanbotste, met als resultaat een dikke bult. "Je verleest je verstand", zeiden ze thuis.
Thuis zat ik in een hoekje te lezen, achter de stoel van mijn opa, onzichtbaar en een beetje stiekem. Boven mijn hoofd troonde het Heilig Hart-beeld onder een glazen stolp met een rood lampje: een kruisje dat altijd brandde. Het gaf me een veilig gevoel op dat plekje te lezen. Maar als ik een heel spannend boek had, kreeg ik soms strijd met mijn opa: als hij ook *Arendsoog* wilde lezen, ging hij tijdens het eten op het boek zitten. Ik mocht het dan niet vragen. Dat deed hij ook met de *Margriet* van mijn moeder. Ik stopte dus mijn boek weg op een plek waar hij het nooit kon vinden. Mijn opa was voor mij heel belangrijk, ik denk nog elke dag aan hem. Hij zorgde goed voor ons.
Ik schreef meestal boven, in mijn kamer die ik deelde met anderen. Verhaaltjes en fantasieverhalen over wat ik zou kunnen doen of zijn. Ik viel thuis een beetje tussen mijn zusjes in. Ik was lastig en huilde veel. Ik zag dingen die anderen niet zagen en ik was overgevoelig. Ik wist bijvoorbeeld dat mijn zusje met de vingers tussen de deur zou komen, en daar leed ik dan onder. Het gebeurde ook echt. Ik werd een beetje geweerd, kon niet altijd met de andere kinderen spelen, ze vonden me lastig, ik was driftig en flapte er van alles uit. Ik voelde het ook als mijn moeder het moeilijk had. Ik leerde in mijn leven dat schuld erg

belangrijk was: ik legde mezelf allerlei taken op om de schuld die ik had, kwijt te raken, bijvoorbeeld als mijn moeder tegen me gezegd had: "Zie je, nu heb ik gevloekt. Dat komt door jou." Ik heb een spierafwijking en kreeg evenwichtsstoornissen. Als ik flauwviel, vertelde mama dat ik weer zo aanstellerig was. Maar er waren ook veel leuke dingen en er was gezelligheid.

Toen ik dertien jaar was werd ik van school gehaald. Ik moest gaan werken in de huishouding bij een groot gezin, tot ik daar overspannen, ondervoed en bewusteloos in de tuin werd gevonden. Ik heb geweigerd om weer in de huishouding te werken, kon nog een jaar terug naar school omdat de leerplicht verlengd was en ging daarna in een winkel werken. Toen ik in ondertrouw was, kwam ik opnieuw ergens in de huishouding terecht voor hele dagen, en werd ik opnieuw overspannen.

Toen ik 25 jaar getrouwd was, ben ik schoonheidsspecialiste geworden en daarna ben ik gescheiden. Na zes jaar ben ik opnieuw begonnen met mijn man, maar ik had toen wel veel meer dingen op een rijtje. Er is veel verdriet geweest in mijn leven. Doordat ik Chinese geneeskunde was gaan studeren, leerde ik veel. Het schrijven was ergens gestopt: er waren te veel andere dingen. Ik was vaak ziek en er waren nogal wat operaties.

Ik begon weer te schrijven toen ik met een cursus voor het schrijven van levensverhalen in aanraking kwam; ik las erover. Er waren zoveel herinneringen in mijn hoofd en er spookte veel in me rond, er was veel waarmee ik klaar wilde komen. Ik had lang gezorgd voor mijn broers en zussen, maar het was tot een breuk in de familie gekomen en ik vroeg me af waarom. Ik wilde de familiegeschiedenis wat meer in beeld brengen omdat ik ook dingen wilde doorgeven.

De cursus vond ik heerlijk. Ik vond het verrijkend om te horen over de levens van andere vrouwen. Er was snel verwantschap, het was ondersteunend en ook bevestigend voor mezelf. Ik realiseerde me dat ik niet de enige was die het moeilijk had en ik besefte ook dat ik was begiftigd met een enorme vechtlust. De verhalen begonnen te borrelen, het was niet meer te stoppen. Ik zag de dingen weer voor me. Er was veel humor in onze familie - ook dat kwam terug. Door het schrijven leerde ik veel dingen te relativeren, ik kon gebeurtenissen een plaats geven en accepteren zoals ze waren. Ik kreeg ook meer inzicht in het leven van mijn ouders, ik begreep beter wat er allemaal speelde en hoe de dingen die gebeurden voor alle partijen waren. Ik zag dat mijn moeder in de relatie met haar man geen enkele eigenwaarde had en dat ze in conflicten geen stelling kon nemen. Wij, de kinderen, waren daar de dupe van. We werden misbruikt door mijn vader. Vaak kreeg ik de zwarte piet toegespeeld. Mijn moeder manipuleerde ons, ze koos niet. Toch bleef ze wel doorgaan met ons, ze voedde ons ondanks alles op. Gelukkig was er ook veel warmte en zorg thuis.

In het schrijven ben ik ook teruggegaan naar de rijkdommen in het verleden. Ik herinnerde me mijn oma die handopleggingen deed, mijn opoe die dement werd en die met de fles eau de cologne tussen de dekens lag op haar sterfbed. Ik realiseerde me dat ik een heel rijk verleden had. Tante Pie en opa waren belangrijk, ze hielpen me ook en beschermden me tegen mijn vader. Toen ik daarover schreef, bijvoorbeeld in een brief aan mijn overleden grootouders, voelde ik vooral die rijkdom. Ik schreef over jeugdherinneringen, over de rijkdommen in mijn levensverhaal, niet over de kwetsuren. Ik denk dat ik daar nog niet mee klaar was.

In de tussentijd werkte ik ook hard aan mezelf: ik was in therapie en leerde veel. Er zijn tijden geweest dat ik dacht: "Als ik álles vertel, ga ik eraan." Ik heb altijd maar mondjesmaat dingen prijsgegeven. Werd altijd gezien als een sterke vrouw. Ik ben blijven schrijven, maar in flarden. Ik volgde nog andere cursussen en leerde steeds meer over mezelf. Zo ontdekte ik ook dat ik dat helemaal niet wil, alles delen met anderen. Ik werd op een goed moment boos, maakte keuzen: tot hier en niet verder.

De dingen uit het verleden heb ik gehad, die zijn voorbij en die wil ik niet meer. Ik wil zijn wie ik ben, met mijn hele verhaal. Ik wil ook niet meer alles wegstoppen en wegpoetsen. Het mag er zijn, het verhaal van mijn leven. Door erover te schrijven, heb ik ontdekt dat ik kan zijn wie ik ben. Ik ga niet meer aan mijn eigen verhaal ten onder. Ik heb veel meer zelfbewustzijn ontwikkeld, dat heb ik ook geleerd door de verhalen van de anderen. Ik ben me bewust geworden van mijn kracht, van het licht: je mag er altijd zijn zoals je bent. Ik heb meer inzicht en rust gekregen. De cursus heeft de schatten in mijn levensverhaal weer zichtbaar gemaakt. Die vormen een goed tegenwicht voor de schaduwen.'

KLIK-KLAK

'Klik-klak', gaan mijn lakschoenen over de stenen. Het zijn mijn zondagse schoenen, de doordeweekse zijn bij Jan, de schoenmaker. 'Klik-klak', als ik bij mama wat losser insteek, kan ik net de stoeprand klakken. 'Kom, niet zo treuzelen', zegt ze, 'ik heb zin in thee.' Ik kijk omhoog en zie haar gezicht veranderen. Daar komt tante Martha, van oom Leen. Papa zegt altijd dat hij met zijn linker oog in zijn rechter broekzak kijkt. Mama wordt boos als hij dat zegt, maar ze moet er ook wel een beetje om lachen. Oom Leen is heel aardig, hij maakt altijd grapjes.

Mama en tante Martha staan tegelijk stil en beginnen te praten. Ik klik-klak op het putdeksel. Als het maar niet zolang duurt... 'Maak niet zo'n herrie', zegt mama. Ik stop en luister. 'Ze viel met een klap op de vloer', hoor ik mama zeggen. Tante Martha's ogen worden rond en zwart. Ze houdt haar lippen zo gek in een tuitje, ik kan het niet meer verstaan en pak mama bij de mouw. 'Ze is toch pas negen?', hoor ik. Tante Martha kijkt naar me.

Dan weet ik het. Mama vertelt het, van gisteren. Het begint te rommelen in mijn buik en mijn hoofd doet zo raar. Tante Martha vertelt het vanavond aan oom Leen en dan willen ze me niet meer zien. Ik moet huilen, maar dan weten ze dat ik het hoor. 'Je mag niet afluisteren', zegt mama altijd. Mijn schoenen glimmen niet meer. Er vallen tranen op, die streepjes maken in het stof van de straat. Ik kon er toch ook niets aan doen, gisteren?

Ik keek net naar mijn duim en het was alsof hij almaar groter en dikker werd. En verder weet ik het niet meer. Alleen die gezichten boven me, toen ik wakker werd op de vloer. 'Aanstellerij', zegt mijn moeder, 'dat doen andere kinderen toch ook niet?' Maar het komt vanzelf, als ik zo leeg word van binnen of mijn duim heel groot lijkt.

Ik loop weg. Mama komt achter me aan. 'Kun je geen dag zeggen tegen tante Martha?' 'Ik wil niets zeggen.' Mijn keel doet zeer. Ik haat mijn moeder.

ONTSNAPT

Uit school rende ik hard naar huis, waar ik buiten adem aankwam. Het was mijn beurt om de boodschappen te doen. Die vervelende boodschappen. Ik moest iets verzinnen om daarna weg te kunnen, we hadden afgesproken om naar het schietveld te gaan. Verboden terrein voor ons, maar zo spannend! Met mijn briefje voor de boodschappen nog in mijn hand en de best wel zware tas, kwam ik hijgend de keuken in. 'Mam', gilde ik, 'hier zijn de boodschappen, ik ben buiten.' En zo vlug ik kon rende ik weg. Gelukkig was mijn moeder zo niet in de gelegenheid mij meer karweitjes op te dragen of te vragen waar ik heen ging.
Ik moest de grote weg achter het huis oversteken: verboden. Haastig klauterde ik de hoge dijk op, door het grove, natte gras. De sprieten vastpakkend om niet naar beneden te glijden. Daar kon je je gemeen aan snijden en het duurde dan lang voordat het weer dicht was. Ik kroop onder het prikkeldraad door en zompte door het natte, blubberige veld naar de bunker. Mijn twee vriendinnen waren er al, ongeduldig wachtend. 'Waar bleef je nou?' Ja, makkelijk, zij hoefden thuis nooit iets te doen, zij hadden niet zoveel broertjes die lastig waren.
We spraken af kikkers te gaan vangen in het waterholletje bij de wilgen. De bunker was heel nat en water druppelde door de balken boven ons hoofd. Je kon er niet zo goed ademen, doordat je keel raar werd van de aardelucht. Het was er ook erg donker, maar wel spannend. En als het lang droog was, kon je er leuk spelen. Buiten kwam de warmte weer op mijn afgekoelde armen. De wilgen ritselden en waren vol leven, allerlei beestjes kropen en vlogen op als we hun rust verstoorden. We vergaten de tijd en voelden onze natte voeten pas toen we de torenklok zes uur hoorden slaan.
Mijn sokken en bloes waren zwart, daar stond straf op. Maar dat had ik ervoor over om even in mijn eigen wereldje te zijn.

HIELEN

In de vierde klas, onder het wakend oog van zuster Albertine, zat ik met vier korte breipennen en een bol jaeger. Net was er nog een onderlinge verbinding, maar nu zat dat ene pennetje dwaas en leeg onder mijn oksel te prikken. Ik kreeg het benauwd en gluurde richting Albertine. Ze werkte de rij van achter naar voren af. Nog drie plaatsen, dan was ze bij mij. Ik probeerde wanhopig het pennetje er doorheen te steken, zodat het nog ergens op leek. Mijn wangen gloeiden en mijn ogen prikten.
Nu was het zover. Albertine keek naar het gewrocht dat nu aan één pennetje hing. Het werd stil in de klas. Als Albertine zo stond alsof ze heel verbaasd was, dan kwam er wat. Ze begon te krijsen: 'Lummel, wat moet dat worden! Hoe kun je een gezin hebben als je niet eens een hiel kunt breien?' Ik had geen verweer en keek haar alleen maar aan. Ze mocht me niet, dat was duidelijk. Ze was kleiner dan ik, had driemaal mijn omvang, met boerenwangen en stekende kleine ogen. Ik mocht haar ook niet.
Toen ze in haar woede haar hand ophief om me te slaan, gebeurde het. Ik verweerde mij, en daar stond Albertine met een bloot kortgeknipt hoofd terwijl ik de zwarte sluier had, gespeld aan een witte kap. De stilte werd nog stiller. Ik werd naar buiten geduwd en voor ik het wist zat ik op mijn knieën onder aan de trap. Het was alsof iemand anders mijn plaats innam. Ik kon haar alleen maar aankijken. 'Je ogen zijn van de duivel', zei ze, haar kap met twee handen op haar hoofd vastklemmend.
Twee uur heb ik daar gezeten. 's Nachts droomde ik van mijn vier broertjes op een rij, in hun keurige kabelgebreide jaegerkousjes, met keurige hielen.

DE BEKRONING

HALVERWEGE DE JAREN vijftig was hoeden dragen ín. Ik had het geluk twee oude tantes in mijn familie te hebben, die een exclusief hoedenwinkeltje annex atelier voerden. Na veel vijven en zessen mocht ik daar komen om mij in het hoedenmaken te bekwamen. Tante Nelly bediende de clientèle en tante Marie hield oog op het atelier.

Achter de chique winkel was een ouderwets hoog vertrek, met uitzicht op een binnenplaatsje met een hoge boom. De zon kwam er niet, vooral in de herfst kon het er akelig donker zijn. De gestreepte glazen lampen brandden de hele dag. De wanden werden in beslag genomen door rijen planken met allerlei materiaal en grondvormen ofwel capalines voor het vervaardigen van de hoeden. Maar het voornaamste attribuut was de waterketel die continu kookte. En waarboven ik met stoom uit de grondvorm een hoed leerde te modelleren. Dit leverde in het begin verbrande vingers op met blaren, een verhit hoofd en zere voeten. Maar ik kreeg het in de vingers en de meisjes die het vak al kenden leerden mij de rest.

Toen was er die dag dat de doos met capalines uit Frankrijk kwam. Al bij het openmaken viel mijn oog op een rood velours exemplaar. Die moest ik hebben. Ik zou er een hoed van maken bij mijn roomkleurig pak. Als jongste kon ik niet meteen mijn mond opendoen, maar ik heb hem even uit het zicht gewerkt tot de tijd rijp was. Ik maakte naar de mode van toen een fez, met opzij een grote kwast - prachtig.

De trots door mij gedragen creatie bracht mijn moeder in verlegenheid. Op een dag kwam de pastoor op bezoek om mijn moeder te vertellen dat mijn kleding tijdens de mis op zondag aanstootgevend was. Vooral de rode hoed met - uiteraard - de bijpassende tas en handschoenen, zou de gelovigen te veel afleiden van het gebed. Enige nederigheid, zo zei hij, zou gepast zijn.

De zondag erna droeg ik een zwarte matelot met een uitbundig veldboeket. De pastoor zag af van verder commentaar. Ik draag nog steeds graag hoeden.

Nu ik ouder word en meer tijd heb om na te denken, heb ik steeds meer bewondering voor je. Zeventien jaar woonde je bij ons, in een almaar groeiend gezin. Je deelde. Je deelde altijd met aandacht voor een ieder van ons. Van jou kregen we ons feestjurkje bij onze communie. Maar je bracht ook de eerste aardbeien en de eerste nieuwe haring voor ons mee. Je ogen straalden als je ons zag genieten. Alle lawaai en ruzie beleefde je ook mee en je bemiddelde vaak. Er zijn gebaren die ik herken. Wanneer mijn kleinzoon in een onenigheid tegen mij aan komt staan, denk ik: dat deed ik bij opa.
Wat zou ik graag nog eens met je praten, om te horen hoe je dat al die jaren hebt volgehouden. Vooral na een dag waarop de kinderen en kleinkinderen er allemaal tegelijk waren. In gedachten zie ik je zitten in je stoel naast de kachel. Aan de andere kant zat ook een opa. Het boterde niet zo tussen jullie, maar je bleef altijd rustig.
Wat ik je kwalijk nam, was dat je altijd op mijn boek ging zitten als ik even de kameruit was. Dan mocht ik als kind niet vragen of ik het terug mocht en dan zat jij na het eten lekker in *Winnetou* te lezen. Vorige week was ik verdiept in *Harry Potter* en hoorde ik ineens mijn kleinzoon. 'Oma, als ik het uit heb, mag jij het wel lezen hoor!'
Je staat op mijn fototafel en ik ben je altijd blijven missen. Je was een voorbeeld in mijn leven. Zoals jij oud was of nooit oud werd, daar streef ik naar.

AFSCHEID

We stonden naast elkaar rond de kleine kist. Met wat droefheid, maar dat had niet de overhand. Het was vreedzaam. Het monotone stemgeluid van de priester kon mijn gedachtestroom niet doorbreken. In mijn hand had ik het bidprentje met de foto van tante Pie.

Zij was de jongste zuster van mijn grootvader, de oma van onze familie. Zij, die zelf het moederschap nooit gekend had en die haar laatste jaren doorbracht in dementie, voortdurend met een opgerolde servet in haar armen liep en ertegen praatte alsof het haar baby was. Zij was voor ons een oma geweest, met liefde en standvastigheid. Haar humor was geweldig, haar blauwe ogen keken door je heen.
En altijd had ze een luisterend oor. Stevig commentaar hielp je soms over je zelfmedelijden heen. Haar lippen volgden altijd je zinnen, zodat je wist: ze is erbij. Zoals ze ook altijd bijsprong als in de gezinnen van de neven of nichten een baby werd geboren. Ik zie haar nog staan, aan het aanrecht, een schort over haar stevige boezem gespannen en haar ronde armen tot aan de ellebogen in de afwasteil. 'Daar hangt de theedoek', zei ze als je de keuken binnenkwam. En dat was voldoende, want tante Pie kon je niet weerstaan.
Ik werd uit mijn overpeinzingen gehaald door het wijwater, kwistig gesprenkeld door de priester. Terwijl hij de zegen uitsprak, zag ik een zwart konijntje over de aarde huppelen. Ook gewekt door het wijwater, of was dit een groet van tante Pie?

JOSEPHINE DUBOIS (1933)

'Ik werd geconfronteerd met mijn ontwikkeling: een leerzaam proces'

'Ik was net opgehouden met werken, toen ik hoorde over een cursus voor het schrijven van levensverhalen. Dat wil ik wel, dacht ik. Mijn ouders zijn vroeg gestorven en ik realiseerde me dat mijn herinneringen anders zijn dan die van mijn broers en zussen. Ik had boeiend werk gehad en vond dat ik toch aardig mijn leven heb kunnen leven. Ik vroeg me wel af of ik goed Nederlands zou kunnen schrijven, want in mijn werk had ik altijd in jargon moeten werken en mijn taal was behoorlijk gedeformeerd. Zou ik wel "gewoon" kunnen schrijven en zou ik bij mijn jeugdherinneringen kunnen komen?

De cursus vond ik heel bijzonder. Het leek allemaal heel eenvoudig, maar ongemerkt werden wij, met heel veel zorg, naar de meest moeilijke dingen geleid. De vorm sprak me vaak erg aan, zoals die keer dat we op lijntjespapieruit schoolschriftjes onze naam moesten schrijven en ik onmiddellijk de onvermijdelijke vlek maakte op mijn blaadje. Ook het schrijven van gedichten vond ik fijn en het maken van een tekening. Ik vond het heel aangenaam dat ik intuïtief kon werken en dat ik mocht associëren, dat paste heel erg bij mij. De manier van werken met ons was er een van grote professionaliteit. Er was steeds een warme sfeer en de cursusleidster was volkomen dienstbaar aan het hele gebeuren. Door het commentaar op onze verhalen werden we gestimuleerd om vooral in onze eigen woorden te blijven schrijven. We werden voortdurend geprezen en leerden om alle verhalen te nemen zoals ze zijn. Zelfs de moeilijkste persoon in de groep kreeg daardoor een eigen en gewaardeerde plek in het geheel.

Ik vond het boeiend om in een groep te functioneren. Werd me ook bewust van mijn functioneren in groepen in de loop van mijn leven en hoe ik geleerd heb anderen te nemen zoals ze zijn. Als we in kleine groepen onze verhalen met elkaar deelden, wilde iedereen altijd wel voorlezen. Dat was opmerkelijk: bijna niemand hield het verhaal voor zichzelf, terwijl dat toch uitdrukkelijk was toegestaan. In het ene groepje praatte ik wel gemakkelijker dan in het andere. Soms maakte een verhaal van een ander diepe indruk op me, dat ging dan even met me mee. Als ik thuiskwam, las ik altijd voor wat ik geschreven had.

Door het schrijven kwam ik terug bij de basis: ik zag hoe ik me had ontwikkeld. Ik werd me bewust van hoe ik geleefd had, ik werd geconfronteerd met mijn ontwikkeling. Voor mij was dat heel positief, omdat de balans naar de positieve kant uitsloeg. Het was een leerzaam proces, want via mijn jeugd kwam ik toch weer bij mijn heden uit. Ik begrijp nu weer een beetje beter hoe alle stukjes in elkaar passen, hoe ik in elkaar zit, wat ik kan en wat ik niet kan en ook wat ik wil en niet (meer) wil. Ik heb de verhalen feitelijk voor mezelf geschreven. Als ik terugkijk, moet ik constateren dat het bezig zijn met mijn eigen levensverhaal niet alleen voor anderen, maar ook voor mij een therapeutische waarde heeft gehad. Het heeft me inzicht in mezelf gegeven.'

Ik was een schriel meisje van negentien en studeerde rechten in Amsterdam. In de weekends was ik thuis in Haarlem en moest ik meehelpen in ons drukke gezin. Door de gebeurtenissen in de nacht van 31 januari op 1 februari 1953 schoof echter het hele zondagprogramma opzij. 's Avonds was er bij de nieuwsberichten op de radio gewaarschuwd voor een zware noordwesterstorm en springtij. Er was dijkbewaking ingesteld. 's Morgens hoorde ik over de ramp die een deel van Zeeland en de Zuid-Hollandse eilanden had getroffen. Er werd hulp gevraagd voor de getroffen gebieden, mankracht en goederen. Ik hoorde dat er vanuit Haarlem een bus met studenten richting rampgebied zou vertrekken, met nog onbekende bestemming.

Ik ging mee, dat wist ik meteen. Ik pakte mijn enige warme trui, zo'n geitenwollen dwarsgebreide, warme sokken, laarzen en een waterdichte oliejas die ik gebruikte bij het zeilen, met een handdoekje voor in mijn nek tegen de regen en om me af te drogen, als we ons zouden kunnen wassen. Mijn make-up, toen nog heel belangrijk, liet ik thuis.

Op het Stationsplein stond de bus gereed. Ik kwam wat oude bekenden uit mijn lyceumtijd tegen, dat gaf een veilig gevoel. De bus raakte aardig vol en op het afgesproken tijdstip vertrokken we richting West-Brabant. Er was een groot gevoel van saamhorigheid in de bus en een soort van opluchting omdat we iets zouden kunnen doen voor de slachtoffers. Wij reden naar Nieuw-Vossemeer. De meisjes moesten uitstappen bij het gemeenschapshuis, de jongens gingen verder richting kust.

In de kale zaal stonden lange kale tafels en houten stoelen. Er lagen een paar stapels afgedragen kleren. De vrouwen, die de hele nacht in touw waren geweest, waren blij met onze komst. We mochten een kop slappe koffie nemen uit zo'n aluminium gedeukte percolator, en kregen als instructie dat we de slachtoffers vriendelijk moesten opvangen, koffie, broodjes en soep moesten aanbieden en zonodig wat schone kleren, die we uit de stapels mochten zoeken.

De hele dag werden er mensen binnengebracht. Ze kwamen van het eiland Tholen, velen uit Oud-Vossemeer, heel oude mannen en vrouwen van alle leeftijden met of zonder kinderen. Geen mannen in de kracht van hun leven, want die waren achtergebleven om te helpen en te redden wat er te redden viel. De mensen die kwamen, zagen er getekend uit, angstig en koud; ontredderd. De hele dag liepen we rond als een soort Florence Nightingales. Soep, broodjes, koffie en thee uitdelend, mensen helpend met droge kleren, kinderen verschonend en luisterend naar verhalen. Verhalen over het angstige geloei van verdrinkende koeien, de redding via het raam van de bovenverdieping of van het dak met een bootje, juist als ze dachten dat het afgelopen was. De vreugde van het overleven, vermengd met het gevoel van het verlies van huis en haard, van alles. De nauwelijks uitgesproken vraag was wat er gebeurd kon zijn met de niet-aanwezige dorpsgenoten.

Zo dichtbij de plek van het onheil, opgesloten in het gemeenschapshuis, was ik toch niet in staat me de omvang van de ramp voor te stellen. Ik had geen idee hoe de eilanden eruitzagen. Wat ik zag, was de ellende van de mensen. Wat me het meest is bijgebleven, is een uitgemergeld babyjongetje, ongeveer drie weken oud, blauw van de kou. Ik verschoonde zijn luier en schrok van het vuil, niet alleen poep, maar veel meer, dat in zo'n korte tijd van leven in al zijn huidplooien was opgehoopt. Ik heb water gewarmd, hem gebadderd, verschoond en een fles gegeven. Ik gaf hem terug aan zijn moeder, nadat hij was ingeslapen. Daarna vertelde ik verhaaltjes aan haar andere kinderen.

's Nachts reden we terug naar Haarlem, doodmoe, en tevreden dat we iets voor de slachtoffers van de watersnoodramp gedaan hadden.

EEN HEUGLIJKE JAARWISSELING

Oudjaar was bij ons thuis altijd een heel speciale dag. De enige dag dat het restaurant na acht uur 's avonds gesloten was. Het meest bijzondere was dat mijn vader op oudejaarsavond 'boven' bleef en spelletjes meespeelde. De rest van het jaar vertrok hij na het diner naar beneden, tot middernacht. Oudjaar viel in 1961 op zondag. 's Morgens bleken de ramen bedekt met ijsbloemen, zo dik dat ik niet naar buiten kon kijken. Wat ik wel kon zien, was dat het flink gesneeuwd had. We zouden naar de late mis gaan, zodat Joost, tien maanden oud, van tevoren verzorgd kon worden.

Het sneeuwde nog steeds toen we naar de kerk wandelden. In de binnenstad was het onwezenlijk stil. De dienst in de barokke kerk, waar ik was gedoopt en getrouwd, was heel vertrouwd. Ik realiseerde me dat ik mij in de donkere, moderne en kale kerk in Hoensbroek niet thuisvoelde. We keerden terug met natte voeten. We hadden niet op sneeuw gerekend. Joost werd op de slee meegenomen voor een rondje op de Grote Markt. Uit het raam konden we zien dat hij genoot van zijn eerste sneeuw.

Voor ons gezin stonden er traditiegetrouw schalen met oliebollen, appelbeignets en appelflappen klaar, in hoeveelheden die niet te verwerken waren. Zoals altijd werd wat overbleef uitgedeeld aan agenten die surveilleerden in de omgeving van de Grote Markt. Deze jaarwisseling gebeurde dat in een wit decor. Nog steeds viel de sneeuw in dikke, stille vlokken naar beneden. Het was bitterkoud. Er was geen verkeer. Het plein lag er ongerept bij in het licht van de straatlantaarns, de toren van de oude Sint-Bavo leek er tevreden op neer te kijken vanonder een dikke oplichtende witte ijsmuts.

Tegen middernacht werd het souper opgehaald uit de 'grote' keuken, de keuken van het restaurant. De flessen champagne stonden klaar om ontkurkt te worden, zodra we het nieuwe jaar hadden ingebeden. Daarna begonnen de omhelzingen en dronken we elkaar toe. Vader werd ouderwets gezellig van de champagne. Oudjaar was de enige avond waarop hij zichzelf een glas te veel toestond. De overstap in het nieuwe jaar verliep precies zoals ik had gedacht én gehoopt. Een warm begin van 1962.

DUITSLANDGEVOELENS

BIJ HET BEGIN van de oorlog was ik zes jaar en ik zat in de eerste klas. Het was vlak voor mijn eerste communie. Vanaf het moment dat ik met mijn zusjes stiekem naar de intocht van de Duitsers in onze stad had gekeken, heb ik gehoord dat de moffen niet deugden. Ik heb over dat verboden kijken verteld bij mijn eerste biecht. Toen ik in 1945 naar het lyceum ging, hadden we nog het 'oorlogsrooster', dus ik kreeg Duitse les in de eerste klas. Ik haalde een onvoldoende en kreeg thuis geen reprimande.
In 1956 was ik voor het eerst in Duitsland met mijn schoonouders. We maakten een ritje door Monschau. Mijn schoonouders genoten van het tochtje; zij hadden Duitse vrienden en wij begrepen niet hoe ze zo gemakkelijk over hun anti-Duitse gevoelens konden heenstappen. Vic en ik vonden het vreselijk om in Duitsland te zijn. Ik zat op de achterbank in de auto, met het gevoel in vijandelijk gebied te zijn. Ik stond mezelf niet toe om te genieten van het mooie, mij onbekende landschap. Ons anti-Duitse gevoel zat er in gehamerd, net als de catechismus.
Ook toen we in Hoensbroek woonden, gingen we praktisch nooit naar Duitsland. We gingen alleen naar Aken voor een bezoek aan fotohandel Preim, want daar werden foto's veel mooier afgedrukt en je kon er goedkoper een toestel aanschaffen dan bij ons. Op weg naar vakantiebestemmingen liep onze weg ook wel eens door Duitsland. We probeerden er altijd zonder overnachting doorheen te rijden.
Van dit antigevoel heb ik last gehad tot 1978. In januari van dat jaar werd ik gevraagd om als advocaat deel te nemen aan de verdediging van drie in Nederland gedetineerde leden van de Rote Armee Fraktion. In het circuit van de

sociale advocatuur was er niemand te vinden; men was bang om zich van de eigen achterban te vervreemden. Ik had mijn eigen kantoor en ik was onafhankelijk. En zo maakte ik kennis met extreem-linkse en extreem-rechtse Duitsers. Ik leerde echter ook Duitsers kennen die maatschappijkritisch waren en dezelfde idealen hadden als ik.
Na de uitlevering van de RAF-leden aan Duitsland heb ik met een Duitse advocaat Wackernagel verdedigd in het proces dat voor het Oberlandesgericht in Düsseldorf tegen hem en Schneider gevoerd werd. En daarna heb ik gedurende vele jaren mijn cliënten in Duitse gevangenissen bezocht. In die periode heb ik vele aardige en ruimdenkende Duitsers ontmoet, die worstelden met het verzwegen naziverleden van hun ouders, de holocaust en ingebakken zwartwitdenken, dat ons buurvolk kenmerkte. Zij hebben mij voorgoed bevrijd van mijn anti-Duitse gevoelens.

MIJN BANKJE

EEN RECHTHOEKIG BANKJE is het, met leeuwenklauwtjes als voorpoten. Al hoogbejaard, want het stond in het huis van Vics grootmoeder. Het bankje is me zeer vertrouwd. Ik zag het voor het eerst toen ik als Vics vriendinnetje in Heerlen bij zijn ouders ging logeren. Het stond op zijn kamer en was bekleed met een deftig versleten donkerrood pluche. Het was liefde op het eerste gezicht. Vics moeder schonk het mij in onze verlovingstijd.
Het trok bij ons in, toen wij in het doktershuis in Hoensbroek gingen wonen. De pootjes werden modern wit geverfd en er kwam een wollen rode bekleding op. Het stond op een centrale plaats in onze ruime kamer. Ik zat er vaak in met Joost, toen nog een klein baby'tje, hem voedend of wiegend, terwijl ik met hem praatte over het onbekende dorpsleven of liedjes zong. Daar voelde ik me niet zo alleen in het grote huis.
Na een paar maanden ontstond er lekkage en een waterval stortte over het mooie rode bankje. Maar nadat we het enige maanden gemist hadden, was het er weer, met een helder-

rode, linnen bekleding. Vanwege het intensieve gebruik door de kinderen - ze klommen op de leuning, sprongen eraf, etaleerden er hun speelgoed en later doken ze erin weg met een boek - moest het bankje na verloop van jaren weer worden opgeknapt. De pootjes kregen hun oorspronkelijke bruine kleur terug en de bekleding werd olijfgroen velours. De kinderen verlieten het huis en het bankje werd weer mijn plek. Later verhuisde het mee naar Maastricht. Nu staat het op de bruingele tegels achter in onze woonkamer, geflankeerd door een antiek gemak - met deksel - en een Rietveld-meubel, volgestouwd met boeken. Bij de glas-in-looddeuren naar onze intieme stadstuin met zicht op de dominerende perenboom. We hebben het laten bekleden met een mooie, wollen, warme terrakleurige bekleding en het binnenwerk heeft een facelift ondergaan, zodat de zit weer goed is. In de hoeken verbergen zich een paar versleten veelkleurige kussentjes. Het is een veilige en rustige plek, vanwaar ik de kamer, keuken en tuin geheel kan overzien. Ik zit er graag in, naar buiten of de tv kijkend, of gewoon kletsend of lezend en soms mijmerend, over het verleden dat het bankje heeft meegeleefd en over de toekomst die ons samen nog wacht.

Als ik ooit uit dit huis moet vertrekken, zal ik het weer meenemen en in de verhuiswagen laten laden. En misschien zegt mijn kleindochter later: 'Dit bankje stond in het huis van mijn oma en in het huis van de grootmoeder van mijn opa. Het is hoogbejaard en het is mijn lievelingsplek.'

TIJD IS DE RIVIER
DOOR HET LANDSCHAP VAN MIJN LEVEN[7]

Soms als een kabbelend beekje
vrolijk buitelend zorgeloos.
Ontspannen tijd
tijd van genieten.

---

7 Naar Irmgard Brose.

Soms als een wild stromende rivier
dreigend voortstuwende massa.
Bange gespannen tijd
tijd van krampachtig vasthouden.

Soms als een woeste draaikolk
alles meezuigend om zijn as.
Verwarrende tot keuze dwingende tijd
tijd van de langste adem.

Tijd als de rivier
altijd stromend naar de wijde zee
waar mijn levensloop samenvloeit
in een harmonische golf.

FRANCINE RUGEBREGT-TAMPIE (1930)

'Ik wilde de kinderen vertellen hoe wij hier kwamen'

'Ik kom van Toradjaland, ik ben geboren in Parapare op Zuid-Celebes, toen nog Nederlands-Indië. Toen ik 28 jaar was, ben ik in Nederland gekomen, in 1958 was dat. Nu ben ik al vijftig jaar hier. Ik heb nooit geschreven. Wel opstellen op school, je moest dat doen. En brieven aan mijn familie. Ik heb brieven leren schrijven in de cursus voor het middenstandsdiploma, zakelijke brieven. Met schrijven was ik verder niet bezig. Over de cursus levensverhalen schrijven las ik in een advertentie in de krant. Misschien is dit wel iets voor mij, dacht ik.

Mijn man was net overleden. Ik was zoekende, ik wist niet wat ik moest doen en ik dacht dat het schrijven van verhalen een troost kon zijn. En dat was het ook, ik ben blij dat ik de cursus gevolgd heb. Ik kon er veel in kwijt. Het schrijven over mijn eigen leven was voor mij een verlossing en een openbaring. Ik kon ervaringen uit mijn leven van dat moment en de verhalen uit mijn leven delen met anderen. Ik schreef mijn emoties ook wel op, maar dat deed ik niet in de cursus, ik schreef ze voor mijzelf, wilde die ook niet delen met anderen.

Het was een grote openbaring dat ik mijn gevoelens kón opschrijven en dat het troostrijk was. Tijdens de schrijfbijeenkomsten kwam ik er achter dat ik door het schrijven mezelf kon helpen, dat ik er verder door kwam. Met mijn medecursisten deelde ik mijn verdriet niet, dat zou ook niet passend geweest zijn. Maar ik als ik thuiskwam, begon ik bijna vanzelf te schrijven, het was als extra huiswerk voor mijzelf. Wat ik geschreven heb, heb ik bewaard.

Tot op dat moment had ik niet geschreven en al helemaal geen verhalen van vroeger. Ik leerde het in de cursus. Zo schreef ik bijvoorbeeld een verhaal over mijn naam en over de eerste keer dat ik in Nederland kwam. Ik vond het wel belangrijk om die verhalen te vertellen, vooral aan mijn kinderen, zodat zij zouden weten hoe het was en wat er gebeurde toen wij hier kwamen. Ik wilde dat ze wisten hoe wij opgevangen werden. Ook nu komen er nog steeds mensen in Nederland aan: hoe worden zij opgevangen? Mijn eerste gedachte bij het schrijven was steeds dat ik het voor de kinderen deed, voor later, ik wilde niet doelloos schrijven. Mijn gedachte was ook: misschien kun je met de kinderen later over bepaalde verhalen van gedachten wisselen of erom lachen. En dat was ook zo.

Door het schrijven kwamen allerlei verhalen terug. Ik herinnerde me bijvoorbeeld hoe mijn vader mij vertelde waarom hij mij Francine genoemd had. Ik was een jaar of zeven, acht en we waren in de tuinen van zijn geboorteland Indonesië, toen hij me vertelde over mijn naam. Hij wilde me Francoise noemen omdat hij zich verbonden voelde met Frankrijk. Dat was niet gebruikelijk, zoals het voor Indonesiërs ook helemaal niet normaal was om naar Frankrijk te gaan. Mijn naam werd Francina en hij vertelde mij: "Jij, mijn kind, zult in Frankrijk komen." Door de oorlog en door de repatriëring kwám ik er ook, en zag later de dingen waarover hij verteld had. Door het verhaal over mijn naam op te schrijven, werd mij heel duidelijk dat een naam veel betekenis kan hebben voor iemand.

Als kind heb ik nooit gedacht dat ik in Europa zou komen, maar het gebeurde, door de omstandigheden. Ik ben me ervan bewust geworden dat mijn leven anders is gelopen dan ik gedacht had. Mijn man, Gustaaf Rugebregt, was Nederlander, en door mijn huwelijk met hem in 1946 werd ik volledig Indisch-Nederlandse. De bezetting van Indonesië door de Japanners heb ik helemaal meegemaakt, inclusief de dwangarbeid in Birma en Japan voor mijn man als krijgsgevangene. Ik dacht altijd in Indonesië te zullen blijven, maar ik ben met mijn man en acht kinderen in de opvang naar Nederland gekomen. Alle Nederlanders moesten weg uit Indonesië, er viel niets te kiezen en we raakten alles wat we hadden opgebouwd kwijt.

Het begin hier was niet prettig en zeker niet gemakkelijk. We werden gehuisvest in een contractpension, ik werd ziek en moest vanwege de tbc anderhalf jaar in een sanatorium verblijven. Men wist hier helemaal niets van ons, er was een tekort aan alles en voor onze kinderen was de overgang moeilijk, zij werden als zwartjes gezien. Mijn man, die in Indonesië directeur was bij de waterleidingbedrijven, werd hier arbeider bij de Nederlandse Spoorwegen. Zeker in het begin heeft hij dat als vernederend ervaren. In Indonesië hadden we bedienden, ik was daar eigenlijk coördinatrice van een tamelijk complex bedrijfje met heel wat personeel. Hier in Nederland was het een en al teruggang. Ook onder de Indische Nederlanders was er weinig eenheid en zelfs onenigheid: de wereld om ons heen stond bol van standsverschillen. Toch zijn we erin geslaagd een mooi leven op te bouwen. We kregen nog een kind en inmiddels heb ik 22 kleinkinderen, een grote rijkdom.

Nu schrijf ik niet zoveel meer, ik ben er niet altijd mee bezig. Maar ik schrijf af en toe nog wel een verhaaltje, en ik schrijf ook als ik op reis ben. Ik wil mijn levensverhaal opschrijven vanaf mijn kindertijd, over hoe het was vanaf het begin tot nu. Als ik naar Indonesië reis en daar een tijdje ben, dan herinner ik me ook weer dingen van vroeger: ik maak dan notities, die wil ik nog uitwerken. Zo kwam ik op een dag in het dorpje waar mijn moeder geboren is. Ze waren daar allemaal geestenverhalen aan elkaar aan het vertellen. Ik herinnerde me toen heel goed dat het vroeger ook zo ging, dat onze meid zulke verhalen aan ons vertelde, ik wist weer wat ze met ons deed en dat ze ons bang maakte met een boom waarin een geest zou zitten; ze had dan ook een laken in die boom gehangen.

In Indonesië zie ik dingen die ik meegemaakt heb. Ik ben teruggegaan naar plekken die ik gekend heb. Die plekken herken ik dan wel, maar er staan nu vaak andere huizen op, want ook in Indonesië is alles erg veranderd. Maar door sferen en geuren, vooral van bloemen, door het ontmoeten van mensen, ontdek ik af en toe nog het Indonesië van mijn jeugd. Er zijn bijvoorbeeld planten die ik herken: ze groeien alleen niet meer overal, zoals vroeger. En nog steeds kun je naar een woud gaan waar kruidnagels groeien: ook die zijn er nu bijna niet meer. Als ik er nu ben, ben ik ook min of meer toerist. Ik ga wel naar familie, maar mijn familie heeft niet zoveel verhalen meer over mijn jeugd, ook mijn familie sterft nu uit. Er zijn nog een paar mensen die iets weten over mijn moeder, maar dat gaat niet over mijn eigen verhaal.

Ik ga ook vaak met mijn kinderen op vakantie en als we dan bijeen zijn is het heerlijk om veel te praten en verhalen te vertellen. Mijn oudste kind is nu zestig jaar en de jongste is 45. Ik heb nog geen achterkleinkinderen, de kleinkinderen willen nog niet. Maar ook zij gaan met me op vakantie: welk kleinkind gaat nog met oma een maand op vakantie? Ze hebben allemaal mijn verhalen gelezen en we hebben er ook over gepraat. Mijn verhalen hebben ons dichter bijeen gebracht, we hebben geen gebrek aan gespreksstof! We hebben altijd wel veel gepraat, en het ging ook altijd over onze vele reizen. Veel van ons reizen liefst zo ver mogelijk. Een van mijn kleinkinderen was bijvoorbeeld in de Oekraïne, bij een student daar in huis. Ze had speculaas en pepernoten uit Nederland meegenomen en dat liet ze proeven aan de kinderen daar op school: ze vonden het heel lekker. Als ze daarover vertelt, zie ik het helemaal voor me.

Door het schrijven heb ik een andere kijk gekregen op het leven. Ik heb mij afgevraagd: hoe hebben wij dat vroeger allemaal kunnen verwerken? Ik word er nu niet meer zo boos over, ik leg er een lapje over en zeg tegen mezelf: "Wat zeur je toch... Je kinderen hebben het toch goed nu?" Maar diep in mijn hart zit er nog verdriet en boosheid over hoe na de oorlog met ons omgegaan is. Het is wel oké nu, ik krijg er geen slapeloze nachten meer van. Ik wil het ook niet ontkennen, want het is gebeurd en je mag het zien en weten. Als ik de dingen tereuglees die ik erover geschreven heb, krijg ik een steek in mijn hart. Dat heb ik meegemaakt, denk ik dan. Het is ook een spiegel voor andere mensen: kijk, dit hebben wij meegemaakt. Het was goed om die verhalen voor te lezen, want de luisteraars wisten het niet. Het nut van schrijven is het openbaren van wat er is gebeurd. De luisteraars realiseren zich daardoor meer wat er was. Het heeft dus zin. Nu zit ik in een werkgroep "Samen leven, samen aan tafel". Ook daar lees ik wel eens een verhaal voor.

De cursus vond ik leuk en stimulerend. Doordat je in een groep zit, krijg je meer en andere gedachten. Het voorlezen en het delen van de verhalen is prettig: je wordt gehoord en anderen begrijpen hoe het was. Je kunt ook van gedachten wisselen en op die manier meer begrip voor elkaar krijgen en tonen. Het is boeiend dat iedereen bij eenzelfde thema toch een ander verhaal heeft. Het is net als met koken, dat is ook nergens hetzelfde.

Zo heeft ook iedereen een eigen verhaal over de oorlog. Ik vond het prettig om mijn verhalen met andere mensen in de groep te delen, bijvoorbeeld geestenverhalen of het verhaal over het Indonesisch koken voor Zwitsers in de bergen. Verhalen over dingen die niet iedereen meegemaakt heeft.

Voor mij was in de eerste plaats het verhaal belangrijk, de oefeningen boeiden mij minder. Ik schreef liever verhalen dan gedichten, want ik kan er meer in kwijt, je kunt meer zeggen. Toch stimuleerde de cursus me ook wel om gedichten te schrijven. Toen ze vijftig werd, heb ik voor mijn dochter bijvoorbeeld een gedicht gemaakt over haar leven. Ik beschreef daarin hoe ze hierheen is gekomen en hoe het nu is. Ze vond het heel mooi. Ook voor haar man, een volbloed-Nederlander, was het leuk om te weten hoe het was. Wat ik te zeggen heb, komt uit mijn hart.'

FRANCINE

Het was 1938. Tijdens een rustpauze met mijn vader in de heuvelachtige tuinen, zei hij ineens tegen mij: 'Wat ik je nu ga vertellen, klinkt ongelooflijk. Ik noemde jou Francine omdat die naam een schakel is met mijn gevoelens van innerlijke verbondenheid met Frankrijk. Francoise had ik je willen noemen, maar dat is hier niet gebruikelijk. Ik weet dat de kans om ooit Frankrijk te zien voor mij niet reëel is. Maar jij, mijn kind, zult ooit in mijn plaats dat land bezoeken. Je zult plekken of dingen tegenkomen of zien waarvan je tegen jezelf zegt: maar dit heb ik al ergens gezien of geweten.' In hetzelfde jaar is mijn vader gestorven. Sindsdien heb ik nooit meer aan dit moment gedacht, ik was het eigenlijk helemaal vergeten. Ik was toen nog maar acht jaar.

Na veertig jaar, in 1978, ben ik voor het eerst in Parijs geweest, en daarna maakten we een tocht langs de rivier de Loire. Toen wij bij het kasteel Amboise kwamen en over de paden in de tuinen liepen, zei ik zonder enige aanleiding tegen mijn man: 'Hier heeft Leonardo da Vinci gelopen en zijn voetsporen achtergelaten.' Wie schetste mijn verbazing? Toen we in het kasteel kwamen kregen we een explicatie over de geschiedenis van het kasteel, en de gids vertelde erbij dat Leonardo da Vinci kind aan huis was geweest in dit kasteel.

Ook daarna heb ik nog veel onbegrijpelijke dingen meegemaakt, die me lieten inzien dat namen zeker een betekenis hebben. Ze zeggen iets over de drager van die naam of geven een gevoel door van de naamgever.

LIEVE ZORGZAME OPA

Opa is analfabeet. Alhoewel hij een eenvoudig landbouwer is die zijn eigen land en sawa's bewerkt, behoort hij tot een hoogstaande grootgrondbezittersfamilie van die streek. Hij is een wijs, barmhartig mens. Vanaf mijn kleutertijd heb ik hem bewonderd om zijn liefdevolle zorg en bezorgdheid, en later om zijn streven om mij een zo goed mogelijke opleiding te laten volgen. Een goede school is echter alleen in de stad te vinden, en die is wel zeshonderd kilometer bij ons vandaan. Bovendien is het openbaar vervoer erg duur en het vinden van huisvesting is tijdens de Japanse bezetting erg moeilijk. De enige oplossing is een internaat, maar een internaat is alleen toegankelijk voor kinderen van rijke ouders.

Toch weerhoudt dit probleem mijn opa niet om mij naar de stad te sturen. Om aan geld te komen, gaat hij harder werken. Van 's morgens vroeg tot laat in de avond is hij op het land of sawa te vinden. De oogst verkoopt hij op de pasar, de markt, en de opbrengst hiervan, het geld, stopt hij in een zelfgemaakte bamboekoker met een gleufje. Als ik van vakantie weer thuiskom is er weer voldoende geld om mijn internaatskosten te kunnen betalen.

Opa is ook een barmhartig mens. Hij heeft me geleerd en laten zien hoe je met je medemens moet omgaan. Vlak voor de capitulatie van Japan is de hongersnood het hoogst. Mensen van de omliggende dorpen gaan van de honger op rooftocht. De rijsthuisjes worden geplunderd en alles wat eetbaar en te verkopen is, wordt gestolen. Ze komen dan ook met kapmessen en bijlen om de mensen angst aan te jagen. Ons huis is geen uitzondering, maar als ze bij ons aankomen, nodigt opa hen vriendelijk uit, geeft hen te eten en te drinken. Daarna voorziet hij hen allemaal van een flinke baal rijst en wat etensvoorraad voor onderweg naar huis. Op de vraag van het dorpshoofd waarom hij dit allemaal doet, antwoordt hij: 'Mijn kinderen en kleinkinderen zwermen uit naar vreemde landen en steden en dan zullen het altijd vreemden zijn die hen helpen'.

Ondanks de oorlog en de bombardementen is mijn internaatsleven een van de mooiste tijden uit mijn leven, en dat heb ik aan deze zorgzame en opofferende opa te danken.

PALING

Op een dag kreeg ik in Traja een stuk paling te eten. Prompt daarop kreeg ik grote rode bulten, die behoorlijk jeukten. Waarschijnlijk was ik er allergisch voor. Mijn opa wist er wel raad mee. Hij kocht een levende paling, stopte die in mijn keel en schudde het levende dier in mijn keel. Het was griezelig en eng, maar het heeft goed geholpen.

KONINGINNEDAG

Koninginnedag is voor ons altijd een spannende dag geweest. In mijn tijd was dat op 31 augustus, de verjaardag van koningin Wilhelmina. Dagen van tevoren moesten we liedjes leren en op de dag zelf marcheerden we met de hele school, ieder met een oranje sjerp over de schouder, naar het Koningsplein om onze liedjes ten gehore te brengen. Daarna werd er een wens uitgesproken voor de koningin: 'Leve de koningin! Hiep hiep hiep, hoera.' Voor mij als kind was dit niet zo spannend. Ik keek uit naar de traktatie van de dag: koekjes, snoep en ijs. Daarna deden we allerlei spelletjes, zoals zaklopen, kastie en hardlopen. En na de prijsuitreiking werden we weer getrakteerd op koekjes en ijsstroop.
Om vier uur gingen we naar huis om een middagdutje te doen. Maar daar kwam niet veel van terecht, want om zeven uur 's avonds was er een lampionnenoptocht. Voor die gelegenheid had mijn vader voor mijn oudere zuster en mij een lampion gemaakt in de vorm van een schelp, het symbool van Shell, dat toen nog anders heette. Wij waren opgewonden en toch wel een beetje trots op onze lampionnen, vooral omdat er prijzen ter beschikking werden gesteld voor de mooiste exemplaren.
Toen het zo ver was, was ik zenuwachtig, maar de aanwezigheid van mijn grote zus gaf me moed. Tijdens de optocht

liepen we twee aan twee langs een uitgestippelde route. Het was best een lange stoet. Wat vond ik de lampionnen allemaal mooi! De prijsuitreiking voor de mooiste lampion was op het plein, dus daar verzamelden we ons na de optocht. Nu ik ouder ben, realiseer ik me pas goed hoe moeilijk het geweest moet zijn voor mij als kind om in spanning te wachten op de uitslag.
Eindelijk was het dan zover. Eerst werden de nummers drie en twee bekend gemaakt. Ik dacht toen dat wij geen prijs hadden gewonnen, maar ineens hoorden we dat de eerste prijs was gewonnen door de schelplampion. Natuurlijk waren we zo trots als een pauw.
Nu ik erop terugblik, geeft die prijs me een nog diepere vreugde, omdat mijn vader ooit voor ons een lampion heeft gemaakt die de eerste prijs won. Dat zal mij altijd bijblijven.

IN HET MEISJESINTERNAAT TIJDENS DE JAPANSE BEZETTING

ONS INTERNAAT TELT 24 meisjes. Ik deel een kamer met drie anderen. Het leven hier is niet gemakkelijk, er heerst een strenge discipline. Naast de corvee moet je zware karweitjes doen: zo moeten wij ongeveer zestig kilometer lopen om rijst of groenten uit de naburige dorpjes te halen; dat doen we meestal met zes meisjes. De vracht wordt op een grote kar geladen, een kar die normaal door een paard of buffel getrokken wordt. Aan de voorkant van de kar is een zwaar touw bevestigd, dat door twee meisjes over de schouder getrokken wordt. Aan weerszijden van de kar lopen twee meisjes te duwen. Zo gaan we langs stoffige dorpjes en onder de hete zon, soms rusten we even uit om wat te eten of te drinken.
We voelen ons in die tijd veilig op straat: aan onze badge kunnen ze zien dat wij scholieren zijn en dat dwingt respect af bij de bevolking. We krijgen dan ook vaak koekjes, vruchten of water van mensen die genoeg te eten hebben.

Ondanks de vermoeidheid is onze saamhorigheid groot. Als we na zo'n dag uitgeput op bed liggen, kijken we tevreden terug op wat we gedaan hebben. Nu kunnen we immers met ons allen weer een paar dagen eten.

Natuurlijk is er ook ontspanning: tafeltennis, badminton, zelfs stijldansen en lezen. Gebrek aan lectuur hebben we niet. Soms wordt er een Nederlands boek binnengesmokkeld, maar we riskeren wel enkele stokslagen bij ontdekking, want het is verboden Nederlandse boeken te lezen. We zijn vindingrijk in die tijd: wij omwikkelen zo'n boek met een Japanse krant en gaan ermee de schuilkelder in. We mogen ook niet dansen, maar ook daar vinden we wat op. Alle ramen en deuren worden geblindeerd, zoals dat moet bij een luchtalarm. Op oude grammofoonplaten swingen en dansen we dan soms tot half drie in de ochtend. We hebben vaak zo'n gevoel van: wat niet mag, is juist spannend om te doen. Gelukkig worden we nooit gesnapt.

Ondanks de zware en verdrietige tijden is het internaatsleven een van de nuttigste en leukste perioden uit mijn leven. Hier leer ik dat we elkaar in nood moeten helpen en ook hoe plezierig het is om samen te lachen of te huilen. Het belangrijkste dat ik leer is dat je het weinige dat je hebt, toch kunt delen. Ook leer ik de handen uit de mouwen te steken. De meeste meisjes op het internaat zijn dochters van rijke en intellectuele Indonesiërs, en hebben in de huishouding nooit iets hoeven doen. Toch hebben we samen een leerzame en fijne tijd.

Tijdens een van mijn reizen naar Indonesië zie ik twee van mijn kamergenoten terug. De ene is kinderarts geworden en de andere de jongere zus van de derde president van Indonesië. Helaas scheiden onze wegen weer. Maar onze internaatsperiode zullen we nooit vergeten.

MIJN AANKOMST IN NEDERLAND

ALS NEDERLANDERS MOESTEN we in 1958 Indonesië verlaten. De politieke situatie was voor het voormalige Nieuw-Guinea zo verslechterd, dat het voor Nederlanders niet meer veilig was om er te blijven. Wij woonden tussen twee schietende partijen in en als het weer zover was, konden we soms drie of vier dagen het huis niet uit. Het enige dat je hoorde waren de om ons heen vliegende kogels. De situatie werd voor ons zo onhoudbaar dat we het liefst zo snel mogelijk wilden vertrekken. Het was een triest afscheid van Indonesië, want alles wat wij in de voorgaande jaren hadden opgebouwd, moesten we achterlaten: ons huis, de meubels, het servies - alles werd door de Indonesische regering geconfisqueerd.

Nadat we lang in angst gewacht hadden, was het dan zover. Berooid scheepten we in met acht kinderen; de jongste was pas tien maanden oud. We zaten een week op de boot naar Singapore, in Singapore verbleven we vijf dagen en daarna waren we binnen 24 uur met het vliegtuig in Nederland. Op 11 augustus 1958 kwamen wij aan op het winderige Schiphol. Ik kreeg een brok in mijn keel: alles hier was plotseling zo anders. We werden opgevangen door een maatschappelijk werkster van de BBMZ, die ons naar een pension in Amsterdam bracht.

Mijn eerste indruk van Nederland? De bomen waren anders, alles was vlak, ik zag koeien grazen in een wei, in de verte zag ik een molen in het echt, en de huizen waren anders. We werden ondergebracht in een oud gebouw aan de Amstel en we kregen een kamer van vier bij acht meter, waarin we met ons tienen moesten slapen en leven. Er was geen stoel, er was geen tafel, er was alleen een potkacheltje en een keukentje van twee bij drie. Bij aankomst vroeg de pensionbeheerder of we wat wilden drinken en omdat ik zo'n dorst had vroeg ik iets koels. Hij keek me verbaasd aan en zei: 'Mevrouw, u kunt alleen thee of water krijgen.' Wat voelde ik me op dat moment diep ongelukkig.

Het werd kouder en kouder. In de keuken moesten we onze was doen met koud water, want water opwarmen was niet toegestaan. Per drie dagen kregen we een kit kolen, dus we moesten zuinig stoken. Vlees kregen we slechts eenmaal per week, op vrijdag kreeg iedereen een eitje en de rest van de dagen waren er aardappelen met een dunne jus. We kregen twaalf gulden zakgeld, hiervan moesten we fruit, zeep, tandpasta en andere dingen kopen voor het hele gezin. En dat terwijl mijn man toch zijn Indonesische pensioen al had moeten ontvangen: de ambtenarenmolen ging traag. Twee maanden later werd ik opgenomen in een sanatorium: ik had tbc en vier weken later volgden mijn vier jongste kinderen. Ik voelde me zo ellendig, verdrietig en moedeloos. 'Het kan toch niet zo zijn dat wij uit een onveilig land hierheen komen om dit alles mee te maken?', zei ik dan iedere keer.

Dat was mijn eerste kennismaking met Nederland: geen goede start. Toch hebben we het er later als gezin niet slecht vanaf gebracht. We bouwden, samen met onze kinderen, een redelijk bestaan op. Mijn man zei altijd: 'Kijk niet om. Alles gaat voorbij.' Maar toch kan ik soms nog met bitterheid terugdenken aan die eerste tijd in Nederland.

HUWELIJKSFEEST IN DE ZWITSERSE BERGEN

EEN ZWITSERSE KENNIS vroeg me of ik voor het kerkelijk huwelijk van haar dochter Indonesisch wilde koken. Op mijn vraag om hoeveel mensen het ging, zei ze: 'Zestig personen.' Het werden er tachtig. Ik mocht een hulp meenemen en dat heb ik dan ook gedaan. Toen ik ermee bezig was, merkte ik pas hoeveel er voor zo'n feest georganiseerd moet worden. Op de dag van aankomst begon het met het inslaan van alle artikelen die we nodig hadden; die moesten naar de bergen vervoerd worden, alles ging daar per bergtreintje. Daarna werkten we drie dagen lang hard, echt hard. Gelukkig hadden we de beschikking over twee keukens.

Het feest begon met Zwitserse jodelmuziek, de gasten jodelden mee. Daarna werd het eten opgediend. Het was afwachten voor ons en spannend: lustten ze het Indonesische eten wel? Als voorgerecht hadden we twee mini-loempia's en twee pangsit, met de nodige saus. Daarna was er rijst met zeven gerechten en volop kroepoek. Ook was er hete sambal. Sommige Zwitsers zijn ook wereldreizigers, zoals Nederlanders, en die zijn dan ook wel eens in Indonesië geweest, maar de conservatieven hebben meer de houding: 'Wat de boer niet kent, dat eet hij niet.' Gelukkig kwam dit niet uit, want ook zij genoten volop van alle gerechten. De mensen aten zich vol.
Na de maaltijd kwamen ze ons een voor een bedanken in de keuken. Ze waren heel tevreden en vonden het fijn dat ze de kans hadden gekregen om echt Indonesisch te eten. Wij werden in het zonnetje gezet en kregen cadeautjes, door ons beiden zeer gewaardeerd. Na gedane arbeid is het goed rusten, zegt het spreekwoord, en dat hebben wij dan ook gedaan. We hoefden nu niet meer te koken en gingen lekker even naar de grote stad Luzern. Op de laatste dag werd er voor óns gekookt, we kregen Alpen-macaroni.
Aan alles komt een eind. Toen we weer terugvlogen naar Nederland, was dat met een voldaan en gelukkig gevoel, omdat we zoveel mensen blij hadden gemaakt.

MIJN GEBOORTELAND

Ik mis het geluid van de krekels,
de karbouwen op de heuvels,
de kleurige bloemenpracht,
de geur van de tropische nacht.

Als kind droom ik mijn dromen,
lopend onder de zon en de bomen,
langs sawa's, padi en halmen,
langs bloeiende kemoengin en sierlijke palmen.

Nu ik zeventig ben verlangt mijn hart,
vol van weemoed en smart,
naar je eeuwenoude pracht,
naar de gordel van diepgroen smaragd.

VEROON SNATER (1934)

'Ik geef vorm aan mijn levensverhaal, zonder dat anderen het kunnen herkennen'

'Ik heb eigenlijk nooit mijn levensverhaal of levensverhalen willen schrijven. Heb daarvoor ook nooit een cursus gevolgd. Toch kan ik, nu ik terugkijk op mijn leven, zien dat ik wel met mijn eigen verhaal bezig was. Het moment van afscheid nemen van mijn werk was bijvoorbeeld erg belangrijk. Toen ik in mijn 55e levensjaar wegging van de opleiding ergotherapie, toen nog in Hoensbroek, een opleiding die ik zelf mee van de grond heb getild, hield ik een afscheidstoespraak waarin ik onder woorden bracht hoe ik als persoon in het onderwijs gefunctioneerd had. Voor mij was het contact altijd het allerbelangrijkste, naast de ontwikkeling van het vak. Als ergotherapeut was dat het contact met mensen die ik behandelde en begeleidde, in het onderwijs met studenten en collega's. Ik wist bijvoorbeeld dat ik altijd commentaar kreeg van studenten of collega's als ik iets niet goed deed en dat wilde ik ook. Ik hoopte dat ik dat had kunnen doorgeven, en daarover ging ook mijn lezing, of misschien was het wel een afscheidsles. Samen met een werkstuk in textiel dat ik speciaal voor deze gelegenheid had gemaakt, was dat mijn afscheidscadeau aan de school.

Achteraf gezien is dat voor mij een hoogtepunt in het opschrijven van mijn eigen levensverhaal: ik schreef precies op wat ik vond en dacht, heel persoonlijk en vanuit mijn eigen geschiedenis. Dat deed ik aan de hand van vier stellingen: over het belang van een procesmatige wijze van beleid voeren, over taakgerichte onderwijsvormen, over de toekomst van de ergotherapie en over een goede sfeer op de opleiding. Ik heb voor mijn werk in de kliniek en op de opleiding altijd veel geschreven: werkplannen, lessen, verslagen, theoretische verhandelingen. De computer was er toen nog niet.

Daarna werkte ik nog parttime aan de lerarenopleiding van de universiteit, en had ik tijd om mij met andere interessen bezig te houden. Zo kwam ik terecht in een cursus over het schrijven van kinderverhalen. We werkten een hele tijd met elkaar in een groep met kinderboekenmakers. Daarna volgde ik nog meer cursussen over het schrijven van kinderverhalen in België. Het schrijven had me te pakken; ik deed een vijfdaagse cursus en later enkele weekendcursussen. Ik ging om het schrijven en om iets te leren over het schrijven van verhalen. Ook toen ik later meedeed in een euregionaal project over het schrijven van levensverhalen, was mijn insteek het schrijven. Het doel van het project stimuleerde me: onderzoek naar herinneringen van ouderen in het drielandengebied.

Ook in de kinderverhalencursussen schreef ik wel eens over vroeger, bijvoorbeeld een verhaal over het spelen met poppen. In de cursussen leerde ik mijn verhalen te ordenen. Ik ontdekte het belang van een stramien. Sterker nog: door een bepaald stramien te volgen, kwam ik tot een ordening. In de levensverhalencursus vond ik het leuk om terug te blikken op mijn leven als geheel. Door de thema's en de oefeningen in associëren werd ik mij meer bewust van de rijkdom aan ervaringen in mijn leven. Het uitwisselen met medecursisten gaf een extra dimensie aan het unieke van die ervaringen. Maar ik merkte ook dat ik over bepaalde stukken van mijn leven graag schreef en over andere stukken helemaal niet, bijvoorbeeld over bepaalde levensfasen of gebeurtenissen.

Voor mij is het geen doel om over mijzelf te schrijven. Ik zou nu niet meedoen aan een cursus levensverhalen schrijven. Ik heb geen behoefte om dingen te schrijven voor de mensen om me heen. Ik zou veel van mijn verhalen meteen weer verscheuren. Het is misschien wel goed om dingen uit je leven onder woorden te brengen, maar ik wil dat niet publiceren of nalaten. Niemand hoeft over mijn leven te lezen als ik er niet meer ben.

Ik ben al een tijdje aan het opruimen, in deze levensfase is dat aan de orde. Ik ben 72 en realiseer me de eindigheid van het leven. En omdat ik zo lang mogelijk in mijn huis wil blijven wonen, moet ik de consequenties van het ouder worden onder ogen zien. Praktisch betekent het dat het huis gemakkelijk ingedeeld moet zijn, zodat ik niet meer hoef te bukken, een toilet heb dichtbij de slaapkamer, enzovoort. Ik ben gaan fantaseren over het aanpassen van mijn huis op mijn leeftijd, en dat leidde tot verbouwingen en veranderingen, waardoor ik gedwongen werd om ook andere dingen op te ruimen. Alles moest opnieuw geordend worden. Daardoor kwam ik veel dingen tegen; alle spullen uit mijn leven gingen door mijn handen. Alleen dat is al het opmaken van een balans. En daardoor realiseerde ik me des te meer dat ik zelf de verantwoordelijkheid moet nemen voor het afronden van mijn leven. Inmiddels weet ik dat de enige persoon in mijn leven die ik het zou toevertrouwen, niet meer in staat is de resten van mijn leven op te ruimen als ik er niet meer zou zijn. Dus moet ik het zelf doen.

De spullen die ik verzameld had, kregen zo ook een andere betekenis. Het opruimen diende zich vanzelf aan: ik wist wat weg kon en wat ik wilde bewaren. Dingen die ogenschijnlijk niet van waarde waren, maar die wel belangrijke aanknopingspunten boden voor herinneringen aan vroeger, bewaarde ik in dozen. Die dozen zette ik in mijn oude linnenkast op zolder, die daarmee een kast vol herinneringen werd. Het heeft me altijd beziggehouden dat voorwerpen een langer leven kunnen hebben dan mensen. Dingen waar mensen naar gekeken hebben, die door hun handen zijn gegaan of die ze gemaakt hebben met aandacht en liefde. Waarom bewaar je ze? Omdat ze een ziel hebben. De rest kan weg.

Nu alle verbouwingen en aanpassingen in huis klaar zijn, ben ik begonnen met een volgend project, in een nieuwe opruimronde. Ik maak iets nieuws met de spullen die in de dozen in mijn kast zitten. Ik verbeeld de herinneringen in een herinneringsboek en ik geef het geschrevene een nieuwe vorm. Ik heb een groot mooi rood boek van handgeschept papier gekregen, waarin ik knipsels en beelden plak. Ik heb bijvoorbeeld collages gemaakt van snippers van verscheurde brieven, zo'n collage komt in dat boek. In mijn kast zijn ook dingen die ik helemaal niet meer wil zien, bijvoorbeeld een boekje dat ik niet meer wil lezen. Ik maak dat dan ook niet open. Ik zou het kunnen verbranden, maar verscheur het liever, zodat ik nog iets kan doen met de snippers.

Zo ruim ik op en geef vorm aan mijn levensverhaal, zonder dat anderen het kunnen herkennen. Er blijft wel iets over maar anderen kunnen er mijn verhaal niet in lezen. Ik probeer de dingen te verbinden met elkaar, want achteraf zie ik vaak verbanden tussen herinneringen, lijnen die ik eerder niet zag. Bij het vormgeven merk ik dat ik geen woorden nodig heb. Al het overtollige laat ik weg, ik probeer de essentie weer te geven en te bewaren. Ik maak collages, ik schilder, ik maak beelden met stof en draad. Het beeld op zich moet leuk zijn, het moet me goed bevallen. Die beelden komen in mijn plakboek, dat natuurlijk niet zomaar een plakboek is; elk beeld staat voor de herinnering die erin verwerkt is.

Met de spullen uit de kast blijf ik voorlopig verder werken. Het is de bedoeling dat de kast leeg raakt en dat uiteindelijk alleen het boek of een paar boeken met mooie beelden overblijven. Alle spullen die ik nodig heb, liggen bij elkaar. Op het moment dat ik ermee aan de slag ga, weet ik pas wat weg kan en wat ik mag of kan bewerken of verwerken. Het is een heerlijk project en ik verlang ernaar om ermee verder te gaan, maar het wordt ook onderbroken door het leven van nu. Maar dat is prima, ik houd niet zo strak aan mijn plannen vast. Er komen altijd andere dingen en andere mensen op je weg, er is het gewone dagelijkse leven dat aandacht vraagt. Zoals het veranderen van de tuin, het onderhouden van het huis, het maken van cadeautjes en het zorgen voor anderen.

Ik ben ook op een andere manier bezig met mijn levensverhaal, namelijk in het werken met textiel. Dat heeft een heel andere vorm. Ik kom uit een familie waarin handwerken belangrijk was, en ik heb zowel van mijn grootmoeder, mijn moeder als van mijzelf handwerken en textiele voorwerpen op panelen gearrangeerd en bijeengebracht. Het zijn drie panelen met de spulletjes mooi ingelijst achter glas. Van mijn grootmoeder heb ik een gebreide sok, een kanten kraagje, breipennen met een breisel en een geborduurd lopertje. Van mijn moeder heb ik een merklap, handwerkjes met steekjes en applicaties, patchwork en naaigaren op kaartjes. En van mijzelf een oude poppenjurk, werkstukjes voor de opleiding ergotherapie, weefwerkjes en macramé. De dingen hebben een langer leven dan de mensen. Bij die panelen heb ik later teksten gemaakt en dat is een hele klapper geworden met mijn levensverhaal rond het thema textiel.

Ik heb er citaten bij gezocht over het belang van herinneringen, bijvoorbeeld van Goethe, Mann en Márai. Een citaat van Klaus Mann zie ik als mijn motto: "Herinneringen zijn gemaakt van wonderlijk materiaal - bedrieglijk en toch dwingend, machtig en vaag. Men kan geen staat maken op zijn herinneringen, en toch bestaat er geen andere werkelijkheid dan degene, die we in ons geheugen dragen. Elk ogenblik dat wij beleven dankt zijn zin aan het voorgaande."[8] En ook een citaat van Sándor Márai vind ik heel passend: "Ja, details zijn soms heel belangrijk. Ze houden het geheel bij elkaar, ze zijn een soort kleefstof voor het materiaal van de herinneringen."[9]

De panelen zijn voor mijn nichtje: daardoor zijn straks vier generaties vrouwen verbonden door draden, want ook zij werkt met textiel. Ik heb ook een rugzak gemaakt, met daarin poppetjes. Voor mij is die rugzak een beeld voor mijn eigen verhaal. Je neemt je eigen verhalen altijd mee. De engel, de koningin, de kabouter, ze hebben allemaal hun verhaal. Ik doe er verder niets mee, het hangt in mijn huis.

Dat zijn resultaten van de cursus levensverhalen schrijven. Ik ben ermee doorgegaan, in mijn eigen vorm, met mijn eigen middelen. En wat het schrijven betreft: ik maak nog steeds kinderverhalen, die ik regelmatig voorlees. Ook daarin zijn herinneringen verwerkt, er zitten altijd stukjes van mijzelf in. Zo woont de engel uit een van mijn verhalen in een samenraapsel van tuinen waar ik ooit geweest ben. Het gehandicapte kind ontstond vanuit mijn werkervaringen, en de kunstenaar woont in een Zwitsers dorp waar ik een cursus volgde. De verhalen zijn een collage van ervaringen en fantasie-elementen.

Soms raap ik tijdens het wandelen een steen op, om te kijken naar de groeven en het mysterieuze spel van licht en donker, de natuurlijke patronen van de groeflijnen. Er is een verband tussen zo'n steen en mijn herinneringen. De groeven die mensen en situaties in mijn geheugen achterlaten, vormen steeds andere patronen. Soms zijn het heftige, chaotische beelden, maar vaak veranderen ze weer naar meer harmonische composities. Terugkijkend op het schrijven over mijn herinneringen, zie ik dat ik

---

8   Mann, K. (1985). *Het keerpunt*. Amsterdam: De Arbeiderspers.
9   Márai, S. (2002). *Gloed*. Amsterdam: Wereldbibliotheek.

meer over de harmonische beelden heb geschreven, terwijl de chaotische groefpatronen minstens evenveel betekenis hebben gehad in mijn leven.

Ik ervaar het als een voorrecht om nu tijd en rust te hebben die patronen te ontdekken en de diepte van de afzonderlijke groeven te onderzoeken. Ik heb niet de ervaring dat ik zelf veel invloed heb gehad op de groefpatronen. Wel dat ik er eens de wind over kon laten waaien of het stof wat kon wegblazen, zoals tijdens de schrijfcursus. Ik voel nu een behoefte om de wervelende en golvende groefpatronen concreet uit te beelden, door te krassen, weven, borduren, vilten, scheuren en plakken. Ouder worden betekent voor mij inleveren, maar ook vorm geven aan herinneringen en belevenissen, waardoor nieuwe inzichten en rijkdommen ontstaan.'

LOGEREN BIJ OPA EN OMA

Toen ik op de lagere school zat ging ik vaak logeren bij opa en oma, in een klein Gronings dorpje. Heerlijk was dat. Ik kon er fijn spelen en het rook er altijd lekker. Opa had een grote moestuin. De boontjes, worteltjes en sla stonden in nette rijen. De grote bonen groeiden langs stokken, de frambozen langs een hek.

Oma was altijd in de keuken. Daar stond een zwart fornuis waar vuur in brandde van turf. Er stond altijd wel een pan te sudderen. Krentjebrij vond ik het lekkerste. Het werd gemaakt van bessen en frambozen uit de tuin, met krenten en gort. Oma hield van poetsen. Alles glom van de boenwas, vooral in de mooie kamer waar je alleen mocht kijken. Het leven speelde zich af in de keuken en buiten. Water kwam uit de pomp. Om je te wassen deed je water uit de lampetkan in een kom. De wc was buiten, een hokje met een ton onder een plank met een gat.

Elke avond maakten opa en oma een wandelingetje naar het einde van de tuin en de boomgaard. Als ik er was, mocht ik mee. Daar stond een bank, waar we een poosje zaten. Onder de bank stond een trommel met een doekje om de bank af te vegen. In het weiland ernaast stond een oud paard. Als je geluk had, kwam het bodepaard thuis. De paarden konden elkaar hartelijk begroeten en het bodepaard moest altijd even rennen.

Onder een afdakje bij de schuur lag een hoop zand. Daar konden we heerlijk spelen. Ik was er meestal met mijn zusje. Het meest herinner ik me de rust bij opa en oma, hun vriendelijkheid, het lekkere eten en de geur van turf.

BREIEN EN HAKEN

Ik leerde breien en haken van oma. Ze woonde toen in Utrecht aan de Maliebaan, in een appartement bij mevrouw De Haas. In mijn herinnering had alles een geelbeige kleur. Het rook er anders dan thuis, naar lavendelwater en eau de cologne. Ik vond het breien en haken spannend. Dat je zomaar een lapje kon maken! Dat kon ik goed gebruiken voor poppenkleren.

In de oorlog was oma bij ons in huis. Ze zat altijd te breien. Zonder te stoppen, kon ze versjes opzeggen, zoals 'Mie Prop', en spelletjes doen. Dat vond ik heel knap. Tot ze even moest tellen, dan stak ze één breipen onder haar valse haarstukje en mochten we niet tegen haar praten.

Eerst werkte ze nog met nieuw materiaal, maar later steeds meer met uitgehaalde wol. Ik voel nog het ophouden van de strengen. Die werden dan nat gemaakt en over een stok boven het bad gehangen om de kringeltjes eruit te halen. Daarna moest de wol weer opgehouden worden om er kluwens van te maken. Zo werden vele hemden, broeken en truien gemaakt.

Mie Prop
zat in de glazenkast
en keek op de klok
hoe laat het was.
Het was al zeven uren
toen ging ze naar de buren
de buren waren niet thuis
toen ging ze naar het stadhuis.
Het stadhuis dat was gesloten
toen ging ze naar de boten
de boten waren toe
toen ging ze naar de koe.
De koe die wou haar schoppen
toen ging ze naar de poppen
de poppen wilden haar slaan
toen ging ze naar de baan.
De baan die was zo glad
toen viel ze op haar gat.

MIDDENKLEEDJE

Tafeldekken voor het warme eten was een taak. Het kleed werd van de tafel gehaald en opgevouwen. Dan werd een wit kleed op de tafel gelegd en netjes gladgestreken. Daar overheen kwam een geborduurd middenkleedje. Dat hoorde zo. Zo hadden ook de messen, vorken en lepels een vaste plek en hoorden de messen op messenleggers te liggen. De opscheplepels lagen netjes op een rij aan de zijkant, de witte, gehaakte onderleggers in het midden van de tafel over het kleedje heen. En de standaard met het vleesmes en de vleesvork stond bij de plaats van mijn vader, aan het hoofd van de tafel.

Ik maakte een middenkleedje met blauwe kruissteekjes op een witte ondergrond bij het blauwe servies van opa. Het was een cadeau voor mijn moeder. Het kleedje is vaak gewassen, gestreken en weer gebruikt. Toen mijn moeder overleden was, heb ik het kleedje meegenomen. Het lag jaren in mijn kast, want ik gebruik geen middenkleedjes meer. Het zit nu als een kaft om de klapper met teksten bij de handwerkpanelen voor mijn nichtje. Zo kreeg het middenkleedje een heel andere bestemming.

BORDUREN

Mijn moeder had altijd een borduurwerk - ik ken haar niet anders. Kleedjes, kussens, zakjes, stoelbekleding, wandlapjes... Ze hield van versieren. Woordenboeken, agenda's, adresboekjes, alles kreeg een kaftje. Vaak waren de werkstukken bedoeld als cadeau, dikwijls voorzien van een geborduurde spreuk. Toen ik eens bij familie in Nieuw-Zeeland was, zag ik daar overal handwerken van mijn moeder.

Later was mijn moeder bij een handwerkgroepje onder leiding van een enthousiaste en creatieve vrouw. Daardoor ging ze ook andere dingen maken, zoals lapjeswerk, patchwork en applicatiewerk; dat vond ze heel leuk. Het borduurwerk werd vrijer met meer soorten steken en mengkleuren en versierd met kraaltjes.

Het plezier in het werken met textiel heb ik van haar. Het maakt mij rustig als ik ermee bezig ben, zo werkte het ook voor mijn moeder. Toen ze aan het einde van haar leven ziek werd, lagen er nog twee wandlapjes waarmee ze bezig was. Ik heb die naast haar bed afgemaakt.

HET BADHUIS

ALS ONDERWIJZERES OP een blo-school in de jaren vijftig, moest ik iedere week mee naar het badhuis met de meisjes van de eerste en tweede klas. Ze werden opgesteld in rijtjes van twee in de gang voor het lokaal. 'Zachtjes op de trap, záchtjes!' Hun stemmen klonken hard in de hoge gangen met stenen vloeren. We liepen door de sombere, bruine hal, de grote houten voordeur uit en het ijzeren hek door.

De school werd in de buurt het Gekke Hekkie genoemd. Het was een school voor debiele kinderen. Debiel was je met een IQ tussen de 65 en 80. Over onderwijs aan deze kinderen hadden we op de kweekschool niets geleerd.

Er was nauwelijks een stoep in de straat. Een juf liep voor in de rij en een andere liep achteraan. Gelukkig waren er niet veel auto's. Wel fietsen. De stemmen klonken op tegen de hoge rechte huizen van vier verdiepingen. Op elke verdieping woonde een gezin, soms twee.

Het badhuis was een groot vierkant gebouw met muren van crème tegels en granito vloeren. Het rook er naar bleekwater en groene zeep. In de kleedkamer stonden lange banken. Hier en daar moest ik even helpen. Ik zie nog de grauwe broekjes en hemdjes, soms met gaten. Weer opgesteld in een rijtje liepen de kinderen naar de badkamer. Daar kregen ze handdoeken en waslapjes. Aan de zijkanten waren open hokjes met een bankje onder de douche.

Tante Sjaan, met een flink postuur onder een witte jas,

mooi donker haar en een groot blozend gezicht, stond in het midden bij de wielkranen. Met haar volle operastem riep ze: 'Allemaal onder de kranen...!' De douches begonnen te lopen. Hoge bibberkreten klonken boven het geklateruit. Tante Sjaan pakte een Keulse pot met groene zeep en een houten spatel. De kinderen wisten het al. Ze hielden hun waslapjes op voor een lik. Ik liep mee om hier en daar knieën, voeten, handen en zelfs zwarte buiken te boenen. Na het afspoelen en afdrogen stelde tante Sjaan zich op voor de kleedkamer met een handdoek en een literfles 'pietenwater' tegen de luizen. Een voor een controleerde ze de kinderen, boende de ruggen na en goot wat pietenwater op de hoofden. Dat kamde ze met haar andere hand door de haren. Dan gingen de niet al te frisse kleren weer aan. Op de terugtocht mochten de kinderen de rij verlaten in de buurt van hun huis.

Ik denk nog vaak aan deze kinderen. Ze waren zo kwetsbaar, lief en moeilijk tegelijk. En ik was zo weinig voorbereid op dit werk.

EEN NIEUWE BAAN

HET GESPREK WAS achter de rug. Ik had ja gezegd. Tegen wat? Vaag misselijk vanwege de vele bochten tussen Hoensbroek en Maastricht stapte ik bij het station uit de auto. 'Je kunt hier de doorgaande trein nemen tot Utrecht. Tot over twee weken.' Het autoritje had mij in een wonderlijke stemming gebracht. Het glooiende, parkachtige landschap, waarin de warme roestkleur van de aarde en de bruingrijze steen van de huizen het meest opviel, riep een vakantiegevoel op. Het besluit om hier een nieuwe fase in mijn loopbaan te beginnen maakte mij onzeker, maar ook verwachtingsvol. Ik was met gretigheid binnengehaald. De revalidatie, inclusief de ergotherapie en de opleiding ergotherapie, moesten van de grond af opgebouwd worden.

Er was nog tijd voor mijn trein ging. Moe van alle indrukken zat ik verloren aan een bruin tafeltje in de donkerbruine ruimte van de stationsrestauratie. Voor mij een kop koffie waar ik eigenlijk geen zin in had. Ik had al genoeg koffie gedronken en uitgebreid geluncht. Is het waar dat Limburgers altijd koffie drinken en van lekker eten houden? Ik keek op. Recht in een carnavalsmasker van wel een meter doorsnede. Lichtbruin, met vaag wat roze en geel. Boze ogen en een lachende mond. Langs het hoofd wat serpentinekrullen in vale pastelkleuren. Nu zag ik meer maskers hoog tussen de ramen. Ze keken mij venijnig aan en lachten. Ik lachte terug. Dus hier ga ik wonen en werken?

DE DEURWAARDER

IK WERK NU een jaar in Limburg. Ik heb fijn werk, interessant werk. Véél werk - het werk gaat voor alles. Maar ineens is de rek eruit. In ben doodmoe en voel me ziek. De studenten hebben vakantie en bij de kliniek heb ik me afgemeld. Ik zit wat wazig in mijn ochtendjas aan tafel te niksen. Er wordt gebeld. De deur zit nog op het nachtslot. Op de stoep staat een wat vormelijke meneer: 'Ik ben de deurwaarder.' 'O...?' 'U hebt uw belastingaanmaning niet betaald.' 'O ja, dat kan wel.' 'Als u niet binnen een dag betaalt, kan uw inboedel geconfisqueerd worden.' 'O. Eh... ja.' 'Dus mevrouw: u weet het!'
Terug in de kamer ga ik zitten en schenk nog een kopje koffie in. Langzaam dringt tot me door wat de man heeft gezegd. Ik word boos; ze moesten eens weten hoeveel werk er ligt. En niemand die me ook eens helpt. In de doos met achterstallige post vind ik de aanmaning. Ik bel de belastingdienst, maar de lijn is dood. Dan moet ik me toch aankleden om in een telefooncel te bellen. Weg is mijn rust. Weg het gevoel van 'even tijd voor mezelf'. De PTT: 'Ja mevrouw, dat klopt. U hebt de rekening niet betaald.'
Het heeft geen zin meer om een beetje zielig te doen. Aan het werk! Ik vis rekeningen uit de doos, ga naar de bank, enzovoort. En-zo-voort, denk ik als ik boos de doos naar me toe trek. Gelukkig kan ik er 's avonds weer om lachen. Nie-

mand zal geloven dat dit echt gebeurd is. Ik voel me al wat
beter. Morgen blijf ik nog thuis om de achterstallige post
weg te werken. Ik zet de doos op tafel en ga vroeg naar bed.
De wekker hoeft niet gezet.

AFSCHEID VAN DE OPLEIDING

Een zachte nevel spoelt
flarden van werkherinneringen schoon
tot kostbare kleinoden

waarin oude motieven van zorg
voor gehandicapte mensen
duidelijke patronen vormen.

In aarde kleuren van trots
op de kracht van leerlingen
die volgen en voortgaan.

Soms zwartgeblakerd
door misverstanden en conflict
in het zoeken naar kwaliteit.

Met draden van vriendschap
en collegialiteit. Verweven
op het ritme van hard werken.

Kleinoden aaneengeregen
tot een sieraad
in een laatste stuk leven.

CÉCILE KRUINIGER (1931)

'Ik ben doorgegaan met schrijven en stuurde de verhalen naar een uitgever'

'Bij het hoger onderwijs voor ouderen volgde ik al cursussen, bijvoorbeeld over archeologie, toen ik op een open dag het aanbod levensverhalen schrijven zag. Mijn eerste gedachte was: wat melig. Wie schrijft dáár nu over? Ik vond het eigenlijk niks voor mij. Maar toch, toen ik er een tweede keer langsliep, werd ik nieuwsgierig. Ik schreef vroeger toch ook? Ik had zelfs kinderverhalen gepubliceerd. Door mijn hectische leven was het er op een bepaald moment niet meer van gekomen. Er was ook geen stimulans. Eigenlijk heb ik altijd wel geschreven, ik hielp ook anderen bij het maken van speeches en gelegenheidsgedichten, en ik schreef en schrijf elke maand een stukje voor het tijdschrift van de Nederlandse Vereniging voor Huisvrouwen. Vanuit de gedachte "baat het niet, dan schaadt het niet" schreef ik me in. Ik wilde niet zozeer over mezelf of over het verleden schrijven, maar een stimulans krijgen om er weer mee te beginnen. Aanwijzingen voor de techniek en opbouw van verhalen, en respons op mijn teksten.
De cursus was voor mij echt een openbaring. Ik vond de medecursisten leuk om hun diversiteit: de een schreef kort en krachtig, de ander lang en verhalend. Het was fascinerend hoe mensen over een onderwerp zó uiteenlopend kunnen schrijven. Ook het enthousiasme van de begeleidster sprak me aan. De methode kende ik niet, en ik had nog nooit zo geschreven: rondom verschillende onderwerpen, via verschillende stappen associëren. Maar het werkte: er komt veel meer boven rond een onderwerp dan datgene waarvan je je bewust bent, je hebt veel meer verhaal dan je denkt te weten. Dat werd ook gestimuleerd door de herkenning in de verhalen van anderen: hé, zoiets heb ik ook ondervonden, we hebben toch allemaal dezelfde soort dingen

meegemaakt. Vooral het herkennen was voor mij belangrijk. Het is boeiend om de verhalen van vroeger terug te halen. Ook voor mijn dochter en kleindochter.

Het schrijven zelf kostte mij niet zoveel moeite, ik hoef niet te hakketakken, de woorden vloeien uit mijn pen. Ik doe het graag en het geeft mij ontspanning, afleiding en voldoening. Over vroeger schrijven vond ik toch wel leuk, zoals het schrijven over mijn geboorteplaats Amsterdam of over de kostschool. Je herbeleeft dan ook die stukjes uit je leven. Ik had geen behoefte om te trappen naar de dingen van vroeger die niet goed waren, ik had vooral behoefte om de mooie dingen uit mijn leven naar voren te brengen. Van de minder mooie dingen haalde ik de scherpe kantjes weg. Het is nooit mijn bedoeling geweest om te veel op mijzelf gericht te zijn. Over je jeugd schrijven is nog wel veilig. Maar echt persoonlijke gevoelens beschrijven deed ik niet, dat hoeft voor mij niet. Er was ook altijd genoeg ruimte voor, om tijdens het schrijven mijn eigen weg te gaan.

Schrijven deed ik niet alleen voor mijzelf. In het begin was ik niet gericht op een publiek, maar wel op de mensen in de groep. Ik kreeg aanmoediging en daardoor ging ik verder, ik kon er mensen mee plezieren. Het schrijven heeft een nieuwe dimensie in mijn bestaan gebracht. Ik ben doorgegaan met schrijven, heb mijn verhalen gebundeld en opgestuurd naar een uitgever. Die gaf me te kennen dat ik er beslist iets mee moest doen, maar dat ze niet rendabel genoeg waren voor hun fonds. Via het tijdschrift **Schrijven** ben ik terechtgekomen bij Bergboek, een internetuitgeverij: daar is mijn boek uitgegeven, en later nog een.[10]

Door de aardige reacties werd ik wat overmoedig en schreef een avonturenroman. Die stuurde ik naar een plaatselijke uitgever, die nogal bot reageerde. Geschrokken stuurde ik toen mijn manuscript naar een scriptbureau, waar men het becommentarieerde. Ik kreeg ook een publicatieadvies. Ik paste het een en ander aan en begon een deprimerende rondgang langs uitgeverijen. Eén uitgeverij was aanvankelijk geïnteresseerd, maar ik had pech: de uitgeverij verdween en mijn redactrice ook. Het

---

10 Malherbe, L. (2001). *Processie en operette. Impressies uit een meisjesleven van 1931-1945.* www.bergboek.nl.
Malherbe, L. (2004). *De resocialisatiekliniek. Impressies uit het leven van een maatschappelijk werkster in de psychiatrie.* www.bergboek.nl.

manuscript belandde in een la, totdat zich de mogelijkheid aandiende om het via Bruna-Gopheruit te geven. Dat is inmiddels gebeurd.[11] Het boek heeft onverwacht succes en ik heb goede kritieken gekregen.

Door het schrijven zijn er ook andere dingen in beweging gekomen. Schrijvend over mijn jeugd kwam ik weeruit bij Mirjam, een vriendinnetje waarvan ik had aangenomen dat ze, net als de andere Joodse kinderen uit onze straat en van mijn school, was omgekomen tijdens de holocaust. Ik begaf me naar herdenkingsplaatsen en documentatiecentra en kwam er ten slotte achter dat zij de oorlog had overleefd. Ik heb haar teruggevonden in België. Ik beleefde dat als een groot wonder. Ik heb haar mijn verhalen gegeven en haar daarmee een stukje jeugd teruggegeven. We zijn samen teruggegaan naar Zandvoort, waar wij destijds buren waren, en we hebben daar het verleden gereconstrueerd. Dat kwam door de cursus: ik ging op zoek naar allerlei gegevens om mijn verhalen te reconstrueren, als een geschiedschrijver, ik wilde dat mijn bronnen klopten, en zo kwam ik er ook toe haar te gaan zoeken. Ik wilde weten of ze nog leefde. Ik heb nu met haar een heel bijzonder contact; ik zie haar en haar familie regelmatig.

Ik heb niet alleen over mijn eigen verleden geschreven, ik ben daardoor ook meer geïnteresseerd geraakt in de levens van anderen. Ik ben gaan voorlezen in het kloosterverzorgingshuis van de Broeders van Maastricht, waar nu ook vrouwelijke religieuzen wonen, en met hen praat ik na het voorlezen veel over vroeger. Gisteren las ik Repelsteeltje voor en dat leidde tot een gesprek over de zin van sprookjes en gewetensvorming, en ook over hoe dat vroeger ging. Veel ouderen vinden het prettig om naar hun jeugd terug te gaan. Misschien is het voor 80-plussers ook wel een steunpunt in deze jachtige tijd, als ze de wereld zoals die is niet meer kunnen behappen.

Je verhalen zijn zoals ze zijn en je verleden verandert niet meer. Het zijn stabiele factoren in je leven. Je kunt de verhalen steeds weer vertellen en dan ervaar je soms een geluksgevoel. Dat verdwijnt ook weer, maar je kunt rustig opnieuw beginnen en het nog een keer vertellen. Ik merk dat nu ook bij de broeders. Soms

---

11 Malherbe, L. (2006). *Bestemming Buenos Aires*. Utrecht: Bruna-Gopher.

vragen mensen: vertel nog eens over vroeger, en ik vertel graag. Ik ben ook gevoeliger geworden voor de verhalen van anderen, bijvoorbeeld van "verwarde ouderen". Zo las ik een keer voor aan een missiebroeder uit een boekje met Maleise verhalen, een boekje met een batikkaft, dat ik hem uitgebreid liet zien. In de week erna vertelden de zusters dat die broeder de hele week Maleis had gesproken!

Ik zing ook steeds vaker met de mensen. Bijvoorbeeld uit het vroeger bekende boek *Kun je nog zingen, zing dan mee*.[12] Toen het eens warm was en er ijsjes werden rondgedeeld, begon ik een oud liedje te zingen over een ijsman. Een zuster die anders nooit een woord zei, zong de rest van het liedje zonder mankeren mee. Zo ben ik dus door mijn eigen levensverhaal actief geworden. Geestelijk voedsel is belangrijk voor iedereen. Ik ga nu elke woensdagmiddag naar de broeders, en ik heb aan het personeel gevraagd om niet door het voorlezen heen te praten.'

---

12 Dort, W. van (red.) (1990). *Kun je nog zingen, zing dan mee. De mooiste liedjes uit tachtig jaar.* Groningen: Wolters-Noordhoff.

EEN FEESTELIJKE VERJAARDAG

De verjaardag van mijn grootvader viel in januari en werd meestal op een zaterdag gevierd. We gingen er met de trein heen. Ik had een versje moeten leren, om tussen de schuifdeuren voor te dragen. Er hingen daar draperieën en ik waande mij op het toneel. Soms moest ik ook wat danspasjes opvoeren, maar daar had ik een gruwelijke hekel aan. Gelukkig mocht er nooit te veel gerucht zijn: 'Denk aan mevrouw Muller!' Die woonde beneden en het was sabbat voor de Joden.

Bakker Moes bracht 's middags altijd een grote houten, bruingelakte doos met een zeer gevarieerde inhoud: gele roomhorens, bontgekleurde boomstammetjes, bruine mokkaschuitjes, zwart-witte moorkoppen, roze marsepeinmandjes en vooral veel taartpunten met slagroom, karamelcrème of vruchten. Ik had een voorliefde voor tompoezen, maar mocht van mijn onverbiddelijke moeder altijd pas als laatste kiezen: 'Eerst de grote mensen, dan de hangoren.' Mijn vader kende mijn voorkeur en dan nam hij er alvast een, die hij later met mij ruilde.

Na het uitgebreide diner moest ik naar bed. Ik mocht blijven logeren, zodat mijn ouders mij niet in de avonduren door de koude winterlucht hoefden mee te nemen. Zij gingen elders slapen en de zondag doorbrengen, waarna ze mij dan in de namiddag zouden ophalen, om gezamenlijk de terugtocht naar Zandvoort te aanvaarden. Ik lag in de balkonkamer naast de woonkamer en alhoewel de tussendeur altijd gesloten bleef, hoorde ik nog lang de stemmen. Mama en de tantes vrolijk kwetterend, de heren sonoor en soms heel hard. Dan dacht ik dat ze ruzie hadden, maar mijn moeder zei later 'dat de politiek weer de boventoon voerde'.

Als ik tante Roos met vaatwerk naar de keuken had horen lopen, hoorde ik het getinkel van glaasjes. Ze kregen nu allerlei gekleurde watertjes, wist ik: rode, groene, witte, oranje en ook een soort gele pudding, die de dames met kleine lepeltjes heel voorzichtig proevend aten. De stemmen werden luider. Er werd gegicheld en gelachen... Voor ik het wist was ik in dromenland.

WAAR DE BLANKE TOP DER DUINEN...

Ten zuiden van het dorp lagen de Amsterdamse Waterleidingduinen. Door de zandige wallen sijpelde gefilterd regenwater in lange, diepe kanalen. Er groeiden in die duinen veel bramen. Groot, sappig en donkerrood vormden ze de basis voor lekkere, gezonde jam. Maar ze gaven zich niet zomaar gewonnen. Eerst moest er gezocht worden en geplukt, en juist de beste zaten tussen venijnige stekeltakken. Met geschramde armen en benen en vlekken op de kleding van bloed en braamsap, kwamen we dan trots thuis, met emmers vol overdaad.

Ooit dienden die duinen als decor voor een klein kinderdrama. Ik moest leren zwemmen, zoals dat toentertijd ging: aan de hengel. Het Noorderbad aan de boulevard had een kunstmatig betonnen zwembad. Daar stond een afschuwelijk apparaat. Over een soort reling stak een lange stok met een touw aan een leren band, waarin het slachtoffer moest plaatsnemen, teneinde de zwemslagen machtig te worden. De badmeester gaf aanwijzingen, terwijl ik steeds meer het gevoel had dat ik met mijn hoofd en borst uit die band in het diepe water zou glijden. Ik spartelde en schreeuwde als een mager speenvarken het hele zwembad bij elkaar. Een hopeloos geval: 'Ga jij maar naar je moeder. Die zit op het terras bij het restaurant.'

Druipend en slechts gekleed in een rood zwempakje, rende ik in paniek weg. Weg van die sadistische beul en mijn ongetwijfeld zeer teleurgestelde moeder. Ik stak roekeloos de boulevard over naar de duinen. Ademloos en met een bonzend hoofd plofte ik uiteindelijk in een zandsleufje tussen het helmgras. Opeens werd het stil. Ik zag dikke witte wolkenwatten overdrijven. Een enkele meeuw klapwiekte voorbij en riep zijn klagelijke roep. Ik was totaal leeg en moet in slaap gevallen zijn... Bij zonsondergang werd ik gevonden door een agent. Het halve dorp stond op stelten en was naar mij op zoek. 'Waar wás je toch...?', snikte mijn moeder. 'Lekker in de duinen', zei ik. 'Het water is voor de vissen. Dat zegt meneer Bol ook altijd, en die kan het weten!'

NAAR DE BOLLEN

ALS DE NARCISSEN uitgebloeid waren en de tulpen zich op de strakke velden in al hun kleurschakeringen ontplooiden, gingen we naar de bollen kijken. Mijn vader hees mij dan in een zitje, vóór op zijn fiets. Op zijn stuur was een doorzichtig windscherm gemonteerd, zodat ik comfortabel van het prachtige uitzicht kon genieten. Mijn moeder fietste ook mee en aan haar stuur bengelde een tasje met boterhammen, die ze sandwiches noemde. Ze hield veel van Engelse woorden en als ik iets niet mocht horen, spraken papa en zij in die vreemde taal. Daar had ik een gloeiende hekel aan.
Langs de wegen stonden de kinderen van de 'bollenboeren', met fleurige bloemslingers om te verkopen aan fietsers, die ze over hun stuur hingen. Of aan de - schaarse - automobilisten, die ze op de neus van hun glimmende limousine bevestigden, ten teken dat ze deze tocht echt hadden gemaakt. De allermooiste vond ik de slingers die van hyacinten gemaakt waren. Ze roken bedwelmend en ik wilde dolgraag ook zo'n fraaie vrolijke krans. Maar mama zei: 'Ze zijn te duur en morgen zijn ze al flets en slap. Kijk maar goed rond, daar heb je meer aan.'
In die tijd, waarin boeken, kranten, tijdschriften en ook de films nog veelal in zwart-wit waren, was de aanblik van al die weelderige bloementapijten wel eens te veel voor mij. De uitbundige kleuren en geuren maakten mij wat duizelig en ik begon dan te zeuren om een ijsje. 'Als je lief bent, krijg je straks ranja.' Ik wist dat mijn moeder bedoelde dat ik de verdere tocht stil moest zijn en pas op het bittere einde kans zou maken op een afstapje bij een limonadetentje voor dor-

stige toeristen. De ijscomannen, achter hun verleidelijke karretjes met de zilverachtig glimmende torendeksels waaronder ik de meest verrukkelijke ijssoorten wist, werden stoïcijns genegeerd. Mijn vader probeerde het nog in het Engels: 'She's only a child.' Maar mama zei: 'No', en daar bleef het bij.

ARTIS

Eenmaal per jaar gingen we op de lagere school een dag op reis. Daartoe werden er bussen besteld en de kinderen moesten boterhammen meenemen. Drinken werd ter plekke verstrekt, in de vorm van een glas melk of grenadine. En zo vertrokken we, uitgewuifd door de ouders. Na Haarlem zagen wij het volgende merkwaardige panorama: daar liepen naast elkaar de treinrails, de trekvaart, vervolgens de trambaan en dan de straatweg, die geflankeerd werd door de fietspaden. 'Voor elck wat wils' en ruimte genoeg voor iedereen.
In Artis moesten we bij elkaar blijven en op de aanwijzingen van de meester letten. Wie afdwaalde 'zou de bus missen en door de politie worden thuisgebracht'. Langs de papegaaien en kaketoes schuifelden we naar de kamelen. Bij de ingang hadden we van ons zakgeld kassausjes - pinda's - mogen kopen. Natuurlijk bewaarden wij die zuinig voor de apen, want dáár kwamen we uiteindelijk voor. Uren kon je naar die malle beesten kijken. Hun grimassen, het zwaaien aan touwen en takken, hun tandengeblekker en gegrijns en de grappige plukhandjes, waarmee ze de jongen of elkaar vlooiden. Net mensen, vonden wij, en we lachten en schaterden, en probeerden ze te paaien.
Maar de meester wilde ons ook wat natuurkennis bijbrengen, dus moesten we verder. Langs de wolven, wat roken die vies. Dan de roofvogels, wat hadden die een lelijke rode en kale koppen. In het reptielenhuis was het erg benauwd en vol met enge krokodillen die ons doodstil lagen te beloeren met hun groene gluiperige ogen. De leeuwen en tijgers

waren wel spannend, maar ook weer niet. Ze liepen maar heen en weer, zo zielig achter die dikke tralies. 'Je zuster is zielig', zei Siempie. 'Als die tijgers je te pakken krijgen, vreten ze je levend op.'
Na uren sjokken en kijken mochten we naar de theetuin. Daar stonden lange houten tafels met ijzeren stoeltjes. Dan kwamen de boterhammen uit de zakjes. Sommigen hadden ze niet meer: de olifanten hadden zich die goed laten smaken. Toen de meester floot, vlogen de kinderen naar de speeltuin, de jongens voorop. De schommels waren het eerste bezet en er vormden zich lange rijen wachtenden.
Een groep meisjes was bij een onderwijzeres achtergebleven: 'Juhuf... Mogen we nog naar de pinguïns?' Juf had een goede bui en zo konden we nog even fijn en rustig genieten van die leuke mini-obertjes met hun parmantige loopje. Ook zagen we nog het voeren van de zeeleeuwen en toen was het voorbij. In de bus zongen de jongens: 'En we gaan nog niet naar huis, nog lang niet, nog lang niet...' Ik knikkebolde en in Zandvoort tilde papa mij uit de bus en op zijn fiets.

OORLOG

OP EEN VROEGE ochtend - of was het nog nacht? - werd ik wakker van luide stemmen. De radio stond aan. Ik glipte uit bed. Beneden zaten mijn ouders in hun nachtkleding en ik voelde dat er iets dreigends in de lucht hing. 'Ze hebben het dus tóch gedaan,' zei mijn moeder met trillende stem. Ik keek haar eens aan en zag tranen over haar wangen lopen. Mijn vader zag bleek. Hij sloeg zijn arm om mij heen en zei: 'Het is oorlog.'
Ik begreep het niet goed. De laatste tijd had ik wel over oorlog horen spreken, maar dat was in een ver en vreemd land: Polen. Daar waren heel nare dingen gebeurd, ik herinner me de naam Lemberg. Toen had mijn moeder ook gehuild, van boosheid, zei ze. In de Cineac-bioscoop, met doorlopende nieuws- en tekenfilms, had ik al iets over oorlog

gezien: marcherende soldaten, vreemde voertuigen die ze tanks noemden, grote kanonnen die veel lawaai maakten, vliegtuigen die af en toe naar beneden doken, grote groepen mensen die dan wegrenden...
Ik keek uit het raam. De zon was al op en scheen op de glanzende oranje tulpen. Alles zag er zo vredig uit. Er klonk gekraak uit de luidspreker. De koningin ging spreken en begon met haar specifieke: 'Landgenoten...' Toen ze uitgesproken was, huilde mijn moeder hardop en vloekte, iets wat ik haar nooit had horen doen. Mijn vader zei: 'Hoe moet ik nu naar kantoor? Zouden de treinen rijden?' Een aanzwellend geronk van vliegtuigen kwam naderbij. 'Ze gaan vast de haven van IJmuiden bombarderen', zei papa. In de verte klonken doffe dreunen. Nu was het echt oorlog.

AFRA VAN DEN BERG (1932)

'Ik ben mijn eigen verhalen meer gaan waarderen'

'Ik ben een ellendeschrijfster. Ik heb geen leuk leven gehad en als het leven moeilijk was of ik in een crisis zat, dan schreef ik en schreef ik, hele blocnotes vol. Ik schreef de ellende van me af. Nog niet lang geleden heb ik het meeste weggedaan. Ik vroeg me af: moet ik dát mijn kinderen nalaten? Nee dus. Als ik nu ellende schrijf, scheur ik het daarna kapot. Maar het helpt wel: al schrijvende kom ik tot inzichten. Zo heb ik schrijvend geleerd dat ik in een groot deel van mijn leven altijd maar gaf, nooit iets voor mezelf vroeg en dan toch vaak teleurgesteld was doordat anderen niet zagen wat ik nodig had.
Gelukkig zijn er ook goede tijden geweest: dan schreef ik niet, het ging me te goed. Ik heb veel en hard gewerkt om mijn kinderen een fijne jeugd te geven en tot mooie mensen te maken. Zij hebben mij ook altijd gestimuleerd om te schrijven. Toen ik zeventig werd, verzamelden zij mijn gedichten in een boekje, heel mooi gedrukt en liefdevol vormgegeven. Later ben ik wel gaan schrijven over de mooie momenten in het leven: die bewaar ik nu.
Toen ik op kostschool was, had ik een dagboek. Dat is door de zusters kapot gescheurd. Ik ben toen begonnen in een tweede dagboek waarin ik alleen dingen schreef voor de zusters. Stiekem schreef ik dan ook over andere zaken. Met dat dagboek ben ik, toen ik weer thuis woonde, doorgegaan, maar dat is door mijn moeder verscheurd. Zo gemeen vond ik dat! Daarna heb ik nooit meer in een dagboek geschreven.
Maar ik schreef graag. Ik heb mijn hele leven gedacht: ik kan wel bóeken schrijven... Ik las heel veel, ook kritieken op boeken en dacht dan: wat zal ík eens gaan schrijven? Maar er was een grote onzekerheid, die mij van het schrijven afhield. Het kwam er

nooit van. Ik maakte wel gedichtjes voor familiefeestjes en dergelijke; als er wat geschreven moest worden, deed ik dat.
Ik was dolblij toen de cursus levensverhalen schrijven op mijn pad kwam. Ik ging er met lood in de schoenen heen, want ik dacht dat ik het helemaal niet zou kunnen. Dat viel heel erg mee. Het was heerlijk om te doen, ik verheugde me steeds op de lesdag. Voor mij was het een samenzijn in herkenning. Ik vond het fijn om met anderen te schrijven en elkaars verhalen te horen. Ik luisterde goed en leerde veel van de anderen. Ik weet nog dat we portretten moesten schrijven, aan de hand van foto's. Daar kan ik wat mee, dacht ik toen. Ik heb er later toch niet meer zoveel mee gedaan. Ik vond het heerlijk om herinneringen op te halen. Dat deed ik mijn hele leven al, maar nu kon ik het opschrijven en er meer structuur in aanbrengen, ik verloor mij minder in zijsprongen. Ik schreef vooral over de mooie dingen in mijn leven. Dat deed niet alleen mij goed, maar ook mijn kinderen. Af en toe liet ik hen wat lezen, en dat vonden zij erg leuk.
Voor mij werkte het goed, een cursus. Ik ben het beste als er druk op de ketel is. Er moet een opdracht zijn, anders stel ik het te veel uit. Ik heb de huiswerkklappers bewaard, dingen die ik nog wilde afmaken. Ik ben er nog steeds mee bezig, met het schrijven, maar wel met tussenpozen. Vroeger dacht ik vaak dat ik beroemd zou worden. Nu denk ik: dan mag je wel opschieten. Maar ik wil wel iets nalaten, voor als ik er niet meer ben. Voor wie mij liefheeft blijf ik leven, zal ik niet sterven.
Ik moet wel alle verhalen die ik schrijf uit mijn eigen leven putten. Als ik een herinnering heb, begin ik met het maken van een verslag. Ik kan een aardig verslag maken, ik schrijf het verhaal dan wel tien of twaalf keer. Ik probeer er zoveel mogelijk details in te verwerken, soms te veel. Toch brengen de details de kleur in het verhaal. Dat goed te doseren, moet ik nog beter leren.
Door in een groep te schrijven, ging ik mijn verhalen meer de moeite waard vinden. Anderen bleken het leuk te vinden wat ik schreef, en ik dacht: dan vinden mijn kinderen het ook leuk. Het bezig zijn met mijn eigen levensverhaal heeft me veel gebracht. Ik ben me veel intensiever met mijn verleden gaan bezighouden. Ik vroeg me af hoe het leven was op een bepaalde leeftijd. Ik ging van jaar naar jaar: hoe was het toen precies? Hoe leefden de mensen? Ik kreeg daardoor meer begrip voor hoe het vroeger

ging en kreeg meer aandacht voor dingen die er ook waren, positieve verhalen. Die heb ik ook gevonden: zó erg als ik dacht, was mijn leven nu ook weer niet. Ik leerde de verschillen beter te begrijpen, tussen Noord-Holland, waar we uit een streng calvinistisch dorp kwamen, en het katholieke zuiden in Tilburg en Maastricht. De verschillen tussen dorp en stad. Ik merk hoeveel er veranderd is in al die jaren. En ik zie nu dat ik het allemaal nooit gemist had willen hebben.

Door de cursussen ben ik veel meer gaan schrijven en meer met mijn kinderen gaan praten. Ik schrijf verhalen voor mijn zussen en zeker ook omdat mijn kinderen het leuk vinden. Er is een bal gaan rollen. Het houdt niet op, ik schrijf nog steeds. Het liefste zou ik weer in een groep zijn.'

ALFRA, ALFRA, WAT HEB JIJ GEDAAN?

Het was 4 december en we hadden onze schoen klaargezet. Ik wilde liever niet, want ik wist dat ik niet verdiende iets in mijn schoen te krijgen. Plotseling klonk er gebonk op de achterdeur en meteen kwam er iemand binnen. Het was Sinterklaas, tenminste, dat moesten wij geloven. Ik was tien en had op school gehoord dat je vader en moeder voor de cadeautjes zorgden en dat Sinterklaas helemaal niet bestond. 'Geloof jij dan maar niet', zei moeder. 'Dan zul je het wel ondervinden.' Het klonk dreigend en ik hield me maar gedeisd. En nu dit. Onze kleintjes begonnen luidkeels te zingen en ik deed ijverig mee. Spannend was het. En wat ging die Piet tekeer! In de keuken was het licht uit en wij keken in de kamer angstig naar de deur.

Daar stond Sinterklaas. Ongelooflijk, ik zag een gehaakte beddensprei met hier en daar een dichtgenaaid gat. Op zijn hoofd stond een kartonnen mijter met een kruis van geel papier, hij had een baard van watten - dat zag ik zó - en in zijn hand hield hij een bezemsteel. 'Dat is buurvrouw Aarts!', riep ik, en ik kreeg meteen een boze blik van moeder. De anderen leken het niet in de gaten te hebben, maar ik zocht en zag herkenningspunten. Sint begon te praten, riep de een na de ander bij zich, niet te dichtbij om zelf niet in moeilijkheden te komen. Aan de stem herkende ik de buurvrouw ook, maar ik durfde niets meer te zeggen.

Toen riep ze mij. 'Alfra, Alfra... Wát heb jij gedaan?' Toen wist ik het, het wás buurvrouw Aarts. Alleen zij sprak mijn naam op zo'n lelijke manier uit. Moeder heeft zeker weer met haar gepraat, dacht ik. Hoe kan ze anders weten wat ik gedaan heb? Het ergste was dat ik er al voor gestraft was. Ik vond dat zij zich er niet mee moest bemoeien. Maar ze ging door. 'Op je knieën en vertel!' 'Ik heb een suikerbeestje uit de kast gepakt en opgegeten.' 'Foei! En wat denk jij nu van mij te krijgen?' Heel zacht zei ik: 'Ik weet wie u bent.' Sinterklaas, die wel begreep dat het een verloren zaak was, zette zich schrap. 'Hoe durf je! Ik ben persoonlijk door de

Sint gestuurd. Ik ben Sint-Berb, de broer van Sint-Nicolaas. En vandaag is mijn naamdag, 4 december. Onthoud dat goed!'

Wóedend was ik omdat mijn moeder mij verraden had. Daar kwam nog bij dat ik voor de kleintjes moest doen of ik haar met die achterlijke sprei en kartonnen mijter geloofde. Ik moest spijt betuigen en beterschap beloven.

Mijn broer, ook geen lieverdje, werd nu op het matje geroepen. Hij was twee jaar ouder en geloofde zeker niet. Wim had met een aardappel, door het raam van de overbuurvrouw, precies het Mariabeeld van de console gegooid. Gelukkig was Maria op het echtelijk bed terechtgekomen, maar... de aardappel ook. 'Hoe weet u dat ík dat heb gedaan?' was zijn verweer. 'Iech hub tiech gezeen jong! Zit noe neet te leege', versprak Sinterklaas zich. Nu wisten we het zeker. Moeder werkte Sint-Berb zo snel mogelijk de deur uit en begon maar weer te zingen van: 'Sinterklaas, kapoentje...' De schoenen werden gezet, maar voor mij was het toen écht afgelopen met mijn toch al wankele geloof.

DE PADEN OP

MET HET VERSTRIJKEN van de jaren groeit ons gezin, zoals dat in katholieke gezinnen vanzelfsprekend is. Minstens eenmaal per jaar komt meneer pastoor langs en telt de kinderen. Wanneer er een hiaat zit in de leeftijdsvolgorde, worden de ouders gewezen op de huwelijksplichten. In 1946 is het achtste kind onderweg. Het huis is te klein geworden, een eigen kamer hebben de kinderen al lang niet meer. Vanwege de woningnood bestaat er voorlopig geen kans op een grotere woning en omdat er toch iets geleerd moet worden, gaan de drie oudsten naar het pensionaat. Naar verschillende instellingen, niet bij elkaar. Met de kwetsbare kinderziel wordt geen rekening gehouden, het gaat om de educatie.

Vader heeft een aannemersbedrijf en is in het kader van de wederopbouw verantwoordelijk voor herstel en nieuwbouw

van een sociale-woningwijk in Maastricht. Het huishouden en de kinderen zijn moeders taak en daar heeft ze de handen vol mee. Ik verblijf in een meisjespensionaat een paar dorpen verder, bij de Soeurs de la Providence. Om de vier weken heb ik een weekend vrij en mag ik naar huis.
Hoewel er weinig tijd is om zich met de kinderen bezig te houden gaan we een paar maal per jaar met ons allen de natuur in. Allemaal, behalve moeder. Zij blijft thuis om bij te komen van de alledaagse beslommeringen. Het is altijd op een zondag bij mooi weer. Wij worden rond zes uur gewekt. Eenmaal gewassen en gekleed beginnen we er zin in te krijgen. De kleinste gaat in het karosje; een houten karretje op twee wieltjes, zonder vering maar met een kussentje. Er zit een lange trekstok aan met handvat. De anderen lopen en wisselen elkaar af met het trekken van de kar.
Als we buiten de stad zijn, gebeurt het: opeens hebben we een heel andere vader. Luid zingend houdt hij de pas erin, wijst ons links en rechts op planten en bloemen, de hoogstamboomgaarden, het verschil tussen kersen-, peren- en appelbomen, de crucifixen die we vaak tegenkomen bij splitsingen van de veldwegen. We lopen dwars door dorpen, soms een stukje over de provinciale weg, die nog in slechte staat is vanwege het zware militaire verkeer in de oorlog. We gaan naar Bemelen of Valkenburg via Berg en Terblijt en Vilt, soms via Meerssen en langs de Geul. Een enkele keer gaat de tocht naar Wittem, Sint-Gerardus. We zien de kleurschakeringen tegen de heuvels, de vele vlakken van donkergroen tot zacht goudgeel, en bewonderen de schoonheid van het landschap.
Na uren lopen wordt het tijd voor een pauze. Bij de Geul gaan de sokken en schoenen uit. We zoeken verkoeling in het snelstromende water. Wij, de oudsten, helpen vader, die de tas met proviand eindelijk opent. Vers wittebrood en suiker; geen boter, want dat smelt onderweg. Het lijkt het Laatste Avondmaal wel. Iedereen krijgt een brok brood met suiker en een beker melk, in de Geul uit te spoelen, want we hebben er maar één. Het is een feestmaal. De jongste krijgt een flesje, warm gehouden in een schone luier. De

verzorging van de peuter is mijn taak. Na de maaltijd gaat vader achterover in het gras liggen en mogen wij ons vermaken met pootjebaden, waarbij er altijd wel iemand uitglijdt in het water of op een scherp steentje trapt. Verstoppertje spelen en in de bomen klimmen horen bij het plezier. Zijn we in Bemelen, dan mogen we - niet te ver! - de grotten verkennen.

Dan ineens is het verzamelen geblazen. Als we de boel weer grondig opgeruimd hebben, staan wij weer in het gelid, klaar voor de terugtocht. Inmiddels is het rond twee uur en hebben we nog een hele weg te gaan. De loomheid begint ons parten te spelen. We sjokken over paden en door dorpjes waar mensen voor hun huis op rechte keukenstoelen zitten. Vader neemt een vermoeide kleuter op zijn nek en er wordt wat vaker van passagier gewisseld in het karosje. Hier en daar luidt een kerkklok, voor de vespers. Wij hopen stilletjes dat we te laat thuis zullen zijn om nog naar het lof te gaan. We houden de moed erin, dat zingen we ook. We plukken korenbloemen, kamille en klaprozen. Zuring, daar kun je op kauwen, het smaakt fris.

We kijken heimelijk naar vader wanneer er een ijscoman aankomt. Vragen mag niet, hopen wel. Soms grijpt vader naar zijn portemonnaie en staan we met ons allen om de kar. IJs van vijf, tien of vijftien. 'Groot of klein, ijs is ijs', zegt vader. 'Acht van vijf, als het u belieft.' Dankbaar likkend aan ons ijsje vervolgen wij onze weg. Thuis staat de tobbe al klaar. 'Wat zien júllie eruit...', zucht moeder. Ook haar rustdag is teneinde. En wij, wij slapen goed die nacht.

BOODSCHAPPENDAG

Het is 1951, een zaterdag in het voorjaar. Het meisjespensionaat waar ik verblijf, heeft ons een vrij weekend gegeven. In ons gezin, dat inmiddels bestaat uit vader, moeder en tien kinderen, komt dat goed van pas, want er liggen heel wat klusjes te wachten. Tijdens de maaltijd worden de taken verdeeld. Vader gaat naar de slager. Hij weet zeker dat wanneer hij zelf gaat, er betere vleeswaren geleverd worden. Ik moet thuis moeder helpen. Rietje van twaalf mag naar de stad, en nog wel met een dubbeltje voor de bus. Heen lopen, bij ijzerhandel Boels een blik carboleum halen, tweeëneenhalve liter, en dan terug met de bus. Dat is boffen: lekker lang onderweg, en bij thuiskomst is de boel aan kant. Aatje gaat gerepareerde schoenen ophalen bij de schoenmaker en Herman gaat naar de kapper.

Nellie, onze melkvrouw, is al vroeg gekomen. Ze heeft een paard en wagen en bedient de hele buurt. Aan ons heeft ze een goede klant, tien liter vandaag. Ze schenkt de melk in een roestvrijstalen litermaat en vervolgens in onze grote pan. Er drijft een dikke laag room op, voor de koffie. Maar wij vinden het allemaal erg lekker en het gebeurt maar al te vaak dat een van ons er met de vinger door gaat, zodat moeder later constateert 'dat de melk vandaag wat dunnetjes is'. De melk wordt meteen gekookt omdat ze anders zuur dreigt te worden, wat wel eens gebeurt. Dan wordt er zogenaamde kwark van gemaakt. Maar al gaat er nog zoveel suiker in, wij houden er niet van. Wij gooien geen voedsel weg, want vader zegt: 'In Afrika zouden ze er blij mee zijn...' Waarop de brutaalste zegt: 'Nou, van mij mag u het hen sturen!' Een grote mond blijft nooit ongestraft; de eerste afwasser is genoteerd.

Rond half één gaat de bel, ook de bakker komt met paard en wagen. Moeder komt weldra terug met een mand waarin zes broden en een rol beschuit liggen. Hansje van vier mag de mand terugbrengen. Dat doet hij maar al te graag, want hij krijgt dan altijd een koekje.

De gang moet geschrobd. Moeder klopt de lange loper en ik neem borstel en dweil ter hand. Weer gaat de bel, de groenteman. Met een grote mand ga ik naar de voordeur, het lijstje is bijna elke zaterdag hetzelfde: aardappels, selderijknol, prei, wortels, en in deze tijd van het jaar vijf kilo spinazie. Fruit haalt mijn oudere broer Wim bij boer Starren in Heugem. Wim heeft geen fiets en het is wel een half uur lopen, dus die zien we voorlopig ook niet terug. Dat is nog

niet zo gek, want zodra hij weer in het vizier is, volgt meteen een andere opdracht - zo gaat dat bij ons. Tegen vier uur is alles keurig schoon, zelfs het koper is gepoetst. 'Ach Tonnie, ga jij even naar Sondeyker, de vermicelli is bijna op.' Tonnie wil wel, want zo kun je even weg zijn, de straat op. De winkel van Sondeyker ligt om de hoek. Het is een zaak met allemaal houten schappen met vakken waarin de grutterswaren bewaard worden, die per ons verkocht worden, in puntzakjes. Dan wordt er thee gezet en is er even rust.
Plotseling klinkt er een schel geluid door het hele huis: de telefoon. Deze hangt in het kantoor, maar om niets te missen heeft vader een extra bel laten installeren. Horen en zien vergaat je, we schrikken allemaal. Vader is in het kantoor en neemt op. Tot ver in huis kunnen we woordelijk volgen wat hij zegt. Vader leeft in de veronderstelling dat hij zijn volume flink moet opvoeren, wil men hem aan de andere kant van de lijn kunnen verstaan. Eerst horen we zijn naam en dan: 'Waar...? De passerelle, de nieuwe brug? Ik kom eraan.' Boos rent hij de trap af, loopt in één ruk door naar de werkplaats, springt op zijn fiets en is weg. Geen van ons durft te vragen wat er aan de hand is, want aan de toon en de manier waarop begrijpen we dat er iets heel erg mis is.
Na ongeveer een kwartier komt hij weer thuis, met mijn zus Rietje. Moeder krijgt zowat een appelflauwte. Rietjes jurk, kousen, schoenen en handen, ja zelfs haar haren en gezicht, zitten onder de druipende, stinkende carboleum. 'Stond bij de passerelle te huilen', zegt vader. Tegen het brokje wanhoop op het tuinpad: 'Vertel jij nu maar wat er gebeurd is.' 'Eerst een teil water', zegt moeder, die de vieze boel van Rietjes lijf trekt. Tegen ons: 'Groene zeep en soda. Hoe krijg ik het allemaal weer schoon? Totaal bedorven, alles! Dat gaat er nooit meeruit.' Het huilen staat haar nader dan het lachen, maar hoewel wij heen en weer rennen om haar alles te brengen, kunnen we er toch niet omheen: het is lachwekkend.
Met horten en stoten komt Rietjes verhaal: 'Ik liep naar de stad en dacht: als ik nu ook terugloop, heb ik een dubbeltje over. Nou toen ben ik naar Jamin gegaan en heb daar een

zakje snoep gekocht. Maar het blik carboleum was zwaarder dan ik dacht... Over de nieuwe brug ben ik toen teruggelopen en dat gaat tóch bergaf, dus daar liet ik het blik naar beneden rollen. Het raakte een beetje lek, en ik hield mijn vinger op het gat, maar mijn jurk werd wel vies. Toen ik het daarna weer oppakte waren er nog meer lekken en op de trappen lag overal van dat vieze spul. Toen begon ik te huilen en een meneer vroeg waar ik woonde. Hij zou vader wel bellen, want het was onverantwoord, zei hij.' Nou, dat laatste doet de deur dicht. Vader is woedend. 'Nog geen boodschap kun je aan haar overlaten...!' Hij springt op zijn fiets en gaat zelf een nieuw blik halen.

Moeder is overstuur, het jurkje is niet meer te redden en Rietje wordt degelijk maar nogal hardhandig schoongeboend. Daarna wordt ze naar boven gestuurd om na te denken over geld versnoepen dat voor de bus bestemd is. Weldra is de boel weer opgeruimd en kan onze zaterdagavond beginnen. Na het eten worden halma en mens-erger-je-niet tevoorschijn gehaald, maar de sfeer blijft toch enigszins bedorven. Moeder geeft de meneer gelijk die zei dat het onverantwoord was en vader blijft een beetje knorrig. Een nieuw blik, een boze vrouw, bedorven kleding en dan ook nog de schuld krijgen, het is hem allemaal te veel. Hij neemt Wim mee naar het kantoor voor een potje schaak. Ook wij krijgen de stemming er niet helemaal in, en een voor een vertrekken we naar boven. Morgen is het zondag. Een boodschap doen in de stad is voor Rietje voorlopig uitgesloten.

OVER DE GRENS

'Kijk toch eens: de vitrage is tot op de draad versleten...' Moeder laat voorzichtig de dunne stof door haar handen glijden en overal zijn scheurtjes te zien. 'Als ik er een naald insteek komt er meteen een gaatje bij,' zucht ze. Het is een wekelijkse klacht. Telkens als ze de ramen gedaan heeft en de vitrage op de roede in de daarvoor bestemde haakjes wil hangen, ergert zij zich aan de 'lorren'. De oorlog is al geruime tijd voorbij, maar textiel is nog op de bon. Vitrage wordt beschouwd als een luxeartikel en is nergens te krijgen. 'In Luik is er wel aan te komen,' zegt vader.

Een van zijn werknemers, die in Eijsden woont, gaat regelmatig de grens over en smokkelt met veel plezier alles waar hier een gebrek aan is. Hij vertelt er graag over wanneer hij met een kop koffie in onze grote keuken zit, en wij kinderen hangen aan zijn lippen. Moeder houdt niet van die verhalen, ze vindt ze niet goed voor ons en bovendien 'schromelijk overdreven'. Zo nu en dan zien we haar toch glimlachen en wij verbinden daar de conclusie aan dat het heus zo erg niet is. Wel spannend. Moeder vindt smokkelen crimineel en laat dit duidelijk merken.

Maar nu is de maat vol, vader heeft het feilloos aangevoeld. 'Zal ik dan toch maar naar Luik gaan? Volgens Martin is daar vitrage te koop, zoveel je maar wilt.' 'Nee, Sjoerd! Wil jij nu ook al beginnen met die stiekeme praktijken?' Met een klap komt haar koffiekopje op het schoteltje terecht en ik stoot mijn broer Wim aan. Hij knijpt zijn ogen samen en tuit zijn lippen. 'Goed voorbeeld voor je kinderen...', zegt moeder. Maar vader, die het gezeur over de vitrage moe is, gooit er nog een schepje bovenop: 'Ik heb francs en met de trein ben ik zo in Luik. De controle aan de grens stelt niet veel voor en dan heb jij tenminste je gordijnen.' 'Vitrage', verbetert moeder. 'Volgens Martin spreken ze daar alleen Frans en dat wil ik van jou nog wel eens horen!' 'Afra heeft Franse les', zegt vader. 'Haar neem ik dan mee.' Ik schrik me wezenloos. Hoewel een uitstapje naar België me wel wat lijkt, weet ik dat ik met één jaar Franse les nog maar weinig zinnetjes kan maken. Zo vlijtig was ik nu ook weer niet op school. Met het vooruitzicht van keurige vitrage voor de ramen zie ik moeder twijfelen en na enige tijd zegt ze: 'Nou ja, vooruit. Als je maar uitkijkt.'

Op zondagmorgen zit ik met vader in de trein naar Luik. Ik ben trots op hem in zijn mooie kostuum en zijn zondagse schoenen. Zelf heb ik mijn zwarte mantel aan, die tante Mia van een jas van moeder maakte. Een mooie baret, de

naden doorgestikt met rode zijde, completeert het geheel. Kijkend naar mezelf in de weerspiegeling van het coupéraampje, ben ik redelijk tevreden. Redelijk, want in stilte oefen ik mijn laatste Franse lesjes.
Plotseling komen er twee geüniformeerde heren de coupé in. Vader moet meekomen en ik wacht gespannen af. Zou hij gefouilleerd worden? Na enige tijd zie ik vader weer binnenkomen en nerveus vraag ik: 'Hebben ze u gepikt, vader?' Oei, aan de uitdrukking op zijn gezicht zie ik dat dit helemaal fout is. Er wordt geen woord meer gesproken tot we in Luik zijn. Daar, eenmaal uit de trein, schiet vaderuit zijn slof. ' "Hebben ze u gepikt, vader?" Hoe kun je zo stom zijn…?' Het lijkt me wijs om hierop geen antwoord te geven. Ik heb een slechte beurt gemaakt.
Met behulp van een stratenkaart lopen we rechtstreeks naar een winkel die volgepropt is met allerlei rollen en soorten vitrage. Ik ben al blij dat ik niet duidelijk hoef te maken waarvoor we komen en kijk mijn ogen uit. 'Kies jij maar', zegt vader. Samen gaan we langs de rijen en onze keuze valt op vitrage met een gerimpeld strookje, ertussen een rood opengewerkt randje. Het ziet er fleurig uit en het zal onze huiskamer opvrolijken. Bij het afrekenen probeer ik zenuwachtig te vertalen wat de mevrouw achter de toonbank zegt, maar het gaat te vlug. Met behulp van potlood en papier weet vader zich te redden en even later staan we met een hele rol vitrage buiten. 'Aan jou heb ik ook niets,' zegt vader.
Dan gaan we ergens een hapje eten. Daarna gaat vader naar de wc en neemt de rol mee. Om even later zonder terug te komen. Ik kijk hem verbaasd aan. 'Mond dicht', zegt vader en we gaan naar buiten. We lopen terug naar het station en weldra zitten we weer in de trein naar huis. De terugreis verloopt zonder problemen, hoewel ik me zorgen maak. Want waar is de vitrage gebleven? Eenmaal thuis wordt het geheim onthuld. Vader doet zijn jas en colbert uit: daar is de vitrage, helemaal om zijn middel gewikkeld. Het is een komisch gezicht, die strookjes, het lijkt of hij een rokje van tule aanheeft. We durven niet hardop te lachen. Moeder keurt de stof. 'Het is keukenvitrage', zegt ze. Vader is een

beetje gepikeerd. 'Dan had je zelf mee moeten gaan, aan je dochter heb ik niets gehad.'

En jawel hoor, daar komt het hele verhaal over de controle in de trein en mijn reactie. Over de francs die hij in de manchetten van zijn overhemd verstopt had en die niet waren gevonden. Hiervan wist ik niets en hoewel ik boos ben omdat ik uitgelachen word, bewonder ik mijn vader heimelijk: een echte smokkelaar. Smokkelen is echter voor eens en voor altijd afgelopen en aan mijn Frans moet nog enkele jaren gesleuteld worden. De vitrage hangt een paar jaar in de huiskamer en verhuist dan naar de keuken waar ze volgens moeder thuishoort. 'Hebben ze u gepikt, vader?', zal ik nog jaren horen.

ERFZONDE

Het is 15 juni 1958. In mijn slaapkamer staat naast mijn bed een met roze tule en zijde beklede wieg. Daarin ligt mijn eerste kindje, een dochter. Nooit gedacht dat ik zo gelukkig kon zijn. Het is de negende dag van mijn kraamtijd en mijn vader is zojuist vertrokken, na zich ervan overtuigd te hebben dat ik het sluitlaken, een stevige lap, strak om mijn buik gewikkeld heb. 'Dat heb ik moeder ook altijd laten doen. En je ziet wat voor een figuurtje ze nog heeft, en dat na twaalf kinderen!' Jazeker, ik heb zijn raad opgevolgd, meer tot eer en glorie van hem dan voor mijzelf. Zo lekker voelt dat niet, maar gezeten op mijn roze wolk van geluk wil ik wel álles doen.

De buurvrouw komt vertellen dat ik morgen de kerkgang moet doen. 'Dat is hier de gewoonte,' zegt ze, 'je mag je kindje meenemen, maar dat hoeft niet.' Nu heb ik er wel over gehoord en ik ben tot veel bereid. Maar dat ik, omdat ik een kind heb gebaard, mezelf en ook de baby heb belast met de erfzonde, waarvoor ik dan weer vergiffenis moet vragen voordat ik het kind aan Maria mag opdragen, dat gaat mij te ver. Mijn bezorgde buurvrouw, altijd op de eerste rij in de kerk, stelt voor om met me mee te gaan. 'Ik ben

tenslotte al driemaal geweest. Ik kom je wel halen.' Dat komt mij helemaal niet goed uit en ik zeg vriendelijk: 'Weet je wat? Zorg jij voor een kopje koffie als ik terugkom, dan ga ik met de baby.'
Het is een prachtige junidag en ik ben vroeg uit de veren en heb mijn kindje verzorgd. Als ze heerlijk in de mooie nieuwe kinderwagen ligt, gaan we. Dit is het moment waarop ik voor het eerst, met kersverse dochter, spijbel. Overlopend van dankbaarheid, trots en liefde wandel ik met haar langs de kerk, door het veld en weer terug naar huis. Zoveel geluk, zo'n meisje en zulk mooi weer. Niks erfzonde!

MARIA PEERBOOM (1939)

'Voor het eerst in mijn leven had ik een hele dag voor mijzelf'

'Ik las destijds een stukje in de krant over een spotgoedkope cursus voor het schrijven van levensverhalen. Dat leek me wel wat, ik wilde graag iets leren en schreef wel eens over iets dat gebeurd was. Ik was niet per se op zoek naar mijn eigen levensverhaal, ik wilde eenvoudigweg iets doen op maandag. Ik was 49 en je moest vijftig jaar zijn om mee te kunnen doen. Maar ik wilde zo graag meedoen, dat ik heb gezegd dat ik vijftig was.
Het waren de mooiste jaren van mijn leven: voor het eerst in mijn leven had ik een hele dag voor mijzelf. Ik voelde me net de koningin. 's Ochtends fietste ik naar Maastricht om daar lekker te gaan schrijven, en ik ging weer naar huis met meer moois in het vooruitzicht. 's Middags zat ik hier in het dorp met twaalf andere vrouwen aan een lange tafel te breien en verhalen te vertellen en 's avonds ging ik naar gym. In die tijd mocht je nog niet gaan werken. De mannen wilden dat niet; zij moesten voor het inkomen zorgen. Dus ik zat hier ver weg van de wereld, met drie kinderen; er kwam soms op een hele dag nog geen auto langs. Ik móest naar buiten.
Ook vroeger schreef ik verhalen over wat er gebeurd was. En ik maakte albums met foto's en verhalen. Voor alle kinderen, en nu ook de kleinkinderen, heb ik boeken gemaakt. Ik maakte dagboeknotities, maar dat verscheurde ik altijd weer. We hadden vroeger thuis geen eigen plek en zo'n dagboek was niet veilig. Ik weet nog dat ik in een tafel een enkele lade had, die je kon afsluiten met een sleutel. De enige plek van mijzelf was die ene la. Toch kwamen de jongens erin, ze tilden gewoon de la die erboven zat eruit. Niets was veilig. We waren vroeger met acht kinderen, het was een indianenhuishouden, er gebeurde veel. En in die tijd dacht men nog niet over privacy zoals nu.

Ik vond het wel interessant om in de cursus terug te kijken naar mijn eigen levensverhaal. Er kwamen vergeten herinneringen boven, bijvoorbeeld door te schrijven over foto's. Dat ik vroeger koffie maakte voor mijn moeder als die boodschappen ging doen. Ik was nog klein en hoorde pas later van mijn moeder hoe vies die koffie was. Ook wist ik weer hoe ik uit de school gehouden werd op maandag wasdag, dan moest ik helpen. En ik beleefde weer hoe ik op amper vijftienjarige leeftijd thuis moest blijven toen mijn moeder stierf, om voor het gezin te zorgen, en dat ik dan soms de hele dag zat te lezen. Het huishouden deed ik snel tussendoor.

Als ik daar nog op terugkijk en zie wat we toen allemaal deden... Je moest bijvoorbeeld op zaterdag poetsen, omdat het huis op zondag schoon hoorde te zijn. Een vrouw die op donderdag poetste, werd door iedereen veroordeeld, ook door mij. Dat kon absoluut niet. We poetsten de blankhouten stoelen met Vim; alles schuurden we. De tafel ook, we hadden helemaal niet in de gaten dat alle naden rot werden door dat vele poetsen. Ik was gedwongen terechtgekomen in deze situatie en vervolgens ben ik getrouwd om daaruit weg te zijn. Toen ik getrouwd was, hoefde ik er niet meer voor iedereen altijd te zijn.

In de cursus was ik met mezelf bezig: ik blikte terug op mijn leven en dat vond ik fijn. Ik was nog nooit met mezelf bezig geweest. Ik vond het allemaal even leuk, ik genoot. Mijn man bouwde voor mij in huis een piepklein kantoortje om te kunnen schrijven. In de ruimte tussen de voordeur van het huis en de kamer, een ruimte die wij nooit gebruikten, want iedereen kwam altijd achterom. Hij hing een werkblad op, er kwam verwarming, een lampje - geweldig. Hij vond dat schrijven wel leuk, maar was er toch ook niet echt heel blij mee. Mijn man was oerdegelijk; er mochten geen dingen naar buiten komen die te privé waren. Daar paste ik zelf trouwens ook voor op, want ik wilde niet dat hij al mijn verhalen las. Zo schreef ik bij het thema verliefdheid over verliefd zijn op het oude huis. Ik wist genoeg andere verhalen te vertellen, maar die wilde ik voor mezelf houden. Ik durfde het ook niet, de tijd is wat dat betreft nu heel anders dan vroeger.

Door het schrijven ontwikkelde ik een soort trots; ik deed het toch maar. De stukjes stuurde ik naar *Margriet*, en soms werd er een geplaatst in de rubriek Goud voor uw Brief. Dat deed mij goed. Ik schrijf nu nog steeds, meestal 's avonds. Maar de volgende ochtend verscheur ik het weer. Nu heb ik de spullen van de cursussen hier weer liggen, en wil ik alles herlezen. In de tijd tussen toen en nu heb ik er weinig mee gedaan. In die zeventien jaar heb ik de verhalen en gedichten nog maar eenmaal ingekeken.'

WEG MET: MAANDAG, WASDAG!

De was deed je vroeger op maandag. Als oudste van acht kinderen werd ik 's maandags van school thuis gehouden, omdat ik moeder en oma moest helpen met de was. De was die op zondagavond in een grote ketel met sodawater op de Brabantse kachel in de week werd gezet. De was die op maandagmorgen door mijn oma uit het weekwater werd gehaald en die door mijn moeder op een schrobbord schoongewreven werd. Dan kwam ik aan de beurt. Knielend op het laagste trapje bij de beek die langs ons huis liep, haalde ik de was door het stromende water. Dreef er eens een stuk wasgoed weg, dan was dat een drama. Zo waren wij, de drie generaties, heel hard bezig. Zo moest het, altijd op maandag, en zo deden wij het ook. Toen ik zelf een gezin kreeg, deed ik wat me met de paplepel was ingegoten. 's Maandags hing mijn was mooi aan de lijn, met alle zelfkanten boven en de sokken netjes gesorteerd op kleur en maat. Tot er op maandagmiddag een breiclubje kwam en ik razend trots aan een trui begon. Daarna volgde er een cursus levensverhalen schrijven... Als ik nu op maandag van mijn ene cursus naar de volgende fiets, heb ik het gevoel dat ik zweef. Maandag, wasdag? Ben je gek! Maandag is feestdag geworden.

MENSTRUATIE

Wat een gedoe, eerst de zorg eer je zover bent en later opnieuw de zorg om er weer vanaf te komen. Zelf was ik een laatbloeier, veertien was ik en ik werd al maandenlang in de gaten gehouden. Na een dag op bezoek bij een tante kreeg ik een briefje mee naar huis. Of ma eens wilde kijken wat er aan de hand was, want ik was volgens tante wel zesmaal naar de wc geweest.
Als kind vond ik het enige positieve aan die menstruatie dat ik op maandag - want dan kwam het altijd - niet met

mijn handen in het koude water hoefde om de was te spoelen. Soms werd ik zelfs in het 'grote' bed gestopt met een aspirientje en een beker warme melk. Dan sliep ik een uurtje, werd wakker en spuugde spontaan in de gereedstaande emmer. Maar het einde van buikpijn was meteen ook het einde van de verwennerij, en dan moest ik tenminste weer een maand wachten op enige vorm van tederheid.

Voor mijn moeder was het ook niet gemakkelijk. In die tijd spraken wij niet over zulke zaken, daar had zij met haar grote gezin geen tijd voor. Of wist zij zich misschien ook geen houding te geven? Nu ben ik zelf ook geen voorstander van alles maar aan de grote klok hangen. Maar ik ben blij dat het taboe doorbroken is en we er nu normaal over kunnen spreken. Toch was het best interessant vroeger, als we in onze geheimtaal konden zeggen: 'Nee hoor, ik kan niet mee. Ik heb luduvudu.'

DE EERSTE KLAS

DAAR GING IK dan. Voor het eerst naar de grote school, klein en tenger, nauwelijks zes jaar. Wat was ik trots, nu ging ik echt leren schrijven. Leergierig als ik was, werd het - met uitzondering van de tweede klas - een heerlijke tijd. Het grote leslokaal met de hoge ramen en de bruingeverfde houten vloer rook naar boeken en inkt. De eerste letters schreven we met een geel potlood, waaraan de juf een mooie scherpe punt geslepen had. Op haar hoge lessenaar stond een puntenslijper waaraan je kon draaien, het slijpsel verzamelde zich in een glazen bak. Hierin lagen ook de afgebroken punten van de kleurpotloden. Ik spaarde ze en deed ze in een glazen flesje; dit bewaarde ik als een grote schat.

Toen het schooljaar vorderde, kregen we de eerste kroontjespen. De inktpotjes met schuifdeksel op onze lessenaars werden gevuld uit een literfles zwarte inkt. O wee, als je pen op de grond viel en er een puntje aan verbogen was. Je kreeg dan een nieuwe, maar eerst probeerde je de pen recht te buigen, stiekem, zodat de juf het niet zag. Ik had dan wel een inktlap die mijn moeder maakte door lapjes stof op elkaar te naaien, soms met een felgekleurde knoop in het midden, maar toch zaten mijn handen en kleren vaak vol inkt.

Mijn grote droom, een heuse vulpen, ging later in vervulling. Ik was twaalf en we vierden het Sinterklaasfeest. Tegelijk kreeg ik een nieuw zusje. Gelukkig heeft niemand ooit gevraagd wat ik het fijnste vond, want ik zou het antwoord niet geweten hebben.

SPINAZIE

DE EERSTE TIJD na moeders dood kookte vader voor ons. Hij had nog nooit in een keuken gestaan, nooit een aardappel geschild. Zo zaten we na lang wachten dan toch gezamenlijk aan tafel. Spinazie stond er op het menu. Spinazie uit eigen tuin. Wij wilden, zo klein als we waren, laten merken dat we bewondering hadden voor de kookkunst van pa. We kokhalsden geluidloos en zonder met de ogen te knipperen. Tot pa zelf zijn bord naar achteren schoof en zei: 'Volgens mij heb ik me vergist - in spinazie hoort geen kaneel... Het zal wel nootmuskaat moeten zijn.'

MIJN BEROEP? HUISVROUW

DE SCHOOL VOND ik prachtig, ik was leergierig en kwam er graag. In de zesde klas, ik was de jongste van de klas, liet ik me thuis ompraten om niet verder te studeren. Ik vond het wel zo gemakkelijk en ik ging naar de huishoudschool, voor mij een lachertje met de negens en tienen op mijn rapport. Daarna zat ik in de naaiklas. Ik was inmiddels vijftien en bezig aan een jas voor mezelf: patroontekenen, knippen, lussen en rijgen.

Toen sloeg het noodlot toe: mijn moeder kreeg een hersenbloeding. Van de ene op de andere dag werd ik huisvrouw in ons gezin met acht kinderen. De jongste was drie maanden, we gaven hem aan een tante. Daar zat ik thuis. Beroep? Huisvrouw!

Als ze allemaal de deur uit waren, nam ik een dik bibliotheekboek en vergat alles en iedereen. Toch zijn we allemaal 'groot' geworden, al bestond er nog geen gezinshulp in die tijd. Met mijn beroep ging het steeds beter, en nu kan ik vrijwel alles zelf. Ik ontwerp en naai de kleren. Ik verbouw groenten en fruit, maak jam en wijn, zelfs yoghurt, kwark en een enkele keer een echte bewaarkaas. Met trots zeg ik nu: 'Mijn beroep? Huisvrouw!'

AB KUGEL-BRONGERSMA (1923)

'Er komen steeds herinneringen bij'

'Als kind schreef ik heel graag. Op de middelbare school vond ik de opstellen leuk, maar toch schreef ik vooral veel brieven. Mijn vader stierf toen ik zes jaar was. Mijn moeder moest toen voor ons drieën de kost verdienen, want behalve een levensverzekering was er niets, er waren nog geen sociale voorzieningen. Gelukkig was moeder creatief, ze roeide met de riemen die ze had. Zij overleed toen ik vijftien was.
Ik verhuisde daarop van een klein Fries dorp naar Den Haag, waar ik woonde bij twee tantes, die wat buiten de wereld leefden. Ik heb er geen goede herinneringen aan. Ik was vrij opgevoed in een drukke huishouding, waar iedereen welkom was. Maar bij de tantes kwam zelden bezoek en ik voelde me een indringer. Zo werd ik ook wel behandeld, ze waren geen jonge mensen gewend. Ik zat daar vier jaar op de middelbare school. De leraressen op school en de ouders van mijn vriendinnen waren echt aardig voor mij, maar ik had vreselijk veel heimwee naar mijn vriendjes en vriendinnetjes en de kennissen van mijn ouders. Aan hen schreef ik brieven.
Toen ik klaar was met school, heb ik de Haagse periode afgesloten en losgelaten. Ik wilde er niets meer mee. Daar heb ik nu wel eens spijt van, vooral om de mensen die me hielpen. Ik ging naar het Diaconessenhuis in Groningen om als verpleegster te werken. Ik woonde ook in het ziekenhuis, sliep er en at er, ik verdiende twintig gulden per maand. De opleiding heb ik niet kunnen afmaken, want ik kreeg na twee jaar hepatitis, die steeds weer de kop opstak. Daarmee kun je niet in een ziekenhuis werken. Ik werd ontslagen en ik stond zomaar op straat; ik had niks en niemand. Eigenlijk is dat nu onvoorstelbaar, want het was een christelijk ziekenhuis. Ik sliep in het bed van een vriendin die

nachtdienst had en ik kreeg eten van vrienden. Daarna had ik een baantje dat voortkwam uit het werk van de ondergrondse in de oorlog, bij dagblad *De Waarheid* in Meppel. Dat liep uit de hand en ik ben ermee opgehouden.

Ik kende mijn man toen al, die lag in Utrecht in het ziekenhuis. Ik zocht daar een baan en kwam terecht bij het Bureau voor Meisjes, een instelling die bemiddelde voor meisjes die voor het eerst in de grote stad kwamen. Ze zorgden voor een veilige slaapplaats en werk bij een oude mevrouw of iets dergelijks. Ik werd in liefde ontvangen bij de familie Koningsberger. Bij hen heb ik in de huishouding gewerkt, aan de Nieuwe Gracht bij de Hortus. Vanuit hun huis ben ik getrouwd. Ik woonde met mijn man een jaar in de woning van een kunstschilder die op reis was. Daarna in een gedeelte van een bovenwoning, op twee kamertjes, terwijl we al een kind hadden en het tweede op komst was. Ik had in die tijd een abonnement voor het zwembad en was daar de hele dag, zodat ik steeds pas laat de twee trappen in de Kanaalstraat op hoefde.

Daarna kwamen we in dit huis terecht, waar we nu al zo'n 57 jaar wonen. We konden hier komen omdat we de inboedel van de bewoners overnamen, die naar Australië emigreerden. Die inboedel stelde niet veel voor; eigenlijk betaalden wij de overtocht voor die mensen. Tien jaar geleden hebben we dit huis kunnen kopen. We hebben een vrij uitzicht, mijn man is erg verknocht aan dit huis. In het begin heb ik wel erg moeten wennen aan de buurt: de kinderen moesten dwars door de betonbuurt naar de bushalte en naar school, langs mensen die op straat leefden met een krat bier en de schemerlamp naast de voordeur. Ik kreeg zeven kinderen en kwam lang aan veel dingen niet toe. Wel schreef ik brieven, als iedereen naar bed was. 's Nachts deed ik de klussen die overdag bleven liggen.

Rond mijn zeventigste begon ik terug te kijken op mijn leven. Ik realiseerde me dat ik veel heb meegemaakt: het verlies van mijn ouders, de oorlog, de eerste auto's... Er is niets gebleven van het leven met mijn ouders, ik heb er niets aan overgehouden, met de erfenis is het misgegaan. Van alle sieraden en het tafelzilver, van al die spullen heb ik nooit iets gekregen. Ik ontdekte dat door een telefoontje dat ik eens kreeg van een veilingmeester, die me in vertrouwen vertelde dat hij een smoking en andere kledingstukken aangeboden had gekregen waarin de naam van mijn vader stond. Zo kwam ik er achter dat iemand anders blijkbaar alle spullen had ingepikt en verkocht. Een schilderijtje dat bij ons thuis hing, heb ik teruggekocht. Zo zijn de dingen waaraan ik herinneringen had kunnen hebben, me ontnomen. Terwijl ik er zoveel behoefte aan had om iets eigens te hebben. Ik heb er nooit over gesproken. Ik wilde er geen ruzie over krijgen en heb het maar zo gelaten.

Maar ik wilde graag herinneringen ophalen, daarom heb ik mij voor de cursus aangemeld. Het leek me goed om er in een cursus mee bezig te zijn, het zou me helpen om ook echt dingen op te schrijven. Inmiddels heb ik vijf cursussen gevolgd. Ik vond het heel leuk, meteen al, om me de dingen van vroeger te herinneren. Een meubelstuk, een kledingstuk... het maakte zoveel los en ik vond zoveel terug! Ik herinnerde me de meubels, plaatste ze in gedachten weer in de kamer van vroeger: het bureautje stond daar en de canapé daar... Ik zag de kamer weer voor me, en ik zag mezelf op die canapé een boek lezen en stiekem luisteren naar de gesprekken van mijn moeder.

Ik bekeek oude foto's opnieuw en ontdekte dat ik me ontzettend veel kon herinneren, ook gevoelens. Een kledingoefening bracht me naar de padvinderij: de jurk met twee plooien en een klikriem. Het ging nooit alleen over dat ene onderwerp, er kwam veel meer boven. De herinneringen groeiden als het ware, ik rolde van het een in het ander. Ik stelde mezelf allerlei vragen: hoe zat dat toen precies? In 1936 kreeg ik bijvoorbeeld als een van de eerste kinderen een trainingspak. In die tijd droegen meisjes nooit een lange broek en niemand liep in trainingspak. Ik mocht er ook niet mee naar school, het was alleen voor de vrije tijd. Op een foto zie je de lubberende knieën in de broek.

Een andere herinnering is dat er gehooid werd. Wij kinderen rollebolden in het hooi en moeder kwam dan met kannen rabarberlimonade naar het veld. Ik herinner me de warmte, niet alleen van de zon, maar ook van de mensen, van het gezamenlijk klaren van de klus. Het gevoel erbij te horen, er te mogen zijn. Een leven in veilige beslotenheid. Iedereen kende mij daar, ik was er thuis.

Mijn vader had een fouragebedrijf in hooi, wol en veevoeder. Toen hij overleed, probeerde mijn moeder het bedrijf voort te zetten. Maar dat lukte niet, want de boeren wilden geen advies van haar. Ze verkocht het bedrijf daarom en begon een pension voor leraressen, die bij ons in huis woonden.

Door het schrijven in de cursussen realiseerde ik me pas dat ik vroeger bevoorrecht was. Ik mocht creatief zijn als kind, ik mocht spelen zoveel als ik wilde. Veel kinderen hadden dat niet, die moesten vooral werken en ze leerden dan ook niet te spelen. Wij hadden een immens grote tuin waarin een zomerhuisje stond. Daar schonk ik thee met mijn theeserviesje. We hadden een hond, katten, duiven, kippen, koeien, paarden, cavia's en konijnen. We hadden alles.

Mijn moeder was heel sociaal. Als mensen het niet goed hadden, moest ik hen een pannetje soep brengen, en ik zat dan met de kinderen te spelen. Ik herinner me dat er aan het einde van een steeg een huisje was met een beneden- en een bovenkamer: één om te wonen en één om te slapen. Midden op tafel stond een pan aardappelen, waar iedereen met zijn vork in prikte. Ik was stomverbaasd. Als ik weer thuiskwam, legde mijn moeder me uit hoe het zat, en zo leerde ik ook spelenderwijs speelgoed van mijzelf uit te zoeken voor de kinderen van dat gezin.

In de zomer van 2000 was ik terug in mijn vroegere dorp. We logeerden bij een nichtje van mijn man. Zelfs toen werd ik nog herkend en ook toen kwamen er veel herinneringen boven. Het deed me goed, ik merkte dat ik vroeger in het dorp iemand wás. Vroeger dacht ik dat er geen standsverschil was, maar dat was er natuurlijk wel. Wij tennisten en reden paard; er waren grote verschillen. En er waren ook dingen die niet zo leuk waren. Het was crisistijd en mijn moeder verdeelde zich tussen de inwoners van het dorp en het gezin. Zij maakte bijvoorbeeld tegen betaling maaltijden voor kinderen, we zaten vaak met wel twintig personen aan tafel. Ze had weinig tijd voor ons. Wij leefden in een bepaalde luxe en de anderen waren erg arm. Ik denk dat ik toen al vereenzaamde. Er was ook jaloezie tussen mijn zus en mij en andersom. Maar daarover heb ik nooit geschreven, dat wilde ik niet.

Ik heb nu kinderen, kleinkinderen en achterkleinkinderen. Als ik hen zie, bedenk ik hoe het was in mijn eigen leven. Ik was woordblind, in sterke mate. Ik had niet alleen moeite met letters en woorden, maar kon ook geen cijfers en noten lezen of landkaarten begrijpen. In die tijd wist men er nog niets van. Ik begreep alles wel, maar ik kon dat niet uitdrukken. Op school werd ik uitgemaakt voor dom en lui, ik had altijd slechte punten voor vlijt en gedrag. Dat is heel ingrijpend. Het geeft een enorm gevoel van onmacht. Mijn moeder speelde veel met mij, met letters, om te leren woorden te maken. Toen ik begreep dat de woorden ook een verhaal konden maken, raakte ik echt gemotiveerd en ging het beter.

Schrijven vond ik erg moeilijk. Door mijn woordblindheid was ik erg onzeker geworden. Toch schreef ik wel; in mijn ziekenhuisperiode maakte ik bijvoorbeeld een krantje voor een "patiënt" die eigenlijk een onderduiker was. Ik schreef dan in een schrift al het ziekenhuisnieuws, vermengd met veel fantasie; de blaadjes had ik in kolommen verdeeld. Het was óns weekblad, we schreven het wel een jaar lang. In diezelfde tijd schreef ik met een collega die in de problemen zat verhalen over hoe het later zou zijn als wij oud waren.

Ik schreef met grote hanenpoten. En nu nog vraag ik altijd iemand om de tekst te corrigeren. Ook tijdens de cursus schreef ik met hanenpoten. Ik had mijn probleem van tevoren besproken, want ik wilde liever mijn teksten niet inleveren. Dat hoefde niet. In de cursus las ik mijn verhalen voor en als ik verhalen moest geven voor een verzamelboekje, corrigeerde mijn man ze. Meedoen in de cursussen vond ik niet gemakkelijk. Ik heb er altijd moeite mee om in een groep te zijn. Ik heb de neiging om buiten de groep te blijven, ben meer een "alleenganger" dan een groepsmens.

Nu ik oud ben, moet ik ervoor vechten om onafhankelijk en zelfstandig te blijven. Mijn lijf wil niet meer zo en ik kan niet meer wat ik altijd gekund heb. Ik heb een auto-immuunziekte, ik ben altijd moe. Ik heb het eigenlijk nooit geleerd, om mijn verwachtingen aan te passen aan mijn mogelijkheden. Je wilt nog een heleboel, en in je gedachten kun je het ook allemaal. Toch wordt dat steeds moeilijker. Een zak gemengde drop kopen is al een hele klus. Hoe kom ik bij een winkel als ik niet kan lopen? Dan moet ik een taxi bestellen om drop uit de aanbieding te kopen... Toen ik een rolstoel kreeg, moest mijn dochter dat ding in de auto krijgen en liep zij achter de rolstoel. Als we in een winkel waren en ik taart wilde kopen, bemoeide ze zich ermee: "Wie wil er tegenwoordig nog taart?", zei ze dan. Ze vond dat ik soesjes moest kopen. Dát is dus het begin van afhankelijk zijn! Ik merkte dat ik helemaal geen rolstoel wilde die door iemand geduwd moet worden. Het is een heel proces en ik moet hard werken om met mijn beperkingen te leren omgaan. Ik ben heel erg blij dat ik veel hobby's heb: ik hou van zijde beschilderen, heb er nu een nieuwe methode voor gevonden omdat ik de oude niet meer aankon. Nu tamponneer ik de zijde met een dikke kwast. Ik lees met plezier en ik puzzel. En ik schrijf natuurlijk graag! Zo kan ik toch nog van alles doen. Ik schrijf nog wel brieven, maar geen verhalen meer.

Toch gaat het herinneren gewoon door. Ik denk heel veel aan vroeger, bijvoorbeeld als ik in bed lig en niet kan slapen doordat ik door de pijn zo ongemakkelijk lig. Er komen dan beelden en herinneringen, de meest vreemde dingen komen in me op. Zoals de haren van de keeshond, die bewaard werden en waarvan een bollerootje werd gebreid. Of dat ik zo graag speelde met de kinderen van de knecht en dat we dan een boterham kregen met margarine en suiker: een traktatie!

Veel schiet mij 's nachts te binnen, dat vertel ik dan aan mijn man. En het gaat maar door - er komen steeds herinneringen bij. Dat vind ik ook het mooie van ouder worden. Ik ben nu 83 en vind dat ouder worden veel goede dingen brengt. Je hebt tijd voor bezinning, om na te denken, om herinneringen op te halen. Wat je niet meer kunt, moet je aanvullen met wat je nog wel kunt. Je hoeft je echt niet te vervelen achter de geraniums. Ik ben dankbaar dat ik geleerd heb hoe ik mijn herinneringen kan ophalen. Het heeft veel in me losgemaakt, meteen vanaf de eerste les. Eerst was ik erg geremd en wilde alle gevoelens in mijn verhalen omzeilen. Het duurde jaren voor ik echt iets persoonlijks heb opgeschreven, voordat ik vertrouwen had in de andere mensen in de groep.

Nu gebruik ik de herinneringen op een andere manier: bij het schrijven van brieven. Ik had bijvoorbeeld een foto gevonden van Beppe Meinardy, een oude vrouw uit het dorp. Ze droeg een blinkend witte muts met een glimmend oorijzer en ik herinner me dat ze sokken breide en bevelen gaf. Toen ik de foto zag, kwam dat weer boven. Ik heb een van de kleinzoons van Beppe

gevonden, met hem getelefoneerd en de foto, met mijn herinneringen, naar hem opgestuurd.
Ik sprak twee jaar geleden nog een van de leraressen die bij mijn moeder hadden gewoond. Op de dag waarop ze heel plotseling overleed hebben wij wel een uur lang herinneringen aan vroeger opgehaald. Het leuke is dat je dan elkaars verhalen kunt aanvullen, ik kan mijn herinneringen delen met anderen. Achteraf was ik er heel erg blij mee: na haar overlijden heb ik wat van die herinneringen opgeschreven in een brief aan haar zus. Doordat ik er zelf zo mee bezig ben, kan ik mijn herinneringen dus ook aan anderen doorgeven.'

BUITEN

Met alle kinderen uit de straat, groot en klein, speelden we 's avonds na het eten nog even verstoppertje, in het park voor ons huis. Er was heerlijk veel ruimte om ons te verbergen tussen de struiken en achter de bomen. Vooral als het een beetje donker begon te worden, werd het echt leuk. Er was dan veel schaduw, ik hoorde krakende takken en geritsel van blad. Wanneer ik op mijn buik tussen de struiken lag, rook ik gras en aarde, maar ook wel eens een hondenhoop. Als ik tussen de bomen door liep en er een tak tegen me aan tikte, schrok ik me te pletter. Het was heerlijk spannend, maar ook best een beetje eng. Als we om half acht naar binnen moesten, riepen we tegen elkaar: 'Morgen weer, hè?'

BINNEN

Vaak speelde ik onder moeders schrijfbureau met mijn poppen. Van dozen en poppenbedjes maakten we daar een ziekenhuis. Mijn zus, die meer van auto's hield, reed af en aan. Op al haar auto's waren rode kruisen geplakt. Zo bracht ze poppen en beren bij mij. Ik verbond de gewonden en stopte ze daarna in bed. De genezen patiënten kwam zij dan weer halen. Zo waren we uren bezig.

DOOR HET FRIESE LAND

Door het Friese land,
ging ik, aan mijn vaders hand.
Ruimte, lucht en water,
vogelzang en veel gesnater.

Zoeken naar salamanders in de sloot
natte voeten...? Geen nood,
dat droogt in zon en wind.
Wat was ik nog een kind.
Vijf jaar of misschien zes,
nu ben ik een oude bes.

Die wandelingen met vader
langs weiden en water,
door het vlakke land,
die schiepen een band.

Het is alsof het gisteren gebeurde,
dat ik bij papa zeurde
gaan we weer een keertje,
langs het kleine meertje?

Mag de polsstok mee?
Soms sprongen we met z'n twee,
ik kon op vaders rug.

Of we liepen over de brug,
naar een klein gehucht
genietend van de lucht,
met witte wolken, jagend in de wind.
Wat voelde ik me een gelukkig kind.

DIE VRESELIJKE GROENE JURK

WE KOCHTEN HEM in Groningen bij de firma Zwartsenberg. Moeder vond dat ik een nette jurk moest hebben. Ik niet, het liefst liep ik in plooirok en bloesje. Zo omstreeks 1930 was het matrozenpakje gelukkig in de mode. Alles zat lekker ruim en je zag niet wat eronder zat. Voor mij was dat plezierig, want ook als kind was ik behoorlijk dik. Maar nu moest ik iets aan dat netjes - en dus vreselijk - was.

In de winkel waren jurken genoeg, maar er waren maar weinig jurken die mij goed pasten. De verkoper prees de bewuste groene jurk erg aan: 'Hij kleedt zo keurig af, mevrouw!' En: 'Het mooie lindegroen met die vrolijke accenten doet het goed bij de kleur van uw dochters ogen.' Zo bezweek mijn moeder en zij kocht de jurk. Tweemaal heb ik hem gedragen: naar een feest en voor een staatsiefoto. Beide keren voelde ik me er doodongelukkig in.

EIGEN WERK

AL MEER DAN vijftig jaar wonen we in hetzelfde huis. Met alle kinderen nog thuis was het wel erg krap. Voor mij was het een probleem dat ik nooit een plekje voor mezelf had. Dat veranderde pas toen ik al in de zestig was. Nu gebruik ik de voorkamer - of eetkamer - vooral als werkkamer. Het is er prettig licht en rustig. Mijn hobby's leveren nogal wat rommel op. Een wandkleed maak ik in een periode dat er weinig kans op bezoek is. De tafel ligt dan vol en op de stoelen staan zakken met lapjes en ander materiaal.
Voor ik weet wat ik wil, is het rommelig om me heen en in mijn hoofd. Ideeën heb ik genoeg, maar zijn ze uitvoerbaar? Geleidelijk komt er minder rommel, want ik weet wat ik wil en wat ervoor nodig is. De rust keert terug. Het is prettig als het om me heen licht, warm en stil is. Dan ga ik helemaal in mijn werk op en vergeet alles om me heen. Heerlijk, om uit zoveel rommel iets te maken, waar je zoveel plezier in hebt. En dat we dagen met een bord op schoot eten, is dan ook geen probleem.

KERSTMORGEN

Ik lig nog in bed en ruik versgezette koffie. Ik denk aan een ontbijt met warme broodjes, maar liever draai ik me nog even om. Toch sta ik op en kleed me netjes aan, met het oog op 'gezellig' bezoek. We zullen koffie en thee schenken met cake en chocoladekransjes, maar liever nog zat ik rustig met een boek of in mijn uppie te mijmeren bij een kaars. Als ik negentig ben, oud en wat zeurderig, en niemand meer zin heeft om me op te zoeken, dan snak ik misschien naar deze gezelligheid van de kerst in het jaar 2000.

INEKE HERBERICHS (1936)

'Door te spelen met taal vond ik het schrijfplezier terug'

'Ik heb lang gedacht dat ik niets kon leren op een schrijfcursus. Maar na een lezing over dat onderwerp, en het lezen van enkele boeken over schrijven, heb ik mij toch ingeschreven voor een cursus, die ging over het schrijven van reisverhalen. Tot mijn verbazing leerde ik er veel, niet alleen door wat ik aangereikt kreeg via oefeningen, maar ook door medecursisten. Ik ontdekte hoe leuk het is om te schrijven aan de hand van een voorwerp of foto, en vanuit heel verschillende invalshoeken. Na de reisverhalencursus wilde ik méér, omdat de manier van werken me zo beviel. Het leek mij mooi om zo mijn eigen leven vast te leggen; ik wilde orde scheppen in wat ik al geschreven had. Daarom deed ik mee aan een cursus levensverhalen schrijven; ik hoopte nieuwe uitgangspunten te krijgen voor het ophalen van herinneringen. Het leek me ook leuk om mensen te ontmoeten die hetzelfde doel hadden, mensen die min of meer bij mijn generatie horen.
Voor mijn dochter had ik een deel van mijn levensverhaal vastgelegd in een boekje. Ik wilde haar iets van mezelf geven: mijn verhaal tot en met mijn elfde jaar. Ik weet zelf helemaal niets over mijn grootouders of mijn ouders, en had graag iets van hun verhalen willen kennen. Om hen maar ook mijzelf wat beter te kunnen begrijpen. Ik wil ook graag iets doorgeven over de tijd, een hele eeuw, want mijn vader was van 1887, ik ben van 1936. Ik vind het belangrijk, dat ouders aan hun kinderen hun eigen geschiedenis vertellen en dat familietradities worden doorgegeven. Er is een kern die blijft. Het is goed dat een kind weet waar zijn wortels liggen, zeker in deze tijd van vluchtigheid en snelheid.
Misschien heeft het ook iets te maken met mijn plaats in het gezin, want ik was het jongste kind, een nakomer. Boven mij

waren vier andere kinderen en ik werd acht jaar na de vierde geboren. Mijn broers en zussen hebben heel andere, veel jongere, ouders gehad dan ik. Zij hebben een heel andere jeugd gehad, een jeugd in vredestijd, met meer welvaart. Ik was kind in oorlogstijd. Ook op foto's kun je dat zien: mijn broers en zussen gingen vroeger naar Scheveningen op vakantie, ik zag de zee pas toen ik elf was. Er was een legendarische tante die in een rode sportauto reed en een antiekwinkel had; ik zag alleen een oude tante die rochelend in een potje spuugde.

In de cursus kreeg ik het concept van een mozaïek aangeboden. Zo'n systeem, als de vorm van een diamant met vele facetten, is heel bevredigend voor mij. Ik kon zo allerlei stukjes van mijn verhaal verzamelen en steeds nieuwe kanten belichten. Het was een haalbare formule. Andere oefeningen riepen bekende verhalen op, maar leidden ook naar nieuwe herinneringen. Ik schreef dingen die mezelf erg verrasten. Bijvoorbeeld bij de geurenoefening; de geuren riepen enorm veel associaties en herinneringen op, waar ik anders niet op gekomen zou zijn. Ineens zag ik weer de grote houten wasmachine, en de ruwe grijze tegels in de waskeuken. Ook het in kleur verbeelden van mijn levenspanorama riep veel bij mij op. Ik vond tot mijn verrassing nieuwe symbolen voor de dingen die bij mijn leven horen. Maar het was ook confronterend. Toen ik langer naar de tekening keek, begreep ik dat het een kwestie van perspectief is. Het is maar hoe je kijkt naar je eigen verhaal. Ik ervoer ook dat de kracht van het beeld een andere is dan die van de woorden; een wezenlijke ervaring.

De cursus was niet alleen een intellectuele ervaring, want er werd een beroep gedaan op meer dan alleen het denken. Op andere gebieden gebeurde er ook van alles, bijvoorbeeld door het steeds weer inschakelen van de zintuigen. Eigenlijk was het me te veel, iedere week cursus. Ik werd overweldigd door alles wat op me af kwam. In een week tijd had ik dat nog niet op een rij, verwerkt en ook nog opgeschreven. Het kostte mij veel moeite om teksten te herschrijven en af te maken, vaak lukte dat niet, omdat ik bleef steken in mijn hang naar volledigheid. Ik wilde álles opschrijven en daarna, via schrappen, tot de essentie komen. Dat bracht ik niet op. Ik moest van mezelf de diepte ingaan en ik was bang voor dingen die ik kennelijk niet verwerkt had. Het maakte veel los.

Toch vond ik de bijeenkomsten altijd leuk. De oefeningen waren speels en deden een beroep op mijn creativiteit. Ik moest steeds vanuit andere invalshoeken schrijven, volledigheid was onmogelijk, en dat werkte stimulerend. Schrijven vanuit zintuiglijke waarneming, imitatieoefeningen, al die verschillende manieren om je materiaal te verzamelen: ik ging alleen al graag naar de bijeenkomsten omdat ik nieuwsgierig was naar de volgende opdracht. Het gaf me meer schrijfplezier dan vroeger. Het verraste me vaak wat er in korte tijd uitkwam. Tijdens de lessen lukte het altijd wel om wat op papier te krijgen. Het moest snel en er was niet veel tijd om na te denken. Thuis was dat anders, ik stelde dan hogere eisen en het was ook moeilijker om te beginnen. Toch bood het geschrevene in de les houvast, en de opdracht ook; de volgende keer moest het klaar zijn.

Ik merkte dat medecursisten moeite hadden met het verzamelen van associaties. Voor mij was het eerder een probleem dat ik niet kon stoppen, want het ene beeld riep het andere op, in een niet te stuiten stroom herinneringen. Daarbij kwam dat ik er veel plezier in had al die beelden onder woorden te brengen. Het bezig zijn met de taal was voor mij een spel, waarbij ik de rode draad soms vergat. Doordat de opdrachten begrensd waren, vond ik het leuker om te schrijven dan vroeger. Ik kon het beter behappen. Steeds opnieuw deed ik ontdekkingen, ook tijdens het schrijven zelf. Als je schrijft, stimuleer je ook je eigen creativiteit, het ene woord roept het andere op.

Ik lees veel, en steeds vaker dagboeken en autobiografieën. Tijdens het lezen let ik nu meer op de vorm. Wat ik lees, moet mooi geschreven zijn, in mooie taal. Ik heb trouwens al lang een voorkeur voor jeugdherinneringen, liefst in de ik-vorm geschreven, vanuit het perspectief van het kind. Ik zou wel willen schrijven zoals Rita Verschuur.[13]

Ik ben mijn leven lang al bezig met lezen en schrijven. Op een bepaalde manier wordt het steeds ingewikkelder. Alsof ik niet verder kan. Kennelijk durf ik sommige dingen ook niet aan. Ook omdat ik weet hoe moeilijk schrijven is en ik me er door alle technische informatie zo bewust van ben. Daarom is het zo fijn

---

13 Verschuur, R. *Hoe moet dat nu met die papillotten?* (1993); *Mijn hersens draaien rondjes* (1994); *Vreemd land* (1995); *Hoofdbagage* (1996). Amsterdam: Van Goor.

dat ik in de cursus het schrijfplezier weer teruggevonden heb. Onderwerpen waar ik al vaker over geschreven had, werden nu op een andere manier belicht. Soms schreef ik een verhaal in een andere vorm, waardoor ik het beter kon opschrijven. De vorm paste dan beter voor het verhaal. En ik kon soms fragmenten met elkaar verbinden die belangrijk waren en die goed bij elkaar pasten. Vorm en inhoud klopten beter.

Ik schrijf gemakkelijk, maar een vorm vinden blijft moeilijk. In de cursus leerde ik de kernvraag voor elke tekst te benoemen, de rode draad. Die vraag werd dan de leidraad in mijn verhaal. Ik schreef bijvoorbeeld over de tuinen in mijn leven. De kernvraag daarbij bleek te zijn: waarom mis ik een tuin zo? En dan gebeurde het soms dat er een tekst ontstond waarin verzoening of vitaliteit tot uitdrukking kwam, en ik wist: ja, zo is het. Dit zijn de goede woorden voor dit verhaal. Daarvoor ben ik op ontdekkingstocht, daarvoor schrijf ik.

Ik ben bang voor het échte schrijven en heb omtrekkende bewegingen nodig om tot de kern te komen. Ik stoot op steeds diepere lagen. Het bezig zijn met je levensverhaal laat je nadenken over jezelf, op een manier die je niet gewend bent. Je bezoekt bekende ruimten in jezelf, maar soms kom je ook in een doolhof waar je geen raad mee weet. Ik weet veel van mezelf, maar er zijn altijd nog lege plekken, stukjes verhaal waarvoor ik wegloop, die verbonden zijn met gevoelens van schaamte en schuld. Steeds opnieuw word ik geconfronteerd met mijn levensproblematiek. Je blijft dezelfde zwakke plekken houden - daarom vind ik het ook zo moeilijk.

In de cursus merkte ik dat ook anderen hiermee kampen. Je deelt die gevoelens met elkaar en herkent ze; dat is troostrijk. Ook andere mensen kennen pijn en verdriet, en ook zij zijn er rijker van geworden. Daarom wilde ik ook zo eerlijk mogelijk opschrijven hoe ik mijn leven ervaar. Je weet dat je doodgaat en dat je niet meer dan een stip in het grote geheel bent. Tegelijkertijd is je leven het belangrijkste dat er bestaat en is jouw verhaal uniek. In dit spanningsveld blijf je bezig.

Door het voorlezen en bespreken van de teksten met medecursisten leerde ik mijn stijl kennen. En meer dan dat: door mijn verhalen ervoer ik erkenning. Zonder dat ik er erg in had, ontdekte ik soms dat gebeurtenissen en ervaringen een plaats hadden gekregen. Zo merkte ik tijdens het schrijven dat ik me verzoend had met de dood van mijn geliefde. Het werken aan mijn levensverhaal was voor mij zo ook het voortdurend bezig zijn met zingevingsvragen. Ik leerde me tevens te verzoenen met mijn eigen eindigheid. Maar ook nederigheid hoort erbij: ik leerde mijn normen te relativeren.

Mensen die mij eigenlijk wezensvreemd waren en die heel anders in het leven stonden, schrijven heel anders. Het was vaak prachtig, maar toch niet mijn stijl. Ik leerde het anders-zijn en het unieke van de ander te waarderen. Ik leerde dat je anderen kunt laten zijn en dat zij jou kunnen laten zijn, zonder de eigenheid te verliezen. De verhalen waren het voertuig in dit proces. We lazen ze aan elkaar voor en praatten erover. Ik vond het zinnig en aangenaam om commentaar te krijgen, ook als het negatief was. Ik merkte soms dat ik geen oog heb voor mijn valkuilen. Bij het verhaal over mijn tuin bijvoorbeeld, was voor mij verhelderend dat de groep na het voorlezen verzuchtte dat er maar geen eind aan kwam. Ik leerde dat ik niet moet opsommen, maar dat ik voelbaar moet maken waar het om gaat. Schrappen en weglaten is dus heel belangrijk. Of over een stukje dat voor mij heel duidelijk was, maar door niemand werd begrepen; dat was een openbaring. Ik leerde daardoor dat de lezer niet alle voorinformatie heeft.

De medecursisten werden gaandeweg vertrouwder. Ik werd steeds nieuwsgieriger naar de verhalen van de anderen en verheugde mij op het samenzijn. Het werken aan mijn verhaal werd daardoor een minder solitaire bezigheid. De reactie van de groep was soms voor de hand liggend. Het commentaar van de begeleidster was diepgaander en fundamenteler: zij lette op de structuur, hielp te zoeken naar de kern, gaf herschrijfopdrachten. Ik leerde veel over structuur van teksten, over verschillende tekstvormen, ik leerde invalshoeken kennen en leerde meer over "de lezer". Aan herschrijven kwam ik bijna niet toe. Als het lukte, ging de tekst er heel erg op vooruit.'

ENGELSEN IN HUIS

ALS BRUNSSUM WORDT bevrijd, ben ik acht. Ik heb donkerbruine vlechten. 'Pigtails', zeggen de Engelse soldaten Jack en Joe. 'Varkensstaarten', plaagt Geert, dan dubbel zo oud als ik. Als ik verontrust in de spiegel kijk - ik haat vlechten - zie ik geen varkenskop en geen varkensoogjes. Iedere ochtend vergiet ik tranen als mijn moeder mijn haar borstelt, want ze doet me pijn als ze ongeduldig de knopen eruithaalt.

'Wat lijk je toch op je moeder', zegt tante Jeannette. 'Dezelfde ogen en dezelfde haren.' Ik trek mijn neus op en laat mijn tanden zien. Veel te grote tanden, in een veel te grote mond. Mijn moeder heeft een vals gebit, dat 's nachts in een glas met deksel op haar nachtkastje staat. Grauwgele, gelijkgevormde tanden, in kunstmatig tandvlees. Ik gruw daarvan en wil echt nooit op mijn moeder lijken. Ik kijk steeds in de spiegel naar mijn tanden en voel me schuldig over de hare. Zij moest die immers laten trekken voordat ze mij kreeg? 'Dagenlang mijn mond vol bloed', vertelt ze keer op keer. 'En een pijn als dat deed! Maar een moeder kan alles verdragen voor haar kind.' Ik wil nooit moeder worden.

Nu de Engelsen er zijn, is het leuker thuis. Ik krijg voor het eerst van mijn leven thee en spierwit brood. En keiharde chocola die in een goudkleurig blikje zit. Iedereen is vrolijker. Behalve vader, die steeds zegt: 'De oorlog is nog lang niet voorbij! Let op mijn woorden. Er kan nog zoveel gebeuren... Je weet nooit wat de moffen doen. En van de Russen kun je ook van alles verwachten!' In bed ben ik telkens bang dat er fosforbommen vallen en dat we allemaal zullen verbranden. Of dat ik alleen overblijf. Of dat de duivel met de groene staart echt bestaat en zijn klauwen naar me uitsteekt, want dat zegt Geert altijd.

Op een avond, als ik het niet meer uithoud, spring ik uit bed en ren met grote sprongen in het donker de trap af. Ik val met mijn hoofd tegen de muur, waar de telefoon hangt. Er ontstaat grote consternatie: ik krijg geen straf maar mag bij moeder op schoot. Ze houdt een nat washandje tegen mijn voorhoofd, waarop een bult groeit. Later zal die groen en geel verkleuren. Vader schilt een peer en snijdt hem voor mij in partjes. Maar dan moet ik weer naar bed, helemaal alleen naar boven. Het licht mag niet aanblijven, want kinderen moeten over hun angst voor het donker heen groeien.

Beneden hoor ik lachen. Joe speelt vaak dat hij een oude man is. Van verbandwatten heeft hij een baard en wenkbrauwen gemaakt, zijn gevechtshelm op zijn hoofd. Met krakende stem zingt hij: 'My Bonnie is over the ocean, my Bonnie is over the sea...', en daar danst hij bij. Weer wordt er gelachen. Vader zal wel naar kantoor zijn, want als hij er bij is, durft Joe niet de clown uit te hangen.

ELKE MORGEN VROEG OP

Ik sprong uit mijn bed, onder een stapel dekens vandaan. De ijsbloemen stonden op de ruiten. Ik kon er op dit nachtelijk uur geen kijkgaatje in ademen. Het zeil onder mijn voeten leek te gloeien. De baksteen die de avond tevoren in het keukenfornuis was verwarmd nam ik nu, koud, mee naar beneden. Ik stelde mij voor op een schip te zijn en de Noordpool te gaan ontdekken. Dan moest ik nu al oefenen om ontberingen te doorstaan, zoals honger en kou. In de keuken rook het naar kolendamp. De waterleiding was bevroren, dus ik hoefde enkel met een natte spuugvinger de slaap uit mijn ogen te wrijven. Ik deed dikke sokken aan over mijn lange wollen kousen, om in de schoenen te passen die van mijn broer waren geweest.

In de Kerkstraat woei de noordooster door mijn jas. Ik was vergeten mijn gebreide vest aan te doen, dus ik klappertandde. Maar ik voelde me dapper. Tenslotte bereidde ik mij voor op een overwintering op Nova Zembla... De ramen van de Gregorius waren flauw verlicht en binnen zaten alleen wat hoestende, oude mensen. Geen kinderen. Misschien zou ik wel zalig worden verklaard omdat ik, negen jaar oud, in alle vroegte kou en donker weerstond voor het

heilig geloof. Dat leek me wel wat, maar tegelijkertijd was mijn grote angst te worden gemarteld voor mijn Godsdienst. Mijn moeder had mij, toen ik nog niet kon lezen, verteld over jeugdige heiligen die in het verre Rome voor de leeuwen waren geworpen, zoals Tarcisius.
Voor ik er erg in had ging het belletje van de consecratie en daarna liep ik naar voren om mijn tong uit te steken, waar de kapelaan een hostie op legde. Sommige mensen gingen niet ter communie. Zouden die een doodzonde hebben begaan? De ouwel in mijn mond was lekker en ik bedacht meteen dat ik niet mocht denken. Het lichaam van Christus. Maar hoe kon je denken tegenhouden? Ik holde naar huis met de wind in de rug. De keuken geurde nu naar koffie en er was melkbrood van Thissen, waar een rondje ouwel onder zat. Dat smaakte hetzelfde als de hostie. Ik had honger.

DE BIBLIOTHEEK

Toen ik elf was, kwam er een bibliotheek in ons dorp. Een houten keet die pas jaren later door een gebouw van steen zou worden vervangen. Ik mocht een abonnement en kon daarmee iedere week twee boeken lenen: een leesboek en een studieboek. De bibliothecaresse legde een stapeltje boeken op de toonbank. Mevrouw van Huistee heette ze, ze had een hoog opgestoken kapsel, witblond, en ze was heel dun. Ze droeg vaak rode kleren en had donshaartjes bij haar mond. 'Ze heeft een snor', zeiden kinderen. 'En ze verft haar ogen!'
Mevrouw van Huistee zei scherp: 'Jij bent toch minstens veertien?' Ik bloosde en mompelde: 'Ik ben elf.' Altijd en overal dachten mensen dat ik ouder was. Daarom was ik een beetje krom gaan lopen. Moeder zei het wel tienmaal per dag: 'Loop recht! Zit met je schouders naar achteren!'
Het eerste boek dat ik leende, was *Niels Holgerssons wonderbare reis*. Ik las het aan de keukentafel met het blauw-wit geblokte kleed. Het was februari, 1947, en erg koud. Door de week

werd enkel het kolenfornuis gestookt. Maar ik las en las en las. Er stond veel in het boek waarvan ik nog nooit gehoord had. Samen met Niels leerde ik van alles over mensen en dieren, bomen en planten, ertsen, sterren, de wind en het water. Ik las en had het gevoel dat ik alles te weten zou komen wat ik maar wilde. Ik zou even slim worden als mijn acht jaar oudere broer Geert en mijn vijftien jaar oudere zus Céleste. Niemand zou dan nog denken: wat is die lange lijs toch dom.

ZATERDAGAVOND

MIJN STOEL IS een diepe, van grijze pluche, met wieltjes en bruine dopjes van bakeliet onder de voorpoten. Een crapaud volgens mijn moeder, maar anderen zeggen fauteuil. Daar zit ik het liefst te lezen, weggetrokken bij de glimmende potkachel, bijna onzichtbaar. 's Winters staat een waterketel, de 'mooi', met het onderstuk in de kachel gezakt, te zingen. 'Kind, je bederft je ogen. Kom aan tafel, bij de lamp!' Mijn moeder zit kousen te stoppen. Met voor zich een rond mandje met kapotte sokken en een trommel van gehamerd nepzilver met een geheimzinnig slotje, vol kartonnen kaartjes met grijze, zwarte en bruine wol. Ze schuift een houten ei in de sok, zodat het gat zichtbaar wordt en gaat met de naald op en neer, heen en weer, om een 'matje' te vlechten. Als ze haar eigen kousen doet, die met dun garen worden gerepareerd, moet ik de draad in de naald steken. Dat kan ze niet meer zien.
Mijn vader loopt rond de eetkamertafel, met zijn handen op de rug. Hij houdt monologen over de slechtheid van de wereld. De hypocrisie van zijn collega's, die zich met een jantje-van-leiden van hun werk afmaken. De zwartrokken, die overal hetzelfde zijn en de kat in het donker knijpen. Mijn moeder zwijgt en ook ik houd me zo stil als een muis. Ik hoor wat hij zegt maar begrijp er niet veel van. Ik houd mijn oren dicht maar als een eindeloze litanie klinkt zijn stem en ik kan niet meer lezen.

'Kind, je moet naar bed! Het is half negen en over een etmaal moet je in de kindermis zitten. En laat dat boek hier!' 'Dit hoofdstuk nog uitlezen, mama.' 'Geen gezeur. Op het eerste woord gehoorzamen! En zeg nou toch eindelijk vader en moeder, net als de anderen. Je bent echt te groot voor dat ge-mama en ge-papa.' Ik geef mijn moeder een nachtkus op haar zachte wang. Mijn vader loopt maar rond de tafel en ziet me niet eens. 'Welterusten vader', ik glip naar buiten. 'Geef je vader een nachtkus!', roept mijn moeder en ik kom terug en loop aarzelend naar hem toe. Onze neuzen stoten tegen elkaar. Dan loop ik de trap op. Boven is het koud.

DE TOESTAND IN DE WERELD

DE STEM VAN G.B.J. Hilterman en de geur van rosbief horen bij elkaar. Het is zondagmiddag en wij zitten aan tafel. Op het schone damasten kleed maakt de zon kleurige plekken via de glas-in-loodraampjes. Onder die ramen staat de radio van rood-grijs glimmend bakeliet met zwarte ribbelige knoppen en een voorkant van stof. De radio heeft een 'oog' met een lampje en een wijzerplaat met cijfers en verre vreemde namen, zoals Beromünster. Als hij lang aan staat wordt hij warm en geeft een specifieke geur af.
We eten zwijgend, want *De toestand in de wereld* moet gevolgd worden. De politionele acties trekken voorbij, Soekarno en Soeharto, Indië wordt Indonesië. Vader schudt het hoofd en moeder zucht. Het Midden-Oosten en de Arabische wereld volgen. Bij het woord brandhaarden zie ik gigantische vlammen achter de micaruiten van een zwartglimmende haard, zo hoog als een huis. Daartussen rennen kamelen, met op hun rug krijgers die lange gestreepte jurken en hoofddoeken dragen. Schreeuwend en stampend galopperen ze van de ene haard naar de andere.
'Wat zit je weer te suffen...', zegt vader, terwijl moeder in de keuken de pudding haalt, custard met chocoladesaus. Als hij me maar niet vraagt wat G.B.J. vertelde, denk ik.

Radiostemmen gaan meestal langs me heen. Maar als ik diezelfde zomer toelatingsexamen voor het gymnasium doe, ben ik een van de weinigen die de naam Soekarno kent. 'Ze heeft de klok horen luiden, maar weet niet waar de klepel hangt', hoor ik mijn vader zeggen. Hij heeft gelijk.

Tot op de dag van vandaag moet ik mij inspannen om stemmen van nieuwslezers niet als achtergrondruis te ervaren. Waar de gemarmerde radio is gebleven, weet ik niet. Gesteven tafellakens heb ik niet. Bij de buren ruik ik soms nog een vleug van die vroegere zondagmiddaggeur, en dan denk ik aan de stem van Hilterman en zijn commentaar op de toestand in de wereld.

EEN ZONDAG IN AMSTERDAM

MEVROUW BARTELS IS mijn hospita. Ze is rond en klein en lijkt op haar hond, de pekinees Loekie. Ze heeft ook een man, Piet, die dubbel zo groot en breed is als zij. Hij heeft tatoeages op zijn armen, blauwe ankers en een kruis. 'Hij heeft gevaren', zegt mevrouw. 'De mooiste tijd van mijn leven, meissie!', zegt meneer. Nu heeft hij een stijf been en loopt met een stok. Wanneer mevrouw Bartels me ziet thuiskomen, doet ze het keukenraam open. Ik kan dan van de stoep over het aanrecht, via een houten trapje, naar binnen stappen.

Daar zijn altijd Chinezen aan het koken, ze huren boven kamers. Kleine glimlachende mensen, die onderling harde korte vogelgeluiden uitwisselen, maar geen woord spreken in een taal die ik versta. Hun eten ruikt vreemd, maar het lijkt me lekker. 'Het zijn schatten, eerlijk waar!', zegt mevrouw Bartels. Haar man beaamt dat. Door een donker gangetje kom ik in mijn lange smalle kamer, ook in het souterrain. Er staat een bed en een bureau en er is een muurkast waaraan het toilet grenst. Je hoort alle geluiden die de bezoekers maken. 'Potverdorie, het lijkt wel of daar een paard staat te piesen', roept een collega die langskomt.

Op zondag lig ik lang in bed. Naar de kerk ga ik niet. Dat is een geheim voor mijn familie. Mevrouw Bartels komt om een uur of tien mijn kamer binnen. Loekie blaft luid, want hij mag niet mee. Ik krijg een gigantische kom koffie met veel suiker en melk en even later nog een. 'Had ik maar een dochter...', verzucht mevrouw Bartels voor de zoveelste keer en pinkt een traan weg. Doordat mijn voedsel vooral uit brood bestaat sinds ik op kamers woon, barst ik inmiddels uit al mijn kleren. Met een veiligheidsspeld sluit ik mijn rok en ik draag een wijde trui erover om de openstaande rits weg te moffelen. Ik sta op, kijk in de spiegel en denk: 'Zou ik mooier zijn als ik mijn haren blondeer?' Ik heb pas Anita Ekberg gezien in de bioscoop.

Ik steek mijn Aladin aan, een piepklein petroleumkacheltje dat steeds walmt. Mijn kleren ruiken ernaar. Mijn haar is vet. Er is enkel een koude kraan bij de wasbak. Ik de keuken ga ik water opwarmen. Mevrouw Bartels bakt eieren voor de lunch. 'Ga je je haren wassen, meissie? Je hebt zulke mooie krullen!' Ze wil mijn vette haren aanraken, waarbij ze op haar tenen moet staan. 'Als ik weer salaris heb laat ik mijn haar blonderen', zeg ik. 'Nee toch, dan lijk je net een barjuffrouw! Niet doen, hoor.' Ze schuift de eieren op de borden en loopt hoofdschuddend naar de kamer waar Loekie en haar man zijn. De as van de sigaret in haar mondhoek valt op een bord. Ze ziet het niet.

Het water kookt en als ik met de lege pan terugkom, zijn de Chinezen bezig iets klaar te maken. We knikken glimlachend tegen elkaar. Ik kijk jaloers naar hun dikke glanzende haar en loop weer naar mijn nu beslagen spiegelbeeld. Misschien heeft mevrouw Bartels toch gelijk.

DE LENTES MET JOU

De lentes met jou, na je pensioen, waren intens. Ik leerde je namen van bloemen en planten, die tevoren voor jou anoniem waren. Je zag ze niet eens, je verveelde je buiten snel en nam alleen de grote lijnen van een landschap waar. Het enthousiasme waarmee je al gauw details ging zien, je blijheid ze te kunnen benoemen - het ontroert mij tot op vandaag. We maakten grapjes: 'Bejaarde analfabeet maakt kennis met de wonderen der natuur.' In het voorjaar, buiten, waren we leeftijdsloos en gelukkig.

In het Savelsbos zaten we eens op een grijsverweerde houten bank. Tussen het verdorde braamblad en de altijd groene klimop kwam lila maagdenpalm omhoog. De bomen waren nog kaal, maar de stekelige sleedoorn had een wit waas en zou gauw bloeien. We leunden zwijgend tegen elkaar aan, ons gezicht voor het eerst warm van de zon. Vlaamse gaaien klonken schor boven de andere vogels uit. Ineens fladderde een geel vlindertje voorbij, een citroentje. Het ging op de mouw van je groene jack zitten. We keken ernaar met ingehouden adem, totdat het verder vloog. 'De wijde wereld in', zoals je zei.

Ik ben al negen voorjaren zonder jou. Ik ben dankbaar dat wij deze grote liefde hebben beleefd, met de intensiteit van de jeugd en de weemoed van het besef van vergankelijkheid. Er gaat geen dag voorbij of ik denk aan jou. Zoals we vroeger 's avonds ieder vanuit ons eigen huis naar de maan keken en aan elkaar dachten. Bij iedere voorjaarsbloem, bij het roepen van de eerste koekoek, eind april, ervaar ik volheid, vol-ledigheid door jou, als iets wat onvervreemdbaar bij mij hoort.

RIA VERNOOIJ (1939)

'Al schrijvende ontdekte ik het mooie van mijn leven'

'Ik volgde schrijfcursussen omdat ik wilde schrijven. Ik schreef altijd graag en veel: brieven, kaarten, dagboeken. Maar geen verhalen, en dat wilde ik wel eens proberen. Thuis kwam het er niet van, ik wilde een duwtje in de rug krijgen. Pas veel later schreef ik in voor een cursus levensverhalen schrijven, er werden toen geen andere cursussen aangeboden. Achteraf bezien schreef ik ook in de cursussen creatief schrijven al autobiografisch, het werden altijd verhalen van mijzelf. Via associaties kwam ik uit bij herinneringen, en ik vond het leuker om die op te schrijven dan verzonnen verhalen. Ik had zelfs niet de behoefte mijn verhalen te veranderen, fictie is niets voor mij. Ik probeerde het wel, maar ook als ik in de derde persoon schreef en de hoofdpersoon een andere naam gaf, kwam ik weer bij mezelf terug.
Toen ik ontdekte dat ik altijd mijn eigen verhalen schreef, werd een cursus levensverhalen schrijven aantrekkelijk. Nu zie ik dat alle verhalen die ik inmiddels geschreven heb, puzzelstukjes zijn van mijn levensverhaal. Ik schreef nooit voor mijn kinderen. Ik móest gewoon schrijven. Dat het voor de kinderen ook iets zou kunnen betekenen, realiseerde ik me pas later.
Een neveneffect was dat het volgen van de schrijfcursussen invloed had op mijn werk op school. Wat ik zelf geleerd had paste ik toe in mijn onderwijs, en het gevolg was dat de kinderen in mijn klassen altijd veel gemakkelijker schreven dan de kinderen in andere klassen. Vroeger schreef ik een titel op het bord en dan zat iedereen op zijn pen te bijten. Maar nu liet ik de kinderen associëren rond een thema, met woorden die ze kriskras op een papier konden zetten; van daaruit ontstonden dan de verhalen. Vaak maakten ze er dan zelf een titel bij als het verhaal af was. De kinderen popelden nu om te gaan schrijven!

Ik heb één cursus gevolgd waarbij autobiografisch geschreven werd volgens verschillende levensfasen. Dat vond ik niet bevredigend: zo'n cursus heeft een belofte van volledigheid die je niet kunt waarmaken. Ik was te veel met mijn hoofd, met denken, bezig om me dingen uit mijn leven te herinneren. Via de thematische ingang schreef ik meer vanuit het hart. De associatieve methode vond ik heerlijk: het was altijd weer een ontdekkingsreis, ik ontdekte nieuwe herinneringen die ik kon opschrijven als verhaal. Associaties rondom een thema gaven mij andere mogelijkheden en meer ruimte. Ik wilde mij niet mijn leven van jaar tot jaar of van periode tot periode herinneren.

In de eerste jaren had ik geen behoefte aan volledigheid, ik was niet bezig met het hele verhaal. Die hang naar volledigheid is later gekomen: toen ik langer bezig was met het schrijven van puzzelstukjes uit mijn verhaal, ontstond er een behoefte om ook de lege bladzijden in te vullen. Ik wilde de gaten opvullen en mijn verhalen in chronologische volgorde leggen, om te bekijken hoe het geheel er zou uitzien. Ik wilde de lege plekken opzoeken en kijken of die ook verhalen herbergden. De verhalen uit eerdere cursussen wilde ik herschrijven, want die vond ik niet meer zo goed, ik had veel bijgeleerd over verhaaltechniek en opbouw.

Er gebeurt natuurlijk altijd van alles in een leven en je kunt dat later met humor en afstand benoemen en beschrijven. Toch heb ik gemerkt dat bij mij de behoefte aan het opschrijven van mijn herinneringen uit mijn kindertijd, tienertijd, de tijd van de mulo en de kweekschool groter is dan het vastleggen van mijn huwelijkstijd. De oorzaak weet ik niet, maar mijn eerste associaties gaan altijd naar mijn jeugd en niet naar later. Het lijkt soms alsof die eerste tijd in mijn leven langer was dan wat erna kwam. Ik heb bijvoorbeeld heel weinig geschreven over het proces van opvoeden van mijn vier kinderen toen die nog thuis waren. Ook over de kleinkinderen heb ik weinig geschreven. Als ik tijd van leven heb en minder beweeglijk ben, niet meer kan fietsen, wil ik de open stukjes van mijn levenspuzzel nog wel vullen, de gaten dichten.

Ik realiseer mij dat er al veel van de puzzel zichtbaar is. Ik zie mijn levensverhaal als een schilderij met veel licht, ik kan er naar kijken met een tevreden gevoel. Ik heb een mooi leven. Dat ontdekte ik al schrijvende. In de cursussen voltrok zich een soort bewustwording, en vooral in de laatste cursus is mij duidelijk geworden dat ik een bevoorrecht mens ben. Dat heeft natuurlijk te maken met hoe je in het leven staat, maar als je hoort wat andere mensen hebben meegemaakt, weet je dat het meer is dan dat. Dat ontdekte ik door de schrijfmethode, het uitwisselen van verhalen met elkaar en het horen van de verhalen van anderen. Wonderlijk, eigenlijk. Via de associaties kwamen bij mij eerder de positieve herinneringen boven dan de negatieve. Ik héb ook aan alle tijden mooie herinneringen, realiseer ik me. Ik schreef altijd op zondagmiddag van vier tot zes uur. Ik heb thuis, in mijn familie- en vriendenkring, altijd veel verteld over mijn schrijven en verhalen, ook omdat ik verder eigenlijk niet zo creatief ben. Ik schilder niet, beeldhouw niet, bloemschik niet. Ik schrijf. Mijn dochter Renée typte de verhalen uit en was blij dat ze mij zo beter leerde kennen. Aan mijn man las ik mijn verhalen voor. Ik ben er trots op en laat soms een verhaal lezen aan mijn schilderende vriendinnen.

De schriften liggen netjes bij elkaar in een la. Ik heb er nog niets mee gedaan. Wil alles wel in een volgorde leggen, maar ik kom er niet toe - moet eerst een been breken of iets dergelijks. Ik ben nog veel te actief met het leven zelf, bezig met van alles. Dat is ook de reden waarom ik zo graag een cursus volg: bij een cursus hoort huiswerk en dat maak ik dan. Ook thuis kan ik dan mijn schrijverij aannemelijker maken. Die stimulans heb ik nog steeds nodig, want als er geen cursus is, doe ik niets, dan stopt het. Ik schrijf dan wel voor mezelf, maar werk het niet uit. Ik doe bij wijze van spreken alleen de voorwas en de hoofdwas blijft liggen.

Toen de schrijfcursussen niet meer werden aangeboden, heb ik jarenlang columns geschreven in een cursus. Ik deed dat graag, je kunt ook een column schrijven over iets dat je meegemaakt hebt, over een gedachte. Toch was de begeleider van die cursussen erg gericht op het schrijven van fictie. We moesten bijvoorbeeld schrijven bij de titel "Meneer Kortleven is dood" of "De kat keek mij aan". Het irriteerde me dat ik alles moest verzinnen. Ik wil mezelf kunnen herkennen in wat ik schrijf. Dat heb ik ook bij het lezen: ik lees nooit sciencefiction, ik wil iets van mezelf vinden in wat ik lees.

Ik hou erg van waarachtigheid. Ik wil ontroerd worden, iets kunnen voelen. Dat vind ik nu in het leven met de kleinkinderen. Vrijdags haal ik met mijn man de kinderen uit school en dan koken wij voor hen. Dat is leuker dan wanneer ze alleen maar op bezoek komen. En over een kind, dat een veertje, een schelp, een steentje op een schoteltje legt en zegt: "Mooi hè, oma?", daarover schrijf ik graag een column. Daarbij heb ik geleerd dat schrijven schrappen is.

Nu ook de cursussen columns schrijven er niet meer zijn, ben ik gestopt. Toen ik ophield met het schrijven van mijn levensverhalen was ik in de vijftig. Het verhaal is dus middenin opgehouden, want nu ben ik 67. Ik schrijf nog wel reflecties in mijn dagboek, maar het verhalen schrijven is opgehouden. Misschien komt dat weer, maar nu nog even niet, mijn leven is te vol. En ik ben nu bezig met andere vragen: blijven we hier wonen? Gaan we naar een huis zonder trappen, met een lift? Blijven we gezond? Wie van ons blijft over? Hoe ontwikkelen de kleinkinderen zich?'

MIJN VADER

MIJN VADER WAS een rasechte Maastrichtenaar, geboren in het oude huis uit 1737 aan de Pieterstraat in de binnenstad. Zijn vader was schoenlapper en had zijn werkplaats achter het grote huis in een soort achterhuisje. Mijn vader, de op een na oudste van een hele stoet kinderen, werd al vroeg ingeschakeld in het bedrijf. Hij moest de gerepareerde schoenen poetsen en - vervelender - de gepoetste schoenen bezorgen bij de eigenren ervan, deftige mensen uit het villapark. Dat zou nog niet zó vreselijk zijn, ware het niet dat de zonen van die mensen soms klasgenoten van mijn vader waren. Omdat ze hem uitlachten en hij zich toch wel een beetje schaamde, verborg hij de schoenen stiekem onder zijn trui of jas. Zo ging hij soms zelfs een partijtje mee voetballen, waarbij hij wel eens een schoen heeft verloren, iets waar een flinke straf op volgde.

Mijn vroegste herinnering aan hem dateert van toen ik een jaar of twee was. Papa ging dan met mij wandelen en ik voel nog de warmte die mij doorstroomde als hij mijn kleine, altijd koude, knuistje in zijn grote, altijd warme, hand sloot. Later was hij degene die voor mij naar ouderavonden ging of die soms zomaar eens tussendoor met de juf of zuster van de school ging praten. Hij hielp me als ik mijn sommen niet begreep en hij schreef een mooi gedicht in mijn poëziealbum. Dat was op 11 Januari (met een zwierige hoofdletter) 1948. Als ik het nu, zoveel jaren later lees, ontroert het me nog altijd.

Hij was een opvoeder zoals opvoeders vroeger waren: streng en eerlijk, en... de leerkrachten hadden áltijd gelijk. Als ik met straf thuiskwam, zou ik 'het er wel naar gemaakt hebben'. Misschien is het daarom dat mij die ene keer is bijgebleven, toen de leerkracht Nederlands van de mulo twijfelde aan de originaliteit van mijn opstel en eronder schreef: 'Dit is niet van jezelf!' Mijn vader, die ik dit liet lezen, gaf geen enkel commentaar. Wel overhandigde hij mij de volgende ochtend een brief in een gesloten enveloppe voor de bewuste juffrouw. Ik had geen flauw vermoeden van de inhoud ervan, maar er ging mij een licht op, toen de juf met mij praatte over de totstandkoming van dat opstel, en het alsnog met een negen honoreerde.

Als ik aan mijn vader denk, zie ik hem achter zijn bureau in zijn kantoor bij ons in huis. Daar zat hij altijd: zomer en winter, overdag en 's avonds, door de week en 's zondags. Zelfs op oudejaarsavond kwam hij pas tegen twaalven tussen de schuifdeuren door de woonkamer binnen, want hij had een klant die op 1 januari wilde weten hoeveel hij het afgelopen jaar verdiend had. Je zou dus veronderstellen dat mijn vader een slaaf van zijn werk was, maar niets was minder waar. Hij placht altijd te zeggen: 'Mijn werk is mijn hobby.' Begonnen als eenvoudig boekhoudertje, was hij opgeklommen tot een belastingconsulent-accountant die bij de inspectie zeer hoog aangeschreven stond. Dit vond hij zelf heel belangrijk. De slogan: 'Wat Nelissen onder handen gehad heeft, is altijd in orde!' vleide zijn imago. Zelfs bij de fiscale recherche stond hij als 'perfect' en 'integer' bekend.

Als er onverwacht bezoek kwam, veroorzaakte dit altijd enige wrevel bij mijn vader, die dan niet voluit kon doorwerken en dit leidde weer tot irritatie bij mijn moeder, die dat ongezellig vond - wat het natuurlijk ook was. Zo kon het gebeuren dat de schuifdeur opening als het bezoek in de aangrenzende kamer zat en dat mijn vader van achter zijn bureau zo nu en dan door een korte opmerking liet horen dat hij toch 'erbij' was. Hij had een goede band met zijn vele broers en zussen. Zij mochten hem graag vanwege zijn vakbekwaamheid, waar ook zij van meeprofiteerden, en vanwege zijn droge humor.

Mijn vader was een diep religieus mens. Samen met hem ging ik naar de kerk en ik voelde als kind, en vooral als puber, heel sterk de echtheid van zijn Godsdienstige beleving. Veel vrije tijd had hij niet, dus ook geen hobby's, maar hij maakte altijd tijd als ik iets met hem bespreken wilde. Hij hield ontzettend veel van mij, en ik van hem en toen ik op de avond van onze trouwdag het ouderlijk huis verliet, zei hij tegen zijn kersverse schoonzoon: 'Zorg goed voor dit kleintje!' Het mooiste cadeau dat ik ooit iemand op zijn verjaardag heb gegeven, kon ik hém geven: zijn eerste kleinkind.

In 1971 is mijn vader op 61-jarige leeftijd overleden. We hebben het lang zien aankomen, want hij was erg ziek. Die periode is de droevigste in mijn leven geweest. Maar het leven is verdergegaan. Nu is hij er al even lang niet meer, als ik met hem heb meegemaakt. Hij is nog steeds onuitwisbaar aanwezig in mijn hart en herinneringen.

KELDERS

Lieve Jezus, ik ben zo bang
want de oorlog duurt zo lang. (...)
En nu vragen wij Jezuke klein
dat het spoedig vrede zal zijn.

FLARDEN UIT EEN gebedje, dat wij leerden van mère Pia, een zuster met een lange zwarte jurk en een breed uitstaande kap. Het was september 1944, in een kleuterklas met houten bankjes. Aan de wanden hingen vrome platen. Op een lage kast stonden puzzeltjes en vlechtwerkjes, en lagen er kleurpotloodjes in ijzeren sigarendoosjes. We speelden op onze bankjes met grote houten blokken, waar de verf van afgesleten was. De speelhoek moest nog uitgevonden worden.

Soms werden wij plotseling in ons spel gestoord door het angstaanjagende geloei van de sirene. Wij moesten elkaar dan een handje geven en schuifelden achter de zuster aan een brede granieten trap af tot in de grote kelder, waar ook de kinderen van de andere klassen op houten bankjes langs de muur zaten. Sommigen huilden. Ik was meestal 'flink', maar mijn hart bonsde in mijn keel en ik overschreeuwde met liedjes mijn angst. De kelder was heel groot, kaal en vrij donker. Maar niet koud, want de verwarmingsketel stond er en aan de buizen langs de muur kon je je handjes warmen.

Kelders hebben in die periode een belangrijke rol gespeeld in mijn jonge leventje. Zo was er ook de kleine kelder thuis, die je bereikte via een wankele trap vanuit de keuken. Alle kelders van een huizenblok liepen met bogen in elkaar over, zodat je kon zien wat zich bij de buren onder de grond afspeelde. Het jonge stel, twee kelders verder, lag altijd onder een enkele paardendeken, dichtbij of op elkaar. Soms kreunden ze. Ik keek ernaar en had geen flauw idee wat ze aan het doen waren, tot een ouder en rijper buurmeisje mij jaren later het geheim vertelde.

Het had best gezellig kunnen zijn, want vlak naast ons in de kelder zat mijn vriendinnetje Wiesje. Maar met Wiesje mocht ik absoluut niet praten, laat staan spelen. Wiesje's vader was NSB'er. Dat begreep ik niet, want Wiesjes papa vond ik altijd erg aardig.

Onze kelder was vochtig en het rook er muf. En hij was niet zo warm als die van de school. Wij hadden geen buizen om onze handen aan te warmen. Wat wij wel hadden was tante Tiny. Zij zat altijd onder aan de trap te snikken, gehuld in een deken. Haar man, oom Mattie, was machinist op de trein en stond aan vele gevaren bloot. Mijn moeder, haar oudere zus, die met haar eigen gevoelens al nooit raad wist, zat er meestal wat onbeholpen bij en dat stoorde mij, al was ik toen pas vijf.

Er was nog een derde kelder, de kelder onder het oude huis uit 1737 van mijn opa en oma aan de Pieterstraat. Op een goede dag - of beter gezegd: kwade dag - trokken wij er naartoe: papa, mama, mijn broertje en ik. Wij gingen met een kinderwagen met kleine wielen en een diepe bak. De wagen was volgestouwd met allerlei spullen en kleren die in veiligheid gebracht moesten worden, en met de schaarse levensmiddelen die we nog met bonnen hadden kunnen bemachtigen. Als camouflage had mijn moeder het door tante Zuster gehaakte spreitje met roze roosjes boven op de inhoud van de wagen gelegd, en daarop zat mijn kleine broertje. Ik liep naast de wagen, mijn handje omklemde stevig de koude ijzeren stang.

We zagen nog andere mensen met kinderwagens of handkarren, net als wij op weg naar een veiliger plek. Soms kwamen we langs Duitse soldaten in groene pakken, die altijd heel hard schreeuwden. Wij versnelden dan onze pas en ik kon het nog maar net bijbenen. Mijn hart bonsde in mijn keel en soms viel ik bijna. Eindelijk waren wij op de Oude Brug, die opgeblazen zou worden, en we arriveerden in de Pieterstraat.

Van de logeerpartij herinner ik me de kelder. Een grote kelder onder het oude huis, waar de hele familie verzameld was: opa, oma, ooms en tantes, papa en mama, mijn broertje en ik. Hoe vreemd het ook mag klinken, het had voor mij iets huiselijks, en ik vergat voor even de verduisterde dreigende stad. Maar dat verdween weer plotseling door het geluid van vele vliegtuigen. Dit ging over in een gesis en gefluit van vliegende bommen, een oorverdovend lawaai van vallende stenen en gerinkel van glas. Daarna was er stilte, doodse stilte en de paniek sloeg bij mij in alle hevigheid toe als papa zijn stofjas (of was het een lange regenjas?) aantrok en met een bezem naar boven ging om op straat het gebroken glas bij elkaar te vegen. Het was of zich om mijn hartje een ijskoude hand legde. Pas als papa weer bij ons terug was, voelde ik me gerust. Naar zijn vele schrammen en zijn handen vol bloed durfde ik niet te kijken.

Na de bevrijding duurde het lang voordat ik zelf bevrijd was van de vele bange indrukken die het verblijf in de drie kelders bij mij had achtergelaten.

IJSPRET

ER GAAT EEN zindering door de klas op die koude woensdagochtend in januari 1948. Het sneeuwt! Dikke vlokken dwarrelen door de lucht. Sommige blijven als piepkleine plukjes watten op het raam kleven. De klas kijkt ernaar en de som van de zuster over een heer die van A naar B loopt is opeens nóg minder interessant. 'Misschien kunnen we vanmiddag met het sleetje naar de ijsbaan gaan...', fluistert mijn vriendin Elly in mijn oor. Een naar gevoel bekruipt me. IJsbaan! Schaatsen! Sleetje...! Ik ril al bij de gedachte. Ik zal er niet omheen kunnen, want omdat mijn moeder in het ziekenhuis ligt, logeer ik bij Elly en moet ik mij aanpassen aan alle activiteiten van het gezin.

Het lot is mij niet gunstig gezind, het blijft sneeuwen. Op weg naar huis worden al de nodige sneeuwballen gegooid. Rillend van de kou doe ik mee, zodat mijn handschoenen doornat zijn als ik thuiskom. Geen nood, ik leg ze wel even op de kachel. Een doordringende schroeilucht uit de keuken herinnert mij er een half uur later weer aan. Twee grote bruine gaten in mijn nieuwe gele wanten!

Na het eten bereiden we ons voor op de 'ijspret'. Een extra trui en extra sokken en de ceremonie van de schaatsen. Omdat in onze familie nooit geschaatst wordt, krijg ik de oude, te klein geworden schaatsen van Elly. Als een volleerd schaatser hang ik de koude ijzers om mijn nek. We verzamelen ons voor het huis van Elly, en daar gaan we, richting stadion. Wij zijn net 'Zwaan, kleef aan', en voor wij op de ijsbaan arriveren is het gezelschap aangegroeid tot een hele meute. Aan de rand van het ijs binden we onze schaatsen onder. Een peulenschilletje voor de meesten, enthousiast zwieren ze weg, het ijs op.

Ik ben bij de laatsten, mijn ijskoude blauwe vingers krijgen de schaatsen nauwelijks vastgebonden en als het karwei met behulp van een lief, ouder buurmeisje geklaard is, sta ik wankel op twee ijzers. Maar niet voor lang. Al spoedig vormen mijn benen een spagaat op het ijs. Met de moed der wanhoop krabbel ik weer op. Enkele voorzichtige uithalen en ik lig weer. Mijn vriendinnen zwieren langs me heen, alleen, met z'n tweeën of in een vrolijke rij achter elkaar. De geur vanuit een kraampje opzij van mij doet me snakken naar zoiets heerlijks als warme chocolademelk, maar dit genoegen is niet voor mij weggelegd. Geld heb ik nooit bij me. Van buiten en van binnen voel ik me koud en alleen.

Van het ene ogenblik op het andere neem ik een dapper besluit: ik ga hier weg. Ik verlos mezelf van de te kleine schaatsen. Ik wikkel de lange linten om de ijzers en hang ze niet eens meer om mijn nek maar klem ze onder mijn arm. Dan begin ik te lopen, helemaal alleen over de bevro-

ren paadjes door de besneeuwde weiden. De eerste huizen, gezellig verlicht, doemen op. Ik zet het op een lopen. Buiten adem arriveer ik op mijn logeeradres.
'Waar de anderen zijn?' Op het ijs, natuurlijk. 'En jij dan?' En dan barst ik in een onbedaarlijk snikken uit. Alle opgekropte ellende stroomt naar buiten: mijn zieke moeder, de kou, de onmacht en de eenzaamheid. Ik word naar de warme gezellige keuken gebracht. Daar krijg ik dan toch mijn chocolademelk, met een geurig kaneelbeschuitje. Even later zit ik als een spinnende poes met mijn ijskoude voeten in lekkere warme pantoffels mijn beide handen te warmen rondom een beker chocolademelk. Het geluid van de snorrende roodgloeiende kachel en de spanning van het 'kwartjesboek' uit de bibliotheek verhogen mijn gevoel van geborgenheid. Dit is voor mij de fijnste wintervreugde. Ik gun de anderen hun ijspret.
Ik houd nog altijd niet van koude winters. En nog steeds beleef ik de fijnste wintervreugde naast de warme kachel.

DE AANNEMER

Het is donker, deze decembermiddag, hoewel het pas drie uur is. Het grote klaslokaal is gezellig en sfeervol door de gekleurde lampjes in de kerstboom. Hoog op mijn houten lessenaar gezeten, kijk ik tevreden neer op veertig gebogen hoofden. Mijn eigen klas, mijn eigen lokaal. Schooljuffrouw worden is al van jongs af aan mijn ideaal geweest en dat ideaal is sinds vier maanden verwezenlijkt. Het lokaal heb ik met veel aanschouwingsmateriaal gezellig en levendig gemaakt.
Ik schuif het zwarte schoolbord omhoog om er vast het huiswerk voor morgen op te schrijven. Het glijdt met een flinke vaart weer naar beneden. Boem! De meiden schrikken, ik ook. Dit is de laatste dagen vaker gebeurd, ik moet om vier uur de hoofdzuster er maar weer eens aan herinneren. Waarom wordt er niet meteen voor zoiets gezorgd? Maar kom, laat ik mijn goede stemming bewaren. Op het

rooster staat nu 'zingen' en zingen kun je niet als je kwaad bent. De rode zangbundels worden uitgedeeld door de vier kinderen die daarvoor deze week aan de beurt zijn. Ik sla een sol aan op de piano en dan klinkt het aloude 'Maria die zoude naar Bethlehem gaan' door de klas.

Vanmiddag staat er een nieuw lied op het programma, een Maastrichts kerstlied van Harrie Loontjens. Wij oefenen eerst de tekst, want Maastrichts lezen is moeilijker dan je denkt. Bij het lezen van het eerste couplet wordt er op de deur geklopt: een zacht en zeer bescheiden klopje. In de deuropening verschijnt een nette heer met regenjas aan en hoed op. Of hij even mag binnenkomen om te kijken. Nou, en of dat mag! Het heeft al veel te lang geduurd. Demonstratief duw ik het zwarte bord omhoog, dat weer even hard omlaag valt. Meneer vindt het niet zo best. Nee, ik ook niet. En of meneer er vlug iets aan kan doen, iemand langs sturen, vraag ik, want dat dit de aannemer zelf is, dat heb ik al lang begrepen. Een werkman of knecht ziet er heel anders uit.

Nu begeeft de aannemer zich richting kerststal. Hij zet zijn hoed af, legt die op de rotsen van crêpepapier over de gipsen schaapjes heen, gooit zijn jas achteloos over een lege stoel naast de stal en vraagt of hij even mag gaan zitten. Dat mag. Na een: 'Gaat u rustig verder, juffrouw', diept hij een bloknoot op uit zijn tas en begint te schrijven. De maat van het bord en verdere aanwijzingen voor het werk, veronderstel ik, steels naar hem kijkend. Intussen zingt de klas uit volle borst van 'het kindeke Jezus op strooisel geleit, de koning van glorie en majesteit'. Deze groep is een goede zangklas, het gaat prima. Ik zou de man vóór in de klas bijna vergeten zijn, als hij zich niet meldde voor 'ook alstublieft een zangbundel'. Hij gaat zelfs meezingen. De lage mannenstem is boven de heldere meisjesstemmen goed te horen. Ik vind het wel een beetje vreemd, maar het is wellicht zijn laatste karwei van vandaag. Intussen heb ik een liedje gekozen dat de kinderen goed kennen. Ze mogen het begeleiden met instrumentjes. Het klinkt perfect!

Nu staat de heer op. Hij neemt zijn hoed van de rotsen, trekt zijn jas aan en stapt op mij toe. Ik maak geen enkele aanstal-

ten om het lied te onderbreken en... meneer wacht geduldig. Dan geeft hij mij een stevige hand en knikt tevreden. Ik hoop dat ik ook over hem tevreden kan zijn en ik verzoek hem met de meeste aandrang om vlug werk te maken van het gammele bord. De heer glimlacht fijntjes en verzekert mij, met de hand op het hart, dat het in orde zal komen. De klas volgt alles in stilte. Kinderen in het begin van de jaren zestig zijn nog stil als er een vreemde in de klas is.
Dan klinkt door de school de heldere klank van de bel. Het is vier uur, de schooldag zit er op. We bidden en ik breng de kinderen netjes met tweeën in de rij tot aan de buitendeur. Zelf blijf ik nog een tijdje in de klas. Enkele 'zwakke broeders' helpen, de klas opruimen en nog wat corrigeren. Dan trek ik mijn jas aan, knoop hem tot boven goed dicht en zet mijn kraag op, want het is intussen gaan sneeuwen. Ik sluit mijn klas en daal de stenen trap af naar beneden. Mijn oog valt op het mededelingenbord in de gang onder aan de trap. Ik voel me plotseling akelig worden. Mijn adem stokt in de keel en met een vuurrood hoofd lees ik op het bord: 'Aanstaande maandag om 16.00 uur teamvergadering. Onderwerp: terugblik en evaluatie bezoek inspecteur'.

GELUK

NA VELE HECTISCHE vakanties met de kinderen waren we terug bij ons uitgangspunt: wij gingen met ons tweeën op stap. En of het nu kwam door de ruimte die we plotseling hadden of door de rust in de auto - geen gejengel en geruzie, geen gezeur over 'moeten plassen' op de achterbank... De reis alleen al was een verademing. We voelden ons ontspannen en als herboren. Deze gevoelens werden nog eens versterkt in het kleine, gezellige familiehotelletje in de Provence, waar wij tot in de late uurtjes op het terras zaten, pastis dronken en keken naar de jeu-de-boulesspelers op het door bomen omzoomde pleintje.
Het absolute hoogtepunt van rust, harmonie en diepe vrede was 'ons' weitje. Een groene wei, omsloten door witte kalk-

rotsen die scherp afstaken tegen de azuurblauwe hemel. Aan de rand daarvan, onder oude bomen, stroomde een beekje, met water zo helder dat je de stenen op de bodem kon zien liggen, waar je zilverschubbige visjes tussendoor zag flitsen. Het weitje had een groen tapijt van gras en mos dat rijkelijk begroeid was met veelkleurige bloemen. Het gonsde er van de insecten, en vele doorzichtig blauwe vlindertjes vlogen van bloem naar bloem.

In dat wonderlijke paradijs, helemaal alleen voor ons tweeën, spreidden wij onze deken uit. Wij snoven de geur op van tijm en lavendel. Wij luisterden naar de zoemende geluiden van insecten en het vrolijke gefluit van de vogels. We genoten van het kabbelende water en de stroomversnellingen in het beekje. Wij voelden ons heel dichtbij onszelf, bij onze bron en bij elkaar. Een volmaakte harmonie zoals in het paradijs. Twee mensenkinderen die hun geluk niet op konden. Ik herinner me zelfs het boek dat ik daar las: *Tot het aanbreken van de dageraad*. Een boek waarin de dominicaan Ambroos van de Walle zijn meesterlijke visie op de hemel beschrijft. En een hemel was het, dat is zeker.

Soms werd de serene rust verstoord door het gekrijs van een roofvogel, die zich klapwiekend op een onschuldige prooi stortte. Dan herinnerden wij ons, dat wij ook nog mensen van vlees en bloed waren. Het roodgeblokte tafelkleedje werd dan op de grasmat gelegd en de inhoud van de rieten mand werd erop uitgestald: knapperig stokbrood, Franse kaasjes, paté en olijven streelden neus en oog. De fles witte landwijn werd gekoeld tussen de stenen van het beekje opgediept en... de picknick kon beginnen! 'Hier gaan we nooit meer weg!', verzuchtte mijn man. 'Nee, nooit meer!', beaamde ik.

PIETER HOES (1946)

'In het detail wordt het geheel zichtbaar'

'Tekenen en opstellen schrijven vond ik vroeger leuk, en toen ik op de lagere school zat las ik graag. Ik kon bij het lezen lekker wegdromen en fantaseren. We hadden een bibliotheek in het parochiehuis met veel romans en streekromans en er was een schoolbibliotheek, waar ik wel eens een boek leende. Met Sinterklaas kreeg iedereen bij ons thuis een boek. Maar liever nog knutselde ik: ik maakte poppenkastjes, figuurzaagde boerderijbeestjes, legde een verzameling lapjes aan die ik op een bepaalde manier rubriceerde en ik maakte fantasieopstellingen van natuurlijke materialen die ik nu decortjes zou noemen. De verbeelding aan de macht: ik kon de dingen van alledag loslaten, ideeën en fantasieën over de tijd heen tillen. Ik maakte overal tekeningetjes en was gelukkig als ik mijn fantasie kon laten gaan, als ik beelden kon oproepen om er zelf verhalen mee te maken. Bij het schrijven van opstellen was ik trouwens niet bezig met de taal of het taalgebruik, en zó vrij was het nu ook weer niet, want je kreeg altijd een aantal opsteltitels waaruit je moest kiezen.
Op de middelbare school werd de wereld van de verbeelding weggeslagen. Ik vond het wel aardig om een gedachtegang helder te maken, maar het plezier in het schrijven ebde weg. Het enige dat mij raakte waren de tekenlessen in de onderbouw, de biologielessen en de literatuurlessen in de hogere klassen. Daarvoor moesten we literatuurlijsten aanleggen, ter voorbereiding op het eindexamen. Maar ik was een gemiddelde leerling en ik moest alle zeilen bijzetten om mijn huiswerk te maken en alles klaar te krijgen, dus meer dan de verplichte boeken las ik niet.
Ik zat op hbs-a en het op school zijn was voor mij een gruwel: ik was een gepest en geminacht, bebrild jongetje en ik was bang.

Ik was graag alleen en veel buiten. Op school had je een sportclub, een dam- en schaakclub en een biologiegroep, en vanuit een behoefte om niet altijd maar alleen te zijn sloot ik me bij die laatste aan. Meneer Takken, de biologieleraar die geen orde kon houden en bij wie de te determineren planten door de klas vlogen, leidde de groep. We gingen vaak naar buiten, mijn belangstelling ging dan uit naar vogels.

Ik ging ook wel vanuit de school naar voorstellingen in de schouwburg, bijvoorbeeld naar toneel. Het was de naoorlogse tijd waarin de schouwburgen opkwamen: als voorstellingen niet vol waren, werd dat omgeroepen op school, want wij konden als leerlingen van het lyceum met grote reductie op de entreeprijs naar de voorstellingen. Ik ging elke twee weken naar de schouwburg. Als mijn klasgenoten bij een balletvoorstelling vliegtuigjes het toneel op schoten, vond ik dat vréselijk! Maar ik zag zo veel, ik zat graag in de schouwburg. Mijn klasgenoten gingen uit, ze zaten in sozen en dansclubs te roken in lokalen die vol hingen met visnetten, maar ik keek naar toneel, dans en ballet. Door de gang naar de schouwburg en ook wel door de literatuurlessen werd de wereld van mijn verbeelding gestimuleerd.

Toen ik naar de sociale academie ging, begon ik gedichten te schrijven. Ik was verliefd en verward en ik begreep niet wat er aan de hand was. De taal van Hugo Claus vond ik prachtig: aardse, geurende en bloedstollende taal - een beetje mysterieus. Taal die je niet begrijpt, die je doet hunkeren naar vervulling. Via mijn eigen denken vond ik voor veel dingen geen uitweg. Dus ik begon zelf te schrijven en soms ontstond er een gedicht.

Op de sociale academie dacht ik nog dat ik mensen zou gaan helpen, ik zou met allerlei moeilijke gevallen in het maatschappelijk werk aan de slag gaan. Maar eigenlijk wilde ik vooral zelf geholpen worden. De dramalessen waren voor mij een openbaring. Ik voelde voor het eerst de macht via het spelen toen ik een vogel moest spelen. Het was een vogel die naar het zuiden wilde vliegen in de herfst, met een lamme vleugel - freudiaanser kan het bijna niet. Ik zie nog de stoel waarop ik stond, rondkijkend en geluiden makend. Ik wilde vliegen maar het lukte niet, ik werd een heel droevige vogel en aan het einde viel ik van de stoel en ging dood. Tijdens die act voelde ik hoe ik het lachen en de ontroering van het publiek kon sturen en beïnvloeden. Ik was weer terug bij mijn verbeeldingskracht. Daar was het ook dat ik voor het eerst voelde dat ik iets duidelijk kon maken, dat ik ervoer dat ik applaus kon krijgen.

Ik kwam uit een familie waarin veel toneel gespeeld werd, ik had heel veel voorbeelden in mijn omgeving, er waren ooms en tantes die acteur of actrice waren in amateurtoneelgezelschappen en mijn moeder stimuleerde het spelen ook. Het spelen gaf me vleugels, ik werd gezien en herkend, en ik werd gevraagd om mee te doen in een cabaretgroep op school. Dat gaf me ook de moed om verder te gaan in de wereld van de verbeelding en ik besloot naar de academie voor expressie te gaan. Daar ontdekte ik pas echt mijn mogelijkheden; ik ontdekte mijn speelsheid. We kregen allerlei lessen voordrachtskunst en literatuurgeschiedenis; ik kwam nu op andere manieren in aanraking met gedichten doordat wij ze moesten voordragen. Vrijdags stond de hele dag in het teken van het maken van een voorstelling of presentatie en een onderdeel ervan was het maken van een voordrachtsprogramma.

In die tijd begon ik gedichten te "murmelen". Onderweg zijn, bewegen en lopen, helpen om taal te produceren. Het fysiek voelen, het laten klinken en laten bewegen, zijn belangrijk voor toneel en taal. Ik wandelde graag en al wandelend maakte ik hardop sprekend zinnen, die ik later opschreef. Het ging daarbij vooral om het horen van de klanken en de zinnen. Deze wandelingen in de buitenwereld waren tegelijkertijd wandelingen in mijn binnenwereld.

Door de gedichten en het zoeken naar woorden kwam ik ook op een andere manier in beweging. Ik was misschien wel letterlijk op zoek naar mezelf, het was de tijd waarin ik mijn identiteit ontdekte, als homo. Ik liep langs parken en door de stad langs kroegen. Ik ving van alles op, vond de wereld van mannen met mannen spannend, eng en fascinerend. Maar ik was ook op zoek naar liefde. Ik was verliefd op jongens maar wist niet hoe ik dat moest vormgeven. Veel dingen die ik tot dan toe niet begrepen had, werden duidelijker, al waren mijn gedichten nog steeds duister en zoekend. Ik ontwikkelde een antenne voor een nieuwe werkelijkheid, die tegelijkertijd voor mij nog een ver-van-mijn-bedshow was. Toen ik in het tweede jaar van de academie kon gaan staan voor mijn homoseksualiteit, was dat een bevrijding.

Ik herinner me dat ik er met een docente over sprak. Ze zat daar met haar slofjes aan haar voeten, en zei: "Ach Pieter, we hebben héél veel homofiele kennis in onze kringen."

Na de academie voor expressie ben ik gaan lesgeven aan de toneelacademie. Ik onderrichtte in het lezen van toneel en later ook in regisseren, met alles wat daarbij komt kijken, zoals tekstanalyse en tekstexpressie, het tot klinken brengen en in beweging zetten van teksten. We schreven ook wel toneel, we maakten bijvoorbeeld themavoorstellingen, soms in opdracht. Zo maakten we ooit een stuk om aankomende politieagenten te leren hun gevoelens te uiten. De stukken moesten discussie oproepen, het was in de tijd van de toneelgroepen Werktheater en Proloog. We begonnen meestal bij een vraag, een thema dat ons bezighield. Rond dat thema werd onderzoek gedaan en materiaal verzameld en vervolgens werd het materiaal vormgegeven in een voorstelling, een geschreven toneelstuk. Het stuk werd dan ook herschreven, in een zo mooi mogelijke taal. We hadden veel aandacht voor theatraal taalgebruik, voor mooie dialogen en ook voor de poëzie in de taal. Zo is het werken met de taal van de verbeelding doorgegaan. Behalve toneel las ik nu ook wel romans en gedichten.

In 1994 kreeg ik een hersenbloeding. Daardoor veranderde mijn leven radicaal. Ik verloor mijn werk aan de toneelacademie, dat ik 23 jaar met hartstocht had gedaan, en ik moest mijn tijd zien te vullen. Ik bedacht dat ik nu dan wel niet meer actief toneel kon maken met anderen, maar dat ik misschien zélf toneel zou kunnen schrijven. Dat bleek heel gecompliceerd: bij toneel moet je vooral het geraamte schrijven, de emoties liggen achter de woorden. Om te oefenen, zo dacht ik, begon ik met het schrijven van proza.

Ik ging naar een workshop van de schrijversvakschool, maar vond de sfeer te intellectualistisch en zag er niets terug van het drama, van de sfeer die ik zocht. Dus dat werd niks. Ik heb toen gekozen voor een cursus levensverhalen schrijven. Eigenlijk ging ik meer om materiaal te zoeken waarmee ik drama zou kunnen schrijven, want ik wist dat het levensverhaal een bron is voor drama. De eerste les ging over geuren, en die les vond ik meteen al erg leuk. En zo begon het losweken van mijn herinneringen.

Het directe en concrete van de opdrachten paste goed bij mijn mogelijkheden van dat moment. Door de hersenbloeding was ik veel kwijtgeraakt, ik kon bijvoorbeeld niet meer goed structureren. Maar de oefeningen deden een beroep op heel andere dingen, bijvoorbeeld zintuiglijkheid. Ik werd telkens weer verleid in het moment, en veel oefeningen vond ik fijn om te doen. Door de zintuigelijkheid herbeleefde ik de gebeurtenissen uit het verleden.

Ik vond het een openbaring dat er zo snel beelden en verhalen kwamen, dat ik zo snel in mijn herinnering kon duiken. De schat leek voor het oprapen te liggen. Het was bijna te veel, zoveel als er dan kwam! De oefeningen hielpen mij om niet abstract te worden. Het hoefde niet doordacht en gestructureerd te zijn. Het was alsof er een bron opengeslagen werd: eerst sijpelt er een beetje water langs een steen, dan ontstaat er een stroompje, en vervolgens spuit het water eruit en gutst het maar door. De opgave was voor mij daarna dan ook: de stroom kanaliseren.

Wat voor mij heel belangrijk was: het schrijven bracht me terug bij mijn eigen bron van mogelijkheden. Eigenlijk was het een herontdekken van wat ik als kind kon en waar later geen ruimte meer voor was. Net als bij de eerste weken op de academie voor expressie: ik ontdekte dat ik iets kon met de wereld van de verbeelding, vond instrumenten waarmee je die wereld kunt verkennen. Het confronteerde me niet steeds met mijn falen, met wat ik niet meer kon door de hersenbloeding, maar het toonde mij mijn mogelijkheden en legde de oorsprong van mijn creativiteit opnieuw bloot. Door te gaan schrijven, oefende ik natuurlijk ook mijn hersenen.

Met het mij kunnen herinneren van gebeurtenissen en voorvallen uit mijn leven heb ik geen moeite. Het probleem zit hem in het structureren van het materiaal. Ik kwam naar de cursus omdat ik toneel wilde schrijven, en dat is er niet van gekomen. Als ik nu rondkijk in mijn kamer, zie ik de dozen waarin ik de verhalen bewaar. Ze zitten erin als een schat. Alleen dát al is waardevol. Ik realiseer me nu dat ik in een andere fase van mijn leven terechtgekomen ben, en dat resultaat en winst relatieve begrippen geworden zijn. Niet alles hoeft uitgepakt te worden. Zo laat ik nu ook andere plannen en wensen los. Ik wilde bijvoorbeeld weer gaan tekenen en schilderen, omdat het product er dan meteen is, en je de volgende dag kunt doorgaan met waar je gebleven was. Dat leek mij gemakkelijker dan schrijven, waarbij je veel moet denken. Toch is ook deze wens weggegleden.

Ik wil nog niet verder met het schrijven van levensverhalen of het ordenen van de verhalen in de dozen. Niet omdat ik het niet wil, maar omdat het nu beter is om die dingen te laten rusten. Ik ben er nog niet aan toe alle vruchten uit de dichte kist in een mooie glazen fles te stoppen. Of om de zaden uit de kist in de grond te stoppen. Het doet mij goed om het even te laten voor wat het is. Het verlangen is er wel: ik wil niet dat de boer sterft vóór het planten, of dat de zaden uitdrogen. Maar de koek is gauw op, wat betreft de beschikbare energie. Als ik mijn leven gewoon maar leef met opstaan, zorgen voor mezelf, boodschappen doen, eten en af en toe ergens heengaan, dan kom ik aan weinig andere dingen meer toe. Ik moet heel economisch omgaan met de tijd die ik heb. Ik leef in het moment en doe de dingen van het moment.

Ik moet het tegenwoordig hebben van de details, en daarover heb ik wel iets geleerd in de schrijfcursus. Want in het detail wordt het geheel zichtbaar. Ook in mijn werk kende ik dit principe. Ik was goed in het scheppen van een geheel vanuit de details. Vaak bleek dat het uitregisseren van een heel klein moment, een gebaar, een beweging, leidde tot inzichten en ontdekkingen over de motieven van een karakter. Nu ik mijn verhaal over de taxichauffeur weer gelezen heb, zie ik dat terug: zo'n klein moment, zo'n verhaal over het weer. Het verhaal gaat over bijna niets, het is een momentopname, en toch zie ik mijzelf erin terug. En dat ontroert me.

Het levensverhaal is natuurlijk ook een opsomming van dierbare en betekenisvolle momenten uit je leven, en zelfs als zo'n moment onbelangrijk is of lijkt, gaat het in wezen om iets belangrijks. Dat was een belangrijk leermoment in de cursus: de ontdekking dat, als overzicht een probleem is, de verdieping in het detail kan helpen en ondersteunen. Ik raak vaak het spoor kwijt omdat ik maar door blijf associëren, en detail op detail blijf stapelen. Het ontwikkelen van de discipline om in het detail te duiken en daarmee het associëren te stoppen, heeft mij veel gebracht. Je kunt een klein moment op een simpele manier laten uitgroeien tot een verhaal, en voor je het weet ben je dan weer aanbeland bij het grote geheel. Vanuit de details bouw je het grote geheel op. En het vertellen over dat ene concrete gegeven, een moment in een hier en nu, leidt vanzelfsprekend tot inzichten over het grote geheel. Daardoor ben ik nu ook minder bezig met het eindproduct, het eindpunt. En dat is rustiger: gewoon maar op weg zijn.'

'**W**AT EEN WEERTJE, hè?', sprak de taxichauffeur wel erg luid, terwijl hij achter het stuur plaatsnam en met een al te energieke klap het portier achter zich dichttrok. Hij had er duidelijk zin in vandaag, want nog voor ik mijn slaapdichte ogen goed geopend had om me in het gespreksonderwerp te kunnen verdiepen, riep hij alweer veel te jolig: 'En? Waarheen mogen wij u deze keer vervoeren?' 'Naar het station, graag.' Ik liet het door mijn oogwimpers waargenomen weer maar voor wat het was - koud, bewolkt en druilerig - en richtte mijn blik zijdelings op de chauffeur, die mij kennelijk al vaker gereden had.
Ergens ver weg kwam hij me bekend voor. Een wazige poging om hem verder te determineren strandde in de conclusie dat taxichauffeurs nu eenmaal - en vooral met dit soort somber weer en vroeg in de ochtend - de neiging hebben ernstig op elkaar te gaan lijken. In de toenemende warmte in de taxi, gistte deze gedachte nog even door. Politieagenten, winkeljuffrouwen, drogisten, kappers rezen in steeds groter wordende groepjes in mij op. En verdomd, of ze nu dik of dun, jong of oud, met of zonder bril waren, nader beschouwd leken ze ergens allemaal op elkaar...
Tijdens mijn overpeinzingen was het harder gaan regenen. Het kletterde nu hard tegen de ruiten. De aanblazers van de ventilatie vulden het interieur van de auto met een steeds meer naar rubber riekende warmte. 'Wat een weertje, hè? Wat een weer...', klonk het nog eens naast mij. Herfstiger kon de sfeer al bijna niet meer worden in deze taxi. Mijn zinloze gemijmer over de onderlinge gelijkenissen van personen met hetzelfde beroep, was intussen overgegaan in het oplossen van een minstens zo zinloze maar toch prangende vraag of het omgekeerde ook waar was. Gaan voor de taxichauffeur ook alle passagiers op elkaar lijken? Dat zou in elk geval het 'deze keer' in de openingszin kunnen verklaren; zo vaak neem ik immers geen taxi.
Ik werd uit mijn doelloos gepieker opgeschrikt door een zeer boosaardig: 'Tsjonge, jonge, jonge!' Eigenlijk ver-

wachtte ik na deze aanhef een pittige analyse over het slechte rijgedrag van medeweggebruikers, maar wat volgde was een stevigere variant op de openingszin: 'Wát een knuddeweer!' 'Zeg dat wel, wat een weertje.' De lichte nadruk in mijn stem, eigenlijk bedoeld als solidariteitsbetuiging ten aanzien van het meteorologische ongemak van de taxichauffeur, leek in plaats daarvan de zwakte van onze conversatie nog eens extra te onderstrepen. 'Nou, zeg dat wel!' zei hij gretig beamend, zich absoluut niet bewust van het feit dat we in herhaling begonnen te vervallen. Integendeel. Zijn stem demonstreerde in het vervolg van de zin een niet te temmen geestdrift voor zijn gespreksonderwerp: 'Knudde, knudde, knudde!'
Er was nu geen ontkomen meer aan. Op de een of andere manier dwong zijn doorzettingsvermogen respect af. Sterker nog, hij wist mij daarmee zelfs een overtreffende trap te ontlokken. 'Klote, zwaar klote-weer!', hoorde ik mijzelf zeggen - woorden die ik zelden in het bijzijn van vreemden bezig. Op de een of andere manier maakte de volharding in zijn conversatiedrang iets in mij wakker. Mijn bloed was sneller gaan stromen en eigenlijk had ik er nog 'kut met peren' tegenaan willen gooien, maar daar was ik in mijn keurige winterjas niet op gekleed. Intussen waren de ramen in de benauwde taxi volledig beslagen, met uitzondering van de voorruit die de chauffeur zo nu en dan met de hand afwiste. Langzaam maar zeker ontstond er een soort saamhorigheidsgevoel: wij tweeën in een benauwde tank tegen de grote boze buitenwereld van de teisterende weerGoden. Om ons tot het uiterste te tarten, stortte plotseling een hevige wolkbreuk met een daverend gekletter op ons neer. 'Nou, nou, nou...!', riepen we in koor. En toen we door een laag gelegen, met water volgelopen viaduct crossten en aan weerszijden van de auto tot boven de ramen de golven uiteenspatten, klonk uit het diepst van ons beider gemoed, dat al veel eerder in ons opgekomen maar uit wederzijds respect ingehouden: 'Kút!' Tweestemmig. Even later hield de motor het voor gezien en sukkelden we nog een eindje door tot de wagen tot stilstand kwam. 'Eens horen of we van de centrale bijstand mogen verwachten', zei de chauf-

feur weinig hoopvol. Door het lawaai van de neerkletterende stortvloed heen, hoorden we nog een zwak langgerekt piepje, maar ook dat gaf de geest.

Even verderop zagen we door het dichte regengordijn het uithangbord van een broodjeszaak vaag oplichten. 'Ik ga daar wel even bellen', zei de chauffeur in een nog lagere versnelling, 'blijf hier maar zitten, dan roep ik een collega op.' 'Ben je gek', zei ik gemeend, 'ik loop wel even met je mee'. Voor we de portieren openden, zuchtten we allebei diep. We hadden de strijd tegen de elementen in het zicht van de haven - het station even verderop - verloren en konden ons alleen nog maar aan de elementen overgeven. Al na een tiental meters waren we drijfnat en sopte het water in onze schoenen. Eerst liepen we nog hard alsof dat iets zou uitmaken, maar de laatste meters legden we bijna kuierend af. We gaven ons nu volledig over aan de macht van het regenwater, om als trotse, heldhaftige strijders in verzopen waardigheid de broodjeszaak binnen te treden.

Iedereen in de propvolle zaak staarde ons aan alsof we van Mars kwamen. Terwijl zich aan onze voeten een steeds groter wordende plas water vormde, keken we elkaar voor het eerst eens helemaal aan en met een instemmende blik riepen we in koor: 'En toen was er koffie!' Waarop een nogal lunchroom-achtig dametje met een dun stemmetje zei: 'Wat een weertje, hè?'

ZONDAGMIDDAG

H**ET GEBEURDE OP** zo'n typische zondagmiddag, waarop de geest verplicht is gelijke tred te houden met het tergend langzaam voorttikken van de tijd. 's Ochtends waren we met z'n allen naar de jaardienst geweest, ter nagedachtenis aan mijn overleden vader en mijn kort na vader gestorven oudste broer Guus. Zichzelf altijd getrouw, had mijn moeder ook nu weer de Heilige Mis ruimschoots op tijd telefonisch bij ons aangekondigd met de bekende toevoeging: 'Zie maar of je kunt komen. 't

Is maar dat je het weet... Niemand hoeft zich verplicht te voelen, hoor.'

Uiteraard voelden we ons verplicht. Maar in het diepst van ons hart waren we haar eigenlijk dankbaar voor haar nietaflatende pogingen om ons zo terloops mogelijk alsnog een keer de kerk in te krijgen. Dus we waren eruiteindelijk allemaal met aanhang: de wederhelften, de kleinkinderen en zelfs het eerste achterkleinkind. En na de mis had ook deze keer het hele gezelschap zich voor de rest van de dag vrijwillig opgesloten in de flat van mijn moeder en een beetje in zichzelf. We waren wel met elkaar aan het praten maar het ging eigenlijk nergens over. De ditjes en datjes werden aangenomen voor zoete koek, net zoals het gebruikelijke plakje cake bij de koffie, de vroeger wel lekkere, maar door regelmatig crematoriumbezoek nogal ontkrachte smaak herkennend.

Van een blik naar buiten, om zo even aan de benauwdheid van dit samenzijn te kunnen ontsnappen, werd je ook bepaald niet vrolijker. Onder de strakke grijze lucht lagen de kantoorgebouwen aan de overkant van de straat er verlaten bij. Van de doordeweekse bedrijvigheid was slechts een leeg decor overgebleven, van vaag waarneembare kantoormeubelen en computers met een paar verweesde vingerplanten ertussen. Ook de winkelpromenade langs de onderste verdieping van de gebouwen was volledig uitgestorven. De donkere, veelal met rolluiken geblindeerde etalages, konden geen betere illustratie zijn voor ons naarbinnen gekeerd gemoed. Zowel buiten als binnen gebeurde helemaal niets. Als je de pendule niet zou horen tikken zou je denken dat de tijd die we nog moesten uitzitten stilstond. We leken veroordeeld tot levenslang.

En dus gingen we af en toe, alleen of met zijn tweeën, even luchten onder het mom van koffie bijzetten, toastjes smeren, luiers verschonen en, in toenemende mate, drankjes inschenken. Vooral die drankjes hielpen het bloed wat sneller te doen stromen en openden een beetje de poriën van de geest. De mooiste verhalen werden erdoor uit de herinnering losgeweekt. En als die al te weemoedig dreigden te worden, was er altijd nog de ontsnappingsmogelijkheid naar de slaapkamers of de berging, om daar langdurig te gaan zoeken naar verloren gewaande rekwisieten, waarmee een of ander in de huiskamer opgedist verhaal onderstreept moest worden. Intussen was het binnen, door de vele sigaretten die weggerookt werden, al net zo grijs als buiten.

Daarentegen was, onder invloed van de vele pilsjes en wijntjes, de mist in ons gemoed aardig aan het optrekken. Daar kwam bij dat moeder al in de keuken aan het redderen was en dat de gebruikelijke zondagse soep, met roompudding toe, in aantocht was. Na dat wel erg late middagmaal - of heel vroege avondmaal? - konden we gaan en staan waar we wilden. Maar het gekke was, dat juist tegen de tijd dat de verplichte detentie er bijna op zat en de vrijheid lonkte, iedereen ontspannen raakte. Het dreigde zelfs gezellig te worden. De meesten hadden immers later op de middag van alles en nog wat gepland, als een excuus om vooral maar niet langer dan strikt noodzakelijk te hoeven blijven.

Nu moesten ze, de een na de ander, helaas weg. De eersten vertrokken nog tamelijk gemakkelijk, min of meer onopgemerkt in de drukte wegkomend en vage excuses rondstrooiend, die in het geroezemoes nauwelijks werden opgevangen - wat eigenlijk ook de bedoeling was. Maar de volgenden kwamen steeds moeilijker weg. Het werden allengs min of meer spijtoptanten. Met hun jas al aan schuifelden ze, nog een laatste verhaal aanhorend, achteruit de gang in. En net als je dacht dat ze dan eindelijk de kameruit waren, kwamen ze terug met een nog gekkere versie van hetzelfde verhaal. Zo verdwenen mijn broers en zussen met hun wederhelften en kroost een voor een. De mannen steeds luidruchtiger, de kinderen jengelend met rode konen van vermoeidheid, en de vrouwen roepend: 'Schiet nu toch eens op! We zijn al veel te laat.'

Nu bijna iedereen weg was, ontstond er een sfeer van 'mogen nablijven om de meester te helpen', in mijn tijd een groot voorrecht. In dezelfde ruimte waar je je in eerste instantie opgesloten voelde, ervoer je dan een bijna niet te vatten vrijheid. Het was opwindend om in diezelfde klas gewoon

te mogen praten, en op plaatsen te komen waar je anders niet mocht zijn. Stiekem even op de lessenaar gaan zitten en dingen terugzetten in kasten waar normaal gesproken alleen de meester in mocht. In zo'n stemming ongeveer stonden mijn nichtje Joy, de oudste dochter van mijn overleden broer, en ik de vuile vaat weg te werken in de keuken. Intussen kletsten we na over iedereen en van alles en nog wat. Soms kregen we de slappe lach, dan gingen we weer ernstig in op iets dat ons beiden die middag geraakt had en af en toe betrapten we onszelf op het neuriën van een deuntje.
Op de achtergrond hoorden we haar zoontje Tobias met mijn moeder een raadspelletje doen. Ineens realiseerde ik me dat we met vier generaties bij elkaar waren: mijn moeder, ik, Joy en haar zoontje. Tegelijk drong het tot me door dat ik als kinderloze oom niet helemaal in dit rijtje thuishoorde, hoe graag ik ook zo'n dochter had willen hebben. Eigenlijk had haar vader hier moeten staan. De gedachte dat ik plaatsvervangend trots op haar en haar kindje mocht zijn, was even pijnlijk als troostrijk. Het hoorde zoals al die tegenstrijdige gevoelens bij deze dag. Uiteindelijk voelden we ons opgelucht en met elkaar verbonden. We hadden ons samen, zonder dat te hoeven uitspreken, heengewerkt door iets dat eerst akelig, grauw en naargeestig in ons verstopt zat. Eigenlijk hadden we niets meer gedaan dan met de overledenen de tijd voorbij te laten tikken tot de verlossing zich vanzelf aandiende.
In de huiskamer hoorde ik mijn moeder de balkondeuren opengooien, 'om de kamer eens goed te luchten'. En bijna meteen daarop hoorden we haar kittige tred in de gang en de opgetogen stem: 'O, jongens komt eens kijken! Je gelooft je ogen niet. Het is bijna niet meer echt!' We spoedden ons achter haar aan door de gang terug de kamer in. Ze schoof in één beweging de vitrage voor het grote doorzonraam helemaal open. 'Kijk nu toch eens...', zei ze verrukt.
Het raam was als een schilderij: waar boven het grauwe kantoorgebouw de hele dag een egaal grijze lucht ons als een muur had ingesloten, zagen we nu licht en kleur in tonen en vormen die een mens niet zou kunnen bedenken.

Onder de leiblauwe donkere lucht die bovenin op de voorgrond over ons heen leek weg te trekken, zag je tot in het oneindige wolken als in een coulissenlandschap, met helemaal vooraan donkere grijzen in de prachtigste tinten. Sommige hadden een roze gloed of een bijna oogverblindend gouden randje. Door de niet meer te peilen diepte, de steeds kleiner wordende wolken en het goudgele tegenlicht van de late namiddagzon had het geen einde en geen begin. Het kwam over ons heen, heel langzaam, en veranderde voortdurend. Het overkwam ons, zoals het leven en de dood.
We staarden vol ontzag naar buiten. De kleine Tobias kraaide van plezier, ik mompelde iets als: 'Goh, wat mooi...' Joy sloeg een arm om me heen en miste haar vader, zoals ik de mijne miste. En mijn kleine moeder stond nog steeds links van het raam, haar mollige handje wijzend naar het grootse tafereel, als een rondleidster in een museum. Alleen kon ze de woorden niet vinden om het licht te verklaren. Haar ogen waren nog een beetje vochtig van het voorbije verdriet, maar om haar mond speelde alweer een nauwelijks verholen glimlach, omdat ze wist dat ze voor ons, behalve lekkere snert en roompudding maken, ook een beetje kon toveren. 'Een schilderij', zei ze. 'Met de handtekening van God!' Ja hoor, dacht ik, dapper ding, en precies op de plaats waar jij staat, linksonder in de hoek.

MIEP JENNEKENS (1928)

'Ik zie nu dat mijn levensverhaal eigenlijk heel gewoon is'

'Het schrijven van verhalen voor de cursus staat los van het schrijven van mijn levensverhaal. De verhalen voor de cursus zijn bedoeld om mooi en af te zijn, het levensverhaal is directer en vanuit de emotie geschreven. Ik ben ertoe gekomen om mijn levensverhaal te gaan schrijven toen ik begon met opruimen, een jaar of acht geleden. Met het ouder worden heb ik daar behoefte aan gekregen. Ik vond allerlei brieven en opstellen, dingen die ik zelf geschreven had, ook het begin van mijn levensverhaal. Ik begon erin te lezen en het ontroerde mij. Een fragment dat zeker veertig jaar geleden werd geschreven, is de aanleiding geweest om mijn levensverhaal te schrijven.
Mijn ouders lagen in die tijd vaak overhoop met mijn broer. Ik wilde helpen door herinneringen aan onze jeugd op te halen en op te schrijven, vooral voor hem. Ik wilde zo graag de donkere wolk die boven mijn en ons leven hing, laten verdwijnen. Dat vond ik belangrijk voor ons, voor het gezin en natuurlijk ook voor mezelf. Mijn leven was als een grote brij. Wat betekende het allemaal? Ik durfde er lang geen woorden aan te geven, maar ik heb het toch gedaan. Vanaf 2001 ben ik mijn herinneringen gaan opschrijven en daarmee doorgegaan tot waar het fragment van veertig jaar geleden ophield. Ik vertel graag maar weet niet altijd aan wie ik moet vertellen, daarom schrijf ik dingen op. Het levensverhaal vertelde ik aan mezelf, als een zoektocht. Ik zou het verscheuren als het klaar was, zo nam ik me voor. Het was ook vanuit een behoefte aan ordening, aan het boven tafel willen krijgen, het willen begrijpen van dingen uit het verleden. Wat gebeurde er toen eigenlijk allemaal en wat had het te betekenen? Door het op te schrijven is het zo ver van me af komen te staan, dat ik het verhaal nu weer zelf moet lezen om te weten wat en hoe.

Al schrijvende heb ik verklaringen gevonden in teksten die ik intussen las. Als je ergens mee bezig bent, speelt dat een rol in wat je tegenkomt. Ik dacht veel na over mijn vader. Wat was dat eigenlijk voor iemand? Zo ontdekte ik dingen over hem in *Der Untertan* van Heinrich Mann, over een man die zijn angst en achterdocht alleen de baas kan door zijn omgeving te tiranniseren. Hesling, de hoofdpersoon in dat boek, kan niet anders dan een tiran zijn.[14] In *Een gewoon gezin* van Maggie Gee en in *Bloedverwanten* van Michael Cunningham herkende ik wat een ellende vastgeroeste normen kunnen veroorzaken.[15] Ik las in een recensie over de taalfilosoof W.V. Quine: "(...) Mét de taal die we van jongs af aanleren krijgen we ook een blik op onze werkelijkheid aangereikt." De wereld van mijn jeugd was katholiek, iedereen hield er dezelfde normen en leefpatronen op na, dat kwam tot uitdrukking in de begrippen en de taal.[16]

Terwijl ik aan mijn levensverhaal werkte, verbleef ik als het ware in een andere wereld. Soms moest ik ook echt onderduiken om te kunnen werken, omdat ik het niet kon combineren met andere intensieve bezigheden. Daarom ook heb ik niet meegedaan aan een volgende schrijfcursus. Ik begon in een min of meer neutrale sfeer te schrijven, zakte er dan diep in weg, kwam als het ware in een put terecht waaruit ik ten slotte tevoorschijn kwam om thuis te komen bij mezelf.

Toen ik de eerste cursus volgde, ergens in de jaren tachtig, zat ik op de universiteit. Ik deed aan de cursus mee omdat ik vond dat mijn taal verkracht werd. Ik moest werkstukken maken en kreeg op mijn kop omdat er dialect in doorschemerde en omdat ik mijn argumenten niet voldoende onderbouwde. Ik heb me dat erg aangetrokken. Ik schreef over vrouwenmishandeling en wat ik aan onderbouwing in de boeken kon vinden, klopte voor geen cent, veel víel eenvoudigweg niet te onderbouwen. Het deed de waarachtigheid geweld aan. Ik heb een keer bij de bibliothecaris zitten huilen, hij begreep me gelukkig.

---

14 Mann, H. (1918/1988). *Der Untertan*. München: Deutscher Taschenbuch Verlag.
15 Gee, M. (2003). *Een gewoon gezin*. Breda: De Geus. (Vertaling van The white family, 2002); Cunningham, M. (1997). *Bloedverwanten*. Breda: Ooievaar. (Vertaling van Flesh and blood, 1995)
16 Recensie van een werk van W.V. Quine in *NRC Handelsblad*, januari 2001.

Ik ben vanaf mijn jonge jaren met taal bezig geweest. Ik maakte graag mooie zinnen en dacht ooit nog eens gedichten te gaan schrijven. Maar toen ik op de universiteit zat, bleek dat niets waard te zijn. De wetenschap knecht de taal, je moet er nieuwe spelregels voor leren en als ouder mens beweeg je je dan als een vis in vreemd water. Ik heb er nog altijd last van. Wat ik nastreefde was mooie wetenschappelijke taal. Ik wilde waarachtigheid in de taal, ook in de wetenschappelijke taal. In die eerste cursus was ik daarmee bezig.

Na mijn studie heb ik nog veel geschreven, vooral nota's en brochures. Ook (her)schreef ik cursussen. Een tijd lang heb ik geen romans kunnen lezen. Mijn vertrouwen in het mooi schrijven kwam een beetje terug toen een vriendin mij stimuleerde gedichten te schrijven en die met haar uit te wisselen. Toen ik begon met de cursus levensverhalen schrijven, een Euregioproject om de geschiedenis van gewone mensen in het grensgebied van Nederland, Duitsland en België te bewaren en onderzoeken, had ik al een begin gemaakt met mijn eigen verhaal.[17] Dat heb ik toen stilgelegd.

Het schrijven voor de cursus was voor mij iets compleet anders. Het doel van het project stond mij steeds voor ogen, dat sprak me aan en ik stond er achter om daar met de anderen aan te werken. Dat vond ik een feest. Voor de cursus kreeg ik de onderwerpen aangereikt, ze waren niet mijn eigen keuze. Bij het schrijven van de verhalen voelde ik me nog steeds geknecht door mijn opleiding, bij mijn levensverhaal had ik daar geen last van. Bij dit project was ik mij er meteen sterk van bewust dat ik deze verhalen schreef voor lezers, voor een publiek. Daardoor werd het anders: ik vertelde iets aan anderen en niet aan mezelf, zoals in mijn eigen verhaal. Er was bovendien een deadline, de verhalen moesten op een bepaald moment af zijn.

Het zijn wel echte, eigen verhalen, en ik schreef ze ook graag, maar het was toch minder vrij. Voor mij was het veel minder ontroerend. Het was een heel ander proces, ik was meer bezig met het eindproduct. In de cursus schreef ik compacte, losse

---

17 Euregionaal oral-history project 'De eigen geschiedenis beleefd en verteld' ('Die eigene Geschichte erlebt und erzählt'), Historisches Institut der RWTH-Aachen in samenwerking met het Sociaal Historisch Centrum voor Limburg in Maastricht en de Volkshogeschool in Eupen.

verhalen; korte, op zichzelf staande fragmenten. Dat is een groot verschil met het schrijven van een levensverhaal, waarbij alle verhalen gebed zijn in het grotere geheel en het ene voortkomt uit het voorgaande. We kregen een onderwerp aangereikt en concentreerden ons daarop. Daar werd ik steeds heel stil van, kwam toch dichtbij mezelf. Ik vond het fijn om de verhalen in kleine groepen uit te wisselen, want ik kon daar meer in kwijt dan in de grote groep.

Hoe anders was het om mijn hele levensverhaal te schrijven... Toen ik begon, veertig jaar geleden, werkte ik heel associatief. Het was toen niet mijn bedoeling het hele verhaal te schrijven, het ging om verhalen uit mijn jeugd. Toen ik het weer oppakte, bouwde ik het verhaal tot mijn eigen verbazing en zonder enig plan chronologisch op. Ik begon bij mijn jeugd en rolde zo van het een in het ander. Dat is een verschil met de werkwijze van een Amos Oz: hij pikt filmische momenten uit zijn leven op, hij ziet en beleeft ze, beschrijft ze en aan de hand daarvan komt hij van de ene associatie, verklaring of beschrijving op de andere. Maar anders dan ik springt hij door de tijd en de gebeurtenissen heen.[18]

Vier jaar werkte ik eraan, met een onderbreking van een half jaar omdat mijn man een beroerte kreeg en ik me niet meer kon concentreren. Daarna heb ik het weer opgepakt en doorgewerkt tot het einde. Ik kon er alleen mee bezig zijn in absolute rust. Ik moest me concentreren, om te schrijven trad ik een andere wereld binnen, ik zonderde me volledig af en had tijd nodig om me te laten "inzakken" in een bepaalde levensperiode. Ik volgde de manier van werken van Ad Dekkers, zo ontdekte ik later.[19] Ik begon met te beschrijven hoe het er in een bepaalde situatie uitzag, zoals een kamer, straat, ziekenhuis of beweging. Dat hielp me om er helemaal in te komen.

Vergeten feiten kwamen weer tevoorschijn en gaandeweg ook gevoelsherinneringen - soms werd ik er een beetje gek van. Ik worstelde om weggeborgen en verdrongen gebeurtenissen naar boven te halen en een plek te geven. Ik gaf namen en woorden aan ervaringen en toen mij dat goed bleek te doen en ik de

---

18 Oz, A. (2005). *Een verhaal van liefde en duisternis*. Amsterdam: De Bezige Bij.
19 Dekkers, A. (1997). *Weten wie je bent. Meditatief omgaan met herinneringen*. Zeist: Vrij Geestesleven.

schaamte voorbij was, ontwikkelde ik ook meer durf om de dingen uit hun "schuilplaatsen" tevoorschijn te halen. Vervolgens nam ik afstand van het geschrevene en ik keek ernaar op een analytische manier. Dat had ik geleerd in mijn studie: abstraheren, mezelf losmaken van de gegevens en er dan afstandelijk naar kijken: wat zegt dit mij? Wat is er nu eigenlijk aan de hand geweest? Wat is de kern van het verhaal? Het mogelijke antwoord op die vragen schreef ik niet op, dat was te voorlopig of dubbelop. Ik probeerde mezelf heel eerlijk op het aambeeld te leggen. Het theoretiseren achteraf hielp me om terug te keren uit die wereld van toen.
Als ik aan een bepaalde levensperiode toe was en die onder de loep nam, dan schreef ik nogal chaotisch, ik nam de vrijheid de dingen maar te laten komen en op te schrijven zoals ze zich aandienden. Daarna voegde ik dan wel iets toe, schrapte wat ik niet relevant vond en veranderde soms de volgorde van passages, de structuur. Dat wil niet zeggen dat ik het verhaal, of delen van het verhaal, heb herschreven: het was zoals het was, ik schreef het niet voor anderen maar voor mezelf, en voor mezelf moest het kloppen. Ik was toch vooral bezig met het proces, niet met een product.
Als ik een periode afgerond had, liet ik het mijn man lezen. Met hem wilde ik het graag delen. Soms las hij het zelf en soms las ik hem voor. Dat was ontroerend, want hij heeft mij door mijn verhaal beter leren begrijpen. Nu vertelt hij mij zijn verhaal en leer ik hém beter begrijpen.
Ik heb het verhaal niet verscheurd. Het is een dik pak geworden van meer dan driehonderd dichtgetypte bladzijden. Ik heb er bijna vier jaar aan gewerkt. De kinderen wisten waarmee ik bezig was en ik heb hen gemeld dat het af was. Ze reageerden heel verschillend, de een terughoudend, de ander enthousiast of praktisch. Ze waren blij voor mij, benieuwd naar wat ik er verder mee ging doen, wilden het verhaal ook zelf lezen. Die reacties verbaasden mij; ik had alleen maar willen zeggen dat ik er weer was, dat ik weer tijd had.
Op dat moment veranderde er iets in mij: ik ging het verhaal toch als een product zien. En hoewel ik het eerst niet van plan was, heb ik het een paar maanden later toch uit handen gegeven. Een schoondochter bood aan om er een mooie uitgave van

te maken. Ze zorgde voor de vormgeving en een omslag; de foto daarvoor, een beeld van het heelal, zocht ik zelf uit. Dat was een laatste stap. Ik liet het verhaal los en gaf het door aan de kinderen - alleen aan hen. Ze hebben ieder een kopie gekregen, ook onze pleegdochter. Wat ze er voor zichzelf mee doen, is hún zaak. Aan mijn dochter heb ik gevraagd of ze ons eruit wil voorlezen als we zelf niet meer goed weten hoe het allemaal was, zoals anderen oude mensen een fotoalbum laten bekijken. Dat heeft ze beloofd.

Ineens zag ik nu ook dat mijn verhaal eigenlijk een heel gewoon levensverhaal is. Dat ik een van de velen ben en dat ik een leven heb gehad te midden van andere levens. Daarom hoefde ik het ook niet meer te verscheuren. Het heeft me veel gebracht. Door het schrijven van mijn eigen levensverhaal heb ik veel oude dingen verwerkt die ik eerder niet durfde benoemen. Dat had ik gehoopt, dat ik de ergste pijn en schaamte zou kwijtraken en dat is ook gebeurd. Het past precies in de stappen die Dekkers beschrijft: "Door het verzorgen van je herinneringen leer je praten vanuit het heden, en niet vanuit het verleden." Ik heb leren accepteren dat het is zoals het is. Ik heb inzicht gekregen in de dingen die gebeurd zijn.

Ik heb het verhaal niet te lezen gegeven aan mijn broers. Aan een van hen las ik hier en daar een stukje voor, maar dat bracht niet de beweging waarop ik hoopte. Zelf heb ik nog steeds een heel opgeruimd gevoel. Kertesz zei het, geloof ik, zo: "Je moet ongelukkig zijn geweest om gelukkig te kunnen zijn."[20] Alsof ik al wat gebeurd en gevoeld was uit mijn kasten en laden heb gehaald, en - na opnieuw de pijn en het plezier beleefd te hebben - er een goede plaats voor gevonden heb.

Het werkt lang door, nog steeds: ik vind dat ik nu gemakkelijker en evenwichtiger kan omgaan met nieuwe moeilijkheden. Ik had vroeger het beeld van mezelf als van iemand die zwak was en weinig bestand tegen allerlei veranderingen. Maar door het schrijven ontdekte ik dat ik best sterk ben, dat ik steeds weer overeind ben gekomen. Ik ben mezelf anders gaan zien. Neem achteraf ook een andere positie in tegenover het geschrevene. Geleidelijk heeft het mijn zelfbeeld veranderd. Ik ben bescheide-

---

20 Kertesz, I. (2003). *Onbepaald door het lot*. Amsterdam: Van Gennep.

ner geworden en ik besef veel duidelijker dat ik een zandkorreltje ben in een groot geheel, dat ik een van de velen ben in een zelfde ordening. Ik ben rustiger en gelijkmoediger geworden. Dat is me overkomen, het lukte mij eerder niet, ook al werkte ik daar nog zo hard aan. Ik ben ook steviger geworden, ik erken mijn sterke en zwakke kanten. Ze zijn duidelijker naar voren gekomen; ik kan ze beter zien en accepteren.

Ik was in het begin wel benieuwd naar wat de kinderen ervan vonden, van mijn verhaal en van mij. Ik heb er niet veel over gehoord, ik geloof dat sommigen het verhaal nog niet gelezen hebben. Nu, zo'n twee jaar later, maakt het me niet veel meer uit wat ze er nu of later van vinden, welke constructies zij over mij en mijn leven maken. Ik ben wie ik ben en hoef mij ook niet beter voor te doen. En zij zijn ook wie ze zijn. Het is net of ik een dikke mantel heb afgedaan. Ik kan beter aanvaarden dat de dingen zijn zoals ze zijn en ik wil niet meer van alles veranderen. Dat is ook de laatste stap in het proces dat Dekkers beschrijft: "Als je het verhaal hebt losgelaten, en het levensverhaal met rust laat, wórdt het werk voor je gedaan".'

Ik sta met mijn vriendje onder een nachtblauwe sterrenhemel te luisteren naar een overvliegende V-bom. Als het ratelen stopt is het een kwestie van tellen: rennen we naar de schuilkelder of doen we het niet? Wij tarten het oorlogsgevaar nu wij bevrijd zijn van de Duitsers. In een soortgelijke stemming besluiten we dat hij naar Indië zal gaan, als vrijwilliger. Hij zal mensen bevrijden, zoals de geallieerden dat met ons gedaan hebben. Hij zal zich niet laten verwonden en doodmaken, en als de klus geklaard is komt hij terug en zullen we samen aan onze toekomst werken.
Gaan we elkaar missen? Ja, maar het gevoel dat we uit edele motieven handelen, maakt veel goed. Kunnen we wachten op elkaar? Natuurlijk wel, onze toekomst vergt, net als die van anderen in onze omgeving, toch al een lang voorspel. En het zoete besef dat er ver weg iemand is die altijd aan je denkt, is niet ontdaan van romantiek. Intussen mogen we nog een tijdje jong zijn: hij in een vreemd avontuur, ik in een nieuwe studie. En dan zal ik werken en sparen alvorens me te laten ontslaan, om zodoende vrijgesteld te worden voor ons huwelijk, onze kinderen en ons huishouden. Ja, zo zal het gaan!
Jaren van training in het bevriende Engeland, pakken met brieven die elkaar overlappen of achtervolgen. Af en toe een ontmoeting. 'Wat ben je mooi.' 'Ik hou van jou.' 'Je lippen.' 'Mijn meisje.' 'Mijn jongen.' 'Kalm aan, we moeten nog zo lang wachten alvorens het zo ver is.' Het oorspronkelijke idealisme is geleidelijk verbleekt; Indië als doel is tot dure plicht geworden. Vertrek vanuit de haven van Rotterdam. Het afscheid is van een ingehouden intimiteit, gevolg van de waarschuwing van de aalmoezenier: 'Laat je meisje niet met de problemen zitten.' Zijn onze zinnen dan al zódanig ontwaakt? Nog niet in die mate, maar dat besef ik pas veel later. De boot glijdt weg van de kade, onze tranen druppen langszij. Waar zijn we aan begonnen?
Zeven weken later komt zijn zusje bij mij aan huis. Ik weet meteen wat ze gaat zeggen, maar horen doe ik het niet. Als

een pop loop ik mee naar zijn vader en moeder. Zij gescheiden in hun verdriet, ik als intermediair voor mensen voor wie hoop en vreugde voorgoed vervlogen zijn. Ik bevries onder de dofheid van hun leed. Zijn graf is ginds, de uitvaart hier, geladen met woorden van trots en offer en God, met het Wilhelmus aan het slot, hoe ongepast. De wereld verandert van aanschijn. Onvoorstelbaar!
Daarna komen er nog zeven achtergebleven brieven vanuit Port Said en Medan. 'Had ik je maar mee mogen nemen, zeg ik tegen de maan, die ook jouw maan is', schrijft hij. En: 'Ik houd nu al van dit land, dat wordt ons land - dat voel ik. Ik heb een paar dingetjes gekocht voor onze uitzet.' Het is niet waar, het kán niet waar zijn. Hij komt me halen. Een troostbrief van de aalmoezenier in de bus, met een verkeerde naam als aanhef: 'Zijn laatste woorden', 'een dapper mens', 'een prachtmens', 'een zinvol offer', 'alleen God weet'... In een vlaag van verschrikkelijke woede verscheur ik het papier. Het is niet waar, hij is er nog, ik weet het, jullie hebben hem niet herkend! Ik blijf mijn ring dragen. Ik ben gebonden voor het leven, zeg ik tegen mijn medestudenten. Hij is niet uit mijn hart en niet uit mijn ziel. Wat is waarheid?
Ik leef en zwijg, ik krimp van pijn, ik eet niet meer, mijn haar valt uit, mijn borsten slinken. 'Wat zie je eruit, wat mankeert je toch?' Ik zeg niets. Niemand dan ik en zijn vader en moeder mogen het weten, hoe pijn het doet, hoe leeg het is, hoe alles zijn zin verloren heeft. Lange tijd zwijgen wij over wat deze jonge Indiëganger is overkomen. Ieder van ons probeert te begrijpen wat er gebeurd is en draagt het onstilbare leed, zonder elkaar te kunnen bereiken. Ik herinner me dat zijn vader zich zorgen maakte over een mogelijke schending van het verre graf als het land in vreemde (!) handen valt.
Er is niets van deelneming of eerbetoon jegens de ouders die omwille van een vergeefse strijd hun jonge zoon verloren, laat staan van enige opvang of hulp van overheidswege. Nederland schaamt zich, want de wereld heeft ons op de vingers getikt. Laten we dus vergeten, ook de slachtoffers, ook zij die niet meer terugkwamen. En ik? Ik werk

en trouw en moeder zoals ieder ander in die tijd, voortaan met de dood steeds aan mijn zij en met de angel van het onrecht prangend in mijn lijf gedreven.

Vijftig jaar nadien mogen de namen van de gevallenen hardop worden vermeld. Met Allerheiligen liggen er bloemen bij een gezamenlijk gedenkteken op de begraafplaats aan de Tongerseweg. In Roermond verrijst een monument ter nagedachtenis aan de oud-Indië-strijders, maar tijdens de jaarlijkse plechtigheid aldaar wordt vergeefs gewacht op de premier of koningin. Gedenkboeken worden geschreven en reünies georganiseerd voor en door de veteranen.

Maar dán zijn de ouders van mijn geliefde van toen dood. Zij hebben hun verlies, spijt, rouw en misplaatste schaamte al lang geleden meegenomen in de diepte van het graf.

EIGEN GELD

Bij ons thuis zijn de taken duidelijk verdeeld: mijn vader beheert het grote geld, mijn moeder het huishoudgeld. Het financiële domein van mijn vader draagt de kenmerken van zorg en zuinigheid, dat van mijn moeder van gastvrijheid, gulheid en liefdadigheid - wat niet wil zeggen dat daar het geld over de balk gesmeten wordt. Geen van beiden bemoeit zich met de verantwoordelijkheid van de ander, ze vertrouwen en respecteren elkaar daarin volledig. Ze zullen wel eens samen overleggen als het over de grotere uitgaven gaat, zoals over de kosten van het eigen huis en over de mogelijke aankoop van andere huizen, wat mijn vader nodig acht om de toekomst van het gezin veilig te stellen. Mijn vader heeft tevens de taak te beslissen of en hoeveel geld wij als kinderen in handen krijgen voor zakgeld, bijzondere en buitenschoolse activiteiten, studie en beroepsbenodigdheden. Zoals mijn vader voor zichzelf is, zo is hij ook voor ons: streng, onbuigzaam en zuinig, op het gierige af.

Ik ben zes jaar en zit in de eerste klas van de lagere school. De zuster houdt ons voor dat wij onze ouders kunnen verrassen met een zelfgeschreven nieuwjaarsvers, op een dubbelgevouwen velletje papier met glinsterende sterretjes en kleurige afbeeldingen. Daarvoor moeten we dan wel drie centjes naar school brengen. Eigen geld heb ik niet, zeker niet zoveel als nodig is voor de nieuwjaarsbrief. Vraag ik het thuis, dan mag ik niet verklappen waarvoor het geld dient, want dan is het geen verrassing meer.

Mijn vader heeft mijn verzoek nog niet vernomen of hij onderwerpt mij aan een streng verhoor: waarom dat geld? Voor wie? Voor wanneer? En zal hij het terugkrijgen? Lange tijd blijf ik onvermurwbaar, tot ik ten langen leste niet eens meer wil en afzie van de drie centjes. Maar juist dán moet hij precies weten wat er met zijn dochter aan de hand is - hij vertrouwt het niet. Ik ga door de knieën en de brief met: 'Lieve pa en moe, roep ik u zo vrolijk toe, op deze nieuwjaarsmor-gen...', is dan natuurlijk geen verrassing meer. En ik wacht me voortaan geld te vragen aan mijn vader. 'Het groeit me niet op de rug', zou zijn antwoord kunnen zijn.

Op de lagere school krijg ik af en toe een zondagscent. De winkel is op de wekelijkse rustdag een paar uurtjes open en ik koop daar van mijn eigen centje een puntzakje droppastilles. Het is altijd afwachten of het er wel van komt, die cent. Soms krijg ik niets voor straf en is het extra mijn best doen tot de volgende zondag. Het komt niet in me op om stiekem een cent weg te pakken. Geld is te belangrijk voor mijn ouders, zo heb ik begrepen.

Tijdens de oorlog is er geen sprake van eigen geld. Alles is zo duur en de tekorten zo groot... En bovendien is voor al het noodzakelijke gezorgd: eten, drinken, kleding, voedsel, schoolspullen, een tijd lang ook een fiets. Er is geen café, geen dansles of disco, ook geen concert of theater dan van verdachte allure, wel toneel tussen de schuifdeuren en culturele middagen op school. En daarvoor is geen eigen geld nodig, dat is voor niets.

Als de oorlog voorbij is, mag ik op kamers en studeren. Voor het eerst beschik ik zelf over geld: maandelijks 35 gulden voor eten en kleinere benodigdheden. Voor de verhuizing, reizen naar en van huis, studiegeld en studieboeken, sportspullen, enzovoort, betaalt mijn vader vanuit Maastricht. Ik geniet van mijn vrijheid en zelfstandigheid, ruil rookbonnen voor andere zaken, lift naar huis om van het uitgespaarde reisgeld naar de film te kunnen, maar zorg wel dat ik uitkom met mijn geld. Zo vlak na de oorlog is er bovendien niets verleidelijks te doen of te koop. Dat moet nog komen: af en toe vang ik daar een glimp van op wanneer ik een poststukje krijg toegestuurd van mijn peettante uit Amerika: een tijdschrift met glamourfoto's, waarin handig verstopt een zijden kous of nylon onderjurk. Ik bewonder het allemaal, maar weet er nog niets mee te doen.

Ik studeer af en begin, zoals vooraf is overeengekomen, met terugbetalen van mijn studiekosten omwille van de opleiding van mijn broers. Ik woon weer thuis en heb wel een eigen inkomen, maar ik behoud daarvan slechts een klein bedrag aan eigen geld, want het leeuwendeel wordt bij het gezinsinkomen gelegd. Daarvan wordt ook mijn garderobe aangevuld, voor zover mijn ouders dat nodig vinden. Het gaat er thuis nog steeds zorgelijk zuinig aan toe. Mijn moeder is nog altijd gastvrij en mijn vader heeft het voor het zeggen wat de grote financiën betreft. Ik ben in meerdere opzichten mijn vrijheid en zelfstandigheid kwijt, maar dat is de prijs voor de jaren dat ik er wel van mocht genieten.

Ik trouw tegen de tijd dat ik mijn studieschuld heb vereffend. Zonder spaargeld of eigen baan, maar wel met een bruiloftsfeest en een goed gevulde linnen- en servieskast. Voortaan zal ik leven met een man die van het goede der aarde weet te genieten. Geld is er om uit te geven en wat je koopt dient het leven te veraangenamen. Heerlijk! Het is niet mijn eigen inkomen, maar wij hebben - net als onze ouders - gescheiden portemonnees. Ik heb het volledige beheer over het mijne en blijf medeverantwoordelijk voor dat van hem, voor zover het om grote uitgaven gaat.

Eindelijk heb ik mijn vrijheid en zelfstandigheid terug. Ik voel me economisch onafhankelijk, ook al is dat niet in de huidige betekenis van het begrip. Daar zou ik me pas bewust van worden als er een kink in de kabel kwam. Maar die komt er gelukkig niet. Ook al verdien ik geen eigen geld, toch voelt het alsof ik het heb.

ZOMAAR EEN ZONDAG

Tegen zeven uur in de ochtend haalt de vader van mijn kinderen de jongste uit de wieg, verschoont zijn luier en legt hem bij mij in bed voor de eerste voeding. De nacht is rustig geweest, ook de baby heeft zich niet laten horen. De andere kinderen zijn al wakker, ze mogen in bed blijven spelen totdat ze worden geroepen; het is fris op de kamers en ze hebben zó een kou te pakken. Beneden worden de kachels opgepookt, de asladen geledigd en de kolenkitten gevuld. Als de baby suf gedronken is, leg ik hem stilletjes terug in zijn wiegje. Nog in ochtendjas betreed ik de kamer van de jongetjes en die van het meisje. Vlug de peignoirtjes aan, de voetjes in warme, door Bomma zelf gebreide pantoffeltjes en de wildebrassen rennen de trappen af. De zondagse kleertjes liggen gereed in het lavet dat aan de keuken grenst en dat al een beetje is opgewarmd. De avond tevoren hebben de kinderen hun wekelijkse grote wasbeurt gehad en ze kleden zich nu zo goed en zo kwaad als dat kan zelf aan, bidden een weesgegroetje met ons mee en slaan vlug hun bord warme pap naar binnen met een bolletje levertraan en twee fluortabletjes toe. Vol ongeduld om in de kamer, waar de kachels intussen roodgloeiend staan te branden, met hun speelgoed aan de slag te gaan.
Mijn man kleedt zich voor de mis en vertrekt onder het gelui van de klokken met de oudste aan de hand naar het noodkerkje om de hoek. Tegen de tijd dat hij terug is, heb ik de boel aan kant, de slaapkamers gelucht en kan ik de baby in alle rust, zonder de andere kinderen om me heen, in bad doen en de borst geven. Een elektrische lamp breekt de kou op zijn kamertje. Ik ben nog op tijd voor de laatste mis en neem een van de kinderen mee om daarmee de grootste druk van de huishoudelijke ketel te halen.
Terug van de kerk wordt de auto uit de garage gereden en volgestouwd met gezin en gezinsbenodigdheden, luiers, speelgoed en wat dies meer zij. En hup, daar zijn we op weg naar een van de grootouderlijke woningen, waar ons de geur van het warme middagmaal al tegemoet komt. Vooral

oma straalt van blijdschap zodra ze de kinderen ziet; haar enige kleinkinderen. Opa daarentegen verbijt zich vanwege de drukte en het lawaai van het jonge volkje, het geknoei met eten, de kans dat ze iets laten vallen, het behang bevuilen of met de deuren slaan. Met een zucht van verlichting verlaten wij na het eten het ouderlijk pand, echter niet nadat ik met de afwas heb geholpen.

Thuis volgt voor ieder van ons een middagdutje, voor groot en klein, op de bank of in bed. Nadien wordt het lieve leventje hervat. Kinderen uit de buurt komen spelen, er worden tenten of treinen gebouwd van stoelen en dekens, autootjes rijden met veel geronk over vloeren en vensterbanken, er wordt gebabbeld, gelachen, gestoeid en geruzied. Een strenge of sussende blik van ons is voldoende om het jonge grut weer tot de orde te roepen. Tegen half zes is het tijd voor de avondboterham, gevolgd door een wasbeurt met spons en zeep en tanden poetsen. De kinderen haasten zich naar bed voor hun avondgebedje en het geliefde voorleeskwartiertje.

Na zevenen is het stil in huis. Ik voed de baby voor de vierde keer en zijn vader bereidt zich voor op de komende werkweek. Ik zet de witte en de luierwas in de week voor de hulp die 's anderendaags komt, ruim het speelgoed en de zondagse kleertjes op, leg schone doordeweekse gereed, poets de schoentjes en vlei me op de bank om te genieten van een leesboek, grammofoonplaat of hoorspel op de radio. Met de laatste voeding rond middernacht en een stille tocht langs de diverse bedjes is het afgelopen met een van die heerlijke zondagen aan het einde van de jaren vijftig.

VERRADERLIJK LEVEN

> Het land zo droog dat het smachtte.
> Daar was het dat wij liepen, brons gebrand,
> vlot ter been, recht van rug, hand in hand.
> De breuk lag om de hoek te wachten

tot het tijdstip was aangebroken,
waarop bot en rots elkaar zó pijnlijk raakten,
dat de voegen in ons leven kraakten.
Van huis en haard verstoken,

heb ik het bed en de witte jas gefrequenteerd.
Wat had het leven nog te bieden,
nu ik niet meer lopen kon, of nog maar even?

Wat ik toen in bloed, zweet en tranen heb
geleerd, is dat er als gezonde mens maar invalide
nog zoveel goeds en zinvols is om voor te leven.

HET LANDSCHAP DAT MIJ LIEF IS

DE OORLOG HIELD me gevangen in mijn geboortestad. Toch kon ik af en toe ontsnappen om graan, fruit en melk te smokkelen en mijn honger te stillen, in ruil voor aardappels rooien of bonen plukken. Vandaar dat ik nog steeds de weg weet te vinden in de Zuid-Limburgse heuvels, het uitzicht kan voorspellen na iedere holle klim, de geur kan onderscheiden van rijpend koren, rottend fruit en versgelegde eieren. En ook die van uien, dahlia's, koeienflaters en kippenstront.
Na de oorlog vertrok ik hier vandaan en woonde dichtbij de kust in het land dat ten onrechte Holland wordt genoemd. Daar leerde ik mijn lijf kennen in aanraking met het rulle zand, daar ervoer ik wat oneindig is, oog in oog met de zee. En ook al betekende het aanvankelijk niets voor mij, toch gaf ik me gaandeweg gewonnen aan de uitgestrektheid van de polder en de overvloed van uit bollen opgroeiende bloemen, in God weet wat voor wonderschone parken van dat land. Ik doste me daar uit naarmate het me zinde, ik schreeuwde tegen het geraas van de golven en de wind in, ongehoord. Ik stak zonder dat iemand me schuldig verklaarde bij het gloren van de dag de sleutel in het slot. Ik raakte bevriend met mensen die doodzonden hadden

begaan. Zij die het zonder God stelden, hielden van mij.

Heel af en toe striemde de heimwee. Tranen van vervuld verlangen drupten steeds weer langs mijn wangen bij het weerzien van de eerste heuvels, naargelang het seizoen getooid met witte bloesem, gloeiende kleuren of dorre houtwallen. Met de knop van de deur van mijn Limburgs thuis nog in de hand begon het al: mijn haar. Mijn jas. Mijn taal. Mijn was. Mijn geld. Alles was mis. En in de kerk muffe gezangen, op straat oude getrouwen, in de heuvels va en moe, oom en tante.

Landschap verbonden met zoveel beklemming en duistere blikken. Met maskers en vaandels, weeïge muziek en dronken plezier. Waarom ben ik op mijn oude dag als een jonge bruid zo verliefd op jouw geuren en kleuren, op jouw heuvels en dalen, op je holen en krochten? Waarom haal ik opnieuw mijn zinnen op aan alles wat je maar te bieden hebt aan malse vruchtbaarheid, aan kleine kostbaarheid? Is het omdat dit alles spoort met mijn diep verankerde overtuiging dat de aarde mij goed gezind is, dat uitzicht en voorspelling zo vluchtig zijn als woorden, dat het ritme van toen en straks een rustpunt vindt in het dal? Ja, in jouw plooien hoop ik gaandeweg te verdwijnen om voor altijd op te gaan in al wat leeft.

SHEILA VAN VOSS (1927)

'Ik wil een spoor van mijn leven achterlaten, als een soort erfenis'

'In de oorlog heb ik vanaf mijn vijftiende levensjaar in Nederlands-Indië in een kamp gezeten. Daar hield ik een dagboek bij in een ouderwets kasboek, met zo'n dikke kaft. Ik kan niet echt tekenen, maar ik maakte er tekeningetjes bij, potloodtekeningetjes, om vast te leggen hoe het er daar uitzag. We hadden geen fototoestel meer. Als de Amerikanen zouden komen, wilde ik laten zien hoe het in het kamp was geweest. Ik heb dat gedaan tot we geen papier meer mochten hebben. Toen we op transport moesten, heb ik het dagboek verstopt met de bedoeling het later op te halen. Na de oorlog, in 1945, ben ik er wel teruggeweest, maar toen ben ik het vergeten. Ik was achttien jaar en met heel andere dingen bezig; we moesten overleven.
Later heb ik soortgelijke tekeningetjes gemaakt, om de herinneringen vast te houden. Er waren toen al veel verhalen geschreven door anderen over het leven in het kamp, waaruit ik kon putten. Het dagboek zal wel opgegeten zijn door beestjes of vergaan door vocht en hitte.
Als kind was ik meer bezig met knutselen; ik kan me niet herinneren dat ik toen schreef. Mijn opstellen waren ook niet bepaald om over naar huis te schrijven, ik kreeg er een drie of een vier voor. Ik moest wel brieven schrijven naar mijn oma. Het schrijven ontstond pas in het kamp, uit noodzaak, want ik wilde wat ik beleefde vasthouden om het met anderen te kunnen delen. Voor mij had zo het schrijven en tekenen een betekenis, ik wilde herinneringen vasthouden. Ik heb nooit de illusie gehad om boeken te maken, ik had helemaal geen hoge dunk van mezelf. Schrijven en tekenen kwamen op mijn pad en ik pakte het op.
Een jaar of vijftien geleden kwam ik tot het besef dat het de moeite waard was om mijn verhalen te bewaren. Als ik met mijn

dochter en haar vrienden verhalen vertelde, tijdens gezellige avonden waarop de wijn rijkelijk vloeide, zeiden ze steeds dat ik ze moest opschrijven. Ik schilderde of tekende toen kleine taferelen in een dagboek en daar schreef ik dan iets bij. Eerst tekende ik, ik schetste bijvoorbeeld onderaan een dijkje, een boom of een kerkhof. Als ik een beeld heb komt de tekst vanzelf. Soms ook niet, dan schreef ik er niets bij. Omgekeerd is dat niet zo: als ik een tekst heb geschreven, is er niet vanzelfsprekend een beeld bij.

Ik schreef ook wel brieven in die tijd, zoals een boze brief aan minister-president Kok of een ingezonden brief naar het *Utrechts Nieuwsblad*. Daarin verwoordde ik mijn mening, bijvoorbeeld over de atoombom. Ik schreef een brief over het staatsbezoek van de Japanse keizer Akihito; ik vond het goed dat hij op bezoek kwam en begreep niet dat veel mensen daartegen protesteerden. Ik schreef omdat ik kwaad was dat Sonja Barend wel Joodse mensen voor haar tv-programma uitnodigde, maar geen Indische mensen vroeg naar hun verhalen. De mensen die vanuit Nederlands-Indië naar Nederland kwamen, is groot onrecht aangedaan, ze werden niet gezien en gehoord.

In 1997 zag ik een advertentie waarin 55-plusvrouwen werden opgeroepen hun levensverhalen te schrijven in een cursus. Dat leek me wel wat. Ik wist niet waar ik beginnen moest met mijn eigen verhaal, en ik vond het fijn om handvatten te krijgen. Ik heb stimulans nodig. Ik vond het altijd heel belangrijk om cursussen te volgen. Ik schilderde, maakte wandkleden, leerde over kleuren en compositie. Zo werkten ook de schrijfcursussen voor mij heel inspirerend, want na de eerste volgden er meer. Ik heb iemand nodig die me de weg wijst, die me ideeën en plannen mee naar huis geeft. Die plannen blijven liggen als er geen stimulans is. Ook de groep biedt inspiratie. Als je naar een cursus gaat met anderen, gaan ieders gedachtenstromen door het cursusgebouw, zoals dat ook gebeurt in een tempel of kerk. Ik ben daar heel gevoelig voor. Ik vond het altijd fijn om in een groep te werken. We inspireerden elkaar en de sfeer was altijd heel goed. Ik heb er ook een leuke vriendin aan overgehouden, met wie ik nog steeds veel contact heb, vooral via e-mail.

Vol verwachting ging ik steeds naar de bijeenkomsten - alleen de tocht erheen was al leuk. Ik was nieuwsgierig, stelde me open voor wat er komen zou. Steeds was het weer spannend wat er zou komen, welk onderwerp, welke herinneringen zouden bovenkomen. De verhalen van de anderen waren boeiend. Als mensen tegen elkaar zeiden: "Ik heb toch niks te vertellen", dacht ik: je moest eens weten wat je allemaal te zeggen hebt... Iedereen heeft een interessant leven, iedereen heeft verhalen. Ik hou van verhalen en van verhalenvertellers. Ik hou niet zo van geconstrueerde "literatuur", ik hoor liever verhalen met een duidelijk begin en eind, verhalen waar een geschiedenis in zit.

De cursussen waren goed georganiseerd. We kregen een map met opdrachten over het onderwerp, dat bood houvast. En soms waren er beelden of andere dingen ter inspiratie. In de cursus schreven we bijvoorbeeld over een dier: ik vertelde toen het verhaal van Timmie, ons eigenwijze hondje. Toen het over schoenen ging, schreef ik over mijn wandelschoenen en de lange-afstandspaden die ik liep. Bij dierbare dingen uit de jeugd herinnerde ik me het verhaal over het bureautje dat ik van mijn moeder kreeg toen ik twaalf jaar werd. Het was gemaakt door een handwerksman. Ik kon dat verhaal zelf niet voorlezen; Anna deed het voor me. Het was voor het eerst dat ik dat verhaal deelde met anderen.

Door het schrijven stuitte ik op dingen die helemaal weggezakt waren; dat gebeurt ook nu nog wel. Dan zie ik bijvoorbeeld op de tv een documentaire over padvinders en ineens ben ik dan weer in mijn eigen kabouter- en padvindertijd en weet ik weer dat we elke dag een goede daad moesten doen.

Ik leerde in de cursus hoe ik mijn verhalen kon opbouwen en structureren, ik leerde veel over verhaaltechniek en we schreven ook gedichten. Door de oorlog had ik maar een deel van de hbs kunnen volgen en er waren nogal wat hiaten in mijn opleiding. Maar ik genoot ervan om te leren, dat doe ik nog steeds. Als ik nu terugkijk, zie ik dat ik mijn verhalen al veel meer structuur kan geven dan vroeger. Maar het is nog te chaotisch. Ik heb alle verhalen wel verzameld en bij elkaar gezet, maar ik heb verschillende mappen en ik wil nóg meer ordening. Het is een mozaïek, ik heb veel kladjes met dingen die ik wil uitwerken. Ik schrijf er nog steeds aan door. Het moet één verhalenbundel worden. Ik zet de verhalen op cd voor de kinderen, die moeten maar zien wat ze ermee doen. Als ik nu terugkijk op mijn leven, vind ik dat ik een goed leven heb gehad.

Het gekke is dat ik over de tijd in Nederlands-Indië nog niet zoveel geschreven heb. Ik was een kind in die tijd, ik keek natuurlijk heel anders tegen de dingen aan dan nu, zestig jaar later. Ik kijk terug met het gevoel miskend te zijn. Ik realiseer me dat er tijden waren in mijn leven dat ik probeerde te voorkomen dat mensen wisten dat ik uit de tropen kwam. Ook nu nog heb ik er last van: de beeldvorming over het handelen van de Nederlanders in Indië is eenzijdig en doet geen recht aan de rechtschapenheid van veel mensen die probeerden het leven voor de mensen daar beter te maken. Je moet de gebeurtenissen ook kunnen plaatsen in de tijd en cultuur van toen, er werd heel anders gedacht.

Indië en Nederland waren met elkaar verweven, maar ook eindeloos ver van elkaar verwijderd. Je ging erheen met een schip dat vier weken onderweg was, er was geen telefoon en de post deed er maanden over om de wereld over te steken. Nu gaan mensen met een vliegtuig en zijn er mobieltjes en kun je e-mailen, alles is versneld en veranderd. Dat is eigenlijk ook wat ik wil: iets vastleggen en doorgeven van die tijd van vroeger, van die geschiedenis die dreigt te verdwijnen.

Tegenwoordig schrijf ik omdat ik het leuk vind. Soms borrelt er een zinsnede of stukje tekst zomaar in me op en dat probeer ik dan vast te houden. Net als spelen met kleuren, is het schrijven voor mij iets dat van heel diep in mijzelf komt. Ik wil ook iets nalaten, een spoor van mijn leven achterlaten. Als een soort erfenis: ik wil laten zien dat ik bestaan heb. Niet zozeer voor de maatschappij - ik ben per slot maar een heel klein radertje - maar voor mijn nageslacht. Vooral voor de kleinkinderen, die mij eigenlijk geen van allen echt kennen. De dagboeken van mijn overgrootvader hebben mij daarin erg geïnspireerd.

Het is zoiets als het maken van foto's: je wilt momenten vastleggen. Mijn gedichten en verhalen zijn als mozaïekstukjes; samen vormen zij misschien een geheel. Een mens is een heel complex samengesteld wezen, deel van het geheel, maar ook heel uniek. Ook ik besta uit veel mozaïekjes.'

MIJN EERSTE BAANTJES

In mijn allereerste baantje moest ik groenten snijden in de gaarkeuken. In de begindagen van de oorlog toog ik er samen met mijn moeder elke dag heen. Zelf aten wij er niet. Wij waren ons huis uitgezet en bewoonden twee kamers in een heel groot huis, met nog een paar gezinnen. De gezamenlijke 'kokkies' kookten onze maaltijden, die we op de overdekte warande opaten met de andere gezinnen. Het waren heerlijke maaltijden.
Al rap konden we de huur van de twee kamers niet meer betalen en gingen wij als eersten het kamp in. Het was toen nog een 'open' kamp voor armlastige Nederlanders. Vanaf het begin van de capitulatie van Nederlands-Indië kregen we geen salaris meeruitbetaald, dus het beetje dat we hadden is opgegaan in die eerste maanden.
Mijn tweede baantje was straatvegen. We zaten al een tijdje in het kamp. Alle arbeid die eerder door het gemeentepersoneel gedaan werd, had opgehouden te bestaan in ons kamp. Tot wij, jonge meiden, het niet meer konden aanzien en begonnen onze straat schoon te houden. We veegden bladeren, hielden de bermen kort. Het had niet veel om het lijf en het was gezellig, zo samen.
Toen ook in het kamp een gaarkeuken werd gebouwd door de Japanners, kwam ik via een buurvrouw in de dieetkeuken terecht. Als het eten klaar was, hielp ik bij de distributie ervan, ook van de gewone keuken. Altijd hadden we rijst met sajoer. Nog zie ik de lange rijen vrouwen en kinderen, met pannen in een keukendoek, wachtend in de brandende zon. Wij waren altijd bang dat de 'drums' met eten leeg zouden zijn als de laatste in de rij aan de beurt was. Gelukkig is dat bij mijn weten nooit gebeurd. Na het uitdelen van het eten moesten we de ketels schoonmaken en schuren.
Al gauw kwam de leiding van de keuken er achter dat ik iets had met vuur. Ik wist van niets een vuurtje te bouwen. Kon 's avonds kooltjes onder de as leggen, om ze 's morgens - wanneer ik als eerste in de keuken kwam - te gebruiken om de vuren aan te maken, onder de grote ketels waarin thee

en waterpap werd gemaakt. Als voor het middagmaal de rijst kookte, kon ik op tijd het vuur dimmen. 'Stokie' werd mijn bijnaam.
Anderen, die sterker waren dan ik, liepen met de 'drums' met kokend hete thee, sajoer en rijst naar de distributieplaatsen. In het begin kwam er dagelijks hout binnen voor het stoken van de vuren, maar allengs werd dat minder en moesten we het mooie antieke meubilair dat we trachtten te behouden, aan stukken slaan om de vuren gaande te houden. Met een grote bijl sloeg ik kasten, tafels, stoelen en wat al niet klein om op te stoken. Het werk was zwaar, maar we zongen veel met elkaar. Liedjes die we zelf maakten of populaire songs van voor de oorlog, van alles.
Het eten werd steeds minder, de sajoer steeds wateriger, buiten lag een gigantische berg rottende winterpenen te stinken. Daar moesten we een paar weken mee doen. In de tropenzon was het zaakje al na een week verrot en de stank niet te harden.

7 MAART 1942

>Einde van mijn jeugd,
>begin van mijn volwassenheid:
>7 maart 1942.
>Drie weken na mijn vijftiende verjaardag:
>Nederlands-Indië capituleert,
>generaal Ter Poorten tekent de capitulatiepapieren.
>Het Japanse leger trekt de stad in,
>mijn ouders gieten de drankflessen leeg.
>Jappen komen ons huis binnen,
>op zoek naar drank en horloges.
>Voor het eerst in mijn leven,
>zie ik dat mijn vader bang is.
>Een paar dagen later wordt hij geïnterneerd,
>en afgevoerd.
>'Pas op mammie', zegt hij.

Wij worden ons huis uitgezet,
komen via omwegen in het vrouwenkamp
terecht.
Waar ons drieëneenhalf jaar van zware arbeid,
angst en onzekerheid wachten.

7 maart 1946

Zeg, weet je wat een zoentje is,
een zoentje is een 'little kiss'.
Een zoentje, mijn eerste zoentje,
onder de Thaise sterrenhemel,
van Jimmy.
Jimmy was lang, één negentig,
ik was klein, één achtenzestig.
Zoentjes van Jimmy vond ik heel fijn.

Zeg weet je wat een zoentje is,
een zoentje is een 'little kiss'.
Daar in Petchabury,
onder de Thaise sterrenhemel,
kreeg ik mijn eerste zoen.
Dat smaakte naar meer.
We gingen samen, zwommen samen,
dansten samen
daar in dat verre,
vriendelijke, gastvrije Thailand.

Zeg weet je wat een zoentje is,
een zoentje is een 'little kiss'.
Hemelse gevoelens duren niet lang.
We gingen terug naar Nederland,
ieder op een ander schip.
Het raakte natuurlijk uit.
Het zoentje bleef een 'little kiss'.

1 MEI 1946

Lieve opa en oma,

Ik ben eindelijk eens in de pen geklommen om aan u te schrijven. Schandalig gewoon, zo lang als ik al niks van me heb laten horen. Maar dit Bangkok is zo verschrikkelijk warm, dat je het liefst dag en nacht in het water ligt. Vandaar dat ik elke dag in het zwembad aanwezig ben, ik vind de watersport heerlijk.

Maar nu ben ik gedwongen om thuis te blijven, omdat ik niet kan lopen. Mijn been heeft het in zijn hersens gehaald - hoe komt hij eigenlijk op dat idee? - om pijn te doen en een beetje dik te zijn. Ik geloof dat de jongens mijn porseleinen botten te hardhandig hebben aangepakt, toen ik in het water gejonast werd. Met als gevolg dat ik nu op bed lig en me geen raad weet met de tijd. Ik zou morgen weer naar school gaan, maar ook dat gaat niet door. Ik ben teneinde raad maar begonnen een Engels boek te ontcijferen. Het gaat wel, ik begrijp tenminste waar het over gaat en dat is voorlopig hoofdzaak.

O, wat een hitte. Hoe is het mogelijk dat het in dit aardse tranendal zo verschrikkelijk heet kan zijn, dat je zelfs 's morgens vroeg je bed uit drijft? Verder is Bangkok wel aardig. Tenminste, als je bulkt van het geld, want dan zit je er binnen korte tijd wel warmpjes bij. Maar dat is natuurlijk het laatste dat we hier hebben, geld. O oma, als je hier door de New Road loopt, weet je gewoon niet wat je ziet. Alles is vier jaar oud en schreeuwend duur. Vooral het Siamese zilverwerk is geweldig. Een sigarettenkoker alleen is al 220 tical. En dat terwijl we 180 tical krijgen per twee weken. Een poederdoosje kost driehonderd tical. Schoenen zijn vrij goedkoop. Wij moeten eerst jurken hebben, want al mijn goede kleren en het horloge zijn gestolen. Dat vind ik het ergste, mijn horloge. Maar goed, ook dat is weer voorbij.

Overigens kun je hier heel gezellig uitgaan. Er draaien goede films. Met het gevolg dat ik nooit thuis ben, want de kamer is verschrikkelijk lelijk. We lagen eerst met allemaal alleenstaande vrouwen. Het was zo'n rommel, dat je nergens kon zitten. En dan, wat moet je doen? Er was nog geen boek om te lezen. Dus dan ging ik maar 'pai tio' - wandelen - en ergens gezellig kletsen, of dansen of naar de bios. Het hotel is verschrikkelijk stijf en ongezellig. Niks voor mij, al dat deftige gedoe.

Oma en opa, ik moet eindigen, aangezien er net een heleboel bezoek komt binnen dwarrelen. Mijn bezoekers nemen mijn brief mee naar beneden.

Dag, veel zoentjes van Sheila.

MIJN LAATSTE WERKKRING

NA MIJN ECHTSCHEIDING werkte ik als hulp in de huishouding in een bejaardentehuis, want de afkoopalimentatie had niet veel om het lijf. Mijn werk bestond uit het schoonmaken van kamertjes en drie keer per week zat ik aan de avondreceptie. Daarnaast had ik thuis een kleine drukkerij, waar ik in mijn vrije tijd voor clubs, dichters en galeries drukwerk verzorgde. Bij elkaar zorgde dat voor een belegde boterham, maar veel vrije tijd bleef er niet over. Sterker: ik werkte vaak tot diep in de nacht in mijn drukkerij om alle orders af te krijgen.

Op een dag viel mijn oog op een advertentie: 'Pedagogische Academie Jan van Nassau zoekt offsetdrukker die ook in staat is licht administratief werk te verrichten'. Ach, waarom ook niet? dacht ik. Laat ik mij eens op de sollicitatiemarkt werpen. Ik flanste een brief in elkaar waarin ik alle functies vermeldde die ik in de loop van mijn leven vervuld had. Van medisch analist via secretariaatsmedewerker, archiefbeheerder, offsetdrukker tot administratief medewerker bij een makelaar. En zowaar, ik kreeg na twee weken een oproep voor een gesprek. Eigenlijk werd ik toen wel een beetje zenuwachtig. Gewapend met diploma's en mijn fraaiste drukwerk - diploma's en gedichtenbundels in driekleurendruk - toog ik naar de Jan van Nassau, onder het motto: nee heb je en ja kun je krijgen.

De meeste sollicitatiegesprekken die ik had gehad, voerde ik met een enkele persoon. Maar hier zaten niet alleen de directeur en de adjunct, maar ook een amanuensis en een secretaresse. Behalve de directeur liep iedereen van tijd tot tijd weg, kwam weer binnen, anderen kwamen binnen, schoven aan en gingen weer weg. Allemaal hadden ze zo hun vragen te stellen, over van alles en nog wat, tot de directeur zei: 'Ja, als administratief medewerker kan ik me u wel voorstellen. Maar bij de offsetpers heb ik wel mijn vraagtekens.' Ik haalde toen mijn fraaie drukwerk tevoorschijn en dat ging de hele tafel langs. Ze vonden het duidelijk klasse. Na een uur was het gesprek eindelijk afgelopen en werd er naar referenties van mijn vroegere werknemers gevraagd. Ik zou nog bericht krijgen.

Ik was nog maar net thuis, toen de telefoon ging: de directeur. Hij zei dat ze me graag wilden hebben en vroeg wanneer ik kon beginnen. Ik ben toen met de auto naar het bos gereden, samen met de hond. Daar heb ik rondgerend en geroepen: 'Ik heb een baan! Ik heb een baan!' Ik was ten slotte al 55 jaar. Achteraf hoorde ik dat er 150 sollicitanten waren geweest voor de functie. Door mijn allround-inzetbaarheid was ik de meest geschikte voor het werk én voor de functie die in hun achterhoofd zat: werken in hun bibliotheek. Twee maanden later werkte ik bij de Jan van Nassau.

Er lagen vele rumoerige jaren in het verschiet. Tijdens en na fusies en verbouwingen met enorm veel kabaal van drilboren, stof, stof en nog eens stof, maakte ik de overgang mee naar een nieuwe organisatie. Ik werd betrokken bij de organisatie van een reünie voor twaalfhonderd mensen. Mijn hart en ziel lagen bij de drukkerij, maar ik werkte ook in de bibliotheek: drie bibliotheken moesten worden samengevoegd.

Na acht jaar raakte ik oververmoeid. Ik was nooit ziek en had nooit koorts. Ik was alleen hondsmoe. Mijn lijf protesteerde heftig tegen de werkdruk, die almaar groter was geworden. Ik werd afgekeurd met de woorden: 'We zullen u tegen uzelf beschermen.' Een jaar later was ik weer helemaal opgeknapt. Vanaf dat moment viel ik geregeld in voor langdurig zieken; ik was overal inzetbaar. Toen ik 67 jaar werd, heb ik gezegd dat ik na de grote vakantie niet meer zou terugkomen: 'Straks loop ik hier op mijn negentigste nóg!' Voortaan kwam ik als gast en niet meer als medewerker.

Als ik nu het gebouw binnenkom, heb ik nog steeds een vertrouwd gevoel. Ik ben blij dat ik indertijd de stoute schoenen aangetrokken heb en daar ben gaan solliciteren.

DE ONTMOETING

Jaren geleden ging ik op reis naar Turks Cyprus, waar een dierbare vriendin van mij woonde. Ik reisde per trein naar Venetië, per boot naar Alanya, met de bus naar Antalya en met nog een bus naar Mersin. Daar moest ik verder met de ferry die mij naar de overkant zou brengen. Op de kade bij het loket kocht ik een kaartje en ik ging zitten op een bank in het wachtkamertje. Ik had nog vele uren te gaan, de boot vertrok rond middernacht.

Naast mij kwam een Turkse vrouw zitten. Ze droeg zwarte kousen, zwarte linnen slofjes, een zwarte vale jas en een zwarte hoofddoek. In het Turks knoopte ze een gesprek met mij aan; met behulp van een woordenboekje en handen- en voetenwerk begrepen we elkaar. Ze riep een paar jongetjes, commandeerde hen op de bagage te passen en nam mij mee naar een Turks eettentje. Het water liep al in mijn mond bij de heerlijke etensgeuren. Voor weinig geld hadden wij een heerlijk maal, het smaakte net zo lekker als het rook. Na afloop liepen wij voldaan naar een bankje onder een boom. Langzaam maar zeker stroomde het voller en voller op de kade. Bij de douanepost had zich een lange rij gevormd, maar mijn metgezellin maakte zich er niet druk over. Zij was mama en ging naar haar zoon die op Cyprus woonde en werkte.

Toen het douaneloket openging, riep ze de jongetjes om de bagage te dragen: die liepen achter ons aan te sjouwen. Tot mijn stomme verbazing sloot ze niet aan bij de rij, maar liep naar voren, duwde een paar mannen opzij, legde mijn paspoort en ticket, haar persoonsbewijs en ticket neer en commandeerde: 'Stempelen!' Zonder enig protest van wie dan ook gebeurde dat. Wij waren de eersten die aan boord gingen. Zij legde haar bagage op een stoel van een rij van vijf stoelen, klapte alle zijleuningen omhoog en ging over die vijf stoelen liggen. 'Dat moet je ook doen', commandeerde ze. Ik nam een rij van drie stoelen, maar durfde er toch niet op te gaan liggen. Het schip was stampvol, maar de twee stoelen naast mij bleven leeg. Uiteindelijk ging ik ook liggen en viel ik waarachtig in slaap.

's Morgens vroeg had mama thee georganiseerd. De ferry legde aan en iedereen stroomde het schip uit, de kade op. En zie, het toneelspel herhaalde zich: opnieuw gingen wij bij de douane langs de rij, sjouwden jongetjes achter ons aan met de bagage, duwde ze mannen opzij, legde ze de papieren neer en zei: 'Stempelen!'

Toen mijn vriendin na een half uur arriveerde, stapte mama ongevraagd in de auto. Ik legde uit dat zij zich over mij ontfermd had. Nu moesten wij haar naar haar zoon brengen. Langs allerlei kronkelwegen door een heerlijk geurend Cyprus kwamen we bij een poort. Mama voerde het woord met de soldaat op wacht. De poort ging open en we reden door naar een soort paleis. Alles was van marmer, ik zag mooie traptreden, een overdekt bordes, gesteund door pilaren en statige deuren die openstonden. Een soldaat maakte het portier open en salueerde. Mama nam afscheid van ons en verdween fier met haar plastic tassen door de grote openstaande deuren.

MARIANNE OUDENHOVEN (1943)

'Mijn verhalen zullen er zijn, ook als ik ze zelf vergeet'

'Ik ben geen schrijver en ook geen dagboekmens. Ik heb het wel eens geprobeerd, maar dat hield ik maar enkele weken vol. Ik kan niet zoveel met gestolde beelden of ervaringen. Ik ben wel iemand die reflecteert, maar ik hoef mijn gedachten niet zo nodig op te schrijven. Van zenmeditatie heb ik veel geleerd; als je een week stilzit, kom je jezelf wel tegen. Zen leert je intens te leven in het hier en nu. Het verleden is voorbij, je leeft alleen maar nu, in dit moment. Dat heeft mij sterk beïnvloed. Ik was niet eerder bezig geweest met mijn levensverhaal. Ik lees wel altijd graag biografieën, liefst autobiografieën. Ik vind het interessant om in het leven van een ander te kunnen kijken en het proces te volgen dat iemand doormaakt.

Jaren geleden deed ik mee aan een cursus levensverhalen schrijven, aangeboden door het hoger onderwijs voor ouderen in Maastricht. Een nieuwe levensfase begon, ik was klaar met een aantal taken en verantwoordelijkheden en zocht een zinvolle tijdsbesteding. Eerlijk gezegd heb ik vrij willekeurig gekozen uit het aanbod; het had ook iets anders kunnen zijn. Ik had geen ambitie, was helemaal niet met schrijven bezig of met het ophalen van herinneringen en ik had geen groot doel. Ik wilde het wel eens uitproberen. Bovendien vonden mijn kinderen en kleinkinderen het leuk en bijzonder om te kunnen meekijken in het geheugen van hun moeder en oma.

Ik vond het een goede ervaring om bewust naar vroeger terug te gaan en me dingen te herinneren. Er is niet aan te ontkomen: met het ouder worden en door een gebrek aan nieuwe ervaringen, gaan gesprekken met familieleden en vrienden steeds meer over ziektes, overledenen en vroeger, en vaak worden er dan anekdotes verteld. In de cursus gingen we verder dan dat. Door het schrijven ging ik dieper in op mijn eigen verhaal, er waren meer lagen te doorgronden. Daardoor kon ik dingen beter begrijpen. Ik vond het vooral fijn om mij de mensen waarover ik schreef liefdevol te herinneren. Ik ben de verdrietige dingen en moeilijke kwesties altijd bewust uit de weg gegaan. Er zijn altijd andere mensen bij betrokken en ik wilde hun belangen respecteren. Ik had niet de behoefte dat te delen met de schrijfgroep. Thuis heb ik wel verhalen die gevoelig liggen, maar die blijven bij mij. Het leven moet door en ik wil niet leven met bevroren beelden van vroeger.

Ik vond het vooral fijn om met mijn eigen verhaal bezig te zijn, daar heb ik helemaal geen moeilijk gevoel over. Ik ben er speels mee omgegaan, niet ernstig. Het schrijven is zelfs een beetje mijn vorm geworden. Als er een aanleiding is, bij het overlijden van iemand in mijn omgeving of op feestelijke momenten, dan wil ik tegenwoordig nog wel eens iets zeggen. Dat ben ik meer gaan doen, ik heb in de cursussen geleerd om dingen te verwoorden zonder innerlijke censor. Maar zonder aanleiding schrijf ik niet. Ik zou nooit zomaar verhalen zijn gaan schrijven. Ik ontdekte dat dingen opschrijven toch heel iets anders is dan zen. Ik ben niet erg de diepte ingegaan. Ieder mens heeft een levensverhaal en elk verhaal is uniek, maar bij nader inzien valt het vaak mee met de uniciteit. Het is misschien wel een vorm van terughoudendheid of bescheidenheid: ik heb niet zo de behoefte om mijn eigen verhaal te (re)construeren, om daardoor iemand te worden. Ik weet dat mijn verhaal niet zo interessant is en ik weiger om mezelf via mijn verhaal op te blazen. Door je eigen levensverhaal op papier te (re)construeren geef je er onvermijdelijk een min of meer dramatische lading aan.

Humor en relativering waren voor mij erg belangrijk. Ik realiseerde me vaak genoeg dat persoonlijke drama's ook maar persoonlijke drama's zijn en dat je anderen daar lang niet altijd mee hoeft te vermoeien. Het kan interessant zijn om in het leven van anderen te kijken, de processen te volgen die iemand maken tot wat hij of zij nu is. Maar dat kan ook vermoeiend zijn, vooral als iemand te veel bezig is met wat eigenlijk normale problemen zijn. Ik word pas geïnspireerd als mensen beschrijven hoe ze in moeilijke situaties "over hun eigen schaduw" zijn gesprongen. Ik vind het eigenlijk interessanter om hier en nu gezien en gewaardeerd te worden, dan morgen of gisteren. Ik heb er mijn handen vol aan. Ik hoor ook niet graag de hele levensverhalen van anderen als ik er niet om gevraagd heb, bijvoorbeeld op vakantie. Wat moet ik ermee?

Ik vond het bijzonder om in een groep bezig te zijn. De groep werkte als een soort spiegel: door het voorlezen kreeg ik van de andere deelnemers reflecties op mijn verhalen en daardoor ging ik toch anders naar mijn eigen teksten kijken. In het algemeen werden ze wat "groter". Sommige vrouwen hadden veel te melden en er ontstond een onderlinge band. Je leerde mensen intiem kennen zonder bevriend te zijn, dat vond ik heel speciaal. Door levensverhalen met elkaar te delen, weet je veel van elkaar zonder dat je er verder iets mee doet. Maar dat leidt wel tot een stilzwijgende en begripvolle verbondenheid. Je hoorde over verborgen verdriet en maakte dat samen door. Dat weet je allemaal, ook als je elkaar ontmoet buiten de cursus.

De cursusdagen maakten mij ook even los uit mijn dagelijkse bestaan. Voor mij waren die dagen weldadig, geconcentreerd maar ontspannen en productief. Heel leuk vond ik de compacte cursussen die enkele dagen duurden. De intensiteit was dan veel groter en door de langere concentratie kwamen we dieper in de herinnering. Het had ook iets meditatiefs, het bracht verinnerlijking. Samen bouwden we een sfeer op die leidde tot openheid, kwetsbaarheid en veiligheid. Het herinneren ging eindeloos door, ook 's avonds bij de borrel. Achteraf zie ik dat we daardoor ook geen gevoelens over het heden hoefden te delen, die bleven buiten schot.

Ik zal mijn verhalen niet weggooien. Wellicht neem ik ze ooit mee als ik ga verhuizen. Ik overwaardeer mijn verhalen niet, maar ze zijn toch iets van mezelf. Ik zie ze ook als verhalen voor mijn kinderen en kleinkinderen. Wat ik een interessante gedachte vind: dat ik verhalen heb opgeschreven, betekent dat ze er zullen zijn als ik ze zelf zou vergeten. Als ik zou dementeren, is het een grote schat: verzorgers en anderen kunnen er dan uit putten om mij beter te begrijpen. Misschien glimlach ik wel als ze mij eruit voorlezen... Ik heb dus al een schat verzameld voor mezelf. Wat een ander er aan waarde aan toekent, weet ik niet. Ik heb er geen hoge verwachtingen van. Het is ook maar de vraag of mijn kinderen en kleinkinderen de verhalen later interessant zullen vinden. Misschien gooien ze wel alles weg, zoals mensen die alle fotoalbums bij het vuilnis zetten als hun ouders gestorven zijn.

Sinds kort ben ik vrijwilliger bij het Humanistisch Verbond. Mijn taak is het geven van ondersteuning aan de familie bij een uitvaart. Ik luister naar herinneringen van de nabestaanden, teken gebeurtenissen uit het levensverhaal van de overledene op, en schrijf op basis daarvan een toespraak voor de begrafenis of crematie. Zo blijf ik bezig met levensverhalen, tot ik zelf aan de beurt ben. Want alles gaat voorbij, zelfs de meest moeilijke of dierbare omstandigheden, zelfs mijn leven.'

TWEE MOEDERS

Lange kinderjaren lang woonde de familie Jansen naast ons. Er was vooral veel contact tussen de moeders en hun wederzijdse dochters. Buurvrouw Marie was een bijzonder mens. Een ziener, een medium, een deskundige in nieuwsgaring. Marie wist alles en doorzag alles. Alles van iedereen. Van ons, van de mensen in onze straat, van het hele dorp. Ze had journalist moeten worden, maar was de vrouw van Frits de schilder, fulltime-huisvrouw en de moeke van de zwakbegaafde Tonnie. Toch had ze elke dag wel enkele uurtjes tijd voor haar grote passie: het laatste nieuws opsnorren. Want haar talent benutte ze. Met haar eindeloze belangstelling voor het lief en leed van andere mensen - vooral het leed - fietste ze elke morgen en elke middag haar rondje door het dorp. Waar nodig stapte ze af bij informanten. Desnoods tussen twee buien door, bril beslagen, regenkapje onder de kin gestrikt, mopsneusje in de lucht en de kin op een vastberaden hoogte, fietsend op jacht naar de laatste ditjes en datjes. Ze was eraan verslaafd.

Mijn moeder daarentegen was een echte huismus. Ze had genoeg aan zichzelf en aan haar grote tienpersoonsgezin om voldaan én content in het leven te staan, vooral als alles normaal en gladjes verliep. Met één uitzondering: elke dag nam ze een uur vrij, in de vorm van een middagpauze, voor het middagritueel met Marie. Wij vonden het volstrekt normaal wanneer onze moeder na het middagmaal rap verdween naar de moestuin, om het tafellaken uit te schudden op het tuinpad tussen de twee huizen. De kruimels, aangevuld met restjes aardappel of oud brood, dienden als voer voor de vogels. Marie had ook wat uit te schudden op dat uur - vooral veel woorden. Ieder aan de eigen kant van de lage heg stonden ze dan te filosoferen over hun kinderen, de kwaliteit van de bonen, de prijs van aardappelen en tomaten, de tekortkomingen van hun mannen en wederzijdse families en de dorpspolitiek.

Dan pas stelde mijn moeder de vraag: 'En Marie... is er ook nog ander nieuws?' Dat was het sein. Met een lage, omfloerste stem gaf Marie de laatste stand van zaken door. Mijn moeder luisterde met rode oortjes en zei op gezette tijden met gespeelde verbazing en veel interesse: 'O ja...? O ja...?' Dat stimuleerde Marie om haar verhaal nog meer op te kloppen. Wanneer alles gezegd was wat gezegd kon worden, namen ze afscheid van elkaar, met glanzende ogen en een klein veelbetekenend knikje. Ze wisten: morgen gaan we verder, dit is nooit af.

Jarenlang onderbraken de twee vrouwen in de vroege middag de routine van hun dagelijkse bestaan, om samen een spannende soapserie te maken.

TWEE DOCHTERS

MET DE DOCHTER van moeke Marie deelde ik van alles. We waren een aantal kinderjaren dik bevriend met elkaar, hoewel ze vijf jaar ouder was. Ik merkte dat niet zo, ik was zelfs dominant, speelde de baas, stuurde alles aan. Tonnie was een imbeciel, zo heette dat toen. Haar IQ was minder dan zestig, dat wist ik van mijn tante Ton, die in Sittard les gaf op een school voor bijzonder onderwijs. Tante Ton wist alles van lage IQ's en kinderen met het syndroom van Down.

Ik was dus veel slimmer dan Tonnie en dat was erg handig; soms buitte ik het ook uit. Ze had van ons tweeën de grootste zak knikkers. Daarin zaten aarden knikkers, de zeldzaam waardevolle loden kogels, die blonken als zilver, en glazen knikkers in alle maten, met gekleurde wolkjes erin. Als we knikkerden was mijn hebzucht groter dan mijn compassie. Winnen kon ze niet, ze had geen strategische kwaliteiten. Als we uitgespeeld waren, was mijn zak vol en de hare leeg. Moeke Marie vulde het verlies de volgende dag aan, wat mijn schuldgevoel even suste en mijn hebzucht helaas opnieuw aanwakkerde. De loden kogels moest ik teruggeven om ze daarna weer te winnen, dat was een deal tussen moeke en mij.

Bij het busje trappen hield ik wel rekening met Tonnie en ook met ballen en touwtje springen mocht ze altijd mee-

doen. Ze was dan zo blij. Soms mocht ze zelfs winnen. Ze lachte dan gelukzalig met haar ruwe mond vol rommelige tanden, mepte op mijn rug van plezier en kraaide: 'Dat was fijn...!'
Op een zondagmorgen ging Tonnie naar dansles, samen met haar jongere broertje. Bij sommige dingen had ze nog een helpende hand nodig. Ze kon bijvoorbeeld niet zelfstandig naar de wc, dat had moeke Marie haar vergeten te leren. Tonnie was een dik, niet groot meisje met lubberige vormen, en de dansjurk hing als een zak om haar heen. Moeke had haar lippen rood aangezet met een veeg lippenstift, op haar oogleden plakte zwarte eyeliner. Haar meestal vette zwarte haren - ze schreeuwde moord en brand tijdens wasbeurten - waren glanzend gewassen. Moeke had zich uitgesloofd om haar dochter op te tutten.
Tonnie vertrok opgewonden en keek ietwat broeierig uit haar donkere ogen - hormonen trotseren ieder IQ. Vertederd keken wij haar na. Ze was zo blij... Toen ze twee uur later terugkwam, hing er een Lucky Strike-sigaret scheef in haar rode mond. Ze pufte grijnzend de rook recht in mijn gezicht en vroeg giechelend: 'Majanneke Ouwenhoven, heb jij al enne vrijer? Ikke wel... Ik heb e kuske gekregen, van ge weet wel... Moeke, hoe is naam?' Tonnie had van mij gewonnen.
Tonnie is nog heel lang thuis bij moeke blijven wonen, totaal verwend en onzelfstandig. Bij mijn regelmatige bezoeken aan het ouderlijk huis kwam ze altijd even 'een lekker kopje koffie' meedrinken en pafte dan nog altijd heel stoer de rook van de ene sigaret na de andere de lucht in. Drie vingertoppen van haar linkerhand waren voor eeuwig bruin gekleurd. Ze bleef geïnteresseerd in mij én mijn liefdesleven: 'Majanneke Ouwenhoven, heb je ondertussen al enne vrijer...? Wie dan? Ken ik die? Ben je gelukkig? Ha ha! Kusjes geven zeker... Heb je kiendjes? Hoe oud? Vind ik fijn...'
Tonnie is zestig jaar geworden en overleden in een zorghuis voor geestelijk gehandicapten, waar ze het heel goed naar haar zin had.

DE PROCESSIE

Mijn kinderjaren in Venray werden opgesierd door veel katholieke rituelen en een belangrijk onderdeel daarvan waren de processies. In een strenge roomse rangorde liepen de mensen met plechtige gezichten in een lange devote sliert vanuit de Grote Kerk richting Markt en Paterskerk, om met een grote boog terug te keren. Langs de gevels schalden de weesgegroetjes en onzevaders omhoog en werd de litanie der heiligen herhaald en herhaald. Processie lopen vond ik prachtig; ons geloof klonk als een sprookje.

Zo gingen we in de maand maart elke zondag naar de Smakt. In het kapelletje van de paters, ook wel de 'spekpaters' genoemd omdat ze leefden van wat de boeren hun doneerden, stond de heilige Joseph bescheiden op een sokkel te wachten op sukkels die geen man of vrouw konden vinden. Na een wandeling van vijf kilometer, een gemeend stil gebed en de daarbij horende vraag: 'Heilige Joseph, zorg er als het u blieft voor dat ik een goede man of vrouw zal vinden', vonden veel mannen en vrouwen verrassend snel dit wonder meteen al in het grote café pal naast het kapelletje, of anders wel op de terugweg die altijd uitbundig vrolijk en genoeglijk verliep, met dank aan de heilige Joseph.

In de maand mei, in de week van de IJsheiligen, liepen we op drie ochtenden na de mis van zes uur in een magische sfeer langs velden, akkers en weiden waarin koeien zonder poten in de grondmist stonden te mediteren. Dan baden we voor de boeren; voor een goede oogst in de zomer, na het zaaien in de lente.

Op Hemelvaart trokken wij door een op en top versierd dorp. Door straten met opgerichte bogen, bekleed met dennengroen en met blij wapperende wimpels in de pauselijke kleuren. Voor de huizen stonden huisaltaartjes, liefdevol opgezet in een gezonde naijver met de buren. Met twee brandende kaarsen, een pot bloemen en precies in het midden van een oud tafeltje, op een wit kanten kleedje, een kleurig gipsen Heilig-Hartbeeld onder een glazen stolp. De rechterhand minzaam wijzend naar de linkerborst, naar een fors uitgevallen bloedrood hart, ooit doorboord door de lans van een Romeinse soldaat. Op de grond, vooral in de straten waar de zeer gemotiveerde en meer welgestelde gelovigen woonden, lagen bloementapijten in bonte religieuze patronen, waarover wij zingend en biddend zachtjes stapten en waar de heiligheid verrukkelijk zoet naar rozen geurde.

Op de eerste zondag van augustus was de Grote Processie. Dan liep ongeveer iedereen mee, want daarna begon de jaarlijkse kermis. Eerst God en de Kerk en dan veel bier, eten en plezier. Zoals altijd liep de harmonie voorop en speelden mannen in mooie pakken prachtige marsen, met als hoogtepunt de processiemars. Dan liep het kippenvel over mijn rug, werden mijn ogen wazig en voelde mijn buik als een mierennest. Daarachter kwamen de zes notabelen plechtig aanstappen op glimmende lakschoenen, gekleed in zwart jacquet en met een hoge hoed op de gebruinde koppen. Ze hadden een dorpsoverstijgende uitstraling.

Achter hen liepen de gewone mannen in hun zondagse pak; de pet of hoed hielden ze in de gevouwen handen voor het kruis. Zij werden gevolgd door de oudere jongens in 'drollenvangers' (plusfours) en strakke jasjes met drie knopen, met op de ellebogen leren lapjes tegen de slijt. Een korte broek tot op de knie mocht ook wel, maar dan wel met geblokte kniekousen. Dan kwamen de welpen en verkenners.

De schutterij volgde, de schutters bewapend met nepzwaarden en bijlen. Op het hoofd droegen zij woeste, zwarte berenmutsen, en de schouders waren verbreed met gouden epauletten en tressen. Hun koning en koningin schreden plechtig gearmd in mooie gewaden voort en de marketentster rondde deze scène af met een mandje brood aan de ene arm en een vaatje bier onder de andere.

De vrouwen droegen bijna allemaal nieuwe kleren van ongeveer dezelfde snit, de haren stevig in de permanent. Enkele vlotte types hadden hun kapsel bewerkt met een hete krultang, zodat het glanzend golfde, de antieke moekes droegen nog een strenge knot in de nek. Al die vrouwen leken op elkaar, maar in de kapsels en hoedjes lag het vrouwelijk raffinement verscholen en waren er accentverschillen. Zien en gezien worden vormde een niet onbelangrijk onderdeel in dit sociale en religieuze gebeuren.

De schoolkinderen liepen gescheiden: eerst kwamen natuurlijk de jongens en dan pas de meisjes, van top tot teen in het nieuw gestoken - altijd een maat te groot, want gekocht op de groei. En dan kwamen wij, de maagden. Lopend in twee rijen, in lange witte jurken met een blauwe sjerp, ritmisch zwaaiend met lange palmtakken: 'Halleluja, halleluja...' We zwaaiden eerst richting hemel en dan richting aarde, voor de vergeving van de zonden van de mensen, en daarbij zongen we Marialiederen met heel veel avé's.

Een groepje misdienaars liep, uitbundig zwaaiend met glanzend koperen wierookvaten, links en rechts naast het brokaten baldakijn, dat gedragen werd door de kerkmeesters. De wierook walmde omhoog en onder het baldakijn liep de deken met gebogen hoofd, de gouden monstrans eerbiedig in zijn handen. Dit was het hoogtepunt van de stoet. Bij het passeren knielden de mensen die niet meeliepen op de trottoirs en sloegen met gebogen hoofd een kruis.

De communiekantjes van dat jaar - de jongetjes in ouwelijke pakjes en de meisjes in witte jurkjes en een grote vlinderstrik in het haar of met een tule sluiertje, vastgehouden door een bloemenkransje - dartelden vrolijk voort in een lange, lange rij, zwaaiend naar de mensen aan de kant. Aan kinderen was in ons dorp geen gebrek.

Het sluitstuk werd altijd gevormd door de vele paters en zusters. Ineens waren ze er, zichtbaar voor iedereen. Want meestal bleven zij voor het oog verborgen in de vele kloosters en instituten die ons dorp rijk was. In voetlange zwarte of bruine pijen, de handen gevouwen onder hun mouwen, met of zonder witte onderkleden, met een wit koordje om het middel of met witte gesteven hoofdkapjes met sluiers en halfronde halsbeffen. In zichzelf verzonken liepen ze sereen door onze straten.

Zalige oude tijd... Ik woonde in een mooi dorp, ik woonde in een spiritueel dorp. Ik ben nog altijd trots op mijn dorpje in de Peel.

MIJN BUURMAN

'Ik heb een fantastisch leven gehad', zei hij altijd. 'Weet je dat je door God gestraft wordt als je niet geniet van alle momenten die het genieten waard zijn?' Of het nu ochtend of middag was, zijn hand maakte dan het gebaar van het heffen van een glas. 'Zin in een borrel? Een glas wijn dan? Kom toch even binnen, dan praten we wat. Ik hoop dat je tijd hebt', zei de 91-jarige levensgenieter. Ons laatste glaasje wijn samen was een glas appelsap, uit het laatste literpak van een verder lege koelkast. 'Een goed jaartje', zei hij geroutineerd smakkend en proevend, en dan glunderend: 'Santé, buurdame!'

De monoloog die volgde was verward maar kleurrijk. In het Frans, Duits en Engels sprak hij over de tuin, de eigenwijze tuinman die zijn opdrachten niet altijd begreep, de schoonheid van alweer een nieuwe lente en zijn zorgen over de ganzen die hem zo hard nodig hadden. Nee, hij verveelde zich nooit, daar had hij geen tijd voor, integendeel. 'Misschien leggen ze binnenkort wel gouden eieren, die mogen ze van mij uitbroeden... Doe je mee? Dat zou ik enórm vinden.' Vervolgens dreunde hij een tiental Duitse militaire reglementen op, die dat proces ten goede zouden komen. Ik moest denken aan zijn echte gouden ei: een Peutz-gebouw van glas en staal, nu het Glaspaleis in Heerlen. Met zijn 91 jaar was zijn behoefte aan sociale contacten nog altijd groot, maar zijn wereld in het riante antieke huis was klein. Zijn brein werd langzaam maar zeker opgegeten door Herr Alzheimer en kankercellen namen het her en der in zijn lichaam van de gezonde cellen over.

Wij waren meer dan tien jaar buren en wij waren blij met elkaar. Ik hield van zijn grandeur, charme en humor, zijn waardigheid in de aftakeling. Wat een mens, wat een voorbeeld! Nooit zeurde hij over verloren bezittingen en rechten, altijd vertelde hij relativerend over de opkomst en de ondergang van de familiezaak en de familieclan. Zijn ogen blonken als hij herinneringen ophaalde aan leerstages en andere avonturen in Amsterdam, Parijs en Berlijn, wanneer hij vertelde over zijn liefde voor de paardensport, de Reiterschule in Wenen waar hij dressuur leerde, en de vele borreluurtjes bij ontelbaar veel gelegenheden.

Hij vertelde graag over het goede leven in zijn jeugd en zijn volwassen jaren. Over de bloeitijd van de mijnen, hoeveel kleding en andere spullen ze verkochten aan de mijnwerkers, hoe dat zijn bedrijf groot had gemaakt. Hoewel van vaderskant Duitser, sprak hij altijd van moffen, ook als het familieleden betrof of klanten en opdrachtgevers. Aan het begin van de Tweede Wereldoorlog was hij reserveofficier in het Nederlands leger, waar hij cowboyachtige avonturen beleefde. Met stoute ogen kon hij daarover spannend vertellen en aan de braspartijen in de officiersmess dacht hij nog altijd met jongensachtig plezier terug. In de oorlog sloot hij zich aan bij een Limburgse verzetsgroep, bracht met zijn auto Joodse kinderen uit Amsterdam naar een nonnenklooster in Valkenburg, nadat ze eerst gekleed werden met kleding uit zijn zaak. Werknemers die te vertrouwen waren, hielpen hem daarbij. Met gevaar voor eigen leven hielp hij zo bij het redden van tientallen kinderen van de Gestapo. De Yad Vashem-onderscheiding uit Israël die hij daarvoor kreeg, kwam slechts terloops ter sprake; dan was hij bescheiden en dat maakte hem groots.

Zijn oude meisje en levensgezellin was twee jaar geleden, tegen zijn zin, op een brancard weggebracht naar een verpleegkliniek. Nadat hij tien jaar voor haar gezorgd had - ze had in ernstige mate last van Lady Alzheimer - kon hij niet meer. Zijn kracht was op; het laatste beetje had hij nodig om zelf overeind te blijven. Veel had hij haar gegeven in zijn nadagen, veel teruggegeven misschien ook wel. Elke dag bezocht hij haar en hield dan haar hand vast, meer contact was niet mogelijk. Op een versleten namiddag in het jaar 2000 was ze op de schouder van haar beschermengel zo licht als een veertje zomaar weggevlogen, om in de hemel te regelen wat geregeld moest worden. Eerst voor haar en dan voor hem: een goed leven bij God met zoveel mogelijk personeel, in ieder geval met een kok.

Dat hoorde bij mensen van hun stand, dat waren ze van huis uit gewend. Hij zei dat trots en vol vertrouwen. Zijn

meisje had altijd al de belangrijke beslissingen genomen in hun leven. Zo stond op een dubbelzijdige grote kaart in een zilveren houder, goed zichtbaar op het dressoir in de eetkamer, in haar handschrift geschreven: 'L is vandaag lief', en op de andere kant: 'L is vandaag niet lief.' De zichtbare kant van de kaart bepaalde het verloop van hun dag. Op de dag van haar weggaan was hij lief. Als alles goed geregeld was, mocht ook hij komen. Dat gaf hem rust en berusting.
Tot ieders verbazing stortte hij niet in. Hij weigerde opname in een verzorgingshuis. 'Je denkt toch niet dat ik wakker wil worden te midden van die oude weduwen in hun ochtendjas? Jullie krijgen me hier niet weg', zei hij tegen zijn kinderen. Hij bleef - onder curatele - de baas over zijn eigen leven. Nadat men hem zijn rijbewijs had afgenomen, reed om twaalf uur 's middags een taxi voor, die nog 'drie andere kerels van mijn niveau ophaalt', zoals hij trots zei. Samen gingen ze dineren in Huize Douvenrade, 'een enorm chique tent'. Hij genoot ervan te eten en te converseren met andere mensen. Om twee uur was hij dan weer terug en begon het lange wachten op Ben, die trouw elke dag om zeven uur 's avonds kwam. 'Een man van goud', zei hij, 'maar hoe heet hij ook alweer...? Het is iemand van vroeger, die heeft bij ons in de zaak gewerkt.' Werknemer en directeur - samen mens. Hij werd geschoren, ze dronken wat en hij kreeg zijn slaappil. Om acht uur was het grote huis donker, brandde er alleen op de gang boven nog een klein lampje. In de tuin gakten de ganzen, ze waakten goed over hem.
Onze jasmijnstruik werd gesnoeid. De hele winter zag mijn keukenraam zijn keukenraam. Elke morgen bezorgd: wordt het groene gordijn wel opengeschoven? Ik was opgelucht als het zover was: hij was weer wakker geworden. Nog geen dode buurman te vinden... Rondom de keukentafel scharrelde zijn gebogen rug, het kale hoofd vol bruine vlekken ging op neer. Hij redeneerde weer als een directeur, en de mevrouw van de thuiszorg luisterde geduldig.
Op een smartelijke middag vertrok hij aan de arm van zijn zoon, de rug krommer dan ooit, naar het huis vol weduwen in ochtendjas. Hij keek niet op of om, de ogen gericht op de grond. Hij accepteerde zijn laatste gang. Weg uit zijn ver-

trouwde omgeving werd zijn functioneren snel nog minder, hij verloor zelfs zijn gevoel voor decorum - maar niet zijn charme. De dierenambulance kwam om de twee ganzen op te halen. Er stapten vier grote kerels met lange touwen uit, maar de dieren boden geen verzet. Ze gingen mak mee, hun taak zat erop.

Nu is hij dood. Op zijn terras bloeit de dieproze prunusboom. Er is leven na de dood.

SANNIE HUIJBREGSEN-VAN DE WERFHORST
(1927)

'Ik ben nu de bewaarder van de verhalen in de familie'

'Vroeger op school had ik veel moeite met het maken van een opstel: ik schreef niet graag. Toch vond ik het vak Nederlands wel prettig, maar ik heb er later niets meer mee gedaan. Op een bepaald moment in je leven ga je terugkijken en zo begon mijn interesse voor mijn eigen levensverhaal. Ik wilde meer weten over mijn grootmoeder, ik was gefascineerd door het bijzondere leven dat ze geleid had. Ze trouwde pas na haar dertigste, met een man die nog ouder was. Die had na de dood van zijn vader het handelsbedrijf in Elburg vaarwel gezegd, studeerde theologie en werd na het huwelijk in 1887 dominee in Mastenbroek, waar hij de parochie te paard bediende. Toen er zes kinderen waren, stierf hij.
Grootmoeder was behalve moeder ook rentmeester van kasteel Moersbergen te Driebergen. Ze reisde op en neer tussen Oldebroek - waar de eigenaresse van het kasteel een huis voor haar had laten bouwen en waar de drie meisjes met tante Jo woonden - Kampen - waar zij met de jongens woonde, die daar op school zaten - en Moersbergen. In de vakanties woonde de hele familie op het kasteel. Ik vroeg me af hoe mijn grootmoeder dat deed, en hoe men reisde aan het einde van de negentiende eeuw. Ik ging op zoek naar oude spoorboekjes en ontdekte dat er destijds een trein ging van Amersfoort via Elburg en Zwolle naar Kampen en zelfs Mastenbroek. Ik zocht naar stamboomgegevens, het werd een obsessie. De finale stamboom begint pas de laatste jaren in zicht te komen.
Ik vond ook oude dagboekjes van mijn vader uit 1908. Zo ontdekte ik dat hij in dienst moest tussen 1906 en 1908 en dat hij een veel betere schrijver was dan ik. Er is een dik schrift dat helemaal gaat over een meisje waar hij gek op was, maar waarmee

hij niet getrouwd is. En ik las over mijn grootmoeder, die met juffrouw Luden, de eigenaresse van het kasteel, en mijn vader met de trein naar Genève ging om kleren te kopen. Hij beschreef in zijn dagboek het wonder van die treinreis langs de Rijn naar Basel, hij was toen twaalf jaar.

Ik maakte allerlei notities, maar niet systematisch. En toen ik las over een cursus levensverhalen schrijven dacht ik: misschien helpt zo'n cursus me op weg. En dat was ook zo: in de cursus ben ik begonnen te schrijven, ik heb er veel opgepikt en geleerd. Door de oefeningen kwamen veel herinneringen boven. Zo leidden een paar oude geitenwollen sokken op tafel mij naar een herinnering over mijn donkerblauwe bevrijdingsrok, waarin ik heel wat danste op de bevrijdingsplatforms. Ik schreef over de huizen die ik gekend heb, zoals het huis van mijn tantes, de zussen van mijn vader. Over mijn ouders en hoe zij elkaar ontmoet hadden. De oefening met de foto's vond ik heel leuk. We moesten een foto meebrengen waar we zelf op stonden, maar waarop ook nog meer te zien was. Vervolgens schreven we zowel een verhaal bij de foto van een ander als bij onze eigen foto. Bij het voorlezen was ik perplex: mijn verhaal bij de jeugdfoto van de ander klopte precies met haar eigen gegevens; zelfs de naam van haar broertje was juist! We waren met negen mensen, ik vond het ook leuk om onze verhalen met elkaar te delen. Op een bepaald moment zijn de remmen los gegaan: iedereen vertelde in de groep wel iets dat hij in andere omstandigheden niet zomaar zou prijsgeven. Als we elkaar dan weer zagen, vroegen we er ook naar: hoe is het verder gegaan. Door de cursus kwam er veel op gang.

Ik heb uitgebreid geschreven over mijn leven en geschiedenis. Soms heb ik er foto's bij gezocht, bijvoorbeeld bij het verhaal over de doop van de boot die mijn man en ik via een aandeel mee gefinancierd hadden. Ik lees de verhalen nu met plezier terug. Ik ben veel bezig met mijn voorgeschiedenis en ik heb die verhalen ook opgeschreven omdat ik de dingen van vroeger wilde bewaren. Ik vertelde wel eens wat aan mijn dochter en dan dacht ik: ik word nu tachtig jaar. Als ik er niets mee doe, gaat alles verloren. Zo wil ik nog over mijn vader schrijven, want ook hij heeft een bijzonder leven geleid. Ik wissel soms verhalen uit met mijn broer, die in Canada woont. Enkele van zijn kleinkinderen zijn nu erg geïnteresseerd in de familiehistorie. "Ik ben toch ook een beetje Nederlands?", zei de twintigjarige Jordan tegen mijn broer, die zich nu ook bezighoudt met zijn herinneringen. Ik heb hem mijn stamboom gestuurd, hij kan uit mijn werk putten. Mijn belevenissen zijn ook interessant voor mijn dochter. Ik ben nu de bewaarder van de verhalen van de familie. Het hoeft geen boek te worden, maar ik wil er wel orde in aanbrengen. Ik wil zorgen dat alles beschikbaar blijft, bijvoorbeeld voor de kinderen van mijn zoon; die zijn nu nog heel klein.

Na afloop volgde ik nog andere cursussen, en ook daarna ben ik verder gegaan met schrijven. Het heeft me veel opgeleverd, de cursussen en mijn zoektochten. Ik heb allerlei gegevens gevonden, maar ook herinneringen die heel diep weggestoken waren. Ik ben er nog steeds mee bezig, ik wil nog veel meer opschrijven. Verhalen over mijn grootouders, mijn ouders en mijzelf. Ik heb net geschreven over mijn bruiloft in 1952. Ook heb ik nu de neiging, meer dan vroeger, om over een bepaalde beleving te schrijven. Zomaar, opeens, schrijf ik dan uit mijn hoofd een verhaal op, bijvoorbeeld over de boot die gedoopt werd. Als ik het nu lees, beleef ik weer de hele sfeer die toen heerste - alles komt terug. Alsof er in mij een soort voorraadkast met herinneringen is, waaruit ik eindeloos kan putten. Ik wil alsmaar gewoon doorgaan. Ik wil ook schrijven over mijn vader, die voor Philips de gele natriumlamp heeft uitgevonden. Hij was verlichtingsdeskundige en als zodanig onderzocht en formuleerde hij de wettelijke voorwaarden waaraan de verlichting op motorfietsen moest voldoen. In enkele strafzaken heeft hij als getuige-deskundige vrijspraak weten te bereiken voor verdachten van dood door schuld: foutieve straatverlichting was de oorzaak geweest. Hij reisde naar Europese hoofdsteden om er voordrachten te houden: Warschau, Stockholm, Boedapest...

Hij reisde met de eerste lijnvliegtuigen; ik heb een foto van hem op Schiphol, daarop zie je een grote lege vlakte met één enkel vliegtuig, Snip genaamd - alle vliegtuigen hadden toen vogelnamen. Mijn vader kende veel piloten persoonlijk. Er stortte wel eens een vliegtuig neer. Eenmaal was dit zijn vlucht, die hij had gemist omdat hij ziek op bed lag in Boedapest. Mijn vader stierf toen hij vijftig was, net als zijn vader en zijn grootvader. Ik was elf jaar.

Thuis werden vaak hun verhalen verteld. Mijn broer, die vijf jaar ouder is dan ik, weet er nog veel. Vijf jaar geleden kwam hij naar Nederland. We zijn toen samen naar allerlei plekken van vroeger gegaan - Mastenbroek, Oldebroek, Kampen - en we hebben elkaar toen veel verteld. Zo langzamerhand weet ik alle verhalen van hem. Ook hij is nu, in Canada, bezig met zijn memoires; hij heeft daar veel meegemaakt. Ik laat hem wel eens wat lezen van mijn verhalen. Van hem heb ik nog niets gelezen. Het is wel de bedoeling - als hij het kan afronden, tenminste.'

KERSTDINER

Het was december 1937. Mijn ouders hadden de tandarts en zijn vrouw uitgenodigd voor het komende kerstmaal. Familieleden, die in Oene een boerderij hadden, zouden een gans of een kalkoen sturen - in die tijd een delicatesse. Alles verliep volgens plan, totdat ik op een donkere, sombere decembermiddag uit school kwam en de keuken, waar nog geen licht aan was, binnen ging. Een vreemd, gorgelend geluid kwam mij tegemoet. Ik schrok me een hoedje. Toen ik de lamp aangeknipt had, zag ik tot mijn grote verbazing een krat met gaas, waarin springlevend een gans en een kalkoen zaten.

Het werd voor moeder en Fien, ons dienstmeisje voor dag en nacht, een hele puzzel hoe uit dit tweetal een kerstmaal te bereiden. Niemand durfde ze aan te pakken, laat staan ze om hals te brengen. Gelukkig kwam Fiens verloofde, een potige kerel; die zou het vast wel kunnen. Maar nee hoor, ook hij durfde niet. Teneinde raad schakelde moeder de tandarts in, onze gast. Die kwam, zag en overwon het kakelende tweetal: met een injectiespuitje. Of hij nog heeft kunnen genieten van het diner, weet ik niet meer.

BEVRIJDINGSROK

De vijfde oorlogswinter liep teneinde. Evenals de voorgaande vier, was ook deze laatste winter een barre belevenis. Er was veel sneeuw en ijs, maar niemand zat op een Elfstedentocht te wachten. Mijn eigen schoolgebouw, de rijks-hbs, was al een paar jaar gevorderd door Duitse troepen. In plaats van kinderen liepen er nu kippen en varkens rond. Wij moesten het schoolgebouw van de gemeente-hbs delen met haar eigen leerlingen. Verwarming was er niet meer en uiteindelijk ook geen licht. Toen er begin januari weer een strenge, koude winter begon, werden wij naar huis gestuurd. Thuis hadden we af en toe licht van een 'drijvertje'. Dat was een glas, gevuld met water en een heel dun laagje kostbare lijnolie; daarop dreef een lucifer waaraan een katoenen draadje was geknoopt. Sputterend gaf dat een heel klein beetje licht.

Maar nu werd het toch echt lente, met licht en warme zonnestralen. De mensen kregen weer hoop. Via clandestiene radio- en mondelinge nieuwsberichten werd duidelijk dat het einde van de oorlog niet lang meer op zich zou laten wachten. Men bereidde zich voor op de komst van de bevrijders. Waar de mensen het vandaan haalden weet ik niet, maar alles wat oranje en rood-wit-blauw was, kwam uit de kasten. Ook Margriet-speldjes, ter ere van de prinses die in ballingschap in Ottawa geboren was. En ringen en speldjes van dubbeltjes, waarop koningin Wilhelmina stond. Er kwam heel veel 'Wilhelmina' tevoorschijn.

Ik had, zoals vele meisjes die laatste oorlogsdagen, een effen donkerblauwe rok, vol genaaid met allerlei fleurige lapjes van willekeurige vorm en grootte. De hele winter was ik ermee bezig. De lappenlade was onuitputtelijk en aan elk lapje kleefde wel een herinnering. Tot slot naaide ik ter hoogte van de rechter dij een kwast van gouddraad. Deze was afkomstig van het schouderstuk van een gala-uniform van mijn vader. In de Eerste Wereldoorlog was hij gemobiliseerd geweest, en dit stukje galon was het enige overblijfsel uit die tijd. Voor mijn rok was het de 'finishing touch'.

Op mijn verjaardag 5 mei 1945 werd de capitulatie getekend, maar pas twee dagen later reden de langverwachte Canadese en Engelse troepen vanuit Zeist Utrecht binnen. Waar nu de Berekuil is, stond ik in mijn feestrok met vele bekenden op de colonne te wachten. De rok heeft gedanst op een plankier in het Wilhelminapark, in Esplanade, het restaurant van de schouwburg, dat, zoals vele andere gelegenheden, nu door de Canadese troepen was ingenomen. Waar gedanst werd, waren ik en mijn rok erbij.

OP EEN SCHOEN EN EEN SLOF

Het was 1952 en ik woonde met mijn moeder in een royaal bovenhuis. Zeven jaar na de oorlog bestond er nog steeds een uit de oorlog stammend gemeentelijk huisvestingsbureau, dat erop toezag dat overtollige woonruimte werd benut. De woningnood was groot en daarom had mijn moeder enkele kamers verhuurd. Twee van de huurders waren een Nederlandse en een Noorse medewerker aan de universiteit, die aan hun proefschrift werkten. Verder woonde er bij ons een student medicijnen uit Middelburg, die later mijn echtgenoot werd.
Helaas werd moeder ziek. Ze had maar een enkele nier, die het ging begeven. De hongerwinter van 1944-1945, waarin ze met de fiets tijdens een van de strengste winters over de Veluwe getrokken was, om bij bevriende boeren eten te halen, had veel van haar reserves geëist. Er bestonden toen nog geen harttabletjes, geen plaspillen of nierdialyse. Ten slotte werd ze ter verzorging opgenomen in huize Oranjestein in Amerongen, beheerd door diaconessen in uniform. Moeders pensioen ging vrijwel geheel op aan deze verzorging. Ik verdiende wat als secretaresse van professor Nuboer in het Academisch Ziekenhuis, waar ik begon met 119 gulden per maand en na elf jaar eindigde met ongeveer 180 gulden. De inkomsten van het verhuren van kamers hadden we dus hard nodig.
Op een kwade dag werd er opgebeld uit Amerongen, met de boodschap dat moeder er heel slecht aan toe was en niet lang meer zou leven. Moeder was hoofdbewoner van het huis en ik zou als vrijgezel nooit toestemming krijgen om dat te worden. We overlegden met de huisbaas, die bereid was Rob en mij als hoofdbewoners aan te nemen, mits getrouwd. Dinsdags ging Rob naar het stadhuis. Hij wist alles te regelen, zodat wij op donderdag konden trouwen, in de goedkope categorie van vier echtparen tegelijk, want we zaten niet goed bij kas.
Het was 20 november, het was winterweer met een laag sneeuw. Ik was pas aan een hielspoor geopereerd en liep op

een schoen en een open sandaal. Daarboven een bontjasje. Behalve de huisarts had niemand in de buurt een auto, de straten waren vrijwel leeg. De vriend van mijn vriendin werkte bij een taxibedrijf. Zij was mijn getuige en met ons vieren werden we vorstelijk in een lichtblauwe Amerikaanse slee met van die grote glimmende staartvinnen - een Pontiac, geloof ik - naar het stadhuis gereden, met de Noorse kamerbewoner en zijn collega in de Volvo van de Noor als volgauto.

Bij het stadhuis moesten we naar de voorkant rijden. Dit was anders alleen voor huwelijksvoltrekkingen eerste klas bedoeld. De rode loper lag uit, in de sneeuw, en over de trappen gingen we naar binnen. In de grote hal lag een enorm Perzisch tapijt, met op elke hoek daarvan een tachtig centimeter hoge Chinese vaas met een prachtig bloemenboeket. Zo kwamen we in de trouwzaal, waar we het enige bruidspaar bleken te zijn. Na de eenvoudige ceremonie mochten we opnieuw door de vooringang naar buiten, waar nog steeds de sneeuw dwarrelde.

De volgende dag bracht koningin Juliana een officieel bezoek aan het Utrechtse stadhuis. Ik kan dus met recht zeggen: ik ben op een schoen en een slof eerste klas getrouwd. We hebben samen 52 jaar gehaald.

STADSE STILTE

HET IS ZONDAGOCHTEND half acht. Ik trek de deur achter mij dicht om mijn twee honden uit te laten. Ze lijken te denken: ha, eindelijk geen regen... Het is plezierig fris, het heeft 's nachts licht gevroren en alle auto's hebben matglas. Wie vroeg wil gaan rijden, moet eerst ijs krabben. We gaan naar de overkant van de weg; er is vrijwel geen verkeer, dus laat ik de honden los. Bevrijd rennen ze vooruit door het gras in de berm van de weg tot aan de Maliebrug, daar steken we over naar het Lepelenburg.

Een paar pimpelmezen dartelen fluitend in een boom. De volle maan en de Domtoren staan broederlijk naast elkaar.

De bomen priemen hun nog kale takken in een hemel, zo blauwig-wit als een ijsvlakte. Alleen de machtige, grote wilg, de Emma-boom, toont een vaaggroen waas en lijkt als eerste de lente te proeven. Verder lopend zie ik aan de overkant van de singel tussen de huizen door al het brandend vuur van de nieuwe dag.

Alle geluiden van de grote stad zijn verdreven, er zijn geen bussen, gierend door de bocht, geen zware vrachtauto's, geen bouwverkeer met rammelende aanhangers, geen auto's met stampmuziek uit open ramen. Onuitsprekelijk is de louterende werking van die bijna voelbare stilte, in de heerlijk frisse, windstille ochtend. Het lijkt alsof ook de aarde even niet draait, stilstaat bij dit kostelijke moment. Maar dan is de maan toch al zichtbaar gezakt. Ze heeft een pruimenmondje en knijpt een oog dicht. Met het andere kijkt zij, verder dan ik, over de huizen van de Maliebaan heen. Het is alsof ze de zon wenkt: 'Schiet nu eens op, kom eens uit je vlammen naar boven. Dan kunnen we nog even praten, voordat ik verdwijnen moet.' Heel in de verte klinkt het geratel van een trein over een viaduct. Het stoort niet, maar versterkt, vreemd genoeg, de stilte. Ook het roffelen van een specht in de eiken langs de singel laat, na afloop van zijn sessie, de stilte nog sterker horen. In oostelijke richting zijn drie straaljagers aan het oefenen, zij glinsteren af en toe in de eerste zonnestralen, trekken onhoorbaar kriskras baantjes, met scherpe strepen als van schaatsenrijders op ongerept ijs. Dan worden de strepen vlokkig en lijken nu van een oude stoomlocomotief te komen.

De vuurhaard van de opkomende zon heeft een intense rode gloed aangenomen - als stadsmens zou je bijna een brandweersirene verwachten. Maar gelukkig komt die niet. Zonder dat ik het gemerkt heb, is de maan verdwenen. De nieuwe dag is nu echt begonnen. Met een blij gevoel loop ik met mijn honden naar huis.

NIEUW LEVEN

Daar lag aan de kade het spiksplinternieuwe containerschip - het doel van de reis die ik met mijn dochter maakte naar Delfzijl, op de zaterdag tussen Goede Vrijdag en Pasen in 2001. Het schip leek op een immense menierode chocoladereep, versierd met groene guirlandes aan de boeg en een heel grote witte strik, die de hoog optorenende brug bleek te zijn. Na een feestelijke ontvangst van enkele honderden genodigden, werd het schip gedoopt. Met een ruk aan het touw zwaaide de fles champagne als een katapult door de lucht over de reling, om tegen de scheepswand in stukken te barsten. Onderuitbundig hoerageroep werden talloze glazen geheven. De zon zette haar beste beentje voor en de voorspelde stormachtige noordenwind hield haar pas in.

De bezoekers mochten alle hoeken en gaten van het schip verkennen. Als muizen in een reusachtig terrarium klauterden zij laddertjes op en af. In alle leeftijden waren ze er, groentjes, gevorderden en grijsaards. Zij tuurden over de reling naar de schimmige horizon, keken in stil ontzag naar het uitgebreide knoppenpaneel in de stuurhut; het brein dat straks alle zenuwbanen van het schip zou beheersen. Alleen het hart klopte nog niet. Het meest bijzondere aan dit schip was haar maagdelijke uiterlijk. Alle schepen die men ziet in havens en bijvoorbeeld bij de boulevard in Vlissingen, waar ze dicht onder de wal varen, tonen de tekenen van het ruige leven waaraan ze blootstaan. Deze boot had echter nog geen lading, toonde geen littekens, geen rafels, geen roestplekken. Het was puntgaaf, alsof het zo van de schappen in een speelgoedwinkel kwam.

Er was geen enkel bemanningslid aan boord en wij mochten achter elke deur een kijkje nemen: in de hutten, de kombuis, de wasruimte en in de machinekamer met de indrukwekkende apparatuur. Nergens was een teken van leven, van bewoning. Er lag geen rondzwervende kleding, we zagen geen gebruikt serviesgoed of asbakken, geen boeken of papieren.

Twee dagen later zou met een druk van een paar vingers op tiptoetsen, als met een toverstaf, het schip tot leven worden gebracht en het machtige hart gaan kloppen. Dan zou het, op hoop van zegen, varen tot over de horizon.

JEANNE FEIJTS (1940)

'Verdriet mocht er zijn, maar we leerden het los te laten en door te gaan'

'Mijn vriend Ben was net drie weken dood, toen ik begon met de cursus levensverhalen schrijven. Ik kende iemand die daar al mee bezig was. Haar man was een half jaar eerder gestorven en we zaten samen in een gespreksgroepje. Tijdens de cursusbijeenkomsten werd zij alleen maar verdrietig en moest steeds huilen, daarom is ze al snel gestopt. Ik reageerde precies andersom: al schrijvend ging ik op zoek naar de mooie momenten in ons leven; ik wilde de dingen die mij overkomen waren verwoorden. Zo vond ik mijn eigen kracht terug en de inspiratie die ik nodig had om verder te kunnen. Ik wist meteen: hiermee moet ik doorgaan, hier heb ik wat aan. Het eerste verhaal dat ik schreef, heb ik rondgestuurd naar de bergmaatjes van Ben. Hij was acht jaar mijn vriend, de relatie met hem was voor mij erg belangrijk. Ik werd door hem in de watten gelegd en hij daagde mij uit.
Ik schreef altijd al een beetje, als de nood hoog was, in tijden van crisis. Dat hielp; al schrijvend kreeg ik helderheid. Ik had bijvoorbeeld veel geschreven in de periode rond mijn scheiding, brieven naar de psycholoog. En ook bij conflicten greep ik naar de pen. Ik schreef bijvoorbeeld over een conflict met een van mijn collega's of over de relatie met mijn dochter. Ik ging dan door tot ik wist hoe het verder moest. Ik schreef de dingen van me af en ontdekte dan wat ik ervan vond en wat ik wilde. Door te schrijven ontdekte ik ook wat mijn eigen aandeel was in een moeilijke situatie. Als je je eigen aandeel leert zien, hou je op met anderen te beschuldigen. Je leert de dingen te relativeren. Ik bewaarde de dingen die ik schreef. Dacht dat ik het zou lezen als ik het weer moeilijk zou krijgen, maar dat heb ik nooit gedaan. Ik kan me wel herinneren dat ik ooit een brief schreef, die ik later niet meer kon lezen, zulke hanenpoten waren het.

Ik schreef ook wel meditatief: 's avonds ging ik zitten, schreef de dingen van de dag op en raakte ze daardoor kwijt. Op die manier kon ik mijn hoofd leegmaken. Ik schreef nooit om een boekje te maken, ik was niet gericht op een product. Ik wilde mijn eigen gevoelens onder woorden brengen en dat is helemaal niet interessant voor anderen.

Toen ik begon met de cursus, was ik me ervan bewust dat het geen therapeutische cursus was; dat zocht ik ook niet. Maar uiteindelijk is het dat toch geworden. De schrijflessen hebben mij steviger gemaakt, ik vergeleek mijzelf met anderen en zag hoe ík reageerde op mijn situatie, ik zag het verschil. Het maakte me bewust van wat ik al achter de rug had en van mijn eigen kracht. Ik realiseerde me dat dit niet mijn eerste rouwproces was. Ik ontdekte dat ik in het verleden veel geleerd had en dat het me ook wat goeds had opgeleverd. Ik had vaardigheden ontwikkeld om dingen los te laten en vooruit te kijken. Ik had geleerd niet alleen maar achteruit te kijken.

Nu was ik gewend om de schouders ergens onder te zetten en ik heb de neiging ellende als een lastige vlieg weg te vagen. Dat is ook een verworven eigenschap, ik heb dat zo geleerd: je kunt met de genade meewerken of je kunt de genade tegenwerken. Als je wat overkomt, zoals een ziekte, scheiding of sterfgeval, dan kun je het tegenwerken maar je kunt er ook in meegaan, eraan meewerken vanuit overlevingsdrift. Veel mensen blijven steken in normen en ideeën over hoe het hoort in het leven. Zij werken niet mee en laten zo veel liggen. Maar je krijgt de dingen op je bord en je moet er iets mee.

Zo had ik mijn moeder na haar overlijden niet meer aangeraakt. Daar had ik spijt van en hoewel ik het moeilijk vond, heb ik Ben wél aangeraakt in het mortuarium. Ik wilde het, het kwam in me op, en ik deed er iets mee, overwon mezelf. Dat is goed. Ik vond niet dat ik beter reageerde dan andere mensen. Ik vroeg me wel eens af waarom ik niet huilde. Ik deed het eenvoudigweg anders. Achteraf kan ik zeggen dat de cursussen mij een therapie hebben bespaard. Ik leerde mijn leven weer in de juiste proporties te zien, ik leerde opnieuw de positieve kant te zien van de negatieve dingen in mijn leven.

Soms ging het ook wel mis tijdens de cursusbijeenkomsten, dan liepen de emoties te hoog op. De begeleidster liet dat gewoon gebeuren. Dan stonden we erbij stil en het was ook even stil voordat we weer verder gingen, als een wachten zonder woorden. We stopten een moment, pauzeerden, het mocht er allemaal zijn maar we focusten niet op het verdriet, we leerden het verdriet los te laten en door te gaan. We wisten natuurlijk ook allemaal dat het niet de bedoeling was om diepgaand met de problemen van een van ons bezig te zijn. En loslaten moet je leren. Iedereen moet in het leven leren loslaten. Soms is het ook een oplossing om dingen tijdelijk los te laten: stop ze even in een kastje. Later, als je het beter aankunt, mag je ze er weer uithalen. Het waren prachtige processen die zich afspeelden tijdens de lessen.

Het schrijven heeft ook voor mij zeker bijgedragen aan het leren loslaten. Daar had ik ook al eerder het een en ander over geleerd, toen ik kanker had. Die ziekte confronteerde me met mijn eigen sterfelijkheid. Het hielp me tevens om meer bij de essentie te komen en niet meer zo stil te staan bij wat 'men' belangrijk vindt. Ik kreeg daardoor meer in beeld wat ik zelf wilde en waar ik mijn energie in wilde steken. Dat leerde ik overigens ook bij vrouwengroepen, via allerlei oefeningen. Leren loslaten is een proces van hele kleine stapjes, dat almaar doorgaat. Je bent er altijd weer opnieuw mee bezig. Nu kom ik het tegen bij het omgaan met mijn kleinkinderen: wat doe ik wel, wat doe ik niet in relatie tot hen? Met het loslaten van je kinderen blijf je een heel leven lang bezig.

Ik vond het fijn in de schrijfgroep. Met de opdrachten was ik thuis veel bezig. Ik schreef over mijn leven; terugblikken is na de dood van een geliefde een natuurlijk iets. De oefeningen maakten de herinnering wakker en de beelden borrelden dan op. Ik heb een heel goed geheugen, ik wist nog ontzettend veel, met details, alles erop en eraan. Ik herinner mij bijvoorbeeld nog heel goed dat mijn opa stierf toen ik drie jaar was. En naar aanleiding van een foto kwamen er veel herinneringen over mijn vader terug. Ik was hem bij wijze van spreken vergeten, en plotseling was hij er weer helemaal. Het hield niet op, ik moest ergens stoppen omdat het te veel was. Dat verhaal leidde ook tot nieuwe inzichten: dat deed hij toch allemaal maar... Karaktertrekken die ik dacht van mijn moeder te hebben, bleken veel meer bij hém te horen, zoals een sterk gevoel voor rechtvaardigheid, het niet corrupt willen zijn. Mijn vader was een tegenstander van sjoemelen, was nooit bereid dingen zo te veranderen dat het niet meer klopte.

Door het schrijven en herinneren herzag ik mijn identiteit, ik ontdekte op een nieuw niveau wie ik was en aan wie ik die eigenschappen te danken had. Dat vervulde mij met dankbaarheid en gaf mij nieuwe energie. Ik realiseerde me ook dat ik reden heb tot dankbaarheid. Als klein kind was ik vijf jaar lang, de hele oorlogstijd lang, het prinsesje van de familie, ik was het symbool voor het léven zelf, voor de toekomst. Met mij werd gespeeld, ik werd vertroeteld, ik kreeg mooie jurkjes en er werd met mij gewandeld. Ik realiseerde mij hoeveel aandacht ik had gekregen van veel mensen. Ik ging mijn eigen levensverhaal meer waarderen, ik had heel erg geboft! Mijn handelswijze van nu kreeg betekenis tegen de achtergrond van mijn verhaal.

Ik vond het leuk om na te denken over deze dingen, om me af te vragen: waar komt het vandaan? Ik reflecteer nu veel bewuster op mijn leven dan vroeger, neem er veel tijd voor. Dat heeft ook te maken met ouder worden: vroeger leefde ik veel meer in de stroom van het leven. Toch heb ik vanaf mijn veertigste levensjaar veel in mijn groene bankje gezeten om na te denken, en ik herinner me nu ook dat ik met mijn moeder wel gesprekken had over hoe het leven in elkaar zat. Ik vind het een soort sport, na te denken over waarom ik iets doe en wat ik daarvan vind.

Spiritualiteit is meer in beeld gekomen. Hoe komt het? Hoe zit het? Waarom doe ik de dingen zus, waarom doe jij de dingen zo? Er zijn meer vragen, ik begeef me meer onder het oppervlak en als daar niets is, haak ik af. In mijn relaties met mensen ben ik diepgang erg belangrijk gaan vinden. Daar hebben de cursussen beslist veel aan bijgedragen.

Ik volgde vier of vijf jaar lang cursussen. Elke keer dacht ik: nu weet ik niets meer om over te schrijven. Maar dan deed ik toch weer mee omdat ik het zo leuk vond. Vooral het ophalen van de herinneringen vond ik fijn. De verhalen van de andere mensen in de groep voegden veel toe, waren bovendien verrijkend voor mijn eigen verhaal. Mijn levensverhaal vond ik volstrekt normaal. Pas door het te vergelijken met de verhalen van anderen, zag ik het bijzondere ervan. Met sommige groepsgenoten voelde ik veel gemeenschappelijks, met andere helemaal niet. Dat vond ik interessant, die grote verschillen in levens en in wat mensen meemaken. Ik zag ook dat sommige mensen geheimen hadden die maar bléven opspelen, dat ze er rondjes omheen bleven draaien.

Door het schrijven vond ik mijn vroegere hobby terug: boeken lezen. Ik weet niet of het door de cursussen komt, maar ik heb nu veel meer bewondering voor boeken, voor hoe ze opgebouwd zijn, voor de dialogen, voor de taal.

De schrijfcursussen waren voor mij belangrijk in de overgangsfase naar een nieuwe periode in mijn leven. Ik was in een volkomen nieuwe situatie terechtgekomen; mijn werkzaam leven was afgerond, de kinderen gingen het huis uit en mijn vriend was gestorven. Ik moest als alleenlevende opnieuw uitzoeken wat ik wilde en wat niet. Hoe ik oma wilde zijn, bijvoorbeeld. De schrijfcursussen hebben mij geholpen uit te zoeken wie ik ben en wie ik wil zijn. Ze hebben mij ook nieuwe vriendschappen opgeleverd.

Het levensverhaal heb ik vooral voor mijzelf geschreven. Misschien komt er nog eens een aanleiding om het een en ander te ordenen voor de kinderen. Zij hebben maar een paar verhalen gelezen. En ik heb ook wel eens een verhaal geschreven over mijn kostschooltijd, dat ik verstuurd heb naar mijn vriendinnen uit die tijd. Die vonden het geweldig, er kwamen toen veel herinneringen en nieuwe verhalen los.

Tegenwoordig schrijf ik vooral op de pc, de moderne manier van communiceren. Ik e-mail met mijn nieuwe geliefde. Daardoor reflecteer ik, ik denk na over de dingen die we samen doen, vraag me af: hoe vond ik het gisteren? En daarover vertel ik dan. Het geeft de relatie meer diepgang en we leren elkaar zo ook op een heel leuke manier kennen. Het schrijven komt mij dus wel van pas.

Ik schrijf nu ook vaker bij een sterfgeval, verjaardag of ander belangrijk moment. Meer dan vroeger zoek ik naar een mooi verhaal, een herinnering, een anekdote om mee te delen aan de ander. Ik doe meer met mijn herinneringen. Anderen stimuleren dat ook: "Jij kunt dat zo mooi opschrijven." Als ik een gedicht tegenkom of een mooi citaat, dan schrijf ik het over of ik knip het uit en stuur het mee; dat deed ik vroeger nooit. Ik ben me veel bewuster geworden van de zeggingskracht van de taal, van hoe ik de dingen kan zeggen.'

SLACHT

EN SPECTACULAIR WINTERS tafereel was de slacht. Zeker driemaal per jaar kwam Huub, de dorpsslager die tevens wethouder was, een varken slachten. Hij was een typische man, welbespraakt, met een kromme rug en altijd herkenbaar aan zijn zwarte vest, met twee rijen grote witte knopen van zijn kin tot op zijn buik. In zijn openbare functie kon hij van dat vest niet scheiden; hij droeg er een colbertjasje overheen.

Het ten dode opgeschreven varken werd uit de stal gehaald, kreeg het genadeschot door de kop en viel in een laag stro. Snel stak de slager zijn lange, smalle mes in de halsslagader en het bloed gutste eruit. Mijn moeder ving dat op in een grote pan. Tot haar elleboog stak haar hand in het bloed, dat ze in beweging hield. De slager leidde met de voorste varkenspoot alle bloed in die pan. Dat werd later heerlijke balkenbrei. Het stro werd aangestoken en het vuur verbrandde alle haren van de varkenshuid. De vlammen waren meters hoog en het rook naar verschroeid vlees.

Als kind stond ik op veilige afstand het schouwspel gade te slaan. Ik vond het heel gewoon. Als beloning kreeg ik de hoefjes van het varken en de blaas als speelgoed. De hersenen waren een heerlijke traktatie.

Enkele dagen na de slacht kwam de slager terug om het grote dier panklaar te maken. De grote keuken leek dan een en al vlees en er hing een weeïg zoete lucht. Ons hele gezin en nog vele andere belangstellenden waren aanwezig. Ieder had zijn taak of deed mee aan de discussie, bij voorkeur over de gemeentepolitiek. Soms viel het werk stil. De slager annex wethouder gesticuleerde dan in het vuur van het gesprek met zijn grote, pas geslepen mes om zijn argumenten kracht bij te zetten - een beeld om nooit te vergeten.

Tot slot van het slachtritueel bracht ik bij de pastoor en de kloosterzusters een kom balkenbrei, een kom hoofdkaas en een stuk ham. Dat hoorde zo.

VERLIES

Op zaterdagavond 23 oktober 1979 doet verlies zijn intrede in mijn leven. Mijn energieke moeder sterft plotseling, mijn twee dochtertjes zijn erbij. Ze is 63. 'We hebben te hard gelachen. Daardoor is oma doodgegaan', denkt Marcia. Mijn moeder, de rots in het familiegebeuren, is er niet meer.
Natuurlijk was ik al eerder met de dood geconfronteerd. Een oma, twee opa's, honden, koeien en varkens gingen dood. Hun dood was een feit, het leven ging gewoon door. Maar deze keer brengt de dood gevoelens van ongeloof, verdriet en verlatenheid in mijn dagelijks leven. Mijn moeder, haar onvoorwaardelijke liefde, haar nuchtere kijk op het leven, haar doelgerichte aanpak, haar steun en stimulans: ik kan er nog naar leven, maar ik kan er niet meer van profiteren. Na haar dood ziet mijn vader het leven niet meer zo zitten. Hij is zijn betrouwbare levenspartner kwijt. Hij verkommert en vecht niet meer tegen zijn hartkwaal. Veertien maanden later sterft hij ook. Ik ben een stuk zorg kwijt. Ik ben niemands kind meer en hoef aan geen ouderlijke verwachtingen meer te voldoen.

BAOBAB

Ik zou als deze boom willen zijn.

Breedgeworteld in de aarde
overlevend in de wisselende natuur
vruchtendragend: zoet en zuur
meegaand als een spelend kind
niet omver te blazen door een forse wind
luwte biedend aan wie hem vertrouwt
ondersteuning gevend aan jong en oud.
Breedgekruind, een leven vol waarde.

Ik zou als mijn moeder willen zijn.

MOEDERSCHAP

O P 10 SEPTEMBER 1965, om 7.20 uur, werd de navelstreng tussen mij en Nicole doorgeknipt. Zeventien maanden later, op 19 april 1967, 6.20 uur, gebeurde dat weer; toen werd Marcia geboren. Tweemaal werd ik moeder van een schattig, gezond meisje - het mooiste dat mij ooit overkomen is. We zouden samen veel meemaken. De meisjes groeiden voorspoedig op, waren lief, stout en ondernemend. Ze brachten vrienden en vriendinnen mee en gingen de wijde wereld in. Er waren veel momenten die heftige gevoelens van blijdschap, trots, geluk, dankbaarheid en verbondenheid opriepen. Er waren ook momenten die gevoelens van bezorgdheid, angst, boosheid, teleurstelling en verlatenheid in dezelfde heftigheid deden oplaaien. Gedurende al die jaren vormden deze gevoelens de vezels waarvan we ontelbare draden sponnen, die ons nu met elkaar verbinden. We hebben er een mooi weefsel van gemaakt. Het gaf ons ontplooiingsruimte en het was een vangnet voor de ervaringen in de soms boze buitenwereld. Het wekte ook jaloezie: bij vrienden van mijn dochters, die ons zagen als een onneembare vesting; bij andere moeders, die veronderstelden dat die drie-eenheid ons in de schoot gevallen was.
Toen mijn dochters het nest verlieten, kreeg ik meer ruimte voor persoonlijke wensen. We zochten elkaar regelmatig op en ondersteunden elkaar bij de keuzen die gemaakt moesten worden. Nicole is nu zelf moeder van Thijsje, ik ben oma geworden. Marcia is bijna moeder. De laatste tijd merk ik dat mijn dochters meer afstand willen. Dat doet soms pijn en maakt mij onzeker, eenzaam ook. Ik moet de touwtjes weer laten vieren, moet mijn betrokkenheid en verwachtingen bijstellen, een nieuwe stap zetten in het losmakingsproces. We koesteren onze draadjes, we spinnen nieuwe en weven het materiaal van de kleinkinderen in. Moeder zijn is een leven van vreugde en pijn, een rol die met vallen en opstaan ingevuld wordt, een ervaring die nooit eindigt.

Het is de derde week van mijn eerste bergsportvakantie in de Oostenrijkse Alpen en de Italiaanse Dolomieten. Vandaag sta ik voor de Klettersteig naar de Kesselkogel van drieduizend meter hoog. Dat is duizend meter hoger dan de Vajolethütte, waar we nu zijn. Precies een jaar geleden ben ik geopereerd aan borstkanker, met bestraling en chemotherapie als noodzakelijk gevolg. Kan ik die beklimming aan? Mijn conditie is wel op wonderbaarlijke wijze, met sprongen vooruitgegaan, maar toch...
Onder de hoede van mijn nieuwe vriend Ben durf ik de uitdaging aan. 'Klimmen doe je alsof je al jaren in de bergen rondstruint', zegt hij. Bij de hut is het kruis op de top te zien, daarboven de zon. 'Als ik boven kom, til je me maar op, dan kan ik de zon aanraken', zeg ik. Zo hoog is de Kesselkogel.
Het gaat goed. We binden in. De sleutelpassage, het moeilijkste punt, neem ik met gemak. Stapje voor stapje klim ik de berg op. Wel tienduizend stappen zet ik. Ik voel me heerlijk, als een klauterende kleuter, veilig met carabiners vastgehaakt aan de staalkabel. Als ik stilsta, geniet ik van de afgelegde afstand en van de vergezichten.
Na twee uur klimmen wordt mijn vermoeidheid duidelijk voelbaar. Ik krijg mijn benen nauwelijks omhoog. Na ieder stapje moet ik hijgend zuurstof bijtanken. Ben neemt maatregelen, er komt een extra touw om mij omhoog te hijsen. Heel brutaal zegt hij: 'Kom, Fikkie, kom.' Het vloekt in mijn oren, maar ik vind het toch lief. De laatste honderd meter lopen we op de graat, zowel links als rechts kijk ik tweeduizend meter omlaag - adembenemend. Ik bereik de top. Levend. De zon is toch weer heel ver weg. Ik ben al verliefd, maar hier word ik ook weer verliefd op het leven.
Ik ben trots op mijn prestatie en voel me later boordevol energie. Bij volle maan, met sterren aan een diepblauw firmament, kijk ik terug op een geweldige dag. Een kabel als houvast, een rugzak vol leeftocht en liefde, de zon en de

maan als begeleiding. Ik leer in geven en nemen mijn horizon te verleggen. Ik leer weer leven in plaats van overleven.

LYDIA FRANÇOISE LIEFTINCK (1934)

'Mijn verhaal gaat over wie ik nu ben'

'De belangrijkste prikkel om mijn eigen verhalen te schrijven kwam door een van mijn kinderen, die zei: "Je hebt zoveel meegemaakt, er zijn zoveel familieverhalen, schrijf het toch allemaal eens op!" Ik was toen net opgehouden met werken en zag dat er een cursus aangeboden werd door het hoger onderwijs voor ouderen: het werd me dus op een presenteerblaadje aangeboden. Zo begon ik. Ik wilde naar een doel toewerken: een boekje voor mijn kinderen als ik 65 jaar zou worden.
Ik had vroeger wel geschreven, in een periode waarin ik het moeilijk had. Ik was boos en woedend, en toen een predikant tegen me zei dat ik het moest opschrijven, deed ik dat. Over wat ik schreef, sprak ik met hem. Ik onderschrijf de kracht van het toevertrouwen van woorden aan het papier én van het uitspreken van die woorden. Schrijven én spreken zijn belangrijk, in een onderlinge wisselwerking. Als je dingen uitspreekt, kun je de woorden proeven, voelen in je mond: is dit precies wat ik bedoel? Het fascineert me, dat je de essentie van iets in woorden kunt vangen, je hebt dan op de een of andere manier je verhaal in bedwang. Maar het kan ook dwingend worden als je alles in woorden wilt weergeven, want dat is onmogelijk. Ik kan erdoor in verrukking raken als het lukt en als ik teruglees wat ik geschreven heb en zie: dit ís het!
Het maakt een eigen verhaal kwetsbaar, want het is heel persoonlijk. Je weet dat het straalt als je het voorleest, want daar is het dan, jouw verhaal. Dat is ook griezelig, het maakt me bang voor reacties, die soms misplaatst zijn. Het verhaal is van mij en ik wil het wel laten zien. Maar ik voel: het is míjn verhaal, je moet ervan afblijven. Daarom vind ik het ook geen literatuur, ik geef het maar aan bepaalde mensen. Mijn verhalen zijn niet voor

iedereen, ze zijn voor mijn kinderen of voor goede vrienden, ik wil hen iets van mezelf laten zien.

Mijn verhalen ontstaan meestal op een moment van grote helderheid. Als ik het onderwerp weet, loop ik eerst om de brij heen; het verhaal wordt als het ware geboren, soms in een soort explosie. Ik schrijf mijn verhalen met een grote intensiteit. Als ze op papier staan, vind ik het moeilijk om er iets aan te veranderen. Maar ik kan er later voor mijzelf grote kracht aan ontlenen.

Ik vind het belangrijk om er in een groep aan te werken, want dat brengt iets op gang dat ik uit mijzelf niet zo gemakkelijk kan. Het doorbreekt de rationele manieren van met woorden omgaan. Het schrijven haakt in op dingen die ik al weet en die een uitweg vinden in het schrijven.

Door het schrijven van de verhalen ben ik mij ervan bewust geworden dat ieder zich een eigen werkelijkheid creëert. De verhalen zeggen wel wat over vroeger, maar ze zeggen nog meer over wie ik nú ben. Ik realiseer me dat ik de werkelijkheid soms geweld aandoe, want vaak is het niet precies zo geweest zoals ik het beschrijf. Mijn verhaal is het verhaal van mijzelf, en het is het verhaal zoals ik het wil vertellen.

Ik genoot van het groepsproces en ik vond het leuk om mensen te leren kennen op basis van hun verhaal. Hoe het nu met hen gaat, interesseert me niet eens zoveel. Ik kwam niet naar de cursus om vrienden te maken en in de pauzes wist ik vaak niet zoveel te zeggen. Ik had genoeg aan de verhalen, je krijgt daardoor een heel ander beeld van iemand. Dat vond ik vaak heel verrijkend.

Ik kon tijdens de bijeenkomsten heel verwonderd zijn; ik leerde op een nieuwe manier naar de dingen te kijken. Dat ik durfde voorlezen bracht ook mijn hart dichterbij mijn eigen verhaal. Door zo intensief naar mijn leven te kijken, kon ik mijn herinneringen met meer rust en wijsheid aftasten. Door het intensieve zoeken naar de elementen die mijn leven gemaakt hebben tot wat het nu is, kwam ik steeds weer bij de verwondering uit. Ik vond woorden die passen, zinnen die passen bij die verwondering.

De therapeutische kant van het schrijven kende ik al: je kunt woorden gebruiken om helderheid te krijgen, vorm te geven aan je gedachten, een compositie te maken; het is een creatief proces. Door de oefeningen en thema's werd er veel losgemaakt bij mij. Al die gegevens konden samengebald worden in verhalen. Steeds was de vraag: waar gaat het om, wat is de essentie? Jezelf steeds die vragen stellen, leidt tot helderheid. Als je ouder wordt en terugblikt, kan het leven er soms heel erg verbrokkeld uitzien. Maar het schrijven hielp mij mezelf als heel te zien, met één verhaal. Het hielp mij de essentie te vinden. Het creatieve proces was daarbij voor mij erg belangrijk. Achteraf was ik vaak verbaasd: heb ík dat gemaakt? De cursus, en de druk om iets af te maken, hielpen mij om ermee bezig te blijven. Doordat het steeds verder ging, droogde het niet op.

De oefeningen maakten mijn fantasie weer wakker. Ik kon veel lol hebben als ik ontdekte waar een oefening mij heen leidde in mijn herinneringen. Alles werd losgemaakt, de gedachten werden losser. Ik ontdekte dat het goed is om van de hak op de tak te springen in het herinneringsproces. Zo kwam ik terecht in regionen waarvan ik het bestaan niet meer wist. Door terug te gaan naar vroeger, kon ik de gebeurtenissen van toen opnieuw in het nu ervaren, en dat hielp me het kind dat ik vroeger was, een nieuwe plek te geven.

Ik leerde veel over verhaaltechniek en over het schrijfproces. Die technische aspecten waren voor mij heel stimulerend. Ik leerde dat je kunt kiezen uit de elementen die bij jou passen op dat moment. Het leren kennen van de verschillende fasen in het schrijfproces en het belang van het telkens weer associëren, waren daarin voor mij belangrijk. Ik leerde bewuster te kiezen uit de veelheid. De techniek hielp mij ook om vanuit alle associaties tot een product te komen, om er een verhaal van te maken. Ik ging anders lezen, lees boeken nu vaker met de vraag: hoe doen anderen het? Ik ben de technische aspecten van het schrijven steeds meer gaan waarderen als hulpmiddel om mijn eigen verhaal te verwoorden.

Al doende leerde ik, en ik leerde veel van de anderen, ook doordat ik bevestigd werd. Leren luisteren is ook belangrijk; de feedbackoefeningen hielpen daarbij. Door het schrijven ontdekte ik mijn eigen stijl. Toen ik begon was ik onbevangen en stroomden de woorden uit mijn pen, ik sprong ins Blaue hinein. Later wist ik van tevoren beter wat het product zou kunnen zijn, ik had al een aantal verhalen en ik wist welke stappen ik moest zetten om tot een verhaal te komen. In het begin vond ik eigenlijk alles goed... Nu ben ik kritischer, doordat ik mij de 'kunde' min of meer eigen heb gemaakt.

Maar ik vind wel dat het nog beter kan. Dat leg ik mij natuurlijk zelf op; die norm remt ook en zorgt voor tegenstroom - het gaat tegen de creativiteit in als je jezelf een maat stelt. Ik kom nu toch sneller in de 'schrijfstroom' dan vroeger, ik heb me de technieken eigengemaakt om te kunnen associëren. Maar het gaat in de groep nog steeds gemakkelijker dan thuis. De groep is een belangrijk instrument om tot mijn verhalen te komen.

Het schrijven van mijn verhalen past bij het ouder worden, vind ik: er wordt een appel gedaan op dingen die je van nature wel kunt, maar waar je heel lang geen aandacht aan hebt besteed. In die zin is het schrijven ook verjongend, want ik ontdekte ondergesneeuwde kwaliteiten van mezelf. En het grappige is dat het herinneren altijd doorgaat. Zoals het ontdekken van de verdwenen herinneringen ook weer nieuwe herinneringen wakker maakte, bijvoorbeeld tijdens een oefening waarbij we moesten schrijven met een kroontjespen.

Naarmate ik ouder word, denk ik meer terug aan vroeger. Ik denk meer na over mijn leven, met meer mildheid ook. Ik registreer vaker zonder meteen te oordelen. Ik vind het heel mooi om ouder te worden. Het is een tijd met ruimte om over veel dingen na te denken. Ik ben gevoeliger geworden voor de prikkels die herinneringen uitlokken: een geur, een beeld; vooral door de zintuiglijke prikkels komen de herinneringen. Ze liggen als het ware op de loer, er is maar weinig voor nodig of ze borrelen op. Meer dan vroeger denk ik dat mijn verhalen waardevol zijn voor jongere mensen. De verhalen over hoe wij vroeger de was droog moesten krijgen, hoe de bonen geweckt werden, de kousen gestopt en over de gezelligheid waarmee dat alles gebeurde... Er is zoveel veranderd in de tijd dat ik leef.

Af en toe heb ik mijn kinderen iets voorgelezen uit mijn verhalen. Toen het boekje klaar was, konden ze de verhalen zelf lezen. Ik kreeg veel minder respons dan ik verwacht had, er kwamen weinig vragen. Ik realiseerde me wel dat ik mezelf zó heb neergezet, dat er weinig te vragen overblijft. Ik manifesteer me, ik sta zelf centraal: hier ben ik. Ik weet dat mijn kinderen het fijn vonden om mijn verhalen te krijgen, maar ik voelde me er toch vrij eenzaam in. Ik richtte me heel zelden tot de lezer en reacties van anderen waren voor mij niet essentieel. Ik heb mijn verhalen niet geschreven om ze te laten lezen. Meestal schreef ik voor mezelf, om te ontdekken en te laten zien wie ik ben. Ik kon me ook neerleggen bij de uitblijvende reacties van de kinderen. Door het voor mezelf te schrijven heb ik het verhaal ook voor hen geschreven. Ik vond het erg leuk om mijn eigen verhalen verzameld te hebben.

Toen de verhalen gebundeld waren, wist ik niet goed waarom ik nog nieuwe verhalen zou schrijven. Ik kwam in een impasse. Inmiddels weet ik dat het voor mij belangrijk blijft om verhalen te schrijven over wat ik de essentie van het leven vind. Het zullen verhalen blijven waarin ik zelf centraal sta. Het gaat om zelfverwerkelijking: hier ben ik. Door het vastleggen van mijn verhalen, werd mijn gevoel van identiteit versterkt. Voor de kinderen vind ik het leuk dat ze weten wie ik ben en welke mensen voor mij belangrijk zijn geweest. Ik zie het als het doorgeven van het leven. En als zingeving: het heeft voor mij een relatie met het feit dat ik er mag zijn, dat ik mij geschapen weet. Ik mag leven en dat maakt mijn verhalen van belang. Vanuit dat existentieel weten durf ik ook met mijn verhalen naar voren te komen. Want wie ben ik anders in de lijn der geslachten? Mijn verhaal is het verhaal van mijn eigen familie: ik ben een Lieftinck, in die lijn sta ik als doorgever van het leven. De verhalen van de familie van mijn man zijn in die zin niet mijn verhalen.

Op dit moment ben ik weer erg bezig met verhalen. Ik lees de brieven die mijn vader schreef in oorlogstijd, toen hij vijf jaar gevangen zat in kampen in Buchenwald, Vught, Sint-Michielsgestel en Polen. Dat was tussen mijn zesde en elfde levensjaar. De brieven van mijn vader aan mijn moeder zijn bewaard gebleven, van de brieven die mijn moeder aan hem schreef zijn er nog maar een paar. Zij heeft ze altijd bewaard en ik heb erover gesproken met mijn tweelingzusje. Wat moeten we met die brieven? Ik heb er erg tegenaan zitten hikken. Voelde weerzin en angst. Wat gebeurt er met het beeld dat ik me heb gevormd van mijn vader, als ik die brieven ga lezen?

Toch ben ik er nu mee bezig. Ik ben het project begonnen door zelf een brief aan mijn vader te schrijven. Voordat ik begon te lezen wilde ik een soort plaatsbepaling van mij tegenover hem. Dat wilde ik deze keer ook bewust opschrijven voor mijn kinderen, want ik wil dat zij weten hoe ik tegenover mijn vader stond en sta. Het schrijven verschaft helderheid. Ook tijdens het lezen van de brieven noteer ik dingen. Zo leer ik weer veel nieuwe dingen. Over mijn vader, die uit de brieven die ik tot nu toe las naar voren komt als een heel andere man dan degene die ik kende - zoveel liefdevoller en warmer. Maar ik leer ook nieuwe dingen over mijzelf. Het is een groot project, dat ik misschien kan afronden als ik volgend jaar 75 word.

En zo ben ik vanuit mijn eigen levensverhaal terechtgekomen in de familiegeschiedenis. Misschien was het wel nodig om eerst mijn eigen verhalen te schrijven en ben ik nu toe aan het grotere geheel. Het heeft ook verschillende dimensies, omdat mijn vader politicus was. Over dat aspect kan ik allerlei bronnen raadplegen; er is veel materiaal. Mijn vader heeft bovendien zelf een boek geschreven, waarin veel informatie over hem te vinden is. Maar er is ook het persoonlijke verhaal van mijn vader, dat in de brieven aan mijn moeder en ons naar voren komt. In die brieven, die gecensureerd werden, komen de gebeurtenissen uit de oorlog heel bedekt aan de orde. Toch kan ik, met de andere bronnen ernaast, veel dingen in elkaar schuiven. De belangrijkste vraag voor mij is de vraag wie mijn vader voor mij was, en daarover ontdek ik al doende. Het is alsof ik door zijn brieven een geheime kamer mag binnengaan. Ik ontdek dingen over mijn vader die ik niet wist of kende. Ik maak als het ware een nieuw portret van hem.

Een van mijn kleinkinderen moest voor school een werkstuk schrijven over iets uit de geschiedenis. Ze had er niet veel zin in, en haar moeder zei toen: 'Vraag maar eens aan oma of ze jou over vroeger wil vertellen.' Door mijn verhalen begon ze te begrijpen wat geschiedenis eigenlijk is, en ze besloot een werkstuk te schrijven over mijn vader - haar overgrootvader dus. Ze had mijn verhaal, ze zocht van alles op en vond dingen in boeken. Een hoofdstukje van het werkstuk had als titel: "Pieter Lieftinck als vader". Zo gaat het verhaal verder.

Mijn verhaal is een deel van mijn leven geworden. Ik ben er altijd mee bezig, de herinnering gaat voortdurend verder. Ik zie steeds meer verbanden en bekijk dingen op een heel andere manier. Ik zie mezelf soms als een spin in het web, alsof ik een brandpunt ben: ik heb veel opgenomen en kan het weer laten uitstralen in verhalen. Soms spreek ik in het openbaar, en meestal vertel ik dan iets via mijn eigen verhalen. Overwegingen en overdenkingen van een verhalenschrijfster. Ik hou ervan mijn eigen verhalen te vertellen. Mensen ontmoeten mij dan via mijn verhaal.

Na de schrijfcursussen en het afronden van een opleiding cocounselen, volgde ik ook een training voor werkers, waarin het werken met mensen en hun levensverhalen centraal stond. Daarna ben ik zelf cursussen gaan geven. Ik heb een aantal jaren cursussen verzorgd voor de kerk in het kader van het winterwerk: voor en na Kerstmis kwam ik dan met een groep mensen bijeen en schreven we verhalen over onze geloofsgeschiedenis. Nog steeds organiseer ik elk jaar een schrijfweekend voor mensen die hun levensverhalen willen schrijven. Ik werk volgens een vrij strak stramien. Uitgangspunt is dat mensen elkaar ontmoeten in en via hun verhalen. Elk weekend heeft een thema en op de zaterdagavond kan iedereen iets presenteren rond het thema: een verhaal, een gedicht, een voorwerp met een verhaal. Die presentatie levert dan materiaal voor een schrijfoefening op zondagmorgen. Ik bied ook altijd een oefening aan waarin herinneringen via zintuigen worden opgeroepen. Dat geeft mensen aanknopingspunten om hun herinneringen op het spoor te komen. Bij elke oefening bied ik een aandachtspunt dat te maken heeft met de schrijftechniek: schrijf het in de ik-vorm, in de zij-vorm, in de tegenwoordige tijd, in de verleden tijd - allemaal dingen die ik in cursussen en trainingen geleerd heb. Vaak laat ik mensen tevens een brief schrijven en een portret van iemand uit het eigen verhaal.

Ik geniet van die weekends. Ik zorg dan zelf voor eten en drinken, en dat geeft mensen de gelegenheid om ontspannen met elkaar te werken; ik hoef er niet steeds bij te zijn als begeleidster. Mensen schrijven altijd weer zulke mooie verhalen... het zijn vaak juweeltjes. Ze kunnen zich laten zien op een manier die in andere situaties ongekend is, het is vaak ontroerend. Sommige verhalen onthoud je altijd, die gaan nooit meer weg.

Ik ben door het schrijven anders gaan lezen. Vaak vind ik in boeken passages waarmee ik wil werken. Zo gaat het een, als vanzelf, over in het andere.

Het verhalen schrijven en ermee bezig zijn is voor mij een groot goed. Ik ben er nog steeds intensief mee bezig, het is een deel van mijn leven, niet zozeer in tijd, maar wel omdat ik ermee bezig blijf. Ik werk soms nog aan mijn eigen verhalen, bijvoorbeeld als ik concepten maak voor mijn cursussen. Die verhalen wil ik nog uitwerken.
Ik heb sinds kort een pc en daar leer ik nu mee om te gaan. Toch denk ik niet dat het mij nog gaat lukken om mijn verhaal met de computer te schrijven. Het schrijven is voor mij zo verbonden met het met de hand schrijven, dat ik me een andere manier niet kan voorstellen. Het is de fysieke verbinding van mijn arm en hand met de pen - een lekkere, zorgvuldig gekozen pen - die mij helpt bij het schrijven. Ik zet de woorden op schrift. Dat handvaardig bezig zijn vind ik heel belangrijk, alsof er altijd een verbinding is gebleven met het ontdekken van de woorden tijdens de eerste schrijflessen. Alsof ik altijd ben blijven schrijven met die eerste kroontjespen, aarzelend en zoekend naar de taal.'

ONS PARTIJTJE

O NZE MOEDER HOUDT niet van verjaardagen en nog minder van verjaarspartijtjes. Maar nu heeft ze het groots opgezet. We zijn alledrie jarig geweest en we hebben elk twintig vriendinnetjes en vriendjes uitgenodigd. Vandaag is de dag. Een beetje zenuwachtig lopen we door de tuin, die laag gelegen is achter ons huis. Houten schuttingen omgeven het langwerpige stuk grond, rechts staan de al bloeiende heesters aan het schelpenpad, links is de border en daartussen het gras. Achterin de tuin is onze schuilkelder, waar we tijdens het bombardement dag en nacht verbleven. Het is een stalen iglo, bedekt met grond en gras, nu een idyllische berg, half in de schaduw van een rood bloeiende meidoorn. De ingang wordt door een houten schot aan het oog onttrokken.

We hebben onze feestjurken aan en strikken in ons haar. Er komen zestig kinderen, voor óns. We boffen, het is prachtig weer. Daar komen de eerste gasten. Wat aarzelend dalen ze af van de trappen die van de veranda en de keuken naar de tuin voeren. Een eindeloze rij. Wij staan als aan de grond genageld op het gras. Het lijkt uren te duren voor ze ons bereikt hebben. Dan is er een gewoel, en als wij klaar zijn met hun pakjes, maken zij zich uit de dringende kluwen los om de tuin te verkennen. De vluggerds weten een plaats te bemachtigen op de schuilkelder. Zij joelen van boven naar anderen die tussen de donkere bosjes een deur in de schutting ontdekt en geopend hebben. De brede diepe sloot ligt dreigend onder hen. 'Pas op, niet duwen!' Voor in de tuin wordt in de handen geklapt en geroepen: 'Kómen...!'

Op de veranda is een lange man in een pandjesjas met een hoge hoed verschenen. Met autoritaire stem gebiedt hij allen te gaan zitten op het gras. Op de schuilkelder blijft een groepje zitten, hun plaats is begerenswaardig. Meneer Alberti, zo heet de man, tovert zakdoeken uit zijn hoed en uit zijn broekspijpen. Tijdens zijn kaartentrucs verliest hij de belangstelling. De kleinste gasten, zes jaar oud, snappen er niets van en beginnen elkaar te vermaken. Al spoe-

dig doen de groteren van acht jaar mee en de stem van meneer Alberti gaat op in het gekrakeel. Niemand grijpt in.
Dan is er pauze. We krijgen een mariabiscuitje en een verpakt ijsje aan een stokje. Onze moeder gelooft niet in het plezier van veel lekkernijen.
De voorstelling gaat in volstrekte wanorde door. Meneer Alberti springt rond, ver weg op de veranda. Hij laat ballen vliegen, paraplu's komen en verdwijnen. In de tuin wordt nu gevochten om op de schuilkelder te zitten. Ook het binnenste van de berg is heel aantrekkelijk. Het ruikt er naar aarde en roest. Er staan lange banken aan weerszijden in de diepe duisternis. De stemmen kaatsen vreemd tegen de druipende wanden, waaraan oude spinnenwebben kleven. Besmeurd komen de moedige onderzoekers naar buiten. Meneer Alberti verheft zijn stem. Tot slot laat hij ons 'Lang zullen ze leven' zingen. Even voelen we ons het middelpunt, wíj zijn jarig.
Dan zijn de gasten vertrokken. De tuin is bezaaid met papier en stokjes. Er liggen aangebeten koekjes. Het gras van onze berg is beschadigd. Wij staan daar met ons drieën, verhit en verward.

DE FEESTJURK

Rommelend in een oude schoenendoos kom ik een foto van mijzelf tegen. Op de foto sta ik op een podium en ik deel prijzen uit aan onzichtbare mensen. Naast mij staat een meisje dat hetzelfde doet, licht voorovergebogen. We hebben allebei een lange jurk aan. Op de achtergrond zie ik jonge mannen in blauw pak met stropdas. Ik weet het weer: een galabal. Ik zat in het bestuur van onze gymnasiastenbond, een vereniging die zich inzette voor goede feesten, in het lang. We nodigden de Dutch Swing College Band uit en Klaas Schilperoord liet ons dansen met lijf en leden, los en close.
Ik kijk nauwkeuriger naar de foto. In zwart-wit komt mijn jurk naar voren, de stof glanst. Mijn hals en armen lijken

onbedekt, maar bij beter kijken zie ik dat wat bloot lijkt, bedekt is met fijne tule. Tussen mijn borsten prijkt een roos. Het moet in 1950 geweest zijn, nog maar vijf jaar na de oorlog. Mijn vader ging voor zijn werk naar Amerika, het land waar alles was. Hij nam voor mijn zusje en mij iets moois mee en vol verwachting openden we onze in prachtig papier verpakte cadeaus: voor allebei een lange feestjurk! Ik vond de mijne verreweg het mooist. De stof was van goudbruine satijn, iets donkerder dan mijn rode haren. De jurk was slank in de taille, wijd uitlopend tot net boven de enkels, en had een zeer ruim decolleté terwijl de schouders smal bedekt werden. Helemaal opgewonden trok ik dit moois aan, rende naar de spiegel en werd door mezelf betoverd: wat mooi!
Verlegen ging ik terug naar de kamer waar mijn moeder en een vriendin mij met keurende blikken ontvingen. Ik vergat dat ik er zo mooi uitzag, ik voelde me klein worden en ellendig. Ik hoor nog hun stemmen, ijskoud: 'Te ouwelijk, dit kan hier niet.' O, mijn arme vader, die mijn jurk met zoveel zorg had uitgekozen... Mijn verdwaasde blik bleef bij hem hangen. Wat er verder die middag gebeurde, weet ik niet meer.
Uit zuinigheidsoverwegingen werd de stof van de jurk gebruikt voor een saaie japon. De uitdagende glans werd gedoofd met tule. Ik zie mezelf op de foto. De roos is mooi.

MIJN DOMINEE

Het is voorjaar 1954. In ben tweedejaars student en op weg naar college. Ik kies een omweg. Vanuit de F.C. Dondersstraat fiets ik rechts van het Ooglijdersgasthuis de straat langs de spoorbaan in. Er hangt zwoelte in de lucht. De bomen en struiken lopen aarzelend uit. Waar de huizenrij links begint, kijk ik naar boven. Bij nummer 6 staan de ramen op de eerste verdieping open. Ik fluit een liedje en laat mijn fietsbel rinkelen. Er komt een hoofd naar buiten. Een stralende lach begeleidt een enthousiaste kreet. Ik fiets vederlicht verder, gedragen door die seconden van ontmoeting. Een stroom van gedachten gaat door me heen, mijn hart voelt warm.

Ik zie hem voor het eerst op het gekostumeerde bal van het lustrum. Een zeerover met een zwarte lap voor één oog. Zijn scheef optrekkende wenkbrauw geeft hem iets wellustigs. Hij gaat schokkend over de dansvloer. Een intrigerende man. Hij ziet mij niet.

Heel kort daarna zit hij tegenover me in mijn studentenkamertje. Ik kan hem nu nauwkeurig bekijken. Hij is fors gebouwd. Hij draagt een driedelig pak, bruin met vaag witte strepen. Eronder een beige overhemd met een losse, wit gesteven boord. Aan het op een na onderste knoopsgat van zijn vest zit een horlogeketting vast, met daaraan een klein opengeslagen zilveren boekje met de Hebreeuwse tekst 'Secor Dabar'. Zijn rossige haar is flossig. Zijn wenkbrauwen, dieper van kleur, zijn ruig en z'n gelaatsuitdrukking is wilskrachtig. Mijn ogen blijven hangen bij de toppen van zijn wangen, die de tederheid tonen die past bij de blik van zijn ogen. Zijn borst, geprononceerd door zijn buik, ademt vertrouwen uit - voor mij een nieuw gevoel in mijn prille studentenbestaan.

Wij praten, het gaat vanzelf. Hij vertelt over zijn theologische dispuut Secor Dabar, zijn vrijwel afgeronde studie, z'n recente verblijf aan de universiteit van Toronto en het dienen van drie kleine gemeenten in de eindeloze prairie van Saskatchewan. Hij is van plan om terug te gaan om in de Canadese kerk te werken. Zijn openheid maakt mij vrijmoedig om te vertellen over mijn vakantiewerk in het Royal Free Hospital in Londen, over het bijwonen van secties op Pathologie. Ik vertel hoeveel indruk het maakt om geconfronteerd te worden met ziekte, dood en dode lichamen. Hij luistert aandachtig. Ik heb me nog nooit zo gehoord gevoeld; wij zouden uren en uren kunnen praten.

Dat was gisteren. Door een toeterende auto word ik tot de werkelijkheid teruggeroepen. Het lukt niet echt. Het beeld van de man, de dominee met horlogeketting en jongensachtige ondeugd in z'n ogen, blijft mij verwarren. Ik ben er. Ik zet mijn fiets op slot. Nog net op tijd schuif ik de collegebank in. Nu moet ik echt opletten.

THUISKOMEN

P\AS GETROUWD WOONDEN we in de diaspora, ver van familie en vrienden, in het roomse land. Alle dorpen ten zuiden van de lijn Meehr, Margraten en Vaals hoorden tot Dirks werkterrein. De hervormde gemeente was groot, gemeten naar oppervlakte, maar het ledenaantal was gering. Na de drukke dagen van Kerstmis tot nieuwjaar, met zoveel diensten en sociale verplichtingen, gingen we eruit, naar het westen, naar de wereld waar we iedereen op straat en in de winkels zomaar konden verstaan. Naar huis gaan was een expeditie, ons vervoermiddel was een scooter, een lichtgroene, zware Lambretta.

We kleedden ons aan, want we wilden thuis netjes verschijnen. Dirk droeg over zijn grijze flanellen broek met overhemd, das en tweedjasje, een lang leren vest en een windvrije dubbele katoenen broek met elastieken om de enkels. Hij vouwde een dikke krant uit op zijn borst en daar overheen ging een shabby wollen jas met sjaal. Ik droeg mijn zondagse grijze mantelpak met plissérok, en daaroverheen alle verplichte lagen. Met onze helmen op zagen we eruit als michelinmannetjes en zo voelden we ons ook. Dirk maakte het leren koffertje vast op het rekje boven het achterwiel, en na wat gepruttel gingen we tweehonderd kilometer de kou in. Het was heel erg koud. Ik hield Dirk stevig vast om zijn middel. Zijn rug en mijn buik bleven warm, maar de rest van ons was snel verkleumd.

In Baexem stopten we bij ons truckerscafé. Binnen kropen we stram en stijf uit onze omhulsels. Niet de vrachtwagenchauffeurs maar een televisie maakte dit café zo aantrekkelijk. Onze handen warmend aan een beker dampende chocola, ontdooiden we langzaam, geheel in beslag genomen door het wonder van techniek, dat onze ogen opende voor een grote wereld. Na een uur deden we met tegenzin al onze kleren weer aan. De tocht ging nu door Weert en Eindhoven naar Vught. Bij het Van der Valk-hotel wachtte ons de luxe van koffie complet: een blaadje met een kop koffie, een grote plak cake en - o, verrukking - een bak vol slagroom. Deze rust was korter. We begonnen de stal te ruiken. We tuften verder langs het station in Den Bosch, waar de draak op de zuil ons imponeerde, en dan weer de stad uit, de grote weg op, nu dubbelbaans. Rivieren markeerden onze voortgang: de Maas, de Waal, de Linge met de hoge molen, de brug bij Vianen over de Lek, tot ik Dirk in zijn oor gilde: 'De Dom!' Bijna vijf uur na ons vertrek zetten we de scooter op de stoep in de Bleyenburgstraat. Dirks ouders stonden al in de deuropening, we werden door hen onthaald als beminde reizigers die na veel ontberingen terugkeerden uit een ver vreemd land. Bij de haard, de antracietkolen roodgloeiend zichtbaar door de micaruitjes, kregen we al het heerlijks dat naar huis smaakt. Soep, getrokken van camelot, heerlijk bruin brood, biefstuk met Brussels lof in een wit sausje. Na veel vertellen en rozig geworden, vonden we een kamer waar we ons konden uitkleden zonder koud te worden, met een warm bed. Wat een luxe, thuis, wat gezellig. We waren samen weer kind.

GEEL GOLFBALLETJE

IK KAN DE verleiding niet weerstaan, al weet ik dat mijn tranen zullen vloeien. Ik ga de trap op naar de zolder. Wimmel volgt me op de voet, hij voelt mijn risicovolle missie aan en laat me niet alleen. De linnenkast met de niet-gebruikte kleren doe ik voorzichtig open. De deur kraakt. Een plechtige lange avondrok hangt naast een flowerpowerjurk van een van de kinderen. In de verste hoek hangt Dirks regenjas, een katoenen gabardine beige regenjas met een groene voering. Ik haal hem uit de kast, een shabby jas die ik allang had moeten weggooien. Ik hang het hangertje aan de kastdeur. Zo kan ik de jas rustig bekijken. De knoopsgaten heb ik vaak met de hand gerepareerd, te zien aan de zijde die iets dikker en anders van kleur is. De linkerjaszak is uitgescheurd.
Ik snuffel aan de jas. Ik doe hem open, heel vaag ruik ik tabak. 'Erinmore Mixture - Pipe Tobacco', een geel doosje

met rood opschrift. Ik zie Dirk in stille overgave de vochtige tabaksreepjes in z'n hand fijnwrijven. De pijp wordt gestopt, niet te vast, driekwart vol. Ik kijk toe, vol verwachting. Een lucifer brandt boven het gat van de pijp. Dirk trekt door het zwarte smalle mondstuk lucht aan, een zuigend geluid. Het vlammetje duikt in de pijp, twee-, driemaal. Het is volbracht. Het genot is er, de zoetige geur vult de kamer.
Tranen biggelen over mijn wangen. Ik wil het verdriet en ik wil het ook niet. Het doet zo'n pijn, het voelt zo dierbaar. Dat dit nog in huis te vinden is... De hond zit naast de kast, hij kijkt me aan en roept me tot de werkelijkheid. Zijn neus beweegt, hij piept zachtjes. Ik pak de jas van het hangertje en schud hem stevig uit. Er valt iets uit, een geel golfballetje. Het stuitert hoog op, de hond begint te blaffen, probeert het balletje te pakken. Het lukt niet, het rolt onder de kast. Hij blaft nu hysterisch, springt om me heen. Het is zijn balletje, waar hij soms heel even mee mocht spelen met zijn baas. Na vier jaar is hij knettergek van herinnering. Met het balletje in zijn bek valt hij na uren in slaap. De volgende dag heeft het zijn bekoring verloren.
De jas heb ik uiteindelijk in een grijze zak gestopt, toen ik ging verhuizen. Had ik een klein stukje stof moeten bewaren? Als een foto waar je af en toe naar kijkt? Toegang tot een wereld die er niet meer is. Het balletje heb ik bewaard.

GRENZELOOS

MIJN VADER WAS vijf jaar gevangen in Duitsland. Vijf jaar van mijn leven was hij er niet. Ik zag Duitsers, die door ons Rotterdam marcheerden en hun liederen zongen nadat de stad platgebombardeerd was. Ik liep door de nog rokende puinhopen, op een prikkelend koude zondagmorgen in mei. Ik heb gezien en geroken wat oorlog is. Toen mijn ouders in 1952 voor het eerst steden - of wat daar van over was - in het Ruhrgebied gingen bekijken, wilde ik niet mee. Niet naar een vijandig land waar zoveel verschrikkelijks was gebeurd. Later kwam ik door Duitsland op weg naar Zwitserland en ik wist niet of ik een Beiers jodelfeestje met bier 'unter die Laune' van mezelf wel leuk mocht vinden.

Maar nu ben ik 59 jaar en ik wil er iets mee, met dat land over de grens. Als afsluiting van mijn werkend bestaan ga ik zeven weken lopen. Ik wil door Duitsland, door het land waar de moffen wonen. Ik start in Thun in Zwitserland. Ik loop langs de prachtige meren door de bergen naar Konstanz. Als ik daar de grens overga, laat ik de veiligheid achter me. Kan ik open zijn en mijn vooroordelen loslaten? Hoe kan ik de Duitsers ontmoeten? Waar op deze weg?

Na dertig kilometer door een eindeloos bos in het Schwarzwald, vind ik onderdak in een jeugdherberg. Door de herbergmoeder word ik aan een tafeltje gezet bij twee mannen, Leopold en Bernd. Ze wandelen ook, in dezelfde richting. Aan het ontbijt zien we elkaar weer en ze vragen: 'Loop je met ons mee?' Het eerste stemmetje in mij zegt: niet doen, ze lijken aardig maar zijn gevaarlijk. Maar mijn missie wint, dit is een kans die mij zomaar in de schoot geworpen wordt.

We lopen drie dagen samen. We praten, zijn lang stil, praten en luisteren - vooral dat - met een zich openend oor en hart. Ik kan vertellen over de oorlogsjaren, over wat we in Rotterdam meemaakten, over mijn vader die na terugkomst liever geen Duits meer sprak. Over dat hij weinig verteld had. Ik vertel dat hij eenmaal aan tafel huilde, toen er op de radio een kerstlied werd gespeeld. Hij had dit gezongen, de Joden aan de ene kant van het prikkeldraad, hij aan de andere kant, in de stervenskoude nacht in Buchenwald. Mijn wandelvrienden luisteren.

Later op de dag vertellen zij over hun jeugd en het zwijgen, het zwaarbeladen zwijgen van ouders over de oorlog. Het gat in de tijd, gevuld met kwaad, schaamte, verdriet en pijn. Zij vertellen over het langzaam te weten komen van wat er gebeurd was, over de vele vragen waarop geen antwoord werd gegeven, over tot dit volk behoren. Als Duits spreken te pijnlijk wordt, gaan we door in het Engels, dat geeft ruimte. Ze vertellen over het doorleefde verdriet, over familieleden die in de oorlog bleven, grootvaders, vaders, zonen. Over de kou, de armoede, de vernederingen onder de bezetting.

Mijn vijandbeeld lost in tranen op. We lopen samen door het prachtige, zomerse land. Aan het einde van de derde dag gaat Leopold naar huis. Bernd en ik zoeken onderdak. Na lang zoeken vinden we een enkele vrije kamer, in een aardig hotel. We hebben geen keus. Ik, al meer dan vijftien jaar alleen, ga de grens over. Ik deel een kamer, een groot bed, met een Duitser, met een vriend die ik vertrouw.

Gedurende de maaltijd in de Stube praten we over van alles, in het Duits. De woorden geven glans aan onze ziel, we heffen het glas. 'Zum Wohl', dat klinkt mooi. Voor het slapen gaan geven we elkaar een zoen. Het voelt als een overwinning, grenzeloos. De volgende morgen zwaait hij me uit aan het einde van het dorp. Door Duitsland loop ik bevrijd naar huis.

TWEE FOTO'S

OP MIJN TAFEL staan twee ingelijste foto's van mijn vader en mij. Ze markeren een vroege en een veel latere episode in ons leven. Ik bekijk ze met zorg en nauwkeurig, nu opnieuw. Op de vroegste foto houdt mijn vader mij trots in zijn armen. De witte familiejurk die ik aan heb, laat mijn voeten vrij. Twee paar heldere ogen kijken de wereld in. Onze kale hoofden verschillen slechts in grootte. Ik ben die dag gedoopt in de naam van de Vader, de Zoon en de Heilige Geest. Wij stralen. Bij deze vader weet ik mij geborgen. Hij troost mij als ik 's nachts huilend wakker word. Hij is mijn paard. Op zijn rug galoppeer ik door de tuin de wereld in. Zondags vertelt hij over de aartsvaders Abraham, Izaac en Jacob. Wij zitten dicht tegen elkaar op de bank. Ik luister.

Dan geeft het beeld van de foto geen houvast meer voor mijn gedachten. Er valt een leegte in de tijd van hem en mij. Die vult zich met oorlog, het bombardement, zijn afwezigheid in de nachten waarin wij in de schuilkelder zaten. Hij verkeert vijf jaar in gevangenschap. Gestempelde brieven brengen lieve woorden en een door hem gemaakt gebedje, dat ik 's avonds voor het slapen gaan hardnekkig prevel. Hij is heel ver weg. Het na jaren weerzien van een vader en een nu ontluikend meisje maakt de kloof tussen ons onoverbrugbaar. Wel blijft het beschamend kwetsbare lezen van de bijbel voor het ontbijt.

En dan is hij weg, ver weg: Den Haag, Ankara, Washington. Ik mis hem niet. Al eerder ben ik uit hem weg gegroeid. In mijn studententijd breng ik een bezoek aan een goede vriend van mijn vader. Als hij de deur opent neemt hij mij, staande in de deuropening, op van top tot teen. Met verbazing slaat hij de handen in elkaar: 'Dag Lydia. Je bent Pieter in een rokje!' We praten lang, ik voel me kind van mijn vader.

Mijn blik richt zich op de tweede foto. Daar zitten we samen in zijn kamer in Washington een paar jaar voor zijn dood. In de stoel lijkt hij lang. De plooien van zijn broek vallen onberispelijk. Zijn handen liggen ontspannen met de palmen op zijn gekruiste bovenbenen. De vingers die ik ken als sterk en dan weer schuchter strelend, zijn nu licht gebogen. Mijn ogen gaan naar zijn hals, geplooid door ouderdom. Hij praat met mij. Hij formuleert zijn zinnen met zorg. Z'n heldere ogen doet hij daarbij dicht. Z'n mond en z'n lippen proeven de woorden. Ik zit tegenover hem. Mijn handen liggen eender in mijn schoot. Ik voel dat mijn woorden worden geboren en dat mijn ogen zich sluiten. Het voelt verwant tot in mijn vezels. Ik weet dat het voor hem ook zo is. Ik ben uit hem geboren. We zwijgen. We luisteren naar Berlioz, de geboorte van Jezus Christus. Het is Kerstmis. We luisteren lang en stil. Naadloos zweven onze gedachten en gevoelens in de ruimte waar het licht is.

Terug naar de eerste foto. Ik zie mijn vader, zijn dochter, in een doopkleed op zijn armen ten leve gedragen. Zo is het.

TON TERSTAPPEN (1926)

'Ik vond het fijn om mijn verhalen terug te vinden'

'In de cursus wilde ik vooral herinneringen aan de zaak vastleggen. Wij hadden een familiebedrijf, een handel in boter en koloniale waren. In de crisisjaren was dat voor mijn vader met de kleine zaak helemaal niet gemakkelijk. Wij waren met negen kinderen en er helemaal bij betrokken, doordat er thuis veel gesproken werd over de zaak en de vele problemen in de crisistijd. Mijn vader klaagde veel. Op oudejaarsavond, als ma wafels had gebakken, had mijn vader de hele dag gerekend en de balans opgemaakt. Als hij dan rond negen uur van kantoor kwam, vroeg ma: "Mathieu, wie is 't gegangen, hoe staan we ervoor?" Hij zei dan altijd: "Dit jaar ging het nog. Maar volgend jaar dan wordt het ons dun, dan zullen we het moeilijk hebben.' Voor mijn moeder was nieuwjaar dan bedorven. Doordat ik vooral de herinneringen aan het bedrijf wilde vastleggen, was mijn vader veel in beeld en mijn moeder minder. Zo ging het ook bij mij. Eigenlijk was ik in mijn leven driemaal getrouwd: met mijn vrouw, met het bedrijf en met het koor.
Van geschiedenis heb ik altijd veel gehouden, misschien doordat ik op het college in Sittard een geweldige geschiedenisleraar had. Hij heette Schreinemachers en hij vertelde niet alleen, hij beeldde alles uit. Maar het had zeker ook te maken met de verhalen die ik thuis keer op keer hoorde. Mijn vader had veel meegemaakt in Luik, in de grote oorlog van 1914-1918. Als handelsfamilie deden wij zaken in Luik, we verkochten er onder andere boter, en mijn vader was in Luik volontair. Hij had meegemaakt dat francs-tireurs tegen de muur werden gezet en hij had Visé en Moelingen zien platbranden. Veel van zijn vrienden in de koffiehandel waren Joods en moesten steeds onderduiken. Na de oorlog is niemand van hen teruggekomen, en ook zijn

eigen bedrijf was volledig weggebombardeerd. Mijn vader vertelde vaak over de oorlog.

Ook mijn moeder had in de Eerste Wereldoorlog het een en ander meegemaakt: zij was als pensionaire bij de ursulinen vanuit Luik naar Eijsden moeten vertrekken. Als er verteld werd over de oorlog, werden de verhalen onderstreept met afbeeldingen uit oude tijdschriften en boeken. Ik las er veel over. Toen de Tweede Wereldoorlog begon, had ik de eerste al meegemaakt. In die oorlog heb ik zelf ook het een en ander meegemaakt, en nu vertel ik mijn verhalen aan anderen, zoals bij avondbijeenkomsten van de heemkundevereniging of van de Veldeke-kring. Onlangs heb ik nog voor de Rotary voorgelezen uit eigen werk, over de koffiebranderij. De oude leden kenden mijn verhalen al, doordat ik ze vaker verteld had, en de jongere leden vonden het erg interessant.

Tijdens die avonden vertelde ik bijvoorbeeld over mijn jonge tijd op de lagere school. We hadden een onderwijzer, meester Timmermans, die veel vertelde en ook goed kon zingen. Hij was organist, dirigent van het zangkoor - al kon hij niet zo goed overweg met de pastoor - en daarnaast onderwijzer. Het was een heel aparte figuur, hij betekende wel wat in Neer.

Ik herinner me de reis die hij in 1937 georganiseerd had: ons koor, Maas- en Neergalm, ging naar het Duitse Süchteln, achter Kaldenkirchen. Dat was heel spannend in die tijd waarin het nationaal-socialisme opkwam, en ons was door de burgemeester op het hart gedrukt vooral niets te zeggen. De zangers van de Männer Gesangverein Süchteln droegen bruine hemden en ze zongen als eerste "Deutschland, Deutschland über alles", inclusief Hitlergroet. Meester Timmermans ergerde zich mateloos en toen wij op onze beurt konden openen, zongen wij van het Wilhelmus alle zes de coupletten die we kenden van de zestien die er zijn. Terwijl wij zongen moesten de Duitsers met hun arm omhoog staan. Zij klaagden: "Was haben Sie doch eine lange Nationalhymne." Onze meester zei later tegen ons: "In Pruisen zijn ze de knijp al aan het wetten en daar wordt met de sabel gerammeld. Jongens, jullie zullen nog eens wat meemaken!" In de jaren die voorafgingen aan de Tweede Wereldoorlog werd veel gesproken over de oorlog die zeker zou gaan komen, vooral door mensen die al een oorlog hadden meegemaakt.

Ik was intern in Sittard op het college. Dat was een combinatie van middelbare handelsschool en hbs; de studie was gericht op opvolging in de zaak. We waren eerst extern in Roermond op school geweest, maar daar deden we niet veel, daarom moesten we naar Sittard. In 1943 werd het college bezet door de Duitsers, die ook het klooster van de ursulinen bezetten. Tot dat moment waren de jongens en meisjes altijd volkomen uit elkaar gehouden, wij zagen elkaar nooit. En nu kwamen we overal ook meisjes tegen, we kwamen op veel plaatsen bij particulieren en we zagen veel meer, dat was plezieriger. We hadden maar halve dagen les maar ik leerde ook veel buiten school. Ik was erg betrokken en ik wilde alles weten.

Tijdens de vrije middagen probeerde ik op mijn manier praktijk op te doen. Zo ging ik vaak in de Putstraat kijken bij een collega-grossier. Wanneer Van Gend en Loos daar goederen bracht, vond de voerman het fijn om onbetaalde hulp te krijgen en zodoende kon ik een kijkje nemen in het magazijn. Het ging er wat moderner aan toe dan bij ons thuis. Zo viel mijn oog eens op een zakkenknecht, een apparaat dat zakken openhield wanneer ze gevuld moesten worden met peulvruchten, havermout, suiker of meel. Ik vond dat het einde en in het weekend vertelde ik aan mijn vader hoe prettig het daar allemaal was, in de hoop dat hij ook zoiets zou aanschaffen. Maar pa zei na een tijdje, toen hij het moe was: "Jong, je weet het goed te vertellen. Hebben ze je ook de boeken laten zien?" "Nee, allicht niet", zei ik. En zijn antwoord was: "Zolang je die niet gezien hebt, hoef je mij er ook niets over te leren."

Voordat ik aan de cursus meedeed, verzamelde ik ook wel herinneringen, maar toen ik nog werkte kwam het er niet van. In 1989 ging ik met de VUT en daarna hield ik mij er intensiever mee bezig. Ik ging op zoek in het archief en daar vond ik interessante dingen. Zoals oude rekeningen, in het handschrift van mijn vader, en een aanvraag voor een koffiebrander in 1914: een Patent-Kugel-Kaffeebrenner met een motor van twee pk, van een machinefabriek en ijzergieterij in Emmerich am Rhein. Ik zag dat een pond koffie in 1917 maar 68 cent kostte en in 1918 wel 1,24 gulden: er was toen een blokkade voor koffie. In 1917 werd ons bedrijf "Handel in boter en koloniale waren" genoemd. Handel "en gros" en "en detail". In de briefhoofden van de rekeningen van toen staat ook: "Telefoon Neer nr. 1" - wij hadden het eerste telefoontoestel in het dorp. Net zoals mijn vader in een van de eerste auto's reed in 1913, met een P-nummer: P858. Dat betekende dat hij in de 858e auto in Limburg reed, want elke provincie had toen een eigen letter.

Herinneringen aan het verleden, zuinigheid en hoe je je hoorde te gedragen kregen wij met de paplepel ingegoten. Het was een andere tijd, waarin de dingen anders gingen. Mijn vader sprak altijd over zuinig zijn (z.z.) en later over zeer zuinig zijn (z.z.z.). Maar ook over andere dingen had hij een uitgesproken mening. Ik ben in 1951 getrouwd met Jacqui, en niet lang daarna mochten wij peetoom en peettante zijn van een kindje van Jacqui's zus in Den Haag. Bij die gelegenheid gingen wij op dinsdagochtend richting Den Haag en we kwamen donderdagsavonds terug. Toen ik weer op kantoor kwam, zei mijn vader niets. De zondag daarop vroeg Jacqui hem wat ik verkeerd had gedaan. Hij vond dat, als ik baas wilde zijn in het bedrijf, ik het goede voorbeeld hoorde te geven, en vakanties pasten daar niet bij. Hij zei altijd dat je een wereldreis kon maken als je door het magazijn liep: wij hadden thee uit China, pruimen uit Servië, krenten uit Griekenland en abrikozen uit Perzië.

In 1945 is mijn vader helemaal opnieuw begonnen. Hij heeft het bedrijf weer van de grond af opgebouwd. In 1955 is hij gestorven, veel te jong. Met mijn vader was ik het meestal niet eens. Ik vond hem ouderwets en we verschilden vaak van mening. Toch heb ik hem later moeten nageven dat ook hij vooruit wilde komen, want waarom hadden wij anders telefoonnummer 1 en autonummer 858? En wat te denken van de overstap van paardentractie naar de eerste vrachtauto in 1922? We hadden een van de eerste auto's waarvoor bij Hoover en Tiwi in Blerick de carosserie gemaakt werd; die lieten we later zelfs overkappen! Op de kap stond: "Gebr. Terstappen, stoomkoffiebranderij Neer". Voor hem waren dit waarschijnlijk net zulke grote veranderingen als voor mij de aanschaf van de eerste computer, in 1972.

Nu ik zelf gepensioneerd ben, ben ik meer en meer begrip gaan opbrengen voor de behoudendheid van mijn vader destijds. Nu ben ík het die steeds meer moeite heeft met veranderingen en de soms erg snelle ontwikkelingen. Terwijl ik mij jarenlang ingespannen heb voor de groei van kleine zaken naar grote supermarkten, voel ik mij soms maar moeilijk thuis in de steeds groter wordende winkels, met gepiep aan de kassa's.

Op de hbs schreef ik graag, ik maakte altijd goede opstellen. Ik schreef ook gemakkelijk en zonder fouten. Dat bleef altijd, ik kon redelijk gemakkelijk schrijven en later ook spreken, bijvoorbeeld tijdens vergaderingen voor winkeliers. Ik kon mensen goed animeren. Maar tijdens de cursus was ik op een heel andere manier bezig met mijn eigen verhalen. Met meer aandacht, en ook in een bepaalde cadans door de cursusbijeenkomsten. Ik vond het heel leuk om de opdrachten te maken, ben er thuis veel mee bezig geweest. Ik heb alle verhalen uitgewerkt, getypt en gekopieerd voor de anderen. Ik heb ze uitgedeeld in kleine kring, maar verder heb ik er niets mee gedaan.

Ik heb alle herinneringen laten lezen aan mijn broers en zussen. Zij hadden niks vastgelegd en vonden het toch wel mooi om terug te lezen hoe het was. Mijn eigen kinderen werkten vroeger ook wel mee in de zaak, maar betrokkenheid speelde in een andere mate. Zij hebben het heel erg druk, maar ze hebben wel alles gelezen en ze vonden het leuk dat de verhalen vastgelegd zijn. En eerlijk gezegd vinden de kleinkinderen het interessanter. Mijn kleinzoon uit Odijk vindt het prachtig, die komt er ook zelf op terug, hij heeft werkelijk interesse. Twee kleinzonen zijn nu vakkenvullers bij een supermarkt, zo leren ze ook een beetje over het handelsvak.

In de cursusgroep vond ik het leuk. De dames waren in de meerderheid; aardige dames. Ik nam er ook wat van mee en ik herkende dingen in de verhalen van anderen. Zo schreef iemand dat er in zijn bedrijf maar een enkele typmachine was - zo was het bij ons ook. De eerste telmachine kwam een paar weken voordat mijn vader stierf. We kregen een mevrouw op kantoor die elders verteld had dat ze de volgende dag naar een grossier in Limburg moest, die nog niet eens een telmachine in huis had. Dat was het moment waarop ik vond dat wij zo'n machine moesten aanschaffen, we konden het goed betalen. Mijn vader zag dat anders, hij dacht dat ik daardoor niet goed zou leren rekenen. Hij was streng. Toen ik de eerste keer rekeningen moest schrijven, gaf hij ze mij alle vijf terug: "Jong, wat de mensen niet kunnen lezen, zullen ze niet betalen." Ik heb toen schrijflessen genomen en daarna had ik nooit meer problemen.

Ik vond het fijn om mijn verhalen terug te vinden. En de herinneringen van anderen riepen herinneringen op. Zo schreef ik een stukje over het terugvinden van een vriend. Door de verhalen ging ik ook verder nadenken, ik praatte er met andere mensen over en las voor uit eigen werk. Mijn verhalen werden daardoor weer levendiger. Door zelf te schrijven, ben ik ook de noties van anderen interessanter gaan vinden. Ik heb bijvoorbeeld het oorlogsdagboek van ene Jansen in bezit, dat kreeg ik van zijn neef. Sommige stukjes daaruit heb ik kunnen gebruiken voor mijn eigen verhalen over de oorlog. Door mijn schrijverij werd ik gevraagd om mee te werken aan een boek over de geschiedenis van de supermarkt. Wij stonden met ons bedrijf natuurlijk aan het begin daarvan. Mijn verhalen komen daar ook in naar voren.'

GOEDERENVERVOER

In de jaren dertig was het vervoer van goederen met de boot aanmerkelijk goedkoper dan per spoor. Het was dan ook niet voor niets dat wij vroeger op school middels een 'blinde kaart' moesten kunnen aanwijzen hoe je per schip van Groningen naar Maastricht moest reizen. De meeste artikelen die in Limburg in de vele winkels en winkeltjes verkocht werden, kwamen vanuit het westen van Nederland. Voor het vervoer van levensmiddelen, die toen nog 'koloniale waren' genoemd werden, werd daarbij veel gebruik gemaakt van beurtvaart. Veel geïmporteerde producten, zoals koffie en thee, zuidvruchten en specerijen, kwamen vanuit Rotterdam, andere goederen vanuit Amsterdam en de Zaanstreek, waar rijstpellerijen, cacao-, pudding- en vermicellifabrieken waren.

Al naar gelang de schipper op meer of minder plaatsen moest aanleggen, waren goederen van Rotterdam naar Neer twee tot drie dagen onderweg. Wanneer de grootte van de vracht het aanleggen waard was en er geen hoog water was, werd er gelost in Neer. In andere gevallen was dit in Venlo of Roermond. Bijna dagelijks kwamen er vrachten vanuit Rotterdam of Amsterdam, en het lossen in Neer was niet zo gemakkelijk en niet ongevaarlijk. De boot kon niet helemaal aan de kant komen, er moest gelost worden over zwiepende losplanken, die deels boven het water hingen.

Veerman Sjang Geraets en later neef Pieërke hielpen bij het lossen en bij het laden van de vrachtauto van groothandel Terstappen, tegen een vergoeding van een halve cent per eenheid. Aan de hand van een briefje, dat veerman Sjang als nota liet dienen, werd meestal eenmaal per maand 'schoon schip' gemaakt. Op zo'n briefje zag ik de opmerkelijke post 'teergeld'. Sjang de veerman exploiteerde een van de vele cafés die Neer destijds rijk was en na gedane arbeid dronk de chauffeur Toon Augustinus bij de veerman een glas bier, dat door zijn baas betaald werd. (Toen Toon eens een borrel nam in plaats van bier, kwam hem dat op een berisping van de baas te staan.)

En toen de veerman in 1937 zijn prijs met honderd procent verhoogde naar één cent per collo, loste men voortaan grotere partijen goederen 'met eigen volk'. Goedkoper zal dat niet geweest zijn, wel een kwestie van principe en gevoel.

IJSKOUDE WINTERMORGEN

HEEL WAT MENSEN konden op zo'n ijskoude wintermorgen een uurtje langer in bed blijven. Dat gold echter niet voor Toon, de chauffeur, want voor hem was er extra werk aan de winkel en daarom was hij vroeger dan normaal op stap. De bezorgroute die hij deze dag ging maken, zou met de gladde wegen en door de kou aanmerkelijk meer tijd vragen. Bovendien moest er heel wat meer voorbereidend werk gedaan worden.

Aangekomen op de zaak was zijn eerste bezigheid het aanmaken van de kachel in de garage. Dit was niet zozeer bedoeld voor de warmte, maar om allereerst een ketel water op te zetten. Hij had heet water nodig voor de radiateur van de vrachtwagen, want 's winters moest bij vriesweer elke avond het water van de wagen afgelaten worden. Er stond dan een grote plas voor de garagepoort die heel snel bevroor en waardoor het spiegelglad werd. Men kende weliswaar antivries, maar die was duur en slecht voor de motor, werd beweerd.

Terwijl het water heet werd, ging Toon naar buiten om zand te strooien over de bevroren plek voor de garage. Deze plek werd elke avond groter, en het zand strooien was een gevaarlijk karwei omdat het niet alleen koud en spiegelglad, maar ook pikdonker was. 'Laat het water toch ergens anders af, niet zo dichtbij de poort', had zijn baas gezegd, maar Toon wilde geen twintig meter rijden met een radiateur zonder water. 'Daarvan lijdt de motor nog meer dan van antivries', had hij eens gekscherend tegen de baas gezegd, die hem er daarna maar niet meer over onderhield.

Terug in de garage was het daar beter dan buiten. Het vroor binnen weliswaar ook, maar bij lange na geen twaalf gra-

den. Het opgezette water was nu warm genoeg om in de radiateur geschud te worden. Dit lukte nadat met enige moeite de toch weer vastgevroren dop ontdooid was. Intussen stond een ketel met daags van te voren afgetapte olie op de kachel warm te worden. Wanneer er geen voorverwarmde olie in het motorcarter zat, zou het in deze kou zeker niet lukken de auto aangeslingerd te krijgen. Het was een ervaring die Toon in de loop der jaren had opgedaan.
Inmiddels waren de werklui, die in het eveneens koude magazijn aan de gang moesten, ook door de garagepoort naar binnen gekomen. Iedereen stond rondom de kachel en de nodige, als grap bedoelde opmerkingen werden gemaakt. 'Wat heb je weer een mooi zandtapijt voor ons neergelegd', en: 'Wat brandt het vagevuur weer lekker...' Het waren van die gezegden die Toon, die onder de wagen lag om de koude dop van het oliecarter vast te draaien, langs zich heen liet gaan. Toon kon nogal gauw om iets lachen en hij was niet gemakkelijk kwaad te krijgen. Zelfs als de baas niet begreep dat het allemaal zo lang moest duren en zei dat het de hoogste tijd werd om te vertrekken, want 'anders ben je om middernacht nog niet terug...' kon Toon niet boos worden en antwoordde hij slechts: 'Overleg is het halve werk, meneer', een uitdrukking die vaak over zijn lippen kwam.
Ondanks alle voorbereidingen kostte het toch nog moeite om de wagen aan de praat te krijgen, maar toen dat eenmaal gelukt was en Toon zijn leren motorjas had aangetrokken, kon hij aan zijn route beginnen. Die jas was nog een erfstuk van de oude meneer. Toen zijn vroegere baas gestorven was, had de oude mevrouw hem deze geschonken. Tegenover iedereen die het maar horen wilde, vertelde Toon dit met trots.
De reis ging ditmaal naar Noord-Limburg, waar in verschillende dorpen bij een twintigtal winkeliers allerlei koloniale waren bezorgd moesten worden. De weg was spiegelglad maar gelukkig was er praktisch geen verkeer, zodat het geen groot probleem was als de auto even naar de zijkant van de weg schoof. Met zijn handen het nog steeds koude stuur omklemmend, dacht Toon met weemoed terug aan de tijd waarin hij als voerman met paard en wagen de

klanten bezocht. Als het paard de hoefijzers scherp had, gaf de gladheid weinig problemen: de wagen gleed niet gauw van de weg en er hoefde niet voor heet water en warme olie gezorgd te worden.

De strenge vorst had ook zijn uitwerking op sommige waren die bij de winkels afgeleverd werden. Slaolie was stijf bevroren en op menige fles azijn stond een laagje ijs. Alle producten die moesten ontdooien, werden naar de warme kamer of keuken gedragen. Eenmaal binnen kon Toon zich een beetje warmen, en bij verschillende klanten dronk hij dan een kop koffie. 'Toen ik nog met paard en wagen kwam, kon ik een borreltje vatten, voor de kou. Maar dat mag nu niet meer...', kon menige klant hem met spijt horen zeggen.

Teruggekeerd na een lange werkdag werd de vrachtauto 's avonds weer in de garage gezet. De kachel was dan al uren uit. De asla, waarin zich inmiddels koude as bevond, strooide Toon voor de poort uit, op de plek waar hij zojuist het water maar weer had afgelaten.

DE KAMER VAN HEEROOM

Het was een grote deftige kamer, maar er resideerde dan ook een voornaam persoon: mijn heeroom. 'In leven Professor Philosofie te Rolduc en Hoogleraar aan het groot seminarie te Roermond', staat nog altijd te lezen op zijn graftombe. De meeste mensen noemden hem 'meneer professor'.

Als kind kwam ik nooit alleen in heerooms kamer, ik mocht eruitsluitend komen met vader, moeder of een oom. Er hing een aparte geur in die kamer, een mengsel van sigarenrook en wierook, een voorname geur, vond ik, heel anders dan bij ons thuis. Een wand van de kamer was helemaal gevuld met een enorme boekenkast. Heeroom sprak van 'mijn bibliotheek'. 'Uit die boeken haalt professor nog steeds meer wijsheid', beweerde mijn vader. Het grote, eikenhouten bureau waaraan heeroom meestal zat, was zo geplaatst dat hij altijd zicht had op de deur. Als er geklopt werd en hij 'Binnen!' geroepen had, kon hij onmiddellijk zien wie de kamer betrad.

Er stond ook een grote tafel met twee armstoelen en vier gewone stoelen in de kamer. Hieraan werd elke dag, nadat heeroom 's morgens gelezen had, het dejeuner opgediend. Later kreeg hij er het diner en souper. Er was ook nog een kleine tafel met vier leren fauteuils, die gebruikt werden voor het kransje, zoals heeroom zei. Aan de muur hing een groot schilderij waarop de lijdende Christus aan een schandpaal gebonden was, terwijl een aantal soldaten erop los sloeg. Ik vond het een akelig tafereel en was er bang voor.

Dat een kamer zo groot kon zijn, kon ik maar moeilijk begrijpen. Toen ik later op het college zat, kwam ik vaker in een grote kamer: de kamer van een van de priesterleraren, waar ik mij moest verantwoorden als ik iets gedaan had dat niet door de beugel kon. Wanneer het kwaad dat geschied was, in de ogen van de leraar erg groot was, en hij heeroom kende, werd ik wel eens met een briefje naar heeroom doorgestuurd. De weg naar die grote, deftige kamer was dan een zware gang voor mij.

De vakanties bracht heeroom bij ons thuis door. Daar had hij een gewone kamer om te rusten en te slapen, en overdag verbleef hij vaak in de goeie kamer, waar hij breviede. Ook daar werd het eten apart voor hem opgediend. Vader en moeder, en ook mijn oom, noemden heeroom nimmer bij zijn naam. Ze zeiden altijd professor als ze over of tegen hem spraken en heeroom vond dit blijkbaar heel gewoon. 'Professor moet ook heel veel knoopjes vastmaken', zei vader, als 's nachts tijdens de oorlog bij het horen van de eerste golf Engelse vliegtuigen, op heerooms slaapkamer direct het licht aanging.

In 1944 kwam de ontluistering. Duitse militairen namen hun intrek in het seminarie en binnen enkele uren moest alles ontruimd worden. Heeroom zelf, niet in toog en zonder bef, moest in een gewoon pak onderduiken. Ik heb meegeholpen zijn kamer te ontruimen. Vader had voor twee wagens kunnen zorgen en daarin konden de boeken en een deel van het meubilair geladen worden. Het werd bij ons op zolder opgeslagen. 'Zo gaat het dan', hoor ik mijn vader nog zeggen, 'onze professor er tussenuit, en alle geleerdheid bij ons op zolder.' Heeroom is direct na de oorlog gestorven en keerde nooit terug naar zijn grote kamer. En de kamer is niet meer in oude luister hersteld.

DE VRACHTAUTO UIT NEER

Aan de Duitse inval in Nederland en België ging een periode van neutraliteit vooraf. In 1939 was het Nederlandse leger gemobiliseerd en omdat de Maas als verdedigingslinie gold, waren in de steden en dorpen bij de Maas veel militairen gelegerd. Tijdens de mobilisatie ging ik wel eens naar de Maas, waar loopgraven werden gegraven en versterkingen aangelegd. Wij jongens vroegen dan van alles aan de soldaten en op de vraag: 'Hoe ver draagt nu zo'n geweer?', kreeg ik als antwoord: 'Wel driemaal over de Maas, en ook nog heel precies.' Dat was een hele geruststelling. Daarmee kon een vijand wel op afstand gehouden worden, dacht ik.
Deze periode kenmerkte zich door tijden van rust, wanneer de Duitse regering weer eens had toegezegd de Nederlandse neutraliteit te eerbiedigen, maar ook door dagen en nachten van spanning wanneer men had vernomen dat een Duitse inval elk moment kon plaatsvinden. Er heerste dan 'verhoogde paraatheid' en op deze momenten werd 's avonds en 's nachts een aantal vrachtauto's gerekwireerd. Ook de auto van onze grossierderij Terstappen moest dan bij zonsondergang bij de legerpost geposteerd worden. 's Anderendaags kon de auto weer teruggehaald worden.
Omdat op vrijdag 10 mei 1940 een voor die tijd grote hoeveelheid 'waar' naar diverse bakkers en kruideniers richting Zuid-Limburg gebracht moest worden, in verband met de komende pinksterdagen, hoefde onze wagen op 9 mei 's avonds niet te komen. De wagen kon die avond dus al geladen worden. Het was luttele uren voor de Duitse inval, want in de nacht van 9 op 10 mei begon het echt. Tegen

twaalf uur in de nacht kwamen Nederlandse militairen lijkbleek vertellen dat onze vrachtwagen met chauffeur onmiddellijk moest komen.

Ik ben met vader meegegaan om de negentienjarige Harry op te halen. Nooit zal ik het beeld vergeten van de oude Toon, de vader van onze chauffeur die vóór hem ruim 25 jaar voerman en chauffeur was geweest. Toen wij op de deur klopten, stak hij zijn hoofd, getooid met slaapmuts, door het raam en vroeg: 'Wat is er?' Ook vaders woorden klinken nu nog in mijn oren: 'Toon, het deugt niet... Harry moet meekomen. Het wordt oorlog.' 'Meneer, dan komt hij!', zei Toon, een voormalig huzaar. Toen we terugliepen, zagen we overal angstige militairen. Ik wenste dat we arme mensen waren. Ik dacht dat hen niets kon gebeuren. Uit alle verhalen die thuis verteld waren, had ik sterk de indruk gekregen dat vooral iedereen die iets betekende, er slecht van af zou komen in de oorlog.

Harry is die nacht met de vrachtauto vertrokken. Hij is drie weken met de wagen onderweg geweest. Hij heeft de terugtocht van het Nederlandse leger tot achter Breda meegemaakt, vanwaar hij naar Antwerpen moest, met medeneming van evacuerende burgers uit Breda. De auto werd toegevoegd aan het Belgische leger en uiteindelijk kwam hij terecht in Noord-Frankrijk. De colonne van vrachtwagens werd herhaaldelijk vanuit de lucht beschoten door Duitse gevechtsvliegtuigen.

Na de Belgische capitulatie kreeg Harry eind mei 1940 toestemming om met de wagen huiswaarts te keren. De vrachtwagen droeg de sporen van de oorlog. Hij was voor een deel overgeschilderd in camouflagekleuren en in de laadbak zaten kogelgaten. Begin 1941 werd de wagen gevorderd door de Duitse bezetter en is nimmer teruggekomen.

VADERS OVERLIJDEN

Het overlijden van vader heeft een diepe indruk bij mij achtergelaten. In de loop der jaren is die indruk en de betekenis van dat overlijden, voor mij alleen maar groter geworden. Zijn doodgaan heb ik later heel anders beleefd dan op het moment van het sterven zelf.

Vader was een ernstige, serieuze, hardwerkende, in mijn ogen soms strenge man. Na het beëindigen van de hbs kwam ik als jongste medewerker bij mijn vader in de zaak, die toen tien personeelsleden telde. Eigenlijk heb ik nooit geweten of vader wel zo blij was met mij. Hij vond het wel goed dat er een opvolger kwam, maar ik denk ook dat hij mij te vooruitstrevend en te weinig kostenbewust vond. Toen ik in mijn beginperiode eens een bol paktouw kocht - kosten twee kwartjes - beschouwde hij dit als een zeer verkwistende uitgave. Zelf spaarde hij alle mogelijke stukken touw op, die hij liet hergebruiken om in te pakken.

Vader was een man van weinig woorden. Met een enkele rake opmerking probeerde hij me soms een wijsheid mee te geven - waarvan ik later pas begreep hoe juist deze was. Slechts enkele jaren heb ik met mijn vader samengewerkt in de zaak. Na een kort ziekbed stierf hij op veel te jonge leeftijd. Er bleef toen veel achter dat onafgewerkt en nog niet geregeld was. Ik herinner mij dat ik op een avond voor zijn overlijden aan zijn sterfbed stond en probeerde hem gerust te stellen door te zeggen: 'Maak u maar geen zorgen. Ik zal goed voor alles zorgen.' Zijn eenvoudige en korte antwoord was: 'Dat zal dan ook heel hoognodig zijn...!'

Direct na vaders dood had ik een zeker gevoel van bevrijding. Ik was net 28 jaar en ik had vroeger vaak gedacht: als ik eenmaal alleen de baas ben, als er niemand meer is die iets tegenhoudt, dan kan de zaak doorgroeien, dan kunnen wij de grootste worden. Dat gevoel verdween echter snel. Naast een bevrijding was het ook van de ene op de andere dag een grote verantwoordelijkheid, en daarover had ik eigenlijk nooit diep nagedacht. Ik merkte onmiddellijk en duidelijk hoe gemakkelijk het altijd geweest was, om de eindverantwoordelijkheid te kunnen afschuiven. De schouder waarop ik had gesteund, was ineens weggevallen. Vader had wel eens gezegd: 'Zolang ik betaal, kun jij gemakkelijk kopen...' En zo was het.

Na zijn overlijden voelde ik al gauw dat het leven harder, moeilijker en verantwoordelijker was geworden. 'Van toen af aan werd het menens' - een uitdrukking van vader.

DROEFHEID EN VREUGDE OM PAULA

'GOEDE REIS!' DAT zijn de laatste woorden geweest die ik heb gehoord van mijn zus Paula. Ik stapte in de auto om op weg te gaan naar klanten, zij klopte dekens uit en riep me toe vanuit het raam. Teruggekomen hoorde ik direct wat er gebeurd was. Paula, ze had net haar mms-einddiploma behaald, had een ongeluk gehad. Ze was sigaretten gaan halen en in de winkel met een vinger tussen de deur gekomen. Toen ze weer thuis was en de bloedende vinger zag, werd ze onwel en viel onder moeders ogen achterover op de stenen keukenvloer. Ze raakte buiten bewustzijn en de inderhaast geroepen dokter constateerde een schedelbasisfractuur. Hij liet haar overbrengen naar het ziekenhuis in Roermond, waar ze aan de ijzeren long kwam te liggen. Er kwam nog een professor uit Tilburg bij haar, maar dat heeft niet mogen baten: na drie dagen was Paula dood.

Het was het eerste sterfgeval van een jong mens binnen onze familie. Vooral voor moeder was het moeilijk te verwerken. Zij was erbij geweest en ze maakte zich allerlei verwijten: 'Had ik haar maar een stoel gegeven', 'Was ik gisteren die sigaretten maar niet vergeten...' In tegenstelling tot moeder, die veel en erg bedroefd kon huilen, uitte vader zich moeilijk. Dagenlang heeft hij bijna niets gezegd. De nota van de professor, die op de dag van de begrafenis binnenkwam, vond hij onredelijk.

Jacqui, mijn vrouw, was in verwachting van ons eerste kindje. Wanneer het een meisje werd, zou ze Gemma moeten heten. Maar toen onze dochter op de dag af een maand na Paula's overlijden geboren werd, noemden we haar geen Gemma maar Paula. Ondanks onze grote vreugde, waren er de eerste tijd na de geboorte heel wat tegenstrijdige emoties. In het bijzonder bij moeder, toen ze haar eerste kleindochter Paula in de armen hield. Bij de doopkoffie, toen er een grote taart werd bezorgd met het opschrift: 'Welkom Paula', liet menigeen zijn tranen de vrije loop. Ook bij mijn vader rolden de tranen over z'n wangen. Dat was iets dat ik niet eerder gezien had.

Aan Paula, nu de veertig reeds gepasseerd en zelf moeder van een dochter van twaalf jaar, mogen we nog altijd veel vreugde beleven. Zij werd oma's liefste kleindochter, maar het heeft lang geduurd voor moeder 'Paula' is gaan zeggen, in plaats van 'de kleine'.

SINTERKLAAS

Grootwinkelbedrijven en grootwarenhuizen deden het al jaren: rond 5 december werden de klanten uitgenodigd om met de kinderen bij Sinterklaas te komen, die op woensdagmiddag zitting had in de zaak. Weken van tevoren kon men bonnen sparen, die recht gaven op een verrassing uit de handen van de Sint. In de tijd dat de kleine middenstanders iets probeerden te doen tegen de concurrentie van het grootbedrijf - het was midden jaren vijftig - werd door hen de tactiek van de navolging toegepast: ook bij de kleine kruidenier kwam Sinterklaas nu op bezoek. Het bedrijf waar ik werkte, was vaste leverancier van een groot aantal kleine winkels. De winkeliers gingen ervan uit dat hun grossier, uit het oogpunt van service, ook voor de reclame zorgde. Zo kon het gebeuren dat er op de woensdag- en zaterdagmiddagen heel wat goedheiligmannen moesten optreden.

Op een woensdagmiddag moest ik voor vier Sinterklazen bij evenzoveel winkels zorgen. Een van die Sinterklazen was een 'beroeps-Sinterklaas'. Het was een nogal lange man die erop stond goed gekleed als Sint voor de dag te komen. Zodra hij wist dat hij weer Sinterklaas zou worden, ging hij al naar de kapper-grimeur, om er zeker van te zijn dat er voor hem een Sinterklaaskleed in de juiste maat zou zijn. Een jaar eerder was hij ook ergens Sint geweest en hij had toen een veel te kort kleed gedragen, zodat zijn gerafelde broek tevoorschijn gekomen was. 'Dat is Hannes...!', hadden kwajongens toen geroepen, en zoiets wilde de man niet nog eens meemaken.

Maar toen ik op de bewuste woensdagmiddag drie Sinten op hun plaats had en vol vertrouwen de vierde Sint ging ophalen, zat de man nog bij de kapper, in burgerpak en niet aangekleed als Sinterklaas. Ik vroeg ontdaan wat er aan de hand was. Een van de drie voorgaande Sinterklazen had het lange kleed aangetrokken, en voor Hannes, want dat was hij inderdaad, was alleen nog een veel te kort kleed overgebleven. 'Dat trek ik niet aan', zei Hannes heel bewust, 'ik ga niet nog eens voor gek lopen.'

Goede raad was duur. Inmiddels had de klant, waar ik met deze Sinterklaas naartoe moest, opgebeld met de mededeling dat de kinderen stonden te wachten. Als Sinterklaas niet heel gauw kwam, hoefde ik nooit meer voor een bestelling te komen. Ik wist niet beter te doen dan naar de dichtstbijzijnde kerk te gaan, om in de sacristie een albe, die daar aan een kapstok hing, te 'lenen'. Dit kleed was lang genoeg. Mijn Sint kwam weliswaar te laat, maar goed gekleed bij de klant waar hij moest zijn.

VERA VAN CRUCHTEN (1931)

'Aandacht voor je eigen verhaal is een vorm van liefde voor jezelf'

'Ik hield mijn hele leven al van gedichten en ik was gevoelig voor woorden. Als kind en tiener declameerde ik gedichten en leerde ze van buiten: "Ziet Joseph, Rachels zoon en Jacobs staf en stut hier slapen op de hei..." Ik was rei-zegster, samen met mijn oudste zus Cor, wij moesten optreden in ons dorp. Dat kwam van mijn vader; rei-zeggen is ontstaan vanuit het klassieke drama; mijn vader hield van Vondel en was in zijn jeugd ook al Joseph in Dothan geweest. We stonden in drie rijen, een soort van koor. Ik werd verliefd op de regisseur, net als mijn zus.
Maar ik had niet het idee dat ik goed kon schrijven. Toch kreeg ik bij het hbs-eindexamen tot mijn grote verbazing een acht voor het opstel. Dat was in 1949, vier jaar na de oorlog. Ik weet nog precies waarover het ging. De titel die we hadden gekregen voor het opstel was "Met gemeenschappelijk gebruik van keuken". Daardoor moest ik denken aan november 1944, het laatste oorlogsjaar, waarin wij ingekwartierd waren en de keuken moesten delen met de familie die ons onderdak bood.
Ik was dertien jaar toen wij moesten evacueren omdat wij in ons huis in Echt te dichtbij het front woonden. We gingen te voet, in een lange karavaan, richting Roermond, en wij kwamen terecht in Odiliënberg bij een achterneef van mijn vader die daar een café had. Ons grote gezin van twaalf mensen - de dertiende, mijn oudste broer, was ondergedoken - woonde toen bij de hartelijke oom Louis, de stadse tante Lien en hun drie kinderen. Wij sliepen in het café op stro op de grond, en dat was natuurlijk een enorme invasie. Achter het café was een kleine keuken. Mijn moeder moest daar voor ons koken - in die kleine keuken werd voor zeventien mensen gekookt. Mijn moeder vond het vreselijk dat ze verdreven was uit haar eigen domein.

In mijn opstel schreef ik over de gebeurtenissen en de situatie in die gemeenschappelijke keuken. En het kwam natuurlijk door mijn grote betrokkenheid en door de emotie in het verhaal, dat ik voor het opstel een acht kreeg.

Nu ik erop terugkijk, vind ik het wonderlijk dat na de oorlog het leven doorging en dat er bijna nooit gesproken werd over wat er gebeurd was in die tijd. We hadden veel meegemaakt, iedereen in onze omgeving had wel extreme dingen ervaren, ook in onze familie. Mijn moeder had zoveel verliezen geleden… Nu zie ik dat ik als kind al vroeg bijna vanzelfsprekend een last op me nam. Ik ging bijvoorbeeld met mijn moeder op voedseltochten: we liepen van Odiliënberg naar Montfort, in een omgeving die we niet kenden. Op een keer begon het onderweg te sneeuwen; we werden sneeuwblind en raakten in de schemer de weg kwijt. Mijn moeder viel en ik struikelde over haar. Op dat moment wist ik, als dertienjarige: nu moet ik de sterkste zijn, want mijn moeder kan niet meer. Achteraf had ik het idee dat we gered werden door een boom; ik herkende die en kon mij daardoor weer oriënteren. We spraken er nooit meer over, er werden geen woorden aan gegeven.

Na de middelbare school en in de jaren zestig was ik ook niet zo bezig met de taal. Ik schreef hooguit voor de studie en later therapieverslagen en andere stukken voor mijn werk: notities, rapporten en beleidsstukken. In mijn dagboek schreef ik alleen als ik in de penarie zat. Zo'n veertien jaar geleden begon ik te schrijven. Ik was al in de VUT en ik deed mee aan een cursus met als titel "Oudere vrouwen in de hoofdrol". Nadien ging ik verder met het schrijven van levensverhalen bij het hoger onderwijs voor ouderen.

Het schrijven van levensverhalen betekende veel voor mij. "Met woorden ben ik minder schuldig", zou mijn motto kunnen zijn. Wat dat schuldgevoel is? Ik weet het niet precies, ik kom er niet uit. Het heeft iets te maken met het woordeloze van de naoorlogse jaren, met mijn plaats en rol in het gezin waarin ik opgroeide. Het is complex en er zitten veel kanten aan. Mijn levensverhaal is het verhaal van een onzekere vrouw, zoekend en worstelend. Tijdens het schrijven en herschrijven verwerkte ik veel. Onderzoeken is in dit verband een belangrijk woord: ik onderzocht hoe het was en hoe het nu is. Door het schrijven begaf ik mij dieper in de werkelijkheid van mijn leven. Ik beleefde opnieuw, keek naar hoe mijn leven was en hoe ik deed en handelde in allerlei situaties. Voor het schrijven van teksten over mijn leven was inkeer nodig, ik moest naar binnen gaan. Ik verplaatste me opnieuw in degene die ik toen was.

Onderzoek vraagt ook stilstaan, een pas op de plaats. In de cursussen leerden we via associatieoefeningen te focussen en stil te staan bij een moment, beeld of gebeurtenis. Het was als bij fotograferen: je moet stilstaan en kijken wat er boven komt en wat dat doet met jezelf. Daarbij gebruikte ik uiteraard mijn verbeeldingskracht. Verbeelding redt een mens: positieve verbeeldingskracht in combinatie met vertrouwen. Er bestaat natuurlijk ook negatieve verbeeldingskracht, zoals angst. Maar ook die heb je nodig in het leven, omdat je moet leren in de realiteit te leven en de dingen in balans te brengen.

Het woorden geven aan herinneringen en reflecties hielp mij. Ik kreeg er een beter gevoel door, het bracht me bij mijn kracht. Het schrijfproces en het resultaat daarvan waren belangrijk: ik gaf mijn ervaringen en gevoelens buiten mijzelf een plek en dat deed me goed. Ik wilde ook naar mezelf verantwoorden wie ik eigenlijk ben. Het mezelf kunnen uitdrukken in woorden werkte voor mij als een bevestiging van wie ik ben.

Ik geloof dat ieder mens de verplichting heeft om iets met zijn of haar talenten te doen. Je moet iets doen met wat je gegeven is, je leeft niet voor niks. Ik ben een boodschapper, het "Dóe iets!" zit in me. Ik wil de dingen niet laten verkommeren, ik wil niet slordig met mijn leven omgaan. Als je je niet inspant en in je stoel blijft zitten voor de televisie, dan word je depressief. Het vraagt wel veel wilskracht of, beter gezegd, geestkracht. De schrijfster Annelies Verbeke zei dat wie leeft op de rand van depressie vaak beter beseft waar het in het leven om gaat. Ik denk dat ik zo iemand ben. En taal is voor mij een stuk van mijn identiteit, zoals voor een van mijn zussen muziek onlosmakelijk verbonden is met haar eigenheid.

Het schrijven leidde ertoe dat ik met meer liefde kon kijken naar de dingen die voorbij waren. Het schrijven van mijn verhalen bracht mij tot een positieve herwaardering van mijn leven. Het bracht me veel liefde voor het kind dat ik ooit was, zowel zwak als sterk. Door de herinneringsoefeningen kwam ik er achter dat ik eigenlijk niet meer zoveel weet van vroeger. Feiten en gebeurtenissen kan ik niet met precisie terughalen. Alsof ik er amorf in zat, vormloos, in mijn eigen leven, alsof ik een anonieme persoon was, zonder kleur. Dat was ook zo, ik was als kind onderdeel van een collectief. Ik zie mezelf nog zitten in onze grote woonkeuken: tegen de muur, achter de tafel, op een bank in het midden tussen vier anderen. We zaten met dertien mensen aan tafel en op de een of andere manier verdween ik in dat geheel, ik werd onzichtbaar.

Het is alsof ik nu veel meer weet over mijn eigen leven en over hoe het werkelijk was. Door het schrijven en delen van mijn verhalen heb ik veel dingen een plaats kunnen geven, met liefde. Het is een ander weten, het gaat meer over gevoelens en sferen. Ik weet nu beter wat mijn vader en moeder voor mij betekenden, weet meer over de plaats in de kinderrij die ik had in dat grote gezin. Ik ben door het schrijven uit de anonimiteit getreden, ik werd gezien.

Ik heb weinig specifieke jeugdherinneringen, maar door de herinnerings- en schrijfoefeningen ontdekte ik van alles. De herinneringen die ik had, kregen daardoor een andere kleur. Zo herinner ik me goed dat ik vaak erg ziek was als kind, ik had dan bijvoorbeeld longontsteking en hoge koorts. Het is paradoxaal, maar ik genoot daarvan. Want als ik ziek was, kreeg ik aandacht van mijn moeder. Het was het enige moment dat ik zichtbaar werd. Daarna werd ik weer ingezogen door het collectief. Andere broers en zussen vroegen en kregen veel meer aandacht, bijvoorbeeld de broer die voor mij geboren was en die altijd eczeem had.

Aan de schooltijd bewaar ik soortgelijke herinneringen. Ik heb nu het idee dat ik in de grote klas altijd met mijn vinger in de lucht zat, vragend om aandacht. Ik was slim en werd bekrachtigd op intelligentie. Ik was het enige kind in de klas dat na de lagere school naar Roermond mocht, om daar naar de middelbare school te gaan. Dat was in 1944. Gelukkig ben ik niet negatief bekrachtigd en heb ik als kind intens genoten van het buiten spelen. Wij woonden naast de school en na schooltijd speelden wij ontzettend veel buiten op het schoolplein. Trefbal en spelletjes waarin wij uitgelaten onze energie kwijt konden.

Het stond in contrast met de concentratie die thuis heerste, als we huiswerk maakten. We zaten dan in een kamer met vader aan tafel, en studeerden en werkten allemaal. Het was dan heel stil in de kamer - misschien houd ik daarom wel van de stilte. Mijn vader studeerde altijd wel iets. Op zijn vijftigste haalde hij zijn doctoraal pedagogiek, en in de oorlog volgde hij colleges in Nijmegen, terwijl mijn moeder doodsangsten uitstond. Toen hij stierf, bleek hij 36 diploma's behaald te hebben.

Ik vind het nog steeds wonderlijk dat ik kan teruggaan in mijn herinnering en dat ik nu denk te weten hoe het toen was. Ik realiseer me goed dat het helemaal niet hoeft te kloppen, dat het allemaal vertekend is. In mijn herinnering zie ik mijzelf bijvoorbeeld meer op straat dan in de tuin, terwijl ik waarschijnlijk meer in de tuin was en daar in bomen klom. Maar de straat interesseerde me meer dan de tuin, vanwege de mensen. Ik was op zoek naar de mensen in mijn verhalen. Realiseerde me ook dat ik de mensen bijvoorbeeld als oud zag in mijn verhalen, terwijl ze dat in werkelijkheid helemaal niet waren.

Het effect was dat ik na verloop van tijd mijn leven kon overzien als een geheel, als een panorama. Tijdens het schrijven doe je peilingen: hoe was een weekend vroeger? Hoe kijk ik daar nu naar? Telkens was het een situatie waarop ik mij kon richten, die dan belicht werd. Alle fragmenten bij elkaar vormen ten slotte een geheel. In het schrijven komt via het detail het verhaal tot leven. Aandacht voor details is een vorm van liefde. En aandacht voor je eigen verhaal is een vorm van liefde voor jezelf. Het doet me denken aan Simone Weil en Iris Murdoch, die zich veel met aandacht bezighielden en stellen dat scholen eigenlijk niets anders hoeven te doen dan kinderen aandacht bij te brengen.

Met woorden maakte ik mijn verhalen mooier. Ik verfraaide dingen, zocht mooie beelden en vond zo uitdrukkingskracht. Zo heb ik natuurlijk ook mijn eigen materiaal bewerkt: door te schrijven geef je vorm aan je eigen leven. Ik schetste een beeld van wie ik was, vanuit het perspectief van diegene die ik nu ben. Met woorden bewerk je het materiaal van je herinnering, je komt tot een werkelijkheid die mooier en gevoeliger is. Zo bracht bijvoorbeeld het schrijven van een tekst over de ervaren rouw rond de dood van mijn vader me iets nieuws. De school waar hij werkte is afgebroken, mijn vader is weg - alles is verdwenen. Maar door het schrijven voelde ik opnieuw het verdriet. Ik rouwde weer en kon de pijn om de dood van mijn vader erkennen en verwerken. Ik stuitte op een nieuwe laag in mezelf. Door intensief bezig te zijn met mijn levensverhaal moest ik ook de werkelijkheid erkennen, de moeilijke en negatieve kanten van mijn levensverhaal verwerken en meenemen in mijn onderzoek. Dat was niet altijd gemakkelijk, maar ik ontdekte wel hoe belangrijk dat erkennen was.

Door de cursussen ben ik echt plezier gaan beleven in schrijven. Ik bleef ook schrijven: ik maakte gedichtenboekjes die ik uitdeelde aan vrienden en familie, bijvoorbeeld een boekje over mijn moeder. De grootste oplage haalde **Treur- en vreugdewerk**: vijftig stuks. Ook schreef ik met mijn typemachientje lange brieven naar het 'thuisfront' als ik op vakantie was. En zo nu en dan schreef ik gelegenheidsteksten: een in memoriam voor mijn broer, herinneringen, gedichten, een boekje over vriendschap en vriendinnen.

Het is misschien wel het vormgeven zelf, dat mij zoveel brengt. Ik ervaar dat ook in het werken met textiel. Zoals het gezegde luidt, mogen een vrouwenhand en een paardentand niet stilstaan; dat is er bij ons ingehamerd. Ik heb vanaf mijn achttiende altijd mijn eigen kleren gemaakt. Alle lappen en lapjes van de kleren die ik maakte bewaarde ik, ik heb een levenslange liefde voor paapjesstoffen. Van kleine lapjes een geheel maken is voor mij net zoiets als schrijven. Ik zet alle lapjes aaneen met de boerenhemsteek.

Met het lapjeswerk en het schrijven ben ik ongeveer tegelijkertijd begonnen. Inmiddels heb ik al zeker zes keer geëxposeerd met mijn lapjeswerk. Toen ik 75 jaar werd heb ik 75 dagen lang kleine composities gemaakt van tien bij tien centimeter, als een soort dagboek. Die 75 lapjes heb ik in een grote compositie verwerkt: een kimono. Het is als het maken van een puzzel en het vinden van de patronen van een mozaïek. Misschien is er wel een relatie met die ongeordende chaos van mijn schrijfsels van al die jaren. Net als schrijven geeft het bezig zijn met kleuren en vormen, het vasthouden en naaien van de stoffen, mij ongelooflijk veel voldoening en plezier. Ik ben op zoek naar een combinatie van het geometrische en het spirituele. Het bezig zijn heeft iets spiritueels, het is meditatief.

Het delen van verhalen met andere mensen in een groep bracht mij ook bij de ervaringen van anderen. Daardoor werd mijn eigen verhaal verbreed. In het persoonlijke verhaal wordt het verhaal van de wereld en van de tijd helder. Ik vond het lang niet altijd gemakkelijk om mijn verhalen in de groep voor te lezen. Ik was altijd nog een beetje bang, ben nooit helemaal onafhankelijk geworden van wat anderen zouden denken of vinden. Toch ervoer ik dat ook mijn verhalen er mochten zijn, zonder beoordeling. Ik voelde me gezien en erkend. Ik kon het oefenen: er mogen zijn en erkennen dat de dingen zijn zoals ze zijn. Als middelste kind van elf, met een strenge vader, had ik geleerd dat ik niet mocht rivaliseren, maar dat ik zonder zichtbaar te zijn toch de beste moest zijn. Ik heb geleerd dat uit de anonimiteit komen je de kop kan kosten. Het was dus heel wat, mezelf laten zien in mijn verhalen.

Ik heb geen kinderen en denk dat je het dan moeilijker hebt met het beantwoorden van de vraag naar de zin van het leven. Het is de zin van míjn leven die mij bezighoudt; zowel politiek, religieus, als cultureel en nog breder dan dat. Waar leef je voor? Je moet alles uit jezelf halen, telkens weer. Ook het doorgeven van het eigen verhaal is daardoor anders. Toch wil ik graag wat doorgeven en delen. Al wil ik nog liever mijn overtuiging dat het leven de moeite waard is doorgeven, dan het verhaal van mijn leven. Het verhaal van mijn leven is eigenlijk het gevecht om die overtuiging overeind te houden. Dat geloof door te geven via mijn verhalen, dat streef ik na. Daardoor bestaat er misschien toch een band tussen mij als kinderloze vrouw en de anderen die na mij komen.

Mijn verhalen zijn voor mij een bevestiging van wie ik ben. Na het schrijven van mijn verhalen wist ik beter wie ik ben, ik voel me nu meer geworteld.'

TANTE NESKE EN OOM LEI

Met plezier en verwondering denk ik terug aan de mensen in de straat waarin ik opgroeide. Wij noemden hen allen vader, moeder, oom of tante; het leek dus een ouderwetse grootfamilie. Onze overburen waren tante Neske en oom Lei. Tante Neske was duidelijk ouder dan oom Lei. Hij leek meer haar lieve en dienstbare knecht en ik hoorde als kind wel eens iets over een 'Jozefhuwelijk'. Ik begreep daar niet veel van.

Boven de grote groene poort die toegang gaf tot het woonhuis en bedrijf van tante Neske en oom Lei, hing een beschilderd houten bord met hun namen en beroep: 'Schafhausen van Heel, begrafenisondernemer'. Bij een overlijden, waarvoor oom Lei de uitvaart moest verzorgen, ging de groene poort open. Oom Lei, geheel in het zwart gekleed, kwam naar buiten en zette de poort vast. Hij ging dan weer naar binnen en even later leidde hij zijn paardje met de koets naar buiten. Beiden, oom Lei en paard, waren schriel van gestalte en hotsend en botsend kwam de koets over de drempel. De koets was zwart bekleed, het paardje droeg een zwarte doek en de opgepoetste flambouwen zwiepten heen en weer.

Oom Lei keek droevig en ernstig in het perspectief van zijn tocht naar het sterfhuis, helemaal anders dan wanneer hij ons begroette. Meestal had hij van die pretoogjes, alsof hij meeleefde met onze kinderlol. In het sterfhuis ging hij de overledene in zijn of haar kist afhalen, om daarna naar de kerk en de begraafplaats te gaan. Oom Lei klom op de bok met in zijn hand een zweepje met een zwart strikje. Ze gingen op weg, oom Lei, paardje en koets. Tante Neske keek tevreden naar de vertrekkende koets en wreef over haar buikje met schort. Blijkbaar was zij blij dat de grote klus tot zover weer was geklaard. Oom Lei keurig in zwart pak, met wit overhemd en zwarte stropdas. Het paardje met de dekmantel en oogkleppen op over de drempel. En de koets, opgetuigd zoals het past bij een rouw, uit de schuur weer op straat.

Tante Neske en oom Lei hadden geen kinderen. Zij was altijd blij als je eieren bij haar haalde, en oom Lei was een kindervriend. In hun keuken, waar de kippen vrij in en uit scharrelden, was het een grote 'zhipeshap'. De handjes van tante Neske leken krom te staan van het vuil en de pretogen van oom Lei waren verscholen achter zijn beslagen bril. Met haar hoge stem informeerde tante Neske naar de gezondheid van mijn moeder en liet dit vergezeld gaan van een cadeautje voor haar in de vorm van appeltjes of een stuk vlaai, waarvan ze de vliegen had weggezwaaid. Mijn moeder kreeg hiervan geen hap door de keel, hetgeen wij tante Neske niet konden vertellen.

Wij leefden in volkomen andere werelden, en vanuit het decor van keuken en schuur leek het iedere keer weer een wonder als de begrafeniskoets ceremonieel perfect over de drempel kwam.

DE WEG VAN EEN HEG

DE HEG TUSSEN onze tuin en die van de buren was zeker geen schoonheid. Zij kreeg de kans niet om mooi uit te groeien, haar rug kon niet mooi vlak en breed worden. Af en toe werd zij door onze buurman geknipt. Aan haar doornen haalden wij regelmatig onze dunne kinderhuid open en in menige zomerjurk maakte zij een winkelhaak. Eigenlijk stond zij ons in de weg: de schommel en de wip van de buren maakte zij moeilijker bereikbaar. Wij kozen steeds de kortste weg en dat betekende dat zij ons door een gat in haar takken en door het stof liet kruipen. Zó deed zij ons voelen dat zij op een tussengebied stond, dat zij stond voor verschil met legaal recht. Wij schonden haar wet en gingen illegaal.

Verschillen waren er vele tussen onze buren en onze familie. Pijnlijke verschillen en leerzame verschillen. Verschillen in temperament, in afkomst en in klasse. Aan beide kanten van de heg werden elf kinderen geboren. Bij de buren acht zonen en drie dochters. Bij ons vijf zonen en zes dochters.

Onze buurvrouw, een klein vrouwtje, had het er zwaar mee. En toen een kindje van een tweeling dood werd geboren, zei de buurman in de ochtend tegen mijn moeder over de heg: 'Vannacht hebben wij met Onze Lieve Heer gedeeld.'
Onze buurvrouw stond voor haar kinderen als een echte Mutter Courage. Maar hoe moest zij, dag in dag uit, die vele hongerige jongensmagen vullen? En welk werk moesten zij gaan doen? Steeds opnieuw, jaar in jaar uit, uitte ze haar zorgen bij onze moeder. De heg was getuige. Over haar geknipte rug heen werd geklaagd, geprotesteerd, werden woede en zorg geuit over de toekomst van die acht zonen. Mijn moeder luisterde, begreep en beaamde het. De heg beaamde het verschil. Mijn moeder zweeg over haar zorgen. Geldzorgen hadden beide vrouwen, hierin konden zij elkaar goed volgen. Onze moeder (die 'mevrouw' werd genoemd) had echter een zekere stand op te houden, waar de buurvrouw ('mooder') niet aan mee hoefde te doen, iets dat ze zeker ook niet wilde. Haar stille, mooie man was kantonnier bij de gemeente. In zijn spaarzame vrije tijd hakte hij bossen hout voor de keukenkachel, schilde dagelijks een emmer aardappelen, voerde de kippen en mestte een varken. Eenmaal per jaar stond aan de andere kant van de heg triomfantelijk een geslacht varken op een ladder. Een mooi en smakelijk gezicht.
De heg die ons als kinderen in de weg stond, was voor de twee vrouwen een troost. Aan weerskanten van haar hielden zij een gerespecteerde afstand, beiden op een vaste plek. Elkaars huizen bezochten zij niet. In de tijd dat de buurman knipte, pootte, schilde en hakte, gaf mijn vader les en studeerde. Hij repeteerde met zijn kerkkoor en jongenskoor. In het weekend werkte hij soms in zijn tuin of wandelde met zijn kinderen.
Jaren later, toen mijn vader overleden was en onze moeder haar kracht verloor en soms viel, kwam de buurman rechtstreeks door de heg om haar met zijn kracht weer op de been te helpen. Het tussengebied, dat de heg aangaf, verdween meer en meer. Het ouder worden maakte het markeren van de verschillen overbodig. Toen stond de heg echt in de weg. Het einde van haar weg.

HET GELDPOTJE

Ik zou veel feiten en verhalen kunnen vertellen over het tekort aan geld in mijn ouderlijk huis. Het salaris van mijn vader, hoofdonderwijzer en meer dan twintig jaar de enige kostwinner in een zeer groot gezin, was beslist ontoereikend. Bij de kruidenier, onze buren, hadden wij altijd een schuld. Als kind voelde ik me bezwaard als ik met een maand achterstand het zogenaamde 'briefje' moest vragen. Mijn moeder leende geld uit de spaarpotten van haar kinderen, maar kon haar schulden nooit aflossen. Er was een verschil tussen de inkomsten (van mijn vader) en de uitgaven aan huishoudgeld voor dertien personen (door mijn moeder). Altijd een tekort. En je hoorde geen schuld te hebben.

Symbool voor het geldprobleem van mijn ouders is voor mij het geldpotje. Dat stond achter een gordijntje van de keukenkast. Je kon er blindelings naar grijpen. Als je er geld uithaalde om boodschappen te doen, maakte het een rammelend geluid. Toen wij het ouderlijk huis ontruimden, stond het geldpotje tussen de overgebleven spullen. Mijn jongste broer bevrijdde het uit deze nederige positie. Ik denk dat wij allen een haat-liefdeverhouding hadden met dat nikkelen geval. Het is een lelijk armoedig ding dat een metalig geluid geeft, een geluid van kleingeld. Ook dit geluid is een symbool, voor het vreugdeloze dat het tekort aan geld in mijn jeugd meebracht. Het financiële tekort was voor mij als kind gekoppeld aan een gevoel van menselijk falen.

Enige tijd geleden kreeg ik het geldpotje van mijn broer cadeau. Ik kan er maar moeilijk liefde voor opbrengen.

IN MEMORIAM PATRIS (1)

Toen mijn vader in 1960 geheel onverwacht overleed, had ik hem vijf en twintig jaar gekend als de meester van ons dorp. Mijn vader vereerde het kerkelijke gezag en Thomas van Aquino. Hij geloofde heilig in een heilsorde. Op zijn gedachtenisprentje wordt hij 'pedagoog bij Gods gratie' genoemd. Het onderzoek voor zijn doctoraalstudie ging over de Godsdienstige opvoeding van kinderen. Op grond van Freuds atheïsme noemde hij diens psychoanalyse een dwaalleer.
Het lag in de lijn van het beleid van kerk en staat, dat mijn vader door hen beiden werd onderscheiden. We waren allen, zijn vrouw en vele kinderen, trots op hem. Maar ná mijn vaders dood verliet een aantal van zijn kinderen de katholieke kerk. Wij fietsten toen vrolijk en met veel plezier naar bioscoop en theater in het Belgische Maaseik, omdat daar voorlijker en kwalitatief betere producties werden getoond dan in ons dorp. Met mijn vader stierf een tijdperk. Het was alsof de middeleeuwen toen pas voorbij waren.

IN MEMORIAM PATRIS (2)

De werkplek van mijn vader was de grote jongensschool, gebouwd aan het einde van de negentiende eeuw door de beroemde architect Cuypers. Ons woonhuis grensde aan zijn werkplek en was ook van Cuypers. In de twintigste eeuw kreeg het schoolgebouw een nieuwbouwaanhangsel. Tussen de twee gebouwen, tussen oud en nieuw, vond mijn vader in de oorlog zijn onderduikschuilplek. Het heil dat de Duitsers ons wilden brengen, wees hij op een stellige en slimme manier af. Door de bodem van een muurkast, verscholen onder een doos gespaard zilverpapier, op te tillen, verscheen in de diepte een tussenruimte waarin je via een laddertje kon afdalen. Daar stond een stoel, er lagen wat boeken en er was een

mager lampje dat de ruimte verlichtte. Dit was zijn verblijfplek tijdens razzia's.
Nu zijn woonhuis, nieuwbouw en oudbouw afgebroken. Het enige monument in het dorp moest plaatsmaken voor lelijke nieuwbouw. Het dorp ruimde hiermee zijn geschiedenis op. Nu weet ik zeker wat ik pijnlijker vind: niet de sloop van ons woonhuis en het monumentale Cuypers-pand, maar het verdwijnen van de smalle leegte van mijn vaders schuilplek.

DE HANDEN VAN MIJN MOEDER

de handen van mijn moeder
waarmee zij liefkozend
over armen streek
met een lichte waaierstreek
het tafelblad bevoelde

de handen van mijn moeder
in brooddeeg knedend, stompend, tillend
met een mes het brood zegenend
alsof zij er een kruis in sloeg

de handen van mijn moeder
zij gaf een stevige hand
hoe graag zou ik
haar handdruk nog eens voelen

OM ALLES

om de wezenloos lege plek
om de koffie nooit meer geschonken
het ei niet meer gebakken
om je stoel die leeg blijft
je glas niet meer gevuld
om alles

om de maan zonder jou
je dansen nooit meer zien
en High Noon wordt nooit meer gezongen
om de stad zonder jou
om alles

je plezier niet meer zien
nooit meer lachen om vroeger
er geen morgen meer is
je boosheid niet meer zien vlammen
je verhalen voorbij
om alles

nooit meer sneeuw zien in straten
roze tulpen voorbij
nooit meer fietsen langs grachten
nooit meer smakelijk eten
nooit meer begeren, telefoneren
nooit meer

nooit meer kleurig gekleed
nooit meer bruinen en bakken
nooit meer gooien en smijten
om de zon zonder jou
om alles

nooit meer boos zijn op jou
je roekeloosheid is over
je reizen voorbij
om je leven en tranen
je schreeuwen en wanhoop
je verlangen naar vriendschap
weggevaagd van de aarde
nu diep in je graf
om alles.

om alles van nooit meer
huil ik om jou

MARIA KLAAR-STÜTZLE (1940)

'Ik ontdekte dat mijn leven nog helemaal niet afgelopen was en dat ik in een nieuwe fase zou komen'

'Ik vond taal interessant en heb mijn hele leven graag geschreven. Als jong meisje had ik correspondentievrienden en -vriendinnen; als ik iemand had leren kennen in een vakantie, schreven we elkaar nog lang brieven, zo ging dat destijds. Ook via adressen in tijdschriften kwam ik aan correspondentievrienden en via de kerk schreef ik met iemand in Oost-Duitsland. Veel van deze contacten verwaterden toen ik ging werken als verpleegster en later trouwde. Ik heb ook een dagboek bijgehouden. Daarin schreef ik niet alleen over wat ik deed, maar ook over wat ik dacht. Die dagboeken heb ik tot mijn spijt weggedaan toen ik naar Afrika ging. Ik werkte daar als verpleegster en in die periode schreef ik vaak naar huis. Na terugkeer in Europa schreef ik brieven naar Afrika. Ik heb nog een jaar lang in het Engels gecorrespondeerd met een man, dat was een liefde in brieven. Toen we elkaar ten slotte ontmoetten, was het meteen voorbij.

Toen ik in een nieuwe levensfase kwam, heb ik me ingeschreven voor een cursus levensverhalen schrijven. Ik woonde hier net en ik las erover in een huis-aan-huiskrant. Mijn werk als verpleegkundige was opgehouden, de kinderen waren de een na de ander naar Utrecht vertrokken, en ik was met mijn man ook in Utrecht gaan wonen. Ik deed zowel mee aan de cursus voor het schrijven als voor het levensverhaal. Nadat ik ophield met werken kwam ik in een soort depressie, er waren veel moeilijke dingen in mijn leven. Ik verzorgde mijn man, die heel ziek was; ook ik was niet fit. Ik keek terug op mijn leven en moest constateren dat ik niet gedaan had wat ik wilde. Ik had vaak heimwee naar mijn thuisland Beieren en naar Afrika. Het was een onbestemde heimwee, misschien naar het landschap, naar de bergen, naar de mensen... Het is niet precies te zeggen waarnaar ik verlangde.

Een romantisch gevoel, ook: "Da wo du nicht bist, ist das Glück." Daar waar je niet bent, is het geluk.

Het schrijven was voor mij heel plezierig. Zo kon ik even weg uit het alledaagse. Door het schrijven kon ik na verloop van tijd mijn leven meer accepteren zoals het was gelopen. Ik ontdekte ook dat het nog helemaal niet afgelopen was en dat ik in een nieuwe fase zou komen. Vaak was ik verbaasd over wat ik schreef, bijvoorbeeld een gedicht. Dat maakte me dan gelukkig.

Ik vroeg me af of ik het zou kunnen, mijn levensverhaal schrijven. Maar we kregen praktische handvatten, strategieën en hulpmiddelen aangereikt, het was een aanpak waarin je stap na stap zette. Wat me fascineerde was de concentratie en de sfeer in de groep, waarin alles stroomde, een gebundelde energie die heel ondersteunend was. Thuis lukte het niet mij zo te concentreren. Een heel mooi moment was steeds het aan elkaar voorlezen van de verhalen. Iedereen was dezelfde weg gegaan maar toch kreeg je heel verschillende producten. Iedereen heeft een andere stijl, in de verhalen proefde je de eigenheid. In het begin was het eng om voor te lezen, maar dat wende.

Er werd wel eens gehuild, maar we hebben toch meer gelachen dan verdriet gehad. Ik herinner me een verhaal dat mij erg opbeurde. Het was het verhaal van iemand die troost putte uit Jesaja: "Kijk niet naar achteren naar wat geweest is, maar kijk naar voren, naar wat er komt." Ik moest toen erg huilen - ook nu weer, terwijl ik het vertel.

Ik heb weinig geschreven over de tijd dat ik weer in Nederland woon. Toen ik 24 was ging ik als verpleegkundige naar Kenia en Tanzania, in de Keniatijd ben ik getrouwd. We moesten terug naar Nederland omdat mijn man ziek werd, het was daardoor geen voltooide periode. In 1991 ben ik drie maanden teruggegaan als verpleegkundige met Artsen zonder Grenzen, alleen. Ik wilde het afmaken, ik wilde proberen hoe het was. Het was heel goed: toen ik in Afrika uit het vliegtuig stapte, kwam ik thuis.

Ook na mijn tijd in Afrika ben ik altijd bezig gebleven in projecten en in de wereldwinkel. Ik gaf bijvoorbeeld workshops vanuit Unicef op scholen, met als titel "Hoe is het om te voelen dat je arm bent?", een heel mooie methode was dat. Toen mijn eigen kinderen op school zaten, gaf ik die lessen op hun school en het waaierde uit naar andere scholen. Ik was altijd druk.

In Nederland werden mijn diploma's niet erkend en ik vond geen passende baan. Ik mocht wel vervangen bij ziekte of vakantie, maar bij een vacature werd ik niet aangenomen. Waar ik woonde was het normaal dat de plek voor de moeder thuis was. Ik voelde me niet begrepen en altijd schuldig als ik werkte. De mensen in de buurt, zeiden het ook: "Maar je hóeft toch niet te werken? Doe toch leuke dingen." Ook mijn man vond dat. In de omgeving waar ik opgegroeid was, was in die tijd echter de opvatting over werkende vrouwen al heel anders en ook in Kenia werkten veel vrouwen. Als je hen vroeg hoe ze het allemaal deden, zeiden ze eenvoudig: "It is all a matter of organisation."

De vrouwen om mij heen waren natuurlijk wel heel druk, met inmaken, het huis schoonmaken en andere activiteiten, en ze waren thuis als de kinderen uit school kwamen. Voor mij was dat vreemd. Ik wilde vrouwen organiseren voor activiteiten en opvang, zoals ik het gewend was, maar ik was een buitenlandse, en ook nog eens Duitse, dat deed me geen goed. Dat anders zijn kende ik al als kind, want mijn moeder kwam uit Aken. Ook zij kreeg veel aanmerkingen en mijn klasgenootjes zeiden tegen mij: "Je moeder is een Pruis." Als ik dat aan haar vertelde zei zij: "Ja, dat klopt. En ik ben er trots op!"

Voor mij waren die eerste jaren in Nederland een nare tijd. Ik deed mijn best om niet op te vallen. Ik durfde mijn geboortedatum - 10 mei 1940 (!) - nooit te noemen, en nu nóg vind ik het moeilijk om mee te praten en denken over de bevrijding en de oorlogstijd. Door het boek *De tweeling* van Tessa de Loo begon er iets te veranderen. Nu is de tijd gekomen om alle verhalen te nuanceren. Binnenkort is er een seniorenbijeenkomst in mijn wijk over de bevrijding. Ik heb er een verhaal over geschreven, en heb beloofd het voor te lezen, als ik het durf.

Het verhaal gaat over hoe ik als vijfjarig kind het einde van de oorlog beleefde in Beieren. Ik heb daarin verteld over de dagenlange spanning ("Als de Russen maar niet komen..."), over de hoop ("Als het maar echte bevrijders zijn, de Amerikanen...") en ook over de angst ("Zitten er nog ergens nazi's, die gevaarlijk zijn?"). We mochten er als kinderen niet over praten. Dat een van de bevrijders in ons zinken bad sliep, maakte het meeste indruk op me en helemaal nieuw was ook de aanblik van een zwarte man. Hij gaf mij chocolade, ik weet nog hoe het smaakte en smolt in mijn mond. Met de gekregen kauwgum kon ik niets, die gaf ik aan de jongens. Ik herinner me ook nog het wachten na de oorlog, het wachten op mensen die wel of niet terugkwamen. Ik weet nog hoe lang we moesten wachten op het bericht dat mijn broer niet meer thuis zou komen.

Voor de levensverhalencursus schreef ik veel, we kregen huiswerk mee en dat inspireerde me. Na afloop heb ik alleen nog notities gemaakt. Ik had veel goede voornemens maar geen rust meer; mijn man was te ziek en er werd een kleindochter geboren. De cursus werkt nog steeds na. Ik kijk nog vaak in mijn map met verhalen en probeer anderen ervan te overtuigen dat ze iets moeten doen met hun verhaal en eigen creativiteit. Na de cursus heb ik meegedaan aan zomercursussen creatief schrijven, maar dat is heel anders. Je schrijft van dag tot dag en er is geen huiswerk. Je werkt en schaaft niet meer aan je verhalen, er is geen tijd om een boek dat genoemd wordt tussendoor te lezen. Maar ik vond het fijn: het was altijd míjn zomerweek, mijn vakantieweek! De cursus levensverhalen schrijven was intensiever en gaf mij allerlei impulsen.

Een nieuwe cursus, ook met mannen, lijkt me boeiend. Waarover ik nog wil schrijven? Over zoveel! Ik heb nu vooral geschreven over de periode tussen opleiding en huwelijk, maar ik wil het ook nog hebben over mijn kindertijd, mijn ouders en mijn positie in ons gezin, en ook over de tijd dat ik in Nederland woon. Het was soms moeilijk maar ook heel verrijkend om hier te wonen. Mijn twee broers zijn inmiddels overleden, er zijn nog zóveel dingen die ik zou willen weten... Ik wil schrijven over mijn kinderen, want door de kleinkinderen komen er herinneringen terug. En ik wil schrijven over het nu - wie weet ga ik nog eens brieven schrijven naar de krant.

Ik wil nog wel iets leren over het schrijven van gedichten; ik heb ontdekt dat ik via poëzie gevoelens het beste kan weergeven. Ik lees ook graag gedichten. Soms kun je met een paar woorden iets uitdrukken waar je anders een heel verhaal voor nodig hebt. Ook humor kun je kwijt in gedichten, maar het is wel heel moeilijk, vooral als je niet in je moedertaal schrijft. Ik zou niet kunnen zeggen of ik in het Duits of in het Nederlands denk, ik denk vooral in beelden. Rekenen doe ik wel nog altijd in het Duits, en ik schrijf ook meer Duitse dan Nederlandse brieven.

Ik geniet ervan als ik in München kom en daar met mensen over vroeger kan praten. Nu ik ouder word, doe ik dat graag. Soms vind ik herinneringen terug via boeken die over mijn tijd gaan. Ik kijk bij boeken altijd naar de leeftijd van de auteur. Komt die overeen met de mijne en schrijft hij over vroeger, dan is mijn interesse gewekt. Onlangs was er een reünie van mijn lagere school in München. De meeste mensen herkende ik niet meer, maar het was toch heel leuk. Ook een reünie van mensen die ik in Tanzania gekend had, vond ik fijn. Doordat ik steeds een andere baan had, verdwenen er veel collega's uit mijn leven. Hier in Nederland kennen de mensen me vanaf mijn 32e levensjaar, ik heb hier geen mensen met wie ik herinneringen kan ophalen. Dat kan wel in Duitsland: een liedje of een geur roept dan een hele wereld op. Ik ben van plan om er naar oude plekken terug te gaan. En het lijkt me inmiddels ook interessant om te praten met Nederlandse mensen uit de tijd waarin mijn kinderen klein waren.

Nu mijn man er al een tijdje niet meer is, begint er geleidelijk weer de behoefte te komen om andere mensen te zien en te ontmoeten. Misschien zou ik weer een cursus moeten volgen, dat stimuleert.'

MARIA

Ik heb Maria altijd een mooie naam gevonden. En drie klinkers met een 'r' er tussenin laten zich goed zingen. Er zijn onnoemelijk veel liederen voor, over of ter ere van Maria, van gregoriaans tot popmuziek. Nooit wilde ik naar een van de vele in Beieren gangbare verkleinvormen luisteren en al helemaal niet naar mijn grootmoeder, die mij hardnekkig Marile bleef noemen. Mijn broers en hun vrienden vonden mijn naam te deftig voor zo een rare, dikke meid met sproeten en verzonnen steeds nieuwe varianten om mij te plagen. Alleen mijn vader mocht mij af en toe Maroeschka noemen, hij deed dat als hij tijd voor me had en als hij ontspannen en vrolijk was - zelden dus, gezien de tijd waarin ik opgroeide.

Op de lagere school waren wij met zijn drieën in de klas, de Mariannes, Annemaries, Rose- en Heidemaries tel ik niet mee. Katholiek als velen van ons waren, drukte de heiligheid van de naam soms op onze schouders en wij werden om die reden ook wel eens gepest. Gelukkig was de tijd van Hitler en de zijnen, met het geleuter over het verheven Germaanse ras met Sieglindes en Brunhildes, net in rook opgegaan toen ik op school kwam. Later vond ik het eigenlijk een voorrecht dat mijn ouders zo moedig waren geweest om mij in 1940 een van oorsprong Hebreeuwse naam te geven.

In het Beierse jaar was 'Weihnachten' een hoogtepunt. Zowel in de kerk als op school werd het kerstverhaal of 'Krippenspiel' gespeeld. Handelde het zich in de kerk meer om levende beelden tijdens de verkondiging van Lucas 2, op school werd het een musicalachtig toneelstukje waarin het wemelde van de onbeschofte herbergiers, ruwe herders en scharen engelen met witte gewaden. Hoofdpersonen waren onbetwist Maria, Jozef en babypop Jezus. De droom van ieder meisje was het om Maria te mogen uitbeelden, met lang blond haar, een in zachte plooien vallende hemelsblauwe mantel, gelukzalige glimlach en weinig tekst.

Toneelspelen kónden ze in mijn familie, en ook ik voelde mij een Greta Garbo in de dop. Vol verwachting en met wild kloppend hart stak ik mijn vinger op bij de verdeling van de rollen, maar steevast moest ik een herder, herbergier of ander grofgebouwd schepsel vertolken - niet eens voor engel werd ik aangenomen. Zelfs nu, na zoveel jaren nog voel ik het verdriet dat ik, Maria, nooit Maria mocht zijn.

'CARE'-PAKKET

EEN VAN MIJN mooiste herinneringen aan de naoorlogse tijd betreft het 'care'-pakket. Voor ons als altijd hongerige kinderen en voor onze moeder kwam het als een geschenk uit de hemel. Wie familie of kennissen had in de Verenigde Staten kon erop rekenen dat er vierkante, in bruin papier verpakte dozen gebracht werden. Wij hadden niemand aan de overkant van de oceaan, behalve broeder Maternus. Deze oudoom van mijn moeder was intussen stokoud en werkte als koster op Molokai, het melaatseneiland van Hawaï, waar hij een leven lang in het voetspoor van pater Damiaan getreden was. Of iemand van de verdwenen of gevluchte collega's van mijn vader of van de Joodse buren het gered had en misschien in Amerika was beland, wist niemand.
Toch kwam er op een dag een 'care'-pakket voor ons. Ik was vijf jaar oud en het pakket leek onmetelijk groot. Allerlei eetbare en voor ons onbekende heerlijkheden kwamen eruit. Voor mijn moeder waren na al de jaren van 'Muckefuck' de echte koffiebonen het grootste wonder, wij kinderen vonden de chocolade en rozijnen zalig. Grote blikken met vet, jam, eipoeder en andere voedzame producten om te koken wekten in mijn moeder een grote bedrijvigheid. Het was net 'Fasching' of carnaval, en ze bakte voor ons meteen 'Faschingskrapfen'. Alle buurkinderen, aangelokt door de heerlijke geuren, werden uitgenodigd. Ergens op zolder werd een verkleedkist uit betere dagen opgedoken, de buurvrouw kwam op de koffiegeur af en haalde snel haar grammofoon en platen met vlotte dansmuziek en wij sprongen helemaal uit de band. Nooit van mijn leven had ik iets

heerlijkers gegeten. Buurvrouw Eberle vond mijn moeder onverstandig, want met zoiets kostbaars diende je toch zuiniger om te gaan.

Helaas is niets op de wereld volkomen en zo vonden mijn ouders in het pakket ook een grote zak met gistvlokken, vol vitamine B en eiwitten. Het meest verschrikkelijke dat ik, toch een echte alleseter, mij kan herinneren. Mijn gezondheidsbewuste vader kende echter geen pardon en de vlokken werden werkelijk over alles wat eetbaar was gestrooid. En terwijl alle lekkere dingen snel op waren, scheen de zak met vlokken nooit leeg te raken. Maar ik ben wel heel groot en sterk geworden.

VOOR HET EERST NAAR DE KAPPER

Toen ik ongeveer twaalf jaar oud was, kon ik de pesterijen over mijn uiterlijk niet langer verdragen. Dat ik grof gebouwd en dik was kon ik niet veranderen, en mijn sproeten verbleekten niet door het gebruik van allerlei wondermiddeltjes. Maar aan mijn haar kon volgens mij wel iets gedaan worden. Ik was de langste en dikste van de klas, maar ik had de kortste en dunste vlechtjes van allemaal. Bovendien waren vlechten inmiddels hopeloos ouderwets en meisjes met moderne ouders droegen hun haar kort geknipt, liefst met krullen of golvend.

Mijn vader bleef afwijzend tegenover mijn smeekbeden, hij had geen antenne voor mode en muurvaste ideeën over wat meisjes moesten doen en laten. Moeder stond heimelijk wel aan mijn kant, maar durfde daar niet voor uit te komen, want ze was bang voor ruzie.

Op een avond toen ik weer zeurde over een 'Bubikopf' werd mijn vader heel kwaad, pakte de grote schaar uit de naaidoos en knip, knip, daar vielen de zielige vlechtjes op de grond. Eerst voelde ik iets van triomf, maar een blik in de spiegel deed mij verbleken. 'Zoals ik er nu uitzie, ga ik niet naar school!', riep ik ontzet. 'Dat is toch wat je zo graag wilde...?', beet mijn vader mij kwaad toe, en mijn moeder begon te snikken: 'Dat kind moet naar de kapper.' Maar hij riep kwaad: 'Denken jullie dat ik mijn zuur verdiende geld daarvoor uit het raam gooi?', en verdween richting werkschuur.

Uit allerlei geheime potjes en mijn eigen spaarvarken kwam een bedrag bij elkaar dat hopelijk genoeg zou zijn voor de kapper. In grote gewetensnood meldde mijn moeder mijn afwezigheid voor de eerste lesuren en bracht mij naar een kapsalon. Een jonge kapster wist een vlot kapsel te creëren, maar om er iets leuks van te maken moest het wel heel kort. Ze verzekerde mij dat dit 'le dernier cri' was in Parijs. Na de ochtendpauze zat ik weer op mijn plaats in de klas alsof er niets bijzonders aan de hand was.

Voor de eerste keer in mijn leven hoorde ik nu bij de avantgarde en als vanzelf veranderde mijn gedrag van grijze bange muis in dat van een brutale teenager. Ook mijn moeder kwam meer voor haar mening uit, omdat ze niet meer zo alleen was tegenover het mannelijk bolwerk in huis. Mijn vader had een paar moeilijke jaren voor de boeg.

TUPPERWAREPARTY

Toen ik in 1972 met man en kind in Nederland kwam wonen, was voor mij niet alleen de Nederlandse taal vreemd, maar ook vele gewoonten, gebruiken en gemeenschappelijke herinneringen. De eerste maanden woonden wij in de Achterhoek bij mijn schoonouders in. Mijn schoonmoeder, een pas gepensioneerde lerares, nam mijn inburgering energiek ter hand. Op een dag werd zij door de overbuurvrouw voor een tupperwareparty uitgenodigd - het verschijnsel was mij volkomen onbekend. Moeder had helemaal geen zin om eraan mee te doen, maar wilde de buren niet beledigen. Ik wilde wel eens zien wat daar te beleven viel, dus dit werd mijn eerste avond onderuitsluitend Nederlandse vrouwen.

Na het oefenen van een openingszin stapte ik moedig naar de overkant en drukte op de bel. Ongeveer een dozijn vrouwen van alle leeftijden, veel van hen met stevig gepermanent en gehaarlakt kapsel en in kleurige jurk, namen mij nieuwsgierig op. Ik kreeg meteen een kopje koffie in de hand gedrukt. Dat vond ik een beetje merkwaardig, er werd niet gevraagd of ik dat wel lustte. En wie drinkt er nu zo laat op de avond nog koffie? Ik kreeg ook een koekje uit een trommeltje dat meteen weer dichtging en op de kast werd gezet. Ik vroeg me af of dat zo hoorde.

Omdat wij nog amper bruikbare huisraad bezaten - de verhuiskist dobberde waarschijnlijk nog op zee - was ik helemaal weg van de torenhoog uitgestalde praktische spullen. Ik liet mij door de consulente verleiden tot het aankruisen van heel wat vakjes op de bestellijst. Ook al kende ik nog niet veel Nederlands, dat lukte maar al te goed. De buurvrouw was dolgelukkig, want bij deze party's werd het geschenk aan de gastvrouw bepaald aan de hand van het bedrag van de binnengehaalde bestellingen.

Ik herinner mij nog goed dat er na het vertrek van de verkoopvrouw opeens een heel ongedwongen, vrolijke stemming ontstond. Echtenoten schoven aan en er werd veel gelachen. Ik kwam pas heel laat thuis en kende toen alle vrouwen die rond het pleintje woonden. Opeens hoorde ik erbij, ik werd ook bij andere activiteiten betrokken en de vele contacten waren heel goed voor mijn taalontwikkeling.

De sleutelhanger, met een mini-tupperwarebakje om je kauwgum in op te bergen, die ik kreeg als geschenk, ben ik inmiddels kwijtgeraakt. Maar de bakjes en bekers gaan nog steeds mee, al hebben de deksels de nare gewoonte om een voor een te verdwijnen.

AUSTRIA EXPRESS

ARNHEM, DONDERDAGAVOND, KWART over tien. Zoals wel vaker heb ik op het nippertje het station kunnen bereiken. Over enkele minuten zal de Austria Express richting München binnenkomen op perron 5. Om

mij heen verdringen zich vrolijke vakantiegangers met stevige wandelschoenen, grote rugzakken en een enkel paar ski's. Ik heb alleen een weekendtas bij me, want uiterlijk maandagochtend moet ik weer terug zijn. Morgen zal Ludo een dag vrij nemen om voor de kinderen te zorgen.
Als de couchettebegeleider met zijn lijst uitstapt, hoor ik dat hij met een melodieus-Oostenrijkse tongval spreekt. Dat geeft mij meteen een vertrouwd gevoel. In de coupé maak ik kennis met mijn medereizigers. Twee Japanse meisjes zijn al op de beide bovenste ligplaatsen geklommen en fluisteren druk met elkaar, een jongeman kijkt met een vriendelijk lachje op vanachter zijn boek, bij de paspoortcontrole blijkt dat hij Spanjaard is.
Na het passeren van de Nederlands-Duitse grens stopt de trein in Emmerich. Hier heb ik nog eens op de kraamafdeling van een ziekenhuis gewerkt. Wij woonden toen net in Nederland en pasten op een huis in de Achterhoek. Het grensland was ideaal voor ons, maar Ludo kon er geen werk vinden en daarom verhuisden we naar Steenwijk. Tegen middernacht rijden wij Duisburg binnen. Ik maak mijn smalle bedje op: het is goed om eindelijk de benen te strekken en de rug te ontspannen, ook al zal er van slapen niet veel terechtkomen. Als ervaren nachtreiziger ben ik in laagjes gekleed en met mijn t-shirt en dik vest op alles voorbereid. Het is gelukkig niet zo warm vandaag.
Ik sluit de ogen en probeer mijn gedachten tot rust te brengen. De drukke dag loopt als een film in mijn hoofd af. Boodschappen doen, schoonmaken, een grote pan erwtensoep koken, op het laatst de appeltaart bijna laten verbranden, snel nog een knoop aan Saskia's jas vastzetten, een lijst met memo's voor Ludo ophangen en ga zo maar door. Morgenochtend zal ik thuis zijn. Maar wat is thuis? In Nederland verlang ik naar mijn ouders, en eenmaal daar wil ik weer terug naar mijn kinderen. Alleen als wij allemaal samen op vakantie zijn in Beieren, ben ik echt thuis.
Boven mij hoor ik nu zachte slaapgeluiden, de Spanjaard heeft zijn leeslampje ook uitgedaan. Uit een aangrenzende coupé komen vrolijke geluiden: lachen, gieren, brullen. Ik

draai me op mijn buik en kijk door een spleetje in het gordijn naar buiten. Een poosje geleden reed de trein Keulen uit en nu gaan we langs de Rijn, die in het maanlicht schittert. Hier en daar verschijnt een verlichte burcht op de donkere heuvels, dan weer zie ik straatlantarens en huizen langs de oevers. Ooit ben ik hier met vriendinnen langs gefietst en stopten wij bij elke wijnproeverij. Nu, in Koblenz, staan we lang stil. Waarom zijn nachttreinen toch zo traag? Ik doezel een beetje terwijl we door Mainz, Mannheim, Heidelberg en Stuttgart rijden. Het is bijna vier uur, af en toe loopt er iemand langs het gangpad, verder hoor ik alleen het gebonk van de trein.

Hoe zal ik mijn ouders aantreffen? Ze schrijven altijd heel opgewekte brieven, maar tussen de regels door merk ik dat het leven steeds moeilijker voor ze wordt. Mijn moeder is eenzaam, mijn vader trekt zich steeds meer in zijn wereld terug. Zal ik in München mijn broer bellen, voordat ik verder reis naar Rosenheim? Hij ziet onze ouders vaker en kan mij een beetje op de hoogte brengen van hun problemen.

De trein heeft nu de Rijn verlaten en spoedt zich richting Donau. In Ulm steken wij die rivier over: schertsend noemt men dat de 'Weisswurstäquator'. We zijn nu in Beieren. Bij helder weer zal ik nu gauw de toppen van het Allgäu en later de Zugspitze kunnen zien, daarboven ligt zeker al sneeuw. Ik word onrustig, sta op en ga in het gangpad naar buiten kijken. Vanaf Augsburg ken ik iedere kerktoren. Ik ga alvast naar de wasruimte, want straks wordt het daar dringen. 'Willst einen Kaffee?', vraagt de treinbegeleider. 'Ja, des wär pfundig', antwoord ik dankbaar. Wij praten een beetje tot hij weggeroepen wordt. Ik ga terug naar mijn plaats, de anderen zijn inmiddels ook ontwaakt en aan het rommelen.

De bebouwing wordt dichter. Een paar kilometer rechts van hier woont een goede vriend, hij zal waarschijnlijk nog slapen. Op de wegen is het al druk en op de stations staan veel wachtende mensen, de dag begint hier vroeg. Ik herinner mij dat ik in de eerste tijd in Nederland vaak te vroeg op het postkantoor of bij de winkels kwam, en dat de mensen ondanks het latere beginnen toch om tien uur alweer koffiepauze hadden.

We stoppen in Pasing. Mijn ouders woonden hier toen ze pas getrouwd waren. Naast ons rijden nu al stadstreinen en er komen steeds meer spoorlijnen bij. Iedereen is bezig met koffers en jassen, de Hauptbahnhof van München komt in zicht. Als een van de eerste reizigers stap ik uit. De lucht is blauw en het lijkt een mooie dag te worden. Ik zoek een telefooncel en bel mijn broer. Hij woont in Schwabing, een paar metrostations van het station. 'Kom toch langs! Ik zet koffie, dan kunnen we even bijpraten. Ik bel het kantoor op en zeg dat ik wat later kom', zegt Hans. Ik ga op weg naar de bakker voor verse broodjes.

DE BLAUWE AVONDJURK

O P EEN BERGWEIDE, te midden van geurende bloemen, lag ik tussen het onbeschrijfelijke blauw van de gentianen. Ik was jong en vol fantasie en ik verwachtte een schitterende toekomst. Eens zou ik een jurk hebben die zo blauw was als de gentianen. Kostbaar, mat glanzend, met vanuit het als gegoten zittende lijfje een in zachte plooien naar beneden vallende lange rok met een kleine sleep. Bij het dansen, vooral bij de 'Wiener Walzer', zou de rok met de muziek en mijn bewegingen uitlopend meedeinen. Op een trap en bij het in- en uitstappen van een rijtuig zou ik de rok in een elegante beweging een beetje omhoog houden.
Ik zou mij fantastisch voelen, helemaal gelukkig en zelfverzekerd, en niet meer zoals tot nu toe bij elke feestelijke gelegenheid ongemakkelijk. Ik zou bij de jurk een kostbaar kleinood dragen, van wit goud met fonkelende steentjes, en verder een klein blauw zijden tasje en bijpassende satijnen schoentjes. Als belangrijkste accessoire zou mij een charmante heer begeleiden in onberispelijk avondtoilet. In mijn droom had de man vreemd genoeg geen gezicht. Maar lichtvoetig zouden wij van een brede marmeren trap afdalen, terwijl hij een fluwelen cape over mijn blote armen drapeerde.

Later, toen ik kon naaien, heb ik in vele stoffenwinkels gezocht naar de stof voor de gentiaanjurk, maar dat blauw en die zachte glans vond ik nergens. Het blauw was te licht, te flets, te donker, te glanzend of juist te dof, en de stof voelde te stroef, te lubberig, te dun of te dik. Nooit vond ik helemaal het juiste materiaal voor de droomjurk.

Toen ik als 24-jarige als ontwikkelingswerker naar Afrika vertrok, verbleekte de droom. De kleuren en geuren van de tropen waren anders en de harde werkelijkheid van armoede en ziekten liet niet veel te dromen over. Bovendien waren er nergens marmeren trappen. Maar ik was daar gelukkig en ik voelde me er helemaal thuis. Kleren moesten vooral koel en praktisch zijn en voor de enkele lokale feestjes voldeed een bont katoenen jurkje, gemaakt door de plaatselijke kleermaker op de markt, voor wie het een goede reclame was dat hij voor de 'sister' mocht werken. Op zijn beurt promootte hij dan het een of andere gezondheidsproject - netwerken, noem je dat tegenwoordig.

Vele jaren gingen voorbij. Ik kwam in Nederland terecht, maar niet in kringen waar je avondjurken nodig hebt. Voor mijn zestigste verjaardag wenste ik mij een reis naar Toscane met de hele familie. Het was heerlijk, en op een dag slenterde ik ontspannen door een prachtige wijk van Florence, genietend van de zon, de mooie gebouwen, de bloemen en de elegante etalages van het soort zonder prijskaartjes. Het was nog siëstatijd en op een paar verdwaalde toeristen na lag de straat eruitgestorven bij, sidderend van de hitte. Opeens stond ik voor de jurk, zo blauw als de gentianen op een zonnige alpenweide, met zacht glanzende soepele plooien. Het lijfje zat als gegoten om de etalagepop en was met kleine gestikte ornamenten versierd. Een prachtig collier, armband en een klein blauw tasje maakten het beeld compleet en onder de rok zag je de punten van blauwe satijnen schoentjes. Daarnaast stond een onberispelijk in avondtoilet geklede heer, zonder gezicht.

Ontroerd en een beetje weemoedig nam ik plaats op een terrasje tegenover de etalage, ik bestelde een glas mineraalwater en liet mijn gedachten dwalen. In de verte, op de brede marmeren trappen van de kerk op het pleintje, zag ik dromerig twee wazige gestalten naar boven schrijden. Maar de klok sloeg vier uur en bracht mij terug naar de werkelijkheid. Om vier uur had ik met mijn man afgesproken bij een fontein op een plein in de buurt. Hij had geen zin om in de hitte doelloos rond te lopen en zat, betrouwbaar als altijd, al ongeduldig op mij te wachten. Ja, daar was hij, met verkreukelde katoenen broek, een geruit overhemd met korte mouwen, bezweet, gebronsd, met grijze haren. Een nuchtere Hollander waarop je kon rekenen, een man die geen boodschap had aan dromen en romantiek. Maar deze man, realiseerde ik me, had een gezicht - het gezicht waarvan ik elk rimpeltje kende.

RIETJE DE HAAN-KOOISTRA (1940)

'Met mijn geheugen was het minder slecht gesteld dan ik dacht'

'Ik heb mijn hele leven geschreven. Vooral in moeilijke tijden en in blijde tijden schreef ik gedichten waarin mijn gevoelens tot uitdrukking kwamen. Als het op papier stond, kon ik het loslaten. Dat was voor de pijn belangrijker dan voor de vreugde. Vreugdevolle ervaringen schreef ik op, zodat ik ze nooit, nooit meer zou vergeten. Terugkijkend vind ik het fijn dat ik naast het verdriet ook het mooie uit mijn leven bewaard heb. Zo heb ik nog een briefje van mijzelf aan een onderduikster, tante Mien, die ziek was. Het briefje is met plakkertjes en tekeningen versierd en ik schreef zoiets als: "Laat oom D. maar goed voor u zorgen. Heel veel liefs van uw lieve Rieteke." Ik kreeg het briefje later terug van haar zoon, en het ontroert me nu, omdat ik kan lezen dat ik mijzelf lief vond. Het is aandoenlijk dat ik ook toen al mijn hart liet spreken.
Tegenwoordig wil ik vooral de dingen opschrijven die me bewegen of die ik treffend vind. Ik schrijf vaak voor kinderen, bijvoorbeeld over de poesjes die geboren waren op de boerderij van een nichtje. Ik ging er met mijn dochter heen: er waren vijf poesjes, drie snoezige witte en twee zwart-witte, zoals onze oude poezen. Mijn dochter vond de witte poesjes het mooiste, maar om die alledrie mee te nemen... dat vond ze hebberig. We hebben toen de drie poesjes meegenomen uit de stal van de boerderij naar de huiskamer van de boer en gekeken welke twee vriendjes met elkaar waren. Een van de drie was een echte eigenheimer, die het ook wel alleen zou redden, die hebben we dus niet gekozen.
Ik vertelde dit verhaal vanuit het perspectief van de poesjes. Ik schrijf ook vaak vanuit het oogpunt van een kind: spannende of verdrietige verhalen. Ik lees mijn verhalen wel eens aan kinderen voor, die reageren er goed op. Het verhaal van de poesjes

heb ik ook aan mijn moeder voorgelezen. Zij zei: 'Nu wil elk kind twee witte poesjes!' Ook mijn eigen levensverhalen heb ik vaak geschreven vanuit het perspectief van een kind, maar die heb ik nog niet voorgelezen. Wel hebben sommige mensen mijn verhalen gelezen. Mijn man Douwe is de eerste die mijn verhalen leest, ik hecht veel waarde aan zijn oordeel.

Toen ik een advertentie zag over een cursus levensverhalen schrijven, zo'n zes jaar geleden, zat ik in een moeilijke tijd. Mijn moeder was gestorven en ik had weinig met mezelf. Ik was verdwaald in de taken en verantwoordelijkheden rond het zorgen voor mijn moeder en het schrijven was op de achtergrond geraakt. Ik wilde aan die cursus meedoen om het plezier. Toch voelde ik ook wel angst om iets van mijn eigenheid te verliezen door regels van anderen, ik wilde mijn gevoel bij het schrijven niet kwijtraken. Dat gebeurde gelukkig niet, en het werd een gouden tijd: vorig jaar hebben we het vijfjarige bestaan van onze groep gevierd. De manier waarop we bijeen waren was zo respectvol dat ik vooral veel zin kreeg om te leren. Vroeger borrelde er iets op in me en schreef ik het meteen op. Door de cursus heb ik geleerd meer structuur te brengen in wat ik schrijf. Ook heb ik geleerd om mij eerst te verdiepen in de herinnering, om voorafgaand aan het schrijven te graven en te zoeken. Ik kwam erachter dat ik veel en veel meer wist dan ik zelf dacht. Dat was voor mij erg belangrijk: ik kreeg meer zicht op hoe het was en ik ben mezelf beter gaan begrijpen.

De eerste vier jaar van mijn leven woonde ik met mijn ouders en twee zussen in een huis waarin acht onderduikers zaten. Alles in het huis was altijd afgesloten, iedereen was afhankelijk van een heleboel anderen. In ons huis heerste een ijzeren discipline en er was constant angst. Mijn vader was veel weg voor het verzet en er loerde altijd gevaar. Het was een vreemde tijd: wat ik hoorde, klopte niet; wat ik zag, was er niet; wat ik voelde, werd ontkend. Het is erg bepalend geweest.

Door het schrijven kwamen er bij mij wel allerlei flarden van herinnering boven van na de oorlog. Ik ontdekte dat ik toch veel meer wist dan ik dacht. Nu ik zelf kleinkinderen heb, weet ik hoe scherp een kind in de eerste vier levensjaren alles ziet en registreert. En ik realiseer me hoe zwaar het moet zijn geweest dat alles steeds ontkend werd.

Schrijven gaf mij hoop: het bleek met mijn geheugen minder slecht gesteld dan ik dacht. Het was een openbaring toen ik merkte dat veel herinneringen terugkomen als je teruggaat naar de plek waar ze zich hebben afgespeeld. Ik kon dan de fragmenten aan elkaar 'breien'. Voor mij zijn de dingen die ik gezien en gevoeld heb als toegangspoorten naar het verleden. Ik kan nóg de stoffen voelen van mijn moeders jurken en mij de ongeluks- en vreugdegevoelens in bepaalde situaties voorstellen. Het was en is ook telkens weer een vreugde om een verhaal te 'vinden', het is als het onderzoeken van een schatkist. Ik ben er nog lang niet klaar mee. Ik heb trouwens niet alleen geschreven over mijn kindertijd, er zijn ook verhalen uit latere perioden, uit mijn volwassen leven.

Ik veroorloof mij bij het schrijven dichterlijke vrijheden. Als er een leemte is en ik me goed kan voorstellen hoe het was of hoe het eruitgezien moet hebben, dan vul ik de gaten zo op. Mijn voorstellingsvermogen komt me te hulp. Maar ik wil het niet romantiseren en mooier maken dan het in werkelijkheid was. Ik wil dat mijn verhalen zo waarheidsgetrouw mogelijk zijn.

Ik vertel nu regelmatig op scholen mijn verhaal over de oorlog aan kinderen, en ik wil dat dan naar waarheid vertellen. Ik heb mijn verhaal op papier voor me liggen, om te voorkomen dat ik te veel ga fantaseren. Ik vertel in twintig minuten mijn verhaal aan de kinderen, het is niet eens een mooi verhaal. Ik wil de kinderen zelf laten voelen hoe het was om bang te zijn, en dat werkt. Als ik vertel zijn ze muis- en muisstil, en na afloop stellen ze de juiste vragen.

Met mijn verhalen wil ik de boodschap doorgeven dat je altijd wat kunt betekenen voor anderen. Zo dóe ik ook iets met mijn eigen verhaal. Ik vertel het alleen maar aan kinderen: zij zijn het betere deel van onze mensheid, volwassenen kunnen de informatie zelf wel halen. Ik laat hen dan foto's zien, onder andere van het huis, zodat ze de indeling kunnen zien en zich een voorstelling kunnen maken. Ook heb ik nog bonnen uit de oorlog, die het verhaal levendig maken. Al vertellend neem ik hen ook mee naar het huis waar ik woonde: ik laat hen dan zien hoe dat ging met die onderduikers, welke rol de deuren en de sloten speelden, hoe je het leven moest organiseren als er maar een enkele kraan was en je elkaar toch niet mocht tegenkomen.

Toen ik begon dacht ik nog dat ik mijn hele levensverhaal zou gaan opschrijven, maar in de cursus heb ik geleerd dat ik dat door middel van losse verhalen kan doen. Ik wil ook niet álles opschrijven. Ik heb veel meegemaakt maar houd een deel daarvan voor mezelf. Mensen komen naar me toe en storten hun hart uit: als ik naar hen luister realiseer ik me dat ik alles wel eens heb meegemaakt. Vroeger had ik een vriendin die mij door en door kende. Maar zij kon de dingen die haar bewogen ook niet kwijt. Zij is er nu helaas niet meer.
Terugkijkend op mijn leven vind ik dat ik een vol en intens leven gehad heb, met zowel veel vreugde als veel verdriet. Ik kan goed van mensen houden en krijg veel terug van de mensen om mij heen. Zo voel ik, zo denk ik, zo bid ik ook. Als ik alles op een rij zet, zie ik dat ik wel een verhaal te vertellen heb. Het is nooit saai, ik verveel me nooit.
Tijdens de cursus had ik er ontzettend veel plezier in om met andere gelijkgestemden te leren, te schrijven en elkaars verhalen te horen. Het is superintiem. De meerwaarde van het werken in een groep is dat je de verhalen met elkaar kunt delen; de anderen voelen met je mee. De vrijheid en kans om mijn verhalen zelf te kiezen zijn daarin voor mij erg belangrijk geweest. Ik zou het moeilijker gehad hebben als we het levensverhaal chronologisch hadden moeten opbouwen. Door het respect dat de begeleidster had voor ons en voor de verhalen, kregen we ook respect voor elkaars verhalen. Dat maakte mij vrijer, zodat ik meer kon schrijven.
Toen de cursus afgelopen was dacht ik: misschien schrijf ik nu niet zo vaak meer... Maar na de cursus gingen we als groep meteen verder. We zijn nu met z'n tienen en komen eenmaal per maand op maandag bijeen. We spreken de onderwerpen voor een heel jaar af; iedereen brengt die in. Door te stemmen bepalen we de volgorde. We begeleiden de bijeenkomsten om beurten. Wie begeleidt, verzint een tien-minutenopdracht. Ik heb bijvoorbeeld eens een aantal spreuken op papier gezet en gevraagd: 'Welke spreuk spreekt je aan en waarom?' Dat moest iedereen dan omschrijven. Een spreuk was: 'Er zijn erger vormen van armoede dan geldgebrek', van Buddingh. Thema's die aan de orde kwamen waren bijvoorbeeld: geheimen, spijbelen, liften, afscheid, seizoenen, vakantie, een liefhebberij, je familie.

Sommige onderwerpen komen herhaaldelijk aan bod, maar dan schrijf je weer een heel ander verhaal.

De bijeenkomsten duren twee uur, na afloop sturen we de verhalen rond per e-mail. Wie een reactie wil krijgen, vraagt daar om. Elk seizoen nodigen we iemand uit als toehoorder en voor tips en feedback. We sluiten het seizoen altijd af met een gezellig uitje.

Ik heb inmiddels een hele stapel verhalen. Ik heb me voorgenomen de kinderverhalen te bundelen en daarvan een boekje te maken voor mijn kinderen en kleinkinderen. Als dat goed ontvangen wordt, doe ik misschien ook iets met de rest van de verhalen voor mijn kinderen, vrienden en familie. Ik heb geen enkele ambitie om te publiceren voor een groter publiek, want er zijn al genoeg goede schrijvers - daar heb ik niets aan toe te voegen. Maar ik wil wel blijven schrijven. Ik schrijf al jaren mijn agenda vol met kleine notities, als een soort dagboek. Cursussen volg ik niet meer, dat doe ik alleen als ik iets wil leren of een 'papiertje' wil halen. We organiseren het gewoon zelf. De schrijfgroep gaat door.'

HET GOUDEN SCHAARTJE

Ze is nog maar klein, het meisje. Ze vraagt weinig, omdat ze voelt dat haar moeder een te zware last op haar schouders torst. Moeder heeft de zorg voor haar en haar twee zusjes. En omdat het oorlog is, zijn er acht extra gasten, de onderduikers. Ze moeten schuilen, ze zijn Joods en worden vervolgd, alleen daarom! Moeder en 'heit', de vader, besluiten als de oorlog begint zich niet zomaar over te geven en gaan bij het verzet. Zo gebeurt het dat er in het huis van het kleine meisje geen vijf, maar dertien mensen wonen. Het moeilijke eraan is dat niemand, maar dan ook niemand, weten mag dat er acht en soms wel meer onderduikers zijn.

Ook het kleine meisje en haar twee zusjes mogen het niet weten. Alle deuren hebben sloten en haakjes, zodat elke deur aan de binnenkant en aan de buitenkant afgesloten kan worden. En zo wordt haar huis een huis vol geheimzinnigheid. Vader en moeder bepalen of zij en haar zusjes ergens in of uit mogen gaan, naar de wc of de tuin of naar buiten. Eigenlijk wordt het kleine meisje een beetje gevangen gehouden. Ze begrijpt er helemaal niets van. Soms, als ze langs de deur van de achterkamer loopt, hoort ze vreemde geluidjes en wordt ze heel bang. Moeder merkt het en stelt haar gerust: 'Ach, daar ligt rommel van heit... Verder is er niets bijzonders.' Het meisje knikt en zegt niets meer. Moeder ziet er moe en zorgelijk uit, ze wil het haar niet moeilijk maken. Dan brengt moeder haar haastig naar de voorkamer, draait de deur op slot en gaat voor het eten zorgen in de keuken.

Het meisje trekt zich terug, ze pakt haar popje, drukt het tegen zich aan en fluistert: 'Je hoeft niet bang te zijn, hoor. Ik blijf bij je.' Na een tijdje pakt ze haar mandje met oude lappen en restjes wol. Met haar handjes tussen de mooie stofjes en kleurige bolletjes, droomt ze langzaam weg. Ze droomt van heerlijk warme wollen vestjes en mooie jurkjes voor de pop en vergeet zo de kou in de onverwarmde kamer. In haar droom heeft ze een piepklein schaartje, waarmee ze de lapjes knipt en een heel fijn jurkje maakt voor haar pop. Als de deur opengaat schrikt ze op, wég is de verrukking. Als moeder vraagt wat er is, vertelt ze van het schaartje en hoe graag ze er een zou willen hebben. Moeder glimlacht lief. 'Kom kind, we gaan zo eten.' Samen met haar zusjes, heit en moeder eet ze het karige maal, dat het hongergevoel nooit helemaal doet verdwijnen.

Dan is het tijd om naar bed te gaan. Het meisje slaapt met haar twee zusjes op een kamer. Elke avond prompt om zes uur draait moeder hun deur aan de buitenkant op slot en roept dan nog: 'Welterusten, lieve kindertjes...' De drie meisjes praten nog even, diep onder de wollen dekentjes gedoken, en vallen warm en rozig in slaap.

De volgende morgen schijnt, door een kier van de gordijnen, voorzichtig een klein straaltje licht op het kastje naast het bed van het meisje. Als door een toverstokje aangeraakt opent ze haar ogen en dan ziet ze op het marmeren blad iets glanzen - het lijkt wel goud! Ze kijkt en kijkt, wrijft nog eens in haar ogen en ontdekt een minuscuul schaartje. Aarzelend pakt ze het kleine wonderding. Het is geknipt uit goudkarton. Voorzichtig houdt ze het vast, aait er zachtjes over en voelt zich zo blij, zo gelukkig... Met het kleine gouden schaartje kun je niet knippen, maar toch is dit het allermooiste geschenk van haar leven. Het liefste dat iemand het meisje kon geven.

EEN LANGE WEG

Het is een koude winterdag. De zusjes worden vroeg gewekt door moeder, die opgewekt zegt: 'Het is zo ver... jullie gaan vandaag logeren bij tante Saar!' Vlug staan ze op en met hun blote voeten op het koude zeil zien ze door de geopende gordijnen sneeuw naar beneden dwarrelen. Het liefst zouden ze nu gauw naar buiten hollen om in de sneeuw te gaan rollen en een sneeuwpop te maken, maar moe zegt: 'Snel wassen en aankleden, we zijn al een beetje laat. Heit moet jullie, vóór zijn werk, op

de trein zetten.' De meisjes stribbelen niet tegen, want uit logeren gaan op de boerderij in Nederhorst den Berg is een feest. De boerderij van tante Saar en oom Kees en de neven en nichtjes. Waar nu de koeien op stal staan en waar het zo heerlijk knus, behaaglijk en geheimzinnig is. Met de pompbak waarin de zusjes zomers, als ze in de Vecht hebben gezwommen, worden schoongespoeld. En waar aan de balken van de hooizolder een schommel hangt en je al heen en weer schommelend langs de koeienkoppen zwiert, terwijl de dieren je met hun grote fluwelen ogen volgen.
Het vooruitzicht maakt dat ze in een mum van tijd aan de ontbijttafel zitten, gekleed in de warmste kleren die moeder voor hen kon vinden. Ze verslikken zich bijna in de stukjes brood met hagelslag en hebben beslist geen last van lange tanden. Heit heeft de logeertasjes al klaargezet in de gang en komt binnen met jassen, mutsen en wanten: 'Kom meiden, opschieten, anders halen jullie de trein niet.' Het afscheid van moeder valt licht met zo'n heerlijk vooruitzicht. Ze gaan met de bus naar het station van Utrecht, hollen dan naar perron drie, en ja hoor, daar staat de trein naar Weesp! De meisjes vinden het toch wel een beetje eng, ze gaan voor het eerst alleen met de trein, zonder heit en moeder. Maar heit stelt hen gerust: 'De conducteur zal opletten en ervoor zorgen dat jullie in Weesp uitstappen, hoor.'
Na een dikke knuffel stapt hij uit en met een brede zwaai zien ze hem uit het zicht verdwijnen. De meisjes voelen zich eerst nog wat onzeker, maar dan overwint de blijdschap over de aanstaande logeerpartij. De reis duurt en duurt en bij elk klein stationnetje waar de trein stopt, turen ze naar buiten en kijken of ze het bordje Weesp al kunnen ontdekken. Dan verschijnt de conducteur, hij vraagt de dames naar hun kaartjes en knipt er een rond gaatje in. Hij zegt dat het volgende station Weesp is en dat ze er daar uit moeten. Als de trein stopt, hollen ze bijna struikelend over hun eigen benen naar de uitgang, bang dat de trein verder zal rijden.
Op het perron zien ze tot hun grote opluchting oom Kees, diep weggedoken in zijn duffelse jas en met een wollen muts

tot over zijn oren. Ze omhelzen hem, blij dat hij hen heeft opgewacht. Opgetogen kwebbelend lopen ze mee naar paard en wagen, die buiten het station klaar staan. Oom Kees tilt eerst de zusjes er op en dekt ze warm toe met een grote paardendeken, zet dan hun tasjes erbij en klimt op de bok. Hij roept 'vort' en 'bles' tegen het paard en daar gaan ze.
Dicht achter de brede rug van oom Kees voelen ze zich veilig, warm en behaaglijk. Dan pas zien ze weer hoe de sneeuwvlokken gestaag naar beneden dwarrelen en alles om hen heen omgetoverd wordt tot een sprookjeslandschap. De boerderijen, bomen, struiken en weilanden - alles ligt onder een dikke donzen sneeuwdeken. Rustig draaft het paard met zijn kostbare last richting boerderij, als een van de meisjes blij roept: 'Ik zie de schoorsteen al! We zijn er bijna.'
Na een lange reis hebben ze hun doel bereikt. Tante Saar en de neven en nichtjes wachten hen al op in de warme stal, ze worden hartelijk omhelsd en welkom geheten. Het begin van een heerlijke logeerpartij.

VOOR HET EERST NAAR SCHOOL

DE KLEUTERSCHOOL VOND mijn moeder maar niks, dus ik bleef gezellig thuis. Het is september 1947 als ik voor het eerst naar school ga: een groot avontuur. Die morgen sta ik vroeg op om me te wassen en aan te kleden. Moeder borstelt zorgvuldig mijn haar, maakt er twee mooie vlechten van en doet er zondagse strikken in. Mijn nieuwe kleren liggen klaar op een stoel naast het bed.
Beneden gekomen zitten mijn zusjes al aan tafel te wachten. Heit heeft al witte boterhammen klaargemaakt. De dik met roomboter besmeerde en gesuikerde, precies op maat gesneden vierkante hapjes lachen me toe. Op de nieuwe kleren na lijkt alles hetzelfde als altijd: het gekwebbel, het plagen en vermanen van de kleine Jan, die lekker zit te knoeien in de kinderstoel. Genietend en wat treuzelend gaan de stukjes brood, geprikt aan het vorkje, naar

binnen, met slokjes warme melk er achteraan. Moeder zegt: 'Een beetje dooreten, kind. Om negen uur begint de school!' Dan dringt het met een schokje tot me door. Het is zover... ik ga naar de grote school.
Rommy en Anneke staan al klaar in de gang, moeder helpt me met mijn jas en echte schooltas en na een dikke kus vertrekken we met z'n drietjes. Twee huizen verder gaat er een deur open en komt mijn vriendinnetje Alie de deur uitstappen met Ge en Gerard, haar zus en broertje. We zijn nog blijer om elkaar te zien dan anders. Opgewonden beginnen we meteen te praten over de nieuwe school en we bewonderen elkaars schooltassen en nieuwe kleren. Stevig gearmd kunnen we de hele wereld ineens weer aan, zenuwen en angst verdwijnen naar de achtergrond. Samen gaan we het grote avontuur vol vertrouwen tegemoet.

ZONDAG

Nóg hoor ik de stem van heit, die ons kinderen maant, nu toch snel op te staan, omdat we anders te laat in de kerk zullen komen. Het naar de kerk gaan is een wekelijkse gebeurtenis, die naarmate de jaren verstrijken, bij ons kinderen steeds meer weerstand oproept. In onze tienertijd zie ik mezelf en mijn broer en zusters aan de ontbijttafel zitten, met onuitgeslapen koppen, mopperend dat we er zo vroeg uit moeten.
Maar ik heb fijne herinneringen aan de tijd waarin ik nog klein ben. Ik zie mezelf lopen met mijn glanzend rode, plastic laktasje, aan de hand van moeder. Ik heb het gekregen van mijn lieve tante Mien. Er zit een spiegeltje in, een zakdoekje, drie King-pepermuntjes - die mij, vermengd met de geur van plastic, verrukkelijk smaken - en een petieterig rood portemonneetje met centjes voor de drie collectes. Ze maken me tot het rijkste en gelukkigste kind van de hele wereld.
Van de preek krijg ik niets mee. Ik ben te druk in de weer met mijn kostbare bezit, het laktasje. Open, dicht - ik krijg

er geen genoeg van. Regelmatig word ik door mijn ouders terechtgewezen: 'Stilzitten en luisteren, Rietje...!' De enige momenten dat ik deel uitmaak van de dienst, is als het orgel begint te spelen en de klank van psalmen en gezangen me meevoert. Ik ben gek op zingen en op de prachtige melodieën. Gesteund door de bariton van mijn vader zing ik uit volle borst mee en geniet.

Op zondag gaan we altijd maar eenmaal naar de kerk, maar sinds ik het rode tasje heb, dat alleen mee mag naar de kerk, ga ik 's middags om vijf uur nog een keer, samen met mijn vriendinnetje Alie. Wat een feest, en wat voelen we ons groot! Innig gearmd wandelen we naar de Zuiderkerk bij de Gansstraat, met onze dierbare tasjes stevig tegen ons aangedrukt. Zittend op het balkon worden we regelmatig tot de orde geroepen door de koster, want de inhoud van de tasjes vinden we heel wat leuker en interessanter dan de preek van de dominee. Het geeft ons doorlopend stof tot giebelen en kwebbelen.

Nog steeds is de zondag speciaal voor me, al ben ik al lang geen regelmatige kerkbezoeker meer. Soms bekruipt mij een gevoel van weemoed en verlang ik terug naar de tijd waarin ik deel uitmaakte van die gemeenschap, naar het zondagse bij elkaar komen. En wat zou ik graag weer eens mijn geliefde psalmen en gezangen uit volle borst willen meezingen, op de machtige klanken van het grote kerkorgel...

AU PAIR BIJ JAN EN JANNY

NA EEN SPANNENDE reis naar het Gare du Nord, toont Jan Bos ons het drukke Parijs. We zien de Eiffeltoren, rijden rond de Arc de Triomphe en dan richting Villeneuve, met de honderd jaar oude boerderij. Het echtpaar Bos woont daar met drie dochtertjes, van een, twee en vier jaar. Jan heeft er zijn landbouwbedrijf en wat koeien en paarden. An en ik gaan er zes weken helpen en voor de kinderen zorgen. We zien de in carré gebouwde boerderij in de verte liggen en als we de koer binnenrijden, staan Janny en de meisjes ons al op te wachten. We worden allerhartelijkst begroet. De twee kleintjes, Alice en Emma, begrijpen er natuurlijk niets van, maar de vierjarige Janny is blij en huppelt voor ons uit naar binnen. Daar staat de tafel al gedekt en we eten van het heerlijke boerenbrood met een enorme kom melk erbij. Dat smaakt! Intussen kijken we onze ogen uit op het oer-Franse, oude interieur van de kamer; de fraaie, antieke Hollandse meubels geven er een extra en bijzondere schoonheid aan.

We voelen ons echt welkom. Janny is lief en bezorgd en na het eten zegt ze: 'Jullie zullen wel moe zijn... Ga eerst maar wat rusten.' Ze brengt ons met onze koffertjes naar de overkant van de koer, waar onze kamer is. We zien een grote gestucte ruimte, met in de buitenmuur een klein raam met dikke tralies. Het is eigenlijk een beetje eng omdat onze deur, die uitkomt op de binnenplaats, niet afgesloten kan worden. Maar we zijn moe en we vallen in slaap op het heerlijke royale tweepersoonsbed.

Na een uurtje, terug in het huis, krijgen we onze instructies van Janny: 's Morgens om vijf uur opstaan, het grote fornuis aanmaken, koffiebonen met een lepel gerst malen, koffie maken en een grote pan met melk warmen. De houten keukentafel dekken met acht borden en koffiekommen, voor ieder een lepel om de koffie te lepelen en een mes op de rand van het bord plus exact een achtste pakje roomboter. Ze vertelt dat het warme stokbrood wordt meegebracht uit het dorp door de vijf knechten. Zij zullen samen met Jan, Anneke en mij elke morgen in de keuken ontbijten, om half zeven precies! Onze oren tuten. Thuis hebben we nooit iets gedaan of hoeven doen, met een moeder die de touwtjes stevig in handen hield; hier worden we voor de leeuwen gegooid. Janny zegt doodleuk dat ze het ons morgen allemaal zal uitleggen en leren en dat we het daarna samen moeten doen. Na het ontbijt legt ze uit wat de rest van onze taken is. In de nacht die komt, slapen we weinig. Waar zijn we in terecht gekomen...? De komende zes weken zullen het leren.

Een kleine greep uit wat ons te wachten staat: elke dag stoffen en stofzuigen we de kamers en keuken, we maken groente schoon, schillen een emmer aardappelen voor tussen de middag, maken brood en drinken klaar voor Jan en de vijf knechten en brengen dat naar het land. Tussendoor passen we op de kinderen, ruimen we de tafel af en doen de vaat. Als klap op de vuurpijl ontdekt Janny dat er onder het zeil in de woonkamer antieke plavuizen liggen. Ze vraagt Jan om het zeil weg te halen en vervolgens worden wij aan het verwijderen van de lijmresten gezet. Dagenlang zitten we op onze knieën om met plamuurmes en borstel haar ontdekking te onthullen.

We spreken dan nog niet van de aanvaring met de stier en onze redding, van de kannen cider die we moeten vullen uit vaten in de wijnkelder, waar zich volop wespen en 'frolons' ophouden (en de mededeling dat de steek van een frolon dodelijk kan zijn). En we hebben het niet over de dolgeworden wespen die ons en de kinderen in trossen achtervolgen en steken in ellebogen en nek. De kinderen zijn Goddank amper gestoken.

Maar we beleven ook hoogtepunten. Jan neemt ons mee naar de bioscoop. We drinken koffie na kerktijd in de prachtige pastorietuin. We gaan een aantal keren met het gezin naar een meer om te zonnen en te zwemmen. Anneke en ik zijn de enigen die dat kunnen. We bezoeken een broer van Jan en zijn vrouw op een klein kasteeltje in de buurt en zien dat zij haute couture van Christian Dior draagt. En we gaan elke twee weken, als we vrij hebben, met de bus naar het kleine stadje Sens om onze zuurverdiende centimes uit te geven. Ik koop mijn eerste compact-poederdoos van het merk Angel Face, wat de Fransen uitspreken als Ankel Faas. De kinderen zijn verwend maar ook heel lief en geven ons vreugde.

Ons vertrek, na zes weken, is van een opluchting die zijn weerga niet kent en nooit meer zal kennen. We hebben het volbracht, zoals Jan Bos ons later schreef. Het waren weken 'vol bloed, zweet en tranen', die zomer als au pair in Frankrijk in de zomer van 1954.

EEN LANG LEVEN

Een lang leven, daarover dromen en filosoferen mijn allerliefste vriendin Wil en ik. Een leven vol van vreugde, liefde, gezelligheid en warmte. Een natuurlijk en aards leven, ongecompliceerd en vooral samen met onze geliefden.
We zitten op het bovendek van haar woonark, heerlijk in het zonnetje, met een glas wijn en lekkere hapjes, te genieten van ons vrij zijn. We kijken uit over het water en horen op de achtergrond het gekwetter en gespetter van de jonge eendjes en waterkipjes. De moeders zenuwachtig in de weer om het spul bij elkaar te houden, zodat de donzen bolletjes ongedeerd blijven - een bijna onmogelijke taak. We constateren dat ook het leven van deze mama's niet over rozen gaat, en praten over onze eigen zorgjes en dagelijkse beslommeringen. De kinderen die altijd wel weer aandacht vragen, onze relaties, ons werk en alles waar we verder zo druk mee zijn. Vaak zijn dat dingen die we ons zelf op de hals haalden.
We zijn allebei niet zulke geweldige poetsmienen, maar het huis wat gemakkelijker en eenvoudiger inrichten, dat zit er niet in. Steeds weer vinden we op onze strooptochten op bazaars, rommel- en antiekmarkten precies dat wat nog ontbreekt in ons huis. Het kan altijd nog gezelliger, nog mooier. We vullen naarstig onze serviezen, cassettes, tafelkleden, glazen en andere spullen aan en voelen ons dan weer de koning te rijk met de nieuwe aanwinsten.
We voelen elkaar aan en hebben aan een half woord genoeg. Het is een feest van herkenning en totale openheid. We zetten spontaan het mes in onze zwakheden en kunnen er hartelijk om lachen. Dan beginnen we hardop te dromen over onze toekomst, samen met onze geliefden. We wonen in een groot huis, het liefst een kasteeltje, als het even kan met een ophaalbrug om ongewenst bezoek verre te houden. Een enorme hal met in het midden een open haard zou geweldig zijn; daar kunnen dan onze oude leren stoelen en banken een plaatsje krijgen. Wat oud en kapot is, verber-

gen we onder een Schotse plaid. We denken na over de deuren, die moeten van dat wat gehavende eikenhout zijn, lekker donker zodat je er niet elke veeg of vingerafdruk op ziet. In de keuken moet een tafel kunnen waar je met zo'n achttien mensen aan kunt zitten, om gezellig samen te eten en kletsen. Als het toch wat te oud en oncomfortabel dreigt te worden, bedenken we dat er wel een lift in moet komen, en Douwe kan wel met Wout zorgen voor een prima cv-installatie. O ja, en dan de tuin. Die moet Engels worden, met heel veel rozen en wilde bloemen en natuurlijk ook een klein moestuintje...

Zo dromen we verder. Wij dragen lange rokken en beeldige hoeden en we worden prachtig en vooral heel relaxed samen heel erg oud. Wat verlang ik terug naar die tijd... Ik moet Wil nu al jaren missen. Wie kon dat bedenken, toen we nog zo vrij, blij en optimistisch droomden van een lang leven.

Thema's

(Het register verwijst alleen naar de verhalen, niet naar de interviews)

A
Aankomst in Nederland 141
Accountant 218
Administratief medewerker ... 265
Advocaat 127
Afscheid 38, 57, 82, 120, 157
Afscheid van Indonesië 141
Allergie 138
Au pair 378
Auto 34
Autopech 235

B
Baby 180, 253
Badhuis 154
Begrafenis 57, 82, 99, 121, 346
Begrafenisondernemer 346
Belastingconsulent 218
Balspel 274
Bergen 302
Beroepskeuze 96
Beurtvaart 328
Bevrijding 110, 205, 288
Bidden 52
Bloembollen 164
Boekhandel 111
Boekhouder 218
Boer 83, 136
Boerderij 51, 52, 76, 375, 378
Bomen 50, 76, 300
Boodschappen doen 117, 174
Boomgaard 151
Boot 267, 292, 328
Borduren 153

Breien 107, 118, 151
Broer 107, 364
Bruiloft 54
Buren 273, 279, 346, 347
Bus 165
Busje trappen 274

C
Café 328
Carnaval 156
Chauffeur 234, 329, 334

D
Dagen van de week 35, 50, 51, 53, 108, 162, 173, 174, 178, 185, 208, 209, 210, 236, 253, 290, 378
Dakpannenfabriek 93
Dansen 53, 140, 288, 359
Dansles 275
Dementie 279
Deurwaarder 156
Dieren 103, 138, 151, 165, 279, 287, 290, 299, 315, 347, 375, 381
Dierentuin 165
Directeur 94
Dominee 314, 378
Dochters 136, 274, 320
Dood 38, 56, 83, 249, 300, 334, 336
Doop 320
Dorp 52, 151, 278
Droom 365, 373, 381
Duinen 163
Duivel 50

E
Eenden 381
Emoties 99

Eten en drinken 52, 53, 81, 109, 138, 142, 151,
162, 173, 175, 187, 198, 209,
225, 238, 261, 279, 287, 299,
316, 359, 376, 379

F
Familie 237
Familiebezoek 253
Feesten 52, 126, 138, 142, 162, 171, 199,
224, 287, 312, 316, 337, 358
Fiets 164
Flauwvallen 116

G
Gaarkeuken 261
Garage 329
Gans 282, 287
Geboorte 55, 180, 301, 337
Geld 94, 107, 156, 250, 264, 349
Geloof 52, 64, 75, 98, 119, 180, 207,
237, 276, 350, 378
Geluk 115, 212, 225
Geuren 76, 109, 151, 154, 164, 165,
196, 199, 209, 210, 222, 226,
317, 331, 359
Gezinsleven 55, 172, 174, 253
Goeie kamer 332
Goochelaar 312
Grens 81, 177
Grootouders 56, 120, 136, 151, 217, 253, 301

H
Haken 151
Handwerken 107, 151, 153
Heeroom 331
Heimwee 143, 256
Herfst 38, 50, 52
Herfstvakantie 52
Hitte 264

Hobby 76, 92, 94, 173, 198
Hoed 37, 119
Hoeden maken 119
Hoedenwinkel 119
Hond 103, 290, 317
Huis 63, 198, 289
Huishouden 111, 188, 379
Huishoudschool 187
Huisvrouw 111, 188, 379
Hulp in de huishouding 265
Huwelijk 54, 98, 142, 289

I
IJs 79, 329
IJsbaan 221
IJsco 174
Indiëganger 249
Internaatsleven 137, 139, 172

J
Jacht 103

K
Kalkoen 287
Kamp Indonesië 261, 263
Kantonnier 348
Kapper/kapsel 35, 277, 361
Kerk 52, 64, 75, 98, 108, 119, 180, 206, 237, 350, 378
Kerstmis 199, 224, 287, 316, 358
Kinderangst 50
Kippen 347
Kleding 35, 36, 37, 108, 197, 288, 313, 316, 316, 330, 338, 365
Kleine middenstander 337
Kleuren 164
Klimmen 302
Kloosterleven 81
Knikkeren 274

Koeien 375
Koffie 54, 75, 109
Koken 142, 187
Koloniale waren 328, 330
Koninginnedag 138
Korset 36
Kousen stoppen 208
Kraamtijd 180
Kruidenier 337

L
Lagere school 118, 186, 219, 223, 250, 358, 376
Landschap 130, 143, 155, 173, 197, 255
Lente 38, 54, 79, 211, 276, 288, 291, 314
Leraar 65, 154, 223, 348, 350
Lezen 64, 108, 111, 120, 140, 207, 208
Liefde 68, 212, 225, 248
Logeren 56, 151, 162, 374
Luchtvaart 92

M
Maan 291, 302
Maandag 185
Markt 53
Menstruatie 185
Meubels 128, 332
Middelbare school 65, 287
Modelvliegtuigen 92
Moeder 63, 101, 108, 236, 253, 273, 301, 314, 351, 374
Moestuin 151
Muziek 52

N
Naaien/naaimachine 108, 187
Naam 136, 358

Nachttrein ... 362
Naoorlogse tijd ... 34, 35, 80, 97, 119, 127, 154, 172, 177, 209, 264, 289, 312, 314, 318, 159
Nicht ... 66

O
Offsetdrukker ... 265
Oma ... 56, 121, 151, 253
Oma zijn ... 56, 301
Onderduiken ... 109, 350, 373
Ongeluk ... 255, 336
Onderwijzeres ... 154
Ontmoeting ... 267
Ontwikkelingswerker ... 366
Oogsten ... 50, 52, 163
Oom ... 375
Oorlog ... 79, 83, 93, 109, 127, 137, 141, 166, 205, 219, 261, 280, 287, 318, 332, 333, 373
Op kamers ... 210
Opa ... 120, 136, 151, 217, 253
Oud op nieuw ... 126, 251
Oud zijn ... 199
Ouders ... 164, 166, 177, 208, 360, 364
Overlijden ... 335

P
Paard ... 151
Paard en wagen ... 175, 330, 346, 376
Paling ... 139
Pastoor ... 98, 119
Pensionaat ... 174
Picknick ... 226
Poetsen ... 151, 175, 379
Priester ... 332
Processie ... 52, 276

R

Regen 234
Restaurant 126
Rouw 37, 98, 239, 249, 317, 352
Ruzie 50

S

Samenwonen 98
Schaatsen 221
Schilderij 102
Schip 267, 292, 328
Schoenen 116
Schoenlapper 217
School 65, 67, 118, 154, 186, 187, 219, 223, 250, 287, 358, 376
Schoonouders 127, 317, 361
Schrijven 77, 186
Schuilkelder 219
Schuld 349
Scooter 316
Secretaresse 289
Seizoenen 38, 50, 52, 54, 76, 79, 84, 126, 206, 211, 221, 223, 276, 288, 289, 291, 299, 314, 316, 329, 374
Sinterklaas 171, 337
Slacht 299, 348
Slager 299
Sleeën 221
Smokkelen 178
Sneeuw 79, 126, 221, 374
Snoep 66
Solliciteren 265
Speeltuin 166
Spelen 51, 53, 56, 66, 77, 117, 174, 196, 219, 274
Spelletjes 51, 53, 56, 77, 138, 196
Stad 290
Stenen 76

Sterfbed 335
Straat vegen 261
Straf 118, 177
Studeren 82, 96, 210, 251, 314

T
Tafel dekken 153
Tante 99, 120, 375
Taxi 234
Teergeld 328
Televisie 316
Terugblik op het leven 54, 84, 112, 130
Thuis 317, 363
Tijd 130
Tikkertje 53
Toneelspelen 358
Touwtje springen 274
Tram 53
Travestie 37
Trein 81, 178, 363, 375
Trouwen 54, 98, 142, 289
Tupperwareparty 361

U
Uiterlijk 197, 205, 207
Uitstapje 35, 164, 165

V
Vader 82, 101, 108, 136, 173, 178, 187, 196, 217, 300, 314, 320, 335, 350
Vakantie 225, 302
Vakantiewerk 94
Varken 299
Verdriet 318, 337
Verjaardag 162, 312
Verliefd 53, 263, 302, 314
Verlies 300, 352
Versjes 152

Verstoppertje 51
Vervoer 34, 53, 80, 164, 165, 178, 234, 267, 316, 328, 329, 333, 375
Verzorgingshuis 57, 281
Vliegtuig 80
Voerman 330
Vrachtauto 328, 329, 333
Vriendschap 67, 103, 274, 320, 381
Vrijdag 53
Vrijwilligerswerk 124

W
Wandelen 173, 197, 319
Wandkleden maken 198
Wasdag 185
Waterkippen 381
Watersnood 124
Weg 78
Werk 36, 67, 83, 111, 119, 127, 155, 157, 188, 217, 234, 261, 265, 289, 299, 315, 329, 330, 346, 348, 350, 366
Wethouder 299
Winkel 36, 119, 337
Winter 79, 126, 206, 221, 223, 287, 289, 299, 316, 329, 374
Wonen 63, 98, 128, 198, 289

Z
Zakgeld 94, 107, 251
Zaterdag 50, 162, 174, 208
Ziekte 142, 266, 279, 289, 302
Zingen 52, 63, 173, 206, 224, 378
Zomer 52, 76, 78
Zon 291, 302
Zondag 35, 51, 108, 173, 178, 209, 210, 236, 253, 290, 378
Zus 56, 336
Zwembad 163, 264
Zwemmen 163, 264

Milton Keynes UK
Ingram Content Group UK Ltd.
UKHW030606280124
436776UK00001B/5